罪と罰・非情にして人間的なるもの

謹んで古稀をお祝いし

小暮得雄先生に捧げます

執筆者一同

小暮得雄先生近影

罪と罰・非情にして人間的なるもの

小暮得雄先生古稀記念論文集

信　山　社

はしがき

私どもが敬愛する小暮得雄先生は、二〇〇二年一二月一七日をもって古稀を迎えられました。北海道大学法学部・法学研究科において小暮先生に直接・間接に研究指導を受ける幸せを経験した者たちの間で先生の古稀をお祝いする論文集を出版する計画がまとまり、ここにようやく献呈の時を迎えることができましたことは、一同の深く喜びとするところです。この間、法科大学院制度創設を中心とする法学教育の一大変革に直面するなどの事情もあり、古稀から出版までにかなりの遅れを生じたため、小暮先生が私どもの計画に対する返礼として編まれた随筆集『時は流れ、……やがて積み重なる』(信山社、二〇〇三年三月)のほうが先に出版されることとなりましたが、先生には、ふつつかな私どもの真意をお汲み取りいただき、私どもが学生・院生・助手としてご指導を受けたときと変わらぬ温容をもって本書の献呈をお受けくださるよう、心からお願いしたいと存じます。

本書の執筆者は、小暮先生のご意向もあって、北海道大学の大学院法学研究科あるいは刑事法研究会で学んだ一六名が中心となっておりますが、そのほかに、先生の北海道大学ご在職当時のご同僚である渡部保夫先生と、ご友人である鈴木敬夫先生が含まれております。小暮先生へのご友情から本書にご寄稿くださった両先生に対して、感謝の意を表したいと思います。

本書の表題『罪と罰・非情にして人間的なるもの』は、小暮先生の「刑法学はきわめて人間的な学問である」との教え、および『刑法入門』(有斐閣、一九七九)冒頭のタイトルから採ったものです。本書の内容は必ずしもすべてが「罪と罰」にかかわるものではありませんが、先生への古稀記念の書の表題として、先生ご自身のお言葉に優るものはないと考えましたので、使用させていただきました。

団藤重光先生のご指導を受けて研究者となられた小暮先生のご研究テーマは、巻末の著作目録からも明らかなように、罪刑法定主義、違法論、責任論という、いわゆる刑法総論の王道を歩むものですが、大学院生や助手に対する研究指導においては、本人の発想がよりよく育つことを見守り、必要に応じて添え木をしてくださるというスタイルに徹しておられました。私どもの現在の専攻分野、研究テーマ、アプローチ等に多様性が認められ、それが今日の法学界に何らかの寄与をなしえているとすれば、それは、私どもの試行錯誤を暖かく見守り続けてくださった小暮先生のご指導方針に負うところが、きわめて大きいということができます。

小暮先生の魅力としては、さらに、豊かな古典の教養に基づいて選び抜かれた言葉が、比較的短いセンテンスの中に独特のリズムをもって配列される、美しい文章を挙げなければなりません。私どもが接した口頭での授業も同様で、きわめて整然としたものですが、それに時折、時事的なジョークが加わり、一層魅力的なものとなっていました。

小暮先生のご勤務先は、一九六一年から一九九四年までが北海道大学法学部、一九九四年から一九九八年までが千葉大学法経学部、一九九八年から二〇〇四年までが平成国際大学というもので、現在、北海道大学と平成国際大学の名誉教授であられます。この間について特筆すべきものとしては、一九七四年一二月に四二歳の若さで北海道大学法学部長となられて、二年間、大学紛争後の学部再建に尽力されたことを挙げるべきでしょう。先生のご努力は、私どもが学んだ学部・大学院のその後の発展の、ひとつの礎になったと信じております。

小暮先生の社会的活動としては、日本刑法学会理事、日本学術会議会員、司法試験（第二次試験）考査委員等、学界リーダーのひとりとしてのご活動もさることながら、北海道大学での最後の時期に北海道自然保護協会会長まで務められた環境保護運動への深いかかわりと、札幌刑務所における篤志活動のご経験を千葉大学に転勤されてからも継続された千葉刑務所篤志面接委員としての活動を、先生のあまり知られていない側面として、記すべきであると思われます。小暮先生は、一九五六年度全日本アマ名人戦決勝戦にまで進まれた将棋の天才（アマ五段）ですが、受刑者を相手に詰将棋を指導するという篤志面接のあり方を考案されたことは、じつに先生らしいといわねばなりません。

小暮先生が、今後もご健康に留意して私どもの行く末を見守ってくださることを祈念して、本書を謹んで献呈したいと存じます。

最後に、出版事情が厳しい折にもかかわらず本書の出版をご快諾くださり、適切な督促によって本日の出版にこぎつけることを可能にしてくださった、信山社の渡辺左近社長ほかの皆様に、心から感謝の意を表したいと思います。

二〇〇五年七月吉日

執筆者を代表して

吉田敏雄

宮澤節生

丸山　治

目　次

目　次

執筆者紹介（掲載順）

伊藤　司　成蹊大学大学院法務研究科教授
川原廣美　市民の浮世絵美術館
城下裕二　明治学院大学法学部教授
鋤本豊博　白鷗大学大学院法務研究科教授
中島広樹　大宮法科大学院大学法務研究科教授
振津隆行　金沢大学大学院法務研究科教授
本間一也　新潟大学大学院実務法学研究科教授
丸山雅夫　南山大学大学院法務研究科教授
伊藤博路　信州大学大学院法曹法務研究科助教授
稲田隆司　熊本大学法学部教授
公文孝佳　神奈川大学法学部助教授
渡部保夫　弁護士
鈴木敬夫　札幌学院大学法学部教授
畢　英達　中華人民共和国国務院法制辨公室政法労働社会保障司二処処長
丸山　治　北海学園大学大学院法務研究科教授
宮澤節生　大宮法科大学院大学副学長
丹羽正夫　新潟大学大学院実務法学研究科教授
吉田敏雄　北海学園大学大学院法学研究科教授

環境（刑）法総論・再論——公害刑法から環境刑法へ？

伊藤　司

一　はじめに

わたくしはかつて「環境（刑）法総論」という同名の論文により、「環境利益と刑法的規制」について論じたことがあった。(1)その後一〇年余りの年月を経て、このような環境（刑）法総論的な論点についての論稿も散見されるようになり、またわたくし自身前任校九州大学法学部の講義「特別刑法」において特に環境刑法的な論点に力を入れて講じていたこともあり、改めて拙稿について再考する機会も得ている。他方、拙稿「環境（刑）法各論（一）」においては、「特に鶏の大量飼育と野鳥の保護」の問題について若干論じたが、(2)そこでは、部分的に前の拙稿を再論・補足しつつ、刑法理論上も「動物それ自体」の保護という捉え方は可能である旨を論じ、そして、家畜としての鶏の大量飼育について、やはりその生存中における「種としての特性」尊重と「経済的要因」の対立・拮抗が問題となっている旨を指摘した。(3)より一般的に、「経済的要因」はいかに捉えられておりかついかに取り扱われるべきなのか、疑問に感じられるところでもある。(4)

そこで、本稿においては、従来の拙稿を再考するとともに、経済的要因ともからめて考察を加えることにより、小暮得雄先生の古稀記念として献呈させて頂くこととしたい。

（1）　拙稿「環境（刑）法総論—環境利益と刑法的規制—」法政五九巻三＝四号（一九九三年）三八一頁。

（2） 拙稿「環境（刑）法各論（一）―特に鶏の大量「飼育」と野鳥の保護に関して―」法政六七巻一号（二〇〇〇年）二七頁。
（3） 拙稿・前掲注（2）三四頁。
（4） この論点についての論稿として、前野育三「現在の環境問題と刑罰の役割」西原春夫先生古稀祝賀論文集編集委員会編『西原春夫先生古稀祝賀論文集第三巻』（一九九八年、成文堂）四五三頁以下参照。

二 公害刑法から環境刑法へ

1 公害刑法と環境刑法の関係

(1) 近時、長井教授は、「環境法」は「公害法」から発展してきたことを認めつつも、「公害」概念は広く捉えうるとし、従って、必ずしも「自然環境」ないし「環境媒体」の汚染・破壊を要件としないのが「公害法」であり、これを要件とするのが「環境法」であり、しかも、「伝統的刑法における「人間中心の法益との位相・連続性」を保持する」という観点から、「環境刑法の法益として「次世代の生命」が中心に位置づけられるべきであり、この生命との関係では「抽象的危険犯」であり、また「人類の公共財産」という観点との関係では「侵害犯」となる、という論稿を公にされている。[6] しかし、「公害対策基本法」二条等が「公害」の定義等について、「大気の汚染、騒音、振動、地盤の沈下……及び悪臭」といったいわゆる環境媒体との関連で捉えており、それが「環境基本法」二条三項の「公害」の定義として殆どそのまま受け継がれたように、「公害」と「環境」の共通性・連続性としてはむしろ「環境媒体」に着目することができよう。もっとも、環境基本法の解説書においても、「環境それぞれの媒体のみの問題としてとらえるのでは適切な対応がとり得なくなってきた。」という認識が示されており、[7] たしかに「のみ」の問題として矮小化して捉えてはいけないであろうが、「環境犯罪」の基本は「環境媒体

（Umweltmedien）」を経由しての事象であることを確認しておきたい訳である。[8]これに対し、大気や水体を通じた病害毒の流布を故意犯を中心に選り抜き、特別な犯罪類型として規定した場合であって、「環境媒体」を経由したことが犯罪の本質であると考える必要はないような場合、あえて「環境」犯罪と称する必要はないであろうということはあろう（例えば、サリン五条参照）。これらは「摂取型」の公害と称されることのある範疇に属すると思われる「流通食品毒物法」とともに、「公共危険罪」の特殊類型として位置付けることもできようが、環境媒体を通じた他の犯罪行為についてもそれぞれ法律があり（例えば、漁業一三九条）、上述の場合か否かはかなり感覚的流動的にもなりかねず（もっとも、具体的危険犯か抽象的危険犯かの違いはある）、やはり「環境媒体」を経由すれば「環境犯罪」としておく方がより明確で安定的であるようにも思われる。もともと「環境媒体」を経由していることと「公共危険罪」であることとは対立する訳ではないのである。つぎに、環境刑法の法益として「次世代の生命」が中心に位置付けられるべきとする点については、環境基一・三条等の規定のほか、ドイツ基本法二〇条ａが「国家は将来の世代に対する責任においても、自然的な生活の基礎を、……保護する。」と規定しているように、[9]「次世代」（どの範囲の人を含むか必ずしも明らかではない概念であるが）についても考慮に入れなければならないが、現世代の人間は生命・身体の具体的危険に至るまで環境的には直接保護されないと捉える必要はなかろうし、また現在の生命を維持しかつ現在の環境を保全してこそ将来につながる訳であるから、次世代の生命が中心になると解するのは、「摂取型」の公害と「排出型」ないし「汚染型」の公害とが今日ますます区別しづらくなっていることを認めるとしても、公害法と環境法を区別するために理論的に若干無理が来た証左とも言えよう。[10]「人類の公共財産」という形では現在的な侵害が問題とされているのであろうが、やはり現在の人類の「生命」も念頭に置かれねばなるまい。

(2)　以上のように、私見によれば、森永ドライミルク中毒事件、カネミ油症事件、サリドマイド事件、スモン事件、欠陥自動車事件などは「環境媒体」を経由している事件ではないので、少なくとも狭義の「公害」事件とは言えないことになる。(11) しかし他方、「環境媒体」を経由して食品等に化学物質等が混入していることが明らかになってきているのが、今日の現状でもあり（水銀、重金属、ダイオキシン、環境ホルモン等の問題）(12)、このような側面では人為的な故意・過失による場合公害ないし環境事犯として捉えうることになる訳である。(13) この点、近時厚生労働省より、妊娠中もしくは妊娠の可能性のある女子は食べる回数を減らした方が良い魚類といった注意が呼び掛けられているが、(14) このように妊婦や幼児・老人その他心身的に敏感な人に対しては特に避けられるべき食品というものが問題となってきており、(15) もっとも一般的には食べることによる利益と食べないことによる不利益が勘案されることにもなるであろうとはいえ、健康体の青壮年者の場合も何となく体調が優れないという場合もあろうから、(16)「病気でなければ良い」というのではなく「より健康な状態」を目指すという観点からは、「環境媒体」を経由した食品等についても健康侵害的な負荷性を疑ってみることは可能であろう(17)（「疑わしきは健康のために」(18)）。もっとも、このような観点が直ちに刑事罰を根拠付けうるかは慎重な検討を要しようが、長期的累積的な観点(19)から(20)守るべき一定の基準が定められた場合、(21) 権限ある行政官（庁）・警察官（庁）の裁量の余地は限られたものとなるであろう。(22) 例えば、「単なる家庭ゴミの河川へのポイ捨て……の行為の侵害性は軽微だとしか言いようがない。(23)」としても、少なくとも軽犯罪法一条二十七号（か場合によってはいわゆるポイ捨て禁止条例）によって処罰することは可能であり、(24) 累（蓄）積犯とは若干異なるが、近時福岡市でも「人に優しく安全で快適なまち福岡をつくる条例（モラル・マナー条例）」によって、市内全域での歩き（自転車）煙草をしない努力義務と、博多駅周辺地区及び天神地区を「路上禁煙地区」に指定して二万円以下の過料を課しうることとしたが、(25) 歩き（自転車）煙草によって火傷を負うこともあり、また吸いたくもない大気を吸わされたことになる訳であり、昔と比較すれば「不寛容な社会」になりつつあることは確かであろうが、ある程度の「過料」に処せられる程度の「有害性」を有することについて、従来看過ないし黙認されていただけであるということになるように思われる。この点、「健康増進法」が二〇〇三年五月より施行されまた「たばこ規制枠組み条約」が二〇〇五年二月に発効したようであるが、(26) つとに「酒に酔って公衆に迷惑をかける行為の防止等に関する法律」も制定されており、法益侵害的「立居振舞い」に関する刑事的規制も認めないし実効化させざるをえないのではあるまいか。[27]

二　公害刑法から環境刑法へ

2　環境刑法の法益論と刑法の形成的機能論

(1)　伊東教授の「保護法益としての「環境」」という論稿[28]とそれに先立つ鼎談[29]によって、教授の環境に関する法益論がより明確になるとともに、それ以前の刑法の機能に関する論稿[30]についても改めて考察する機会が与えられたものと言えよう。まず教授は結局、水体における「(小)生態系」を法益として設定している訳であるが[31]、大気や土壌においても「生態系」があるとすると、生態系自体は「水体」に固有の法益ではなくなりはしないであろうか。それとも、「生態系」は究極の法益であり、環境媒体ごとに分れたにすぎないから、共通でも良いということであろうか[32]。わたくしも、究極的には「生態系」を健全に保つことが重要であると考える者であり、また環境媒体は生態系を健全に保つための前段階的な役割を担っているとしても、それぞれの環境媒体が汚染等により性質変更されてはいけないという独自の存在意義を有するとすると[33]、それぞれの環境媒体をめぐる自然の浄化システムが[34]回復困難な程度に性質変化させられたことを端的に問題とするべきであるということにもなるように思われる[35][36](他方、「生態系」自体の侵害を端的に処罰する規定を設けることも可能であろう)。水体侵害の場合は生態系を問題としているのに対し、大気汚染の場合は清浄な大気の状態のほか人の健康被害を具体例として挙げており[37]、人の健康被害が生じる程度になれば大気の「生態系」も侵害ないし危殆化されたとする趣旨かもしれないが、大気の場合人の健康被害に至るまで容認するというのでは遅すぎるのではあるまいか。そして、環境媒体の性質が化学物質等によってかなりの程度変化させられていても、「生態系」としては成り立ちうる場合も少なくないであろうからである。この点、例えば、大量の洗たく用原液を故意に川に流したため、一時的に鯉や鮒などからなる下流の「生態系」が死滅といった重い事態もあろうし、過失により生クリームを相当量水路に流入させ白濁させたが、あえて「汚染」ないし「性質変化」と見る程でもない場合もあろう(38)。他方、ドイツでも化学物質の水路への投入を「環境危殆的廃棄物処理」（Umweltgefährdende Abfallbeseitigung）」の一種（三二六条一項一号。現在、「危険な廃棄物の許されない取り扱い」（Unerlaubter Umgang mit gefährlichen Abfällen）」の一種として、三二六条一項四号a）に当りうるとした判例があるが、「水域（体）汚染」（三二四条）は結果犯であるのに対し、廃棄物処理は抽象的危険犯として位置付けている(39)。もっとも、そこにおける「結果」とは「水域（体）汚染」等の結果が念頭に置かれているようであるから、抽象的危険犯についてもそのような結果との関係で捉えられていることになる。これに対し、「水域（体）の（物理学的・化学的または生物学的な）変化」を単に「客観的に帰責可能な結果」と位置付け(40)または「侵害犯（Verletzungsdelikt）」と位置付けつつも、ドイツ刑法典三二四条の『不利に（nachteilig）』概念の解釈として、「水域（体）の何かある利用可能性もしくはその他の機能」に対し『抽象的に危険で（abstrakt gefährlich）』あったことを要求することにより、三二四条を「『多層的な（mehrschichtigen）』構成要件構造」として捉える見解がある(42)。構成要件要素の文理解釈上そして構成要件の違法推定機能上、構成要件該当性と違法性が明確に区別されていないようにも思われるが(43)、要はそのような結果の発生で足りるとするのかそれ以上に何らかの機能侵害的な側面も要求するのかという理論上の違いと言えよう。水域（体）の性質を改善したり現状維持することは処罰されないのは原則的に当然であるから(44)、不利益変化の要求は刑事罰にとって注意的な文言ということにもなろうし、また利用可能性等に対する抽象的危険の発生の要求にとどまる限り、実際上殆ど違いはないとも言えよう(45)が、さしあたり利用可能性がないと思われるような水域（体）も間接的には人間にもかかわることが多いとすると、結果発生を端的に処罰することが要請されよう(46)。従って、環境刑法の法益は、「環境媒体の原状回復可能な程度の健全な状態」と言うことになろう(47)。

⑵　つぎに、齋野教授は伊東教授の生態系法益論に対し、「生態系の現状が望ましい状態であり、それが、将来にわたっても維持されるべきだという前提……はきわめて疑わしいと」いう批判を加えられている(48)。この批判に

対しては、伊東教授自身がすでに「念の為、付言してお」り[49]、わたくし自身は人為的な変動・変化を自明視するのはどうかとも思うので[50]、現在の科学水準に基づき適切な対応を続けなければならないと考えるが、「環境の保護」ということで単なる「保護」以上のことが念頭に置かれていたのではないかという分析[51]との関連で、いわゆる刑法の形成的機能論が再考されなければなるまい。伊東教授は結局、刑法は現在ある状態のより良い状態への「回復」ないし「改善」のためにも刑罰を科すことができるか、を問題としていたのであろうところ[52]、教授が具体例として取り上げた「滋賀県琵琶湖の富栄養化の防止に関する条例（昭和五四年一〇月一七日条例三七号）」における消費者レベルでの刑事規制は直接には、「販売業者等」のうち「りんを含む家庭用合成洗剤の店頭からの撤去その他必要な措置」についての知事の「命令に違反した者」を対象としており[53]、この刑罰規定は真正不作為犯であり身分犯にかかわるものであり、「琵琶湖の富栄養化」という事態に直面してその水質の保全が急務であると考えた滋賀県民が、「窒素またはりんを含む物質」従って「りんを含む家庭用合成洗剤」の県内での販売・供給も禁止しなければならないと考えたことが立法理由となっており、「窒素またはりんを含む物質」従って「りんを含む家庭用合成洗剤」も「富栄養化」の原因であることが科学的に裏付けられた以上、それを防ぐため適切な刑罰も含めた措置を講じることは「公共の福祉」にかなうという理由から、「販売業者等」に保証人的地位・義務を認めた条例ということになろう。こういう理由でこのような地位・義務を認めることができれば、「店頭からの撤去その他必要な措置」を（積極的に）講じることを通じて琵琶湖の水質保全に寄与すべしと知事は命じることができることになり、そこに「刑法の形成的機能」が見て取れるものと言えよう。このような意味での「刑法の形成的機能」を示す条文は現行法中に散見される（例えば、自園六九条・二七条一項、自然環境五三条二号・一八条一・二項、五五条・二八条二項、都市緑地二一条・六条一項、都園二五条・一一条一・二項、土壌汚染三八条・七条一・二項、なお、都園二五条・一一条一・二項、二八条二項・一一条一・二項）が、このような法律上の義務や先行行為に基づく真正不作為犯・身分犯構成による「刑法の形成的機能」については比較的問題は少ないように思われる[54]。

(5) 町野朔「環境刑法の展望」現刑二四号（二〇〇一年）八一頁も同旨の捉え方と言えようか。

(6) 長井圓「環境刑法の基礎・未来世代法益」神奈三五巻二号（二〇〇二年）一以下・四・五-六・一九以下・二一頁以下。

(7) 環境省総合環境政策局総務課編著『環境基本法の解説〔改訂版〕』（二〇〇二年、ぎょうせい）はしがき一頁。

(8) この点、原田教授も、「環境汚染と食物連鎖をキーワードとしたものをわたしは水俣病と呼んでいる。」と述べられており（原田正純『いのちの旅「水俣学」への軌跡』（二〇〇二年、東京新聞出版局）一三〇頁）、このように、「環境」と言う場合、環境媒体のほかに、環境媒体が様々な態様で現れたり、その中で生活するものといった「環境要素（Umweltfaktoren）」があり、そして「生態系（Ökosystem）」全体とその態様及び様々な副システム（Subsystemen）が挙げられており（Dieter Meurer, Umweltschutz durch Umweltstrafrecht?, NJW 1988 Heft 34, S. 2067〔links〕. なお、松田幹夫編著『みぢかな国際法入門』（二〇〇四年、不磨書房）一四四頁〔一之瀬高博〕も参照）、この意味で確かに静態的な「環境媒体」だけではないといういわばダイナミズムを念頭に置いておかねばなるまい。

(9) 長井・前掲注（6）二九頁注（2）（傍点、引用者）。この点については、ミヒャエル・クレップファー〔高橋明男訳〕「国家目標としての環境保護―基本法新二〇条のaについて―」阪法四六巻三号（一九九六年）一六八頁、畑尻剛「憲法問題としての「次世代に対する責任」―「世代間契約としての憲法」をめぐって―」ドイツ憲法判例研究会編『未来志向の憲法論』（二〇〇一年、信山社）三四頁以下参照。さらに、拙稿・前掲注（2）四九頁注（35）のほか、ヴィンフリート・ブローム〔大橋洋一訳〕「社会的基本権と憲法における国家目標規定（二・完）―目下論議されている基本法改正について」自研七〇巻七号（一九九四年）三二頁以下―もっとも、その後、二〇〇二年七月二六日の改正法により、自然的生活基盤「及び動物を（und die Tiere）」と付加されている（PETER SHIWY u. a., DEUTSCHE TIERSCHUTZGESETZE: KOMMENTAR ZUM TIERSCHUTZGESETZ UND SAMMLUNG DEUTSCHER UND INTERNATIONALAR BESTIMMUNGEN, BD. I. 89. ERG. LG. (STAND 1. 8. 2002, VERLAG R. S. SCHULZ) S.7 Fußn. 1)。このほか、HANS D. JARASS u. a., Grundgesetz für die Bundesrepublik Deutschland Kommentar, 5. Aufl. (2000, Verlag C. H. Beck) S. 510 Rdn. 5〔Jarass〕によると、基本法二〇条aは環境に対する具体的な危険の事前配慮（Vorsorge）をも目標としている、とある。なお、ウイリアム・H・ロジャース、Jr.〔伊東研祐訳〕『アメリカ環境法の理論的諸相』（一九八九年、成文堂）一二九頁。

(10) 将来世代の欲求とは現在世代のパターナリスティックな欲求である、旨の指摘として、赤尾健一『地球環境と地球経済学』（一九九七年、成文堂）一五五・三一〇頁参照。

(11) この点、松浦寛『環境法概説（改訂新版）』（一九九七年、信山社）三二頁参照。

(12) 関連諸法の概要につき、佐久間修「環境汚染化学物質の刑事規制について」阪法五一巻六号（二〇〇二年）二三頁以下参照。

(13) この点については、人間・家畜等との関係では、特に飲料水や食品についての基準を設定しかつ供給停止することが可能であり、その場合むしろ食品衛生法等によることになることともかかわる（中杉修身「化学物質対策法の現状と課題」森島昭夫ほか編著・増刊1999 5ジュリスト新世紀の展望2　環境問題の行方（一九九九年）一七一頁四段以下参照）。家畜や養殖魚の魚粉飼料として使用される魚とその内蔵物のカドミウム汚染問題につき、西日本新聞二〇〇二・一二・一五朝刊一八版三〇面参照。

(14) 例えば、西日本新聞二〇〇三・六・四朝刊一八版二九面。

(15) この点、ロジャース〔伊東訳〕・前掲注（9）四四頁注24)のほか、松浦寛「西ドイツ基本法における「環境基本権」の法的地位と性格」阪法一一四号（一九八〇年）九八頁、桑原勇進「国家の環境保全義務序説（四・完）—基本権との関係を中心に」自研七一巻八号（一九九五年）一一〇頁以下、河田昌東「遺伝子組換え作物—深まる健康と環境に対する影響の懸念」世界七〇六号（二〇〇二年）一一三下以下・一二〇頁下段以下参照。

(16) この点、松浦・前掲注（15）九八頁②参照。

(17) アトピー性皮膚炎等の環境要因全般との関係につき、毛利子来「身体—アトピー・花粉症ぜん息はなぜ？」世界六二八号（一九九六年）一四一頁以下参照。

(18) 欧州裁判所の「予防原則」につき、中島康博「狂牛病危機をどう乗り越えるか—安全な牛肉の供給のために」世界七〇六号（二〇〇二年）一二七頁下段以下参照。また、周知のように、日本は急速に少子高齢社会化しており（例えば、西日本新聞二〇〇三・六・六朝刊一九版三四面、六・一〇夕刊九版五面、八・二一朝刊一八版三面、朝日新聞二〇〇五・六・三夕刊四版三面）、様々な側面において特に高齢者が心身的に健康な状態で動けることが要請されていることは明らかであろう。

(19) 養殖フグに対するホルマリン投与問題に見られるように、直接海域環境に悪影響を与える場合もあり、他方直接には家畜との関係の問題であるが、近時、日本でも、家畜の飼料に加えられている抗菌剤についての検討が始められつつあるようである（西日本新聞二〇〇三・八・二七朝刊一五面）ところ、「家畜排せつ物の管理の適正化及び利用の促進に関する法律」がいよいよ施行された（なお、西日本新聞二〇〇三・八・一三朝刊二七面）ことにより、残留抗菌剤の恐れがあり（なお、残留窒素問題につき、原剛『農から環境を考える』（二〇〇一年、集英社）五二頁以下）、野放図な使用は許されないことは明らかであろう。なお、後掲注（74）。

(20) いわゆるストックの汚染物質の意義につき、C・D・コルスタッド〔細江守紀／藤田敏之監訳〕『環境経済学入門』（二〇〇一年、有斐閣）一七四頁参照。日本の判例につき、淡路剛久ほか編著・別冊ジュリスト環境法判例百選（二〇〇四年、有斐閣）二三五頁右〔伊藤司〕参照。

(21) Urteil des OLG Frankfurt v. 22. 5. 1987, JR 1988 Heft 4, S. 169〔rechts〕, 170〔rechts〕.

(22) 少し古くなったが、刑法学者にとっても興味深い論稿として、田村悦一「裁量のゼロへの収縮論について—判例の展開と課題—」立命二〇一・二〇二号（一九八八年）八一六頁以下がある。noch vgl. Der Generalstaatsanwalt Celle, Beschwerdeentscheidung v. 27. 4. 1987, NJW 1988 Heft 38, S. 2396〔links〕.

(23) 金尚均「現代社会における刑法の機能」刑法四〇巻二号（二〇〇一年）四四頁。

(24) Begründet von Adolf Schönke, fortgeführt von Horst Schröder, Strafgesetzbuch Kommentar, 26. Aufl.（2001, Verlag C. H. Beck）§324 Rdn. 8・9. ドイツの水管理法の事例として、OLG Celle, Urt. v. 11.2. 1986, NJW 1986 Heft 37, S. 2327〔rechts〕f.

(25) 西日本新聞二〇〇三・六・一八朝刊一九版二八面、六・二七朝刊二六面、八・一夕刊九版一面、ふくおか市政だより一二七九号（二〇〇三年）三面等参照。前者は八月一日、後者は一〇月一日施行。その後の状況につき、西日本新聞二〇〇五・三・一九朝刊一九版三〇面参照。

(26) この点、西日本新聞二〇〇三・七・一七夕刊九版一面、朝日新聞二〇〇五・三・六朝刊一四版三八面参照。

(27) この点、酒井安行「刑事規制の変容と刑事法学の課題—最近の刑事立法を素材として—〔緒論〕」刑法四三巻一号

（二〇〇三年）六・八頁、後藤弘子「変容する刑事規制と刑事法学の課題―「国民の期待」と刑事政策―」同五八以下・六八頁、井田良「刑事立法の活性化とそのゆくえ―本特集の趣旨」法時七五巻二号（二〇〇三年）四頁三段以下、松宮孝明『刑事立法と犯罪体系』（二〇〇三年、成文堂）六・一四頁以下参照。

（28）伊東研祐『環境刑法研究序説』（二〇〇三年、成文堂）五一頁。

（29）川端博・町野朔・伊東研祐「《鼎談》環境刑法の課題と展望」現刑三四号（二〇〇二年）四頁。

（30）伊東研祐「「環境の保護」の手段としての刑法の機能」同・前掲注（28）三頁。

（31）伊東・前掲注（28）六一・四九頁。

（32）そういう趣旨であるようにもうかがえる（川端ほか・前掲注（29）一七左・二三頁左）。

（33）この点、「資源の維持可能な利用」という場合（高村ゆかり「持続可能な発展（SD）をめぐる法的問題」森島ほか編著・前掲注（13）三六頁以下）とは、利用するのかそれとも汚染等するのかという意味で、概念的に厳密には異なるものと言えよう。例えば、大気を消費するのは利用に当たるが排気は汚染にかかわるものであろうし、原発で冷却水として利用した場合も排水は性質変更に当たるであろうし、水資源についても持続的に利用することが要求されるのに対し、枯渇させるような場合は性質変更に当たることになろう（板倉宏・小針健慈「ドイツ環境刑法の解釈と運用―水域汚染を中心に―」日本大学法学部法学研究所法学紀要三六巻（一九九五年）一〇〇頁、Konrad Wernicke, Das neue Wasserstrafrecht, NJW 1977 Heft 37, S. 1665〔rechts〕; Schönke-Schröder, (Anm. 24) §324 Rdn. 9; OLG Stuttgart, Urt. v. 26. 8. 1994, NStZ 1994 Heft 12, S. 590〔rechts〕. これに対し、Eckhard Horn, Rechtsprechungsübersicht zum Umweltstrafrecht, JZ 22/1994, S. 1098〔rechts〕. さらに、ドイツの水管理法三条二項二号の「利用（Benutzungen）」については法律の性質上広義の捉え方になっているようである。

（34）この点につき、丸山利輔ほか『水利環境工学』（二〇〇〇年・二刷、朝倉書店）一四〇頁以下〔中曽根英雄〕参照。

（35）Lothar Kuhlen, Umweltstrafrecht – auf der Suche nach einer neuen Dogmatik, ZStW 105 (1993) Heft 4, S. 712; Urteil des OLG Karlsruhe v. 21. 1. 1982, HR 1983 Heft 8, S. 340〔links〕, 342〔rechts〕, 343〔links〕m. Anm. O. Triffterer u. K. Schmoller; OLG Celle, (Anm. 24) S. 2327〔links〕; Urteil des BGH v. 31. 10. 1986, JR 1987 Heft

11, S. 472〔links〕, NStZ 1987 Heft 7, S. 325〔rechts〕m. Anm. H.-J. Rudolphi; Der Generalstaatsanwalt Celle, (Anm. 22) S. 169〔links〕; BGH, Urt. v. 20. 2. 1991, NStZ 1991 Heft 6, S. 282〔links〕.

(36) 比較的容易に原状回復しうる程度の「汚れ」では足りないとすれば、ドイツ刑法典三二四条の「汚染(Verunreinigt)」のような場合も質的に一時的にもせよ変容する程度のものが要求されることになるのではあるまいか。この点、丸山雅夫「水環境に対する刑法的保護」上法三七巻一八二号（一九九三年）二一五頁、板倉・小針・前掲注(33)、Gesetzentwurf der Bundesregierung: Entwurf eines Sechzehnten Strafrechtsänderungsgesetzes—Gesetz zur Bekämpfung der Umweltkriminalität—(16. StrÄndG), BT-Drucksache 8/2382, (13. 12. 1978) S. 14〔links〕f.; K. Wernicke, (Anm. 33) S. 1665〔links-rechts〕; Otto Triffterer, Umweltstrafrecht: Einführung und Stellungnahme zum Gesetz zur Bekämpfung der Umweltkriminalität, (1980, Nomos Verlagsgesellschaft) S. 180f.; Schönke-Schröder, (Anm. 33) §324 Rdn. 7-9; OLG Frankfurt, Urt. v. 22. 5. 1987, NJW 1987 Heft 43, S. 2754〔rechts〕, S. 2755〔links〕—そこでは、「水浄化の際のかなりの費用発生の危険」を「単なる財産損害の危険」と同視しているが、刑法上の法益としては水質を悪化させたことを端的に問題にすべきであろう。JR 1988 Heft 4, S. 173〔links〕m. Anm. R. Keller—そこでは、「性質を不利に変化させる」の下位ないし例示の事例として「汚染」を「結果犯」として位置付けることが、「生態学と経済学」のかみ合わせ・目標衝突の問題にも資する、旨が述べられている; Urteil des OLG Karlsruhe, (Anm. 35) S. 340〔links〕f.; OLG Celle, (Anm. 24) S. 2327〔links〕; OLG Köln, Urt. v. 17. 5. 1988, NJW 1988 Heft 34, S. 2120〔links〕f.

(37) 伊東・前掲注（28）五四・六一頁。

(38) 西日本新聞二〇〇二・九・五朝刊一九版二二・三一面、九・七朝刊一九版三七面—但し廃棄物一六条違反。同一二・二六夕刊九版一一面。

(39) Urt. v. 4. 7. 1991, NJW 1992 Heft 2, S. 123〔links〕.

(40) Urteil des OLG Karlsruhe, (Anm. 35) S. 343〔links〕m. Anm. O. Triffterer u. K. Schmoller.

(41) Urteil des BGH, (Anm. 35) S. 474 Fußn. 11 m. Anm. K. Schmoller.

(42) A. a. O. なお、抽象的・具体的危険犯 (abstrakt-konkretes Gefährdungsdelikt) 概念そして適性犯罪 (Eignungs-

delikte）ないし潜在的危険犯（potentielle Gefährdungsdelikte）概念につき、Schönke-Schröder,（Anm. 24) Vorbem. §§306ff. Rdn. 3.

（43）Noch vgl. L. Kuhlen,（Anm. 35) S.713

（44）Urteil des OLG Frankfurt,（Anm. 21) S. 169.

（45）Lothar Kuhlen, Der Handlungserfolg der strafbaren Gewässerverunreinigung（§324StGB), GA 1986, S. 392f.; Hans-Jörg Albrecht, Günter Heine und Volker Meinberg, Umweltschutz durch Strafrecht?: Empirische und rechtsvergleichende Untersuchungsvorhaben zum Umweltstrafrecht und zur Umweltkriminalität, ZStW 96 (1984) Heft 4. S. 953.

（46）Urteil des BGH,（Anm. 35) S. 472〔links〕f.; OLG Frankfurt,（Anm. 21) S. 169〔links〕f.; OLG Celle,（Anm. 24) S. 2327〔links〕f.

（47）KLAUS ROGALL, Gegenwartsprobleme des Umweltstrafrechts, Festschrift der Rechtswissenschaftlichen Fakultät zur 600-Jahr-Feier der Universität zu Köln,（1988, Carl Heymanns Verlag KG) S. 517; Klaus Tiedemann, Wirtschaftsstrafrecht-Einführung und Übersicht, Jus 1989 Heft 9, S. 697〔links〕; Schönke-Schröder,（Anm. 24) §324 Rdn. 9. 法益と法益の荷ない手の区別という特殊性はあるが、L. Kuhlen,（Anm. 35) S. 714も参照。この点、日本のいわゆる直罰規定についてもこのような捉え方が最も良く当てはまりうるであろうが、このような捉え方によれば、当該排出によって具体的に魚の死との間の因果関係が証明できなくても、当該排出によって水域の汚染等の状態が発生しまたは魚の死を惹起するのに適した排出であれば、環境媒体侵害罪の成立を認めることは可能となる。Vgl. Urteil des OLG Karlsruhe,（Anm. 35) S. 341 m. Anm. O. Triffterer u. K. Schmoller; Urteil des BGH,（Anm. 35) S. 474〔links〕m. Anm. K. Schmoller; Urteil des OLG Frankfurt,（Anm. 21) S. 169〔links〕, 172〔rechts〕, 173〔links〕; OLG Köln,（Anm. 36) S. 2119〔rechts〕f.

（48）齋野彦弥「環境刑法の保護法益」現刑三四号（二〇〇二年）三二頁左。

（49）伊東・前掲注（28）五四頁。

（50）例えば、いわゆる産業革命以降、二酸化炭素などのいわゆる温室効果ガスが人為的にかなりの程度増えているとすれば、それ自体で規制する理由があるものといえよう。それまでの大気と比べ、自然状態では解消しきれない人為的な環境変容要因を発生せしめたことになるからである。この点、トラック輸送から鉄道輸送などに切り替えるといった物流変更の検討・効率化等につき、西日本新聞二〇〇三・八・一三朝刊一五版二八面、二〇〇五・三・一〇朝刊一八版九面、朝日新聞二〇〇四・一一・一九朝刊一三版一二面参照。また、二〇〇五年二月一六日に発効に至ったいわゆる京都議定書に先立ち開催された「《シンポジウム》温暖化と法律―地域での取組を中心に―」九州法学会会報二〇〇三年二八頁以下〔浅野直人ほか〕参照。

（51） 伊東・前掲注（28）五三頁以下。

（52） 同五四頁。この点、D. Meurer, (Anm. 8) S. 2071〔links〕; Schönke-Schröder, (Anm. 24) §324 Rdn. 10；拙稿「判例による法形成―「水俣病事件」の場合―」法政五八巻二号（一九九二年）一六三頁―Klaus Hansmannの見解も参照。

（53） 同条例二〇・二九条一項―一〇万円以下の罰金（「〔資料〕滋賀県琵琶湖の富栄養化の防止に関する条例（昭和54年10月17日滋賀県条例第37号）」ジュリ七〇八号（一九八〇年）四九頁）。

（54） D. Meurer, (Anm. 8) S. 2071〔links〕. なお、市営プールの運営に当たる部局の長とその上位部門の責任者たる第一助役（Beigeordneten）につき、下水路が設置されたことにより、プールの汚水をそちらに流すべきドイツ刑法典三二四条の過失不作為による共同責任が問題とされた（同一三・一四条二項一文二号・三文）事例として、OLG Köln, (Anm. 36) S. 2119〔rechts〕f., 2121があり、また、家庭用小型浄化槽装置に関する市長の三二四条の不作為責任が問題とされた事例として、2. Strafsenat. Urt. vom 19. August 1992, BGHSt 38. Bd. S. 331f. がある。noch vgl. OLG Frankfurt, (Anm. 36) S. 2756〔links〕f., (Anm. 21) S. 171〔rechts〕f.; Der Generalstaatsanwalt Celle, (Anm. 22) S. 2395〔links〕f.

三　公害対策基本法から環境基本法へ

1　法制度における「経済的要因」と近時の経済理論

(1)　公害対策基本法から環境基本法へと改正増補された際、「国民の日常生活や小規模なものも含めた事業者の通常の事業活動に伴う環境への負荷の集積によって生ずるもの」が問題となってきているという現状認識が示されており[55]、典型的かつ激甚な「公害」が一応終熄を迎えた一方、加害者・被害者の区別が一義的に明確になしえない状態になったことを表しているものとも言えよう[56]。それは住民の利便性を図るための企業活動が進むにつれ、住民の購買意欲との相互作用の為せる技であろうが、企業の技術革新によって解決しうる側面もかなり多いとともに、住民の必要最低限の協力も不可欠であることは明らかであろう(この側面では、消費者が可能な限り環境的商品を選別する能力を養うことが、自由主義的経済下最も重要となろう)。また環境基本法制定の当時、「経済と環境がトレードオフの関係にあるという考え方があるが、経済と環境が統合された社会経済では、経済活動そのものが環境に考慮したものとなるので、そのような対立は起こらない。[57]」等の認識が示され、さらに、公害対策基本法のいわゆる経済との調和条項とは異なり、環境基本法四条につき、「資源やエネルギー等の面においてより一層の効率化を進め、物の再使用や再生利用を更に組み込み、また、浪費的な使い捨ての生活慣習を見直すなど、その内容の変化を伴う健全な経済の発展を図り、環境負荷の少ない経済社会を構築していく[58]」とあるように、国際的な状況にも規定されつつ[59]既存の法令の改正や新法律の制定が矢継早に行われ今日に至っているものと言えよう。

(2)　より一般的な観点から言うならば、法律学が(人間)社会全般に渡る法規律を対象とするのと同様、経済学も社会科学として、(人間)社会全般に渡る経済現象を解明する学問分野であろうから共通の地盤を獲得すること[60]は可能なのであろう。すなわち、(人間)社会はいかなる有り様が望ましいのかという点を巡ってである[61]。例えば、いわゆる外部性は市場メカニズムから逸脱しているという意味において非効率的であると捉える場合[62]、すなわち、環境財の利用は効率的につまり最低限の社会的費用により全体的に最大限の利益が引き出される形で行われなければならないところ[63]、いわゆる大量廃棄社会は環境損害や紛争コストも併せて考えるならば経済的側面からも社会的費用の大きい非効率的な社会であったのでありかつ資源の浪費も伴っていたと捉える場合[64]、そこでの「効率性」とは、大量生産・大量消費・大量廃棄という流れにより、急速な高度経済成長を遂げれば良いと言うのではなく、環境媒体はもとより動植物・人間にまで多大の被害を及ぼすことのないような形での経済成長が要請されるという価値観が表明されていることになり、そしてそのような形での経済成長が目的として合理的であると言うことになる（=目的合理性[65]）。そこでは、現実に利潤追求第一に行動している経済人といったザインの側面と、浪費のない形で従って福祉を最大にする形で（wohlfahrtsmaximierend）国の環境政策上の紛争についても解決されるべきであるというゾレンの側面が区別されてもいるが[66]、いずれにせよ、環境財の利用が効率的に行われているか否かについては、目標と手段の関係によって規定されることになり、また諸効果もしくは諸利益が比較較量されることになるものとされている[67]。具体的には、道路交通や住民の健康維持の側面と核エネルギーといった危険物や製造物の法との比較で、生命・健康の保護の取り扱いに齟齬がありはしないかといった問題点が指摘されつつも、較量自体は否定されてはいけないとし[68]、他方、（私的で）直接的な危険回避の領域において生命・身体の保護が優先されることは効率的な判断であるともされており[69]、われわれは、経済理論における効率性判断が刑法理論における法益較量を加味した目的・手段説[70]とほぼ同様に捉えるものであることを看取しうる訳である[71]。そしてまた、いわゆる外部費用を内部化したシステムが自然発生的に構築されないことが経済上明らかであるとすると[72]、最終的には刑罰も含めた形で誘導・強制せざるをえないと言うことになろう[73]。

(3) 以上のように、近時の経済学・経済理論においても「効率性」等の概念を環境的に捉え直すことによって、一面的に利潤追求のみを正当化するのではない理論が呈示されており、「経済的要因」についても常に最優先される訳ではないことが看取されたことと思うが、いわゆる外部性は市場メカニズムから逸脱するから非効率的であるとされているとすると、例えば「種としての特性」にも配慮しつつ市場メカニズムに乗せてやれば良いということに、理論上はなりそうである。どの程度いかなる形で配慮しうるかそしてそのことを(刑)法的に強制しうるか、については、「種としての特性」を変容させうる程度従っていわば家畜化しうる程度を前提に、(衣・)食・住全般に渡って具体的に規律された規範によって行われることになるであろう。(74)

2　経済刑法と環境刑法の関係

(1)　経済刑法と環境刑法の関係、なかんずく環境刑法が経済刑法の一分野をなすかについては必ずしも明らかでない。「公害罪や環境犯罪は経済活動に関係する犯罪ではあるが、保護法益が直接的には自然、間接的には生命・身体・健康に関係するため、これらの処罰規定はあえて経済刑法から除外」するとされるのが、(75)むしろ近時の峻別的な有力説であろう。(76)これに対し、従来は両者の共通性を強調する見解も有力に唱えられており、例えば平野博士は、主として企業の経済活動に伴ってひきおこされすなわち正常な日々の活動によってひきおこされる点、そして不特定多数の人々に対するものであり、したがって被害が発生する以前の段階で防圧する必要がある点に経済犯罪と公害犯罪の共通点を見るとともに、倫理的にはそれほど大きな非難は加えられないが、国民の経済生活に大きな影響を与える行為である経済犯罪に対し、公害は国民の生命および身体ないし健康に重大な影響を及ぼすという点などに違いを見られ、(77)ティーデマン教授においては、経済刑法と環境刑法の共通点として、刑罰構成要件が企業の経営者や社長(のみ)に向けられており、それゆえに刑法理論的には身分犯であり、(78)また抽象的危険犯として捉えやすく、(79)そして経済との関係性(Betroffenheit der Wirtschaft)を挙げつつ、(80)留保を付けながらも、環境刑法が経済刑法の一部をなすことを肯定されていた。

(2)　近時の有力説も公害犯罪・環境犯罪が「経済活動に関係する犯罪」であることは認めつつも、経済刑法を一般消費者・経営体の財産的・経済的利益侵害行為等と捉え、間接的に生命・身体・健康を保護するための規定違反行為等を除いたため、[81]上述の峻別論に至ったようであり、いわば経済刑法の純化論とも言えよう。前述のように（1(1)）、いわゆる大企業以外の事業者及び住民による環境負荷に対応するためにも経済活動・企業活動にこだわらない方が良いのかもしれないが、いわゆる産業廃棄物は四億トンであり、一般廃棄物は五〇〇〇万トンと言われるように、[82]桁違いに産廃の方が多い訳でありまた国民の環境負荷低減・環境保全ないし協力義務（環境基九条）も強調されなければならないが、単なる努力義務ないし訓示規定では実効性を保し難い面があるとともに自発的な協力も継続性・一貫性に必ずしも期待が持てない面もあろう。究極的には企業の技術革新によって解決されるべき点が殆どと言っても過言ではないように思われるが、[83]そのような段階に至るまでは、技術革新的・形成的な側面も含め、やはり特に企業そして事業者の経済的活動に対し環境負荷要因として視点を当てざるをえないのが実態と言えるのではあるまいか（環境基八条。勿論、国・自治体の（環境法）政策も相伴わなければならないが（同六・七条））。[84]以上の考察から、企業・事業者が経済的活動に従事する際に、環境媒体に対して逸脱脱法行為に出た場合、そのような行為は一面経済的活動であるとともに、環境媒体侵害行為でもある訳であり、従来は環境媒体侵害的である点に着目して「環境刑法」として位置付けられてきたのであろうが、企業・事業者の経済的活動の逸脱脱法形態と言う意味では「経済刑法」にもかかわっていた訳である。従って、このような場合は、環境媒体経済刑法と環境刑法が競合・交錯する場面と言うことになり、われわれが「環境刑法」と呼ぶ場合、私見によれば、実は最も「本来的な交錯」であった訳である。[85]

(55)　環境省総合環境政策局総務課編著・前掲注（7）六八・一一〇頁。

(56)　この点、かつて宗岡教授が伊東教授の論考を批判的に検討し、いわば環境被害民の環境「意識」と「環境権」の問題を論じて締め括りとされたことがあった（宗岡嗣郎「刑事法における環境保護とその形成的機能」久留米九＝一〇号（一九九一年）四以下・七以下・一五頁以下）が、いわば環境加害者として立ち現れる消費者の側についても取り上げていた伊東教授の立論とは、若干理論前提を異にする面があったものと言えよう。

(57)　環境省総合環境政策局総務課編著・前掲注（7）一〇四頁。なお、ドイツ・フライブルク市の例につき、諸富徹「地域から持続可能な社会をつくる」世界七〇三号（二〇〇二年）一三三頁下段以下参照。

(58)　環境省総合環境政策局総務課編著・前掲注（7）一四九-五〇頁。

(59)　この点、一九七二年一二月二九日ロンドンで採択され、一九七五年八月三〇日に発効したいわゆるロンドン海洋投棄条約＝廃棄物その他の物の投棄による海洋汚染の防止に関する条約が一九九三年一一月に改正されたのに伴い、日本においても一九九六年一月一日より産業廃棄物についても原則として海洋投入処分が禁止され（石川禎昭編著『図解循環型社会づくりの関係法令早わかり—廃棄物・リサイクル7法—』（二〇〇二年、オーム社）九頁以下、石野耕也ほか編著『国際環境事件案内』（二〇〇一年、信山社）一〇一頁以下〔一之瀬高博〕、地球環境法研究会編『地球環境条約集第4版』（二〇〇三年、中央法規出版）三五九・三六一頁以下〔布施勉〕）、一九八九年三月二二日バーゼルで採択され、一九九二年五月五日に発効したいわゆるバーゼル条約＝有害廃棄物の国境を越える移動及びその処分の規制に関するバーゼル条約により、一九九七年一二月一三日をもって再生処理を目的とした廃棄物の輸出も原則的に禁止されるに至った（石川・同九-一〇・一五・一八・九七頁、地球環境法研究会編・同五三四頁下段〔佐伯富樹〕）ことが、特に重要であるようである。

(60)　Erik Gawel, Ökonomische Effizienzforderungen und ihre juristische Rezeption-Ein problemstrukturierender Überblick, Erik Gawel (Hrsg.), Effizienz im Umweltrecht: Grundsatzfragen einer wirtschaftliche Umweltnutzung aus rechts-, wirtschafts-und sozialwissenschaftlicher Sicht, (2001, Nomos Verlagsgesellschaft) S. 50によると、「経済学は欠乏諸状況における合理的な判断の学問である。」とある。noch vgl. S. 48-9•54-5.

(61)　この点、従来やはり「市場価格」に基づくような環境保護論に対しては疑念が表明されていたところであった（Günter Heine und Volker Meinberg, Das Umweltstrafrecht-Grundlagen und Perspektiven einer erneuten Reform, GA 1990, S. 6. 山中敬一「ドイツ環境刑法の理論と構造」関法四一巻三号（一九九一年）五〇三頁）。

(62)　赤尾・前掲注（10）二四六頁。

(63)　E. Gawel (Hrsg.), (Anm. 60) Vorwort S. 5; E.Gawel, (Anm. 60) Ökonomische Effizienzforderungen, S. 11・

13・17―浪費のない国家活動は憲法上の比例性原則に相応しているとする、auch vgl. S. 21・38・43―浪費をしないことそしてそれと同時平行的に現れる・個人的な欲求充足機会の切り詰めの根拠条文として、特に基本法二条が引き合いに出されている。noch vgl. H. D. JARASS u. a.,（Anm. 9）Art. 2. Rdn. 21・33・65・82〔Jarass〕.

（64） 植田和弘ほか監修、安田火災海上保険ほか編『循環型社会ハンドブック―日本の現場と課題』（二〇〇一年、有斐閣）四頁〔植田〕。

（65） E. Gawel,（Anm. 60）S. 11. このほか、窃盗罪における「効率性」の理解の違いにつき、藤田友敬「サンクションと抑止の法と経済学」ジュリ一二二八号（二〇〇二年）二八頁注2）、限りなき経済成長に農業も巻き込まれている旨の指摘として、「21世紀の環境と食料を考えるシンポジウム」西日本新聞二〇〇三・八・三〇朝刊七面〔中村敦夫参院議員〕参照。

（66） E. Gawel,（Anm. 60）S. 12. auch vgl. S. 23・25・39. noch vgl. Martin Führ, Ökonomische Effizienz und juristische Rationalität-Ein Beitrag zu den Grundlagen interdisziplinärer Verständigung, E. Gawel（Hrsg.）,（Anm. 60）S. 199f.

（67） E. Gawel,（Anm. 60）S. 15. auch vgl. S. 21・42・43f.―そこでは、論者によって争いがあるようであるが、経済性命令としての効率性要請（Effizienzpostulat als Wirtschaftlichkeitsgebot）または経済性原則（Wirtschaftlichkeitsprinzip）は他の諸原則と較量されるものではなく、較量すべき命令を自らのうちに含み持つものであり、形式的な・内容的に未決定な原則であって、なかみは価値・目的によって充足されるべきものとして捉えられている。noch vgl. S. 46f., 49; M. Führ,（Anm. 66）S. 162f., 199f.

（68） E. Gawel,（Anm. 60）S.22・56.この点、例えば、近時日本でも刑法典中に「危険運転致死傷」罪（二〇八条の二）が挿入されるに至ったことなどが想起されよう。さらに、ロジャース〔伊東訳〕・前掲注（9）四三頁注24)。

（69） E. Gawel,（Anm. 60）S. 23・41.

（70） 小暮得雄「違法論の系譜と法益論」法協八〇巻五号（一九六四年）八〇以下・九二頁。

（71） なお、目的（Zweck）は目標（Ziel）より狭く捉えられることもあるようであり（M. Führ,（Anm. 66）S. 186 Fußn.107）、日本の国語辞典でも、目的は目標よりも最終性を表す言葉として理解されているようである。もっとも、フューア教授自身はそれ程厳密には使い分けられていないようでもある（M. Führ, a. O. S. 162, Fußn. 15, S. 201f.)。

(72)　天野明弘『環境経済研究―環境と経済の統合に向けて』（二〇〇三年、有斐閣）五・一八・二三以下・五五・八四頁。

(73)　近時、リサイクル関連諸法においてこのような手法が見られる（食品循環資源九条三項・二六条、容器包装二〇条三項・四六条、資源有効利用一三条三項等と四二条、家庭用機器一四条二項等と五八条、自動車再資源二〇条三項等と一三九条二号、建材再資源一五・二〇条と四九条）。ドイツの廃棄物六一条一項五号・六条一項に基づく包装物令一五条一号も、製造・販売業者が輸送包装物を使用後回収すべき義務（四条一項一文）に反し回収等しなかった場合に対し、原則として五〇万ユーロ以下の秩序違反金を課しうる（廃棄物六一条三項）旨を規定している（Joachim Steindorf, K 185h. Verordnung über die Vermeidung und Verwertung von Verpackungsabfällen (Verpackungsverordnung-VerpackV) Vom 21. 8. 1998 (BGBl. I 2379), (Stand: 1.7.2002) S. 64 Rdn. 3・4, 65 Rdn. 1, in: begründet von Georg Erbs, vormals herausgegeben von Max Kohlhaas, Strafrechtliche Nebengesetze, Bd. II (2003, Verlag C. H. Beck))。これらは「刑法の形成的機能」にかかわる条項でもあろう。

(74)　この点、農水省は自然に近い環境で育てた牛・豚・鶏からの食肉・牛乳・卵を「有機畜産物」と認定し、食品に統一表示を付ける方向で検討を始めた旨も報じられており（西日本新聞二〇〇三・九・二二朝刊一九版一面）、かなり改善の方向性が示されつつあると言えよう（なお、農林水産省食品流通局品質課監修、国政情報センター出版局編『一目でわかる！改正ＪＡＳ法平成11年』（一九九九年、同出版局発行）四二頁以下）。前掲注（19）も参照。

(75)　中山研一ほか編著『経済刑法入門第三版』（一九九九年、成文堂）一六頁（神山敏雄）。

(76)　これに対し、経済の方が環境・生態系の一部にすぎないと捉えるべきという主張も近時見られる（レスター・ブラウン〔世界編集部聴取〕「「エコ経済」へ向けて今こそ行動を」世界七〇三号（二〇〇二年）九二頁）。

(77)　平野龍一『刑法の機能的考察　刑事法研究第1巻』（一九八四年、有斐閣）八二―三・一一一頁。もっとも、八六頁以下。

(78)　クラウス・ティーデマン〔西原春夫ほか監訳〕『ドイツおよびＥＣにおける経済犯罪と経済刑法』（一九九〇年、

成文堂）一二頁〔野村稔〕。もっとも、ドイツ刑法においては「特別犯（Sonderdelikte）」という表現により、特別な義務が課せられる者のみが行為者（正犯者）たりうるような構成要件を意味しているようである。vgl. Schönke-Schröder, (Anm. 24) Vorbem. §§25ff. Rdn. 84f.〔Cramer/Heine〕, Vorbem. §§324ff. Rdn. 25f.〔dieselben〕; D. Meurer, (Anm. 8) S. 2070〔links〕; noch vgl. D. Meurer, a. a. O. S. 2066〔links〕; Klaus Tiedemann, Strafrechtliche Grundprobleme im Kartellrecht, NJW 1979 Heft 37, S. 1850; 2. Strafsenat. Urt. vom 19. August 1992, BGHSt 38. Bd. (1993) S. 330・333.

（79）ティーデマン〔西原ほか監訳〕・前掲注（78）一八-九頁〔野村〕。

（80）Klaus Tiedemann, Die Neuordnung des Umweltstrafrechts, (1980, Walter de Gruyter) S. 11-2. なお、ティーデマン〔西原ほか監訳〕・前掲注（78）二・一三頁〔野村〕。

（81）中山ほか編著・前掲注（75）一二頁〔神山〕。

（82）大橋光男「『循環法』制定とNGOの果たす役割」ジュリ一一八四号（二〇〇〇年）六〇頁一段、石渡正佳『産廃コネクション』（二〇〇三年四刷、WAVE出版）一八頁以下、朝日新聞二〇〇四・一二・二六朝刊一四版三面。

（83）もっとも、技術革新がなされても消費者としては手頃な価格でなければ入手できない訳であるから、大量生産・大量消費そして大量の循環的な利用（循環型社会基二条四項。なお、一般的には、いわゆるリサイクル中心では省エネや環境負荷削減効果は少ない旨の指摘がある（山田國廣「ライフサイクルアセスメントとは」世界六二八号（一九九六年）一二九頁、山田國廣ほか「座談会　環境のいまをどうみるか」同一五二頁下段〔藤原寿和〕）とそのための環境政策推進がなされなければならないであろう（諸富・前掲注（57）一一七頁下段以下）。

（84）環境基八条や廃棄物二条四項は「事業者」「事業活動」という文言を用いており、ほぼ「業務者」と同様な趣旨に用いられているようにもうかがえる（=「反復継続して一定の行為を行うことを業務とする者を、その活動の主体としての側面でとらえた場合に、これを「事業者」と呼ぶ」（環境省総合環境政策局総務課編著・前掲注（7）一六一頁））ところから、少なくともいわゆる第一次産業従事者についても、「環境媒体」とのかかわり合いの強さに鑑み、念頭に置かれることになろう（勿論、第二次産業・第三次産業従事者も念頭に置かれうるであろうが）。もっとも、経営規模にもよるであろうが、個々的にはいわゆる企業程の環境負荷と言えないとしても、累積的な効果は看過しえないということもあろう（例えば、宇賀克也「高知古ビニール事件―市町村及び河川管理者の廃棄物処理義務」森島昭夫ほか編著・別冊ジュリスト126公害・環境判例百選（一九九四年）六二頁以下）。しかし、このような従事者の多くは今日、例えば農薬や肥料・飼料、農業機械など、企業活動の一環に組み込まれ、その意味ではいわば下請け的に行っているような側面も看取されないではなく、従って、そのような側面での環境負荷を漸減させることが最も問題となっていることになろう（ここでも、国・自治体の関与が必要である）。また、農業法人等と言うことになれば、法形式上は端的に「企業」と言うことになる訳である。

（85）　これに対し、廃棄物の放置が不動産侵奪罪に問われるような場合（最一小決平成一一・一二・九刑集五三巻九号一一一七頁）、「非本来的な交錯」と称することができよう。廃棄物の放置はもともと環境媒体侵害的行為であるが、廃棄物法等で捕捉する（同法関連の事件につき、拙稿・判評五三七号四五頁以下参照）ことなく刑法各論の罪によって処罰しているところに便宜性を看取することができようからである（なお、近時、ガラス瓶や廃プラスチックのリサイクルをめぐり詐欺事件が散発している例につき、朝日新聞二〇〇五・一・一七夕刊四版一九面、一・一八朝刊一四版三五面、一・二〇夕刊四版一四面参照）。もっとも、環境媒体侵害的行為が広義の経済刑法に低触するものとして捉えられているという意味では、この場合の方がむしろ「本来的な交錯」であるとする見方もありえよう。

四　結びにかえて

わたくしが北海道を離れた後のことと思うが、小暮先生は北大教授時代、道の自然保護関係の協会長を務めておられたと聞く。その後先生も離道したが、「本州の自然はどうもいささかひ弱な感じがする」と述べられていた（関東の冬は底冷えするように、わたくしには思われるが）。そして、いつぞやの学会の折であったか同じホテルに宿泊しており偶然駅まで同道した際に、先生は「やはり未来世代のための環境保全が重要だと思う」旨を述べられたことがあった。本稿においては、先生との会話を思い出しつつ、わたくしなりに考察を加えてみたものである。

もっとも、時代はすでに、「環境刑法」から「生態系刑法」へと推移しつつあるようにもうかがえる。しかし、「生態系」まで到達しなくても「環境媒体」自体保護に値すると言うのが本稿の立場であるが、家畜等については可能な限り「生態系」的飼育が要請されていることも見た通りである。

いずれにせよ、わたくしを含めた近時の傾向の一部にはいささか「先祖返り」の嫌いがあるのかもしれず、その点で謙抑性に欠けていると見る向きもあろう。(86)「零細な反法行為」は最終段階の刑事罰に処せられないのが現行法の原則とも言えようが、許された行為である訳ではない場合、権限ある行政官（庁）・警察官（庁）の適切な対応（警告そして場合によっては有形力の行使）が要請されることもあるであろう。(87)特に環境保全については、単なるノスタルジアにとどめることなく、旧き良きもので復活させるべきものは復活させ進めていくべきものは進めていくべきと言うことであろうし、刑法もそのための一助を荷うものと言えよう。環境刑法論には、刑法の法益論と同様、一定不変の本質があると言ってさしつかえないように思われる。

(86) 小暮先生は、「立法上の謙抑」も含めた「全刑事法領域を通じて貫徹されるべき、基本思想ないしは指導理念として、「謙抑主義」を捉えられたことであった（小暮得雄「犯罪論の謙抑的構成」平場安治ほか編著『団藤重光博士古稀祝賀論文集第二巻』（一九八四年、有斐閣）五頁）。

(87) そのためには端緒が必要となるが、例えば、電力会社の営業所員などに廃棄物の山林不法投棄を監視してもらうための営業所と町との情報提供契約につき、西日本新聞二〇〇四・三・二七朝刊三三面参照。

刑法における被害者の同意

川原廣美

一　はじめに

「被害者の同意」が刑法理論において一般的な研究対象とされるのは、同意が依然として正当化事由の中で異物と感じられるなど、いくつかの理由があるが、とりわけ重要なのは、「被害者の同意」の分析によって、刑法理論の中核概念の一つである法益あるいは法益構造の解明が予想されるからである。かつて、法益構造を被害者側から再検証することの意義を、特に法益保護の目的との観点で示唆したことがあるが、(1) 犯罪における被害者の存在あるいは被害者感情というものが刑事司法や手続きにおいて、ともすれば具体的関わりを持つことが少ない現況では、「被害者の同意」は今日においてもその分析の意義を決して失っていないものと思う。

このような「被害者の同意」分析の意義とは別に、「被害者の同意」には、その合理的効力範囲の論定という、解決の難しい古典的問題が残されている。この問題に答えることは、単に先の分析の理論的帰結を示すに止まらず、実践的な問題に対する解答を提示するものとして十分意味をもつ。たとえば、治療行為に対する患者の同意がその典型である。なぜならば、治療行為に対する患者の同意の効力範囲を合理的に論定する作業は、治療に内在する危険性を適正に配分し、医師と患者との公正な関係を確立するための契機として甚だ重要なものとして要請されるからである。

この論定の作業に際しては、個人に根元的価値を置く現憲法の価値観を前提として、その内在的制約原理を再考するという方法で論述を進めている。このような個人尊重の価値観からの出発は、刑法を憲法秩序内で理解することからの当然の帰結と考える。

なお、本稿は、かって、小暮得雄先生のご指導のもと作成された、前出(注1)にある研究ノートを要約し、論旨一貫するように校訂したものであり、以下の論述においては、刑法における自律性原理の確立を目指した若き日の思いを再論するという形をとったものであることをご理解いただきたい。(2) 残念ながら、「被害者の同意」分析の新しい意義を提起するものではないが、現在、刑法学の研究の場からは離れている不肖の身にありながら、このような機会を与えられたことには心より感謝し、まず、はじめにお礼の言葉を述べさせていただいた。

(1) 拙稿「刑法における被害者の同意(1)――自律性原理の確認」『北大法学論集』(三一巻一号・一九八〇)二〇九-二三六頁、同「刑法における被害者の同意(2・完)――自律性原理の確認」『北大法学論集』(三一巻二号・一九八〇)七五七-七九七頁。

(2) したがって、その後の学説や判例の動向をフォローはしていない。また、北海道大学法学部助手の職を辞してから後も、前出(注1)の研究ノートを少なからず引用いただき、ご著書やご論稿の抜刷りなどをお送りいただいたが、学説全般の状況を適切に理解することができないので、敢えて、本稿では引用を控えさせていただいた。しかしながら、その方々には、この場を借りて、深く謝意を表させていただきたい。

二 同意の効果

「被害者の同意」の理論的分析は、法益構造の理解と密接に繋がる。その際、「利益」あるいは「財」という概念をどう捉えるかが出発点である。各種の議論の方向性から、利益・財概念は大きく二つに分けることができると考えられる。一つは、主体の事件あるいは対象に対する心理または意思関係を本質とするものである。主観的に存在するという意味で、これは主観的な利益・財概念と特徴づけられる。二つは、それらの関係が抽象された複合的・平均的内容を持つものである。主観とは離れてありうべきものとして存在するという意味で、客観的ないしは一般的概念と呼ぶことができる(3)。

いずれを選択するかは別として、この利益・財に、国家権力が保護主体として刑法的保護を与えるのである。利益・財の刑法的保護に関し、国民および公衆は一般的・抽象的な利害を有するが、これは刑法の一般予防機能と係わる、立法上あるいは刑事政策的利益にすぎない。当該刑罰規定によって保護されるのは、まさにその利益・財の帰属主体であって、この主体が真の「被害者」となる。被害者には、個人、法人（構成員）、社会（公衆）、国家（国民）がある。

被害者が確定され、そこから「被害者の同意」の効果論定の作業が始まるのであるが、その際、上述した内容と関連して、次の三つの視点を問題としなければならない。すなわち、被害者の同意と主観的利益・財との関係、次に、客観的利益・財との関係、そして最後は刑法的保護それ自身との関係である。なお、前二者は法的保護ではなく、法的保護の対象の問題である。

1　利益・財概念

利益・財の帰属主体が、その利益・財への他人の干渉に同意を与える場合、そこからいかなる帰結が導かれるであろうか。この問題を、個々の犯罪構成要件の該当性とは離れ、犯罪構造一般に対する実質的影響という観点から眺める。「被害者の同意」の法益構造に及ぼす作用の問題であり、通例は、同意の違法性阻却の根拠として扱われる。

主観的な利益・財概念という観点では、被害者の同意によって保護の対象自体が欠如し、それ故、法的保護の必要性も喪失することになる。学説的には、比較的初期の段階で主張された考えであり[4]、同意によってそもそも形式的にも被害者が存在しなくなるという主張は魅力的である。しかし、その後の学説の展開は、利益・財概念を客観的に捉えるのが支配的となる[5]。公刑罰という観念に沿った方向であり、また刑罰の客観化の流れでもある[6]。利益・財概念を利益主体の主観から離れ客観的に捉えれば、同意にも係わらず保護の対象に対する侵襲は存在する。これは、客観的利益・財概念の定義自体の問題である。したがって、被害者の同意は、法的保護それ自身との関連で議論されるようになる。

2　刑法的保護

同意の効果を法的保護の対象から説明できないとするならば、次に同意と法的保護それ自身との関連を考察する必要が生じる。すなわち、被害者の同意によって刑法的保護の必要性が放棄されるのかどうかということである。この議論の成否は、私人の放棄がなぜ国家の基本的には公法的な保護義務に反して貫徹されるのかの説明如何に係っていると考えてよい。

(1)　権利放棄

被害者の同意を権利放棄の意思表示や法律行為と理解して、私法的効果から同意の法的効力を説明する方法がある[7]。ここでこの学説に触れるのは、学説史をひもといて、このような考えの当否を検討するためではなく、刑法の枠を越えたところに論拠を求めるその方法論に注目してである。すなわち、私法領域でないものの、刑法を憲法秩序内に置いてそこに規定された価値秩序から同意の意義を解き明かそうという、以下に検討する立場に近似する方法論が見いだされるからである。

(2)　個人の自由

被害者の同意が刑法的保護放棄を導く理由として、「個人の自由」を挙げる思考がある[8]。自己に帰属する利益・

財への侵害に同意できる可能性を「個人の自由」の一部と捉え、この自由は法秩序がまた保護する一つの価値でもあると考えるのである。その背景にあるのは、個人の自由に高い価値を置く普遍的な価値観ないしは憲法観に根差してのものである。

利益・財への侵害に同意する権能が個人の自由の一部として憲法秩序によって承認されているという考え方は、否定できない事実であるが、その一点から被害者の同意が法的保護の必要性を喪失させるというのでは、刑法的観点からの説明としては不十分なものと思われる。国家の憲法政策を反映した結果、刑法的保護の構造が具体的にどう規定されるに至ったのかを述べなければ、個々の問題解決に資することがないからである。

(3)　主体の自律性

憲法上の「個人の自由」という価値を同意との係わりにおいて、刑法内部で如何に位置づけたらよいであろうか。客観的利益・財がある主体に帰属するということの意義から考えてみる。

その場合、客観的利益・財がある主体に帰属するということは、消極的側面として、それは他人の利益領域へ侵襲禁止という刑法的命令として表現されるものであるが、さらには積極的側面として、その利益・財をどう扱うかはその主体の自立性に任されているという意味付けを与えている。すなわち、利益・財の刑法的保護の目的は、最終的には、各人の自律性の保護あるいは自己決定権の尊重にあると言うことができる。したがって、被害者の同意は、利益・財への侵害と見える場合でも、その侵害行為を禁じている刑法的保護目的たる、主体の自律性あるいはまた自己決定を無視するものではなく、それ故、刑法的保護の必要性を欠くに至らせるのである。(9)

(4)　小　括

利益・財の刑法的保護の意義は個人の自律性の確保にあるからこそ、そこに保護客体の尊重の要求も生まれてくる。個人の自由が現行憲法秩序において重要な価値として位置づけられていることの反映が刑法的保護の目的に表れているという理解によれば、同意は個人の自律ないし自己決定の発露と性格づけられ、刑法の利益・財保

護の目的と合致するものと捉えられる。この法的保護の目的との合致の中にこそ、同意の法的保護放棄の効力根拠がある。(10)

3　法益構造

伝統的法益概念を継承すれば、法的保護の対象は、複合的・平均的内容を有する客観的利益の一定量を担う財である。したがって、被害者の同意によってこの利益が放棄され、法的保護の対象が存在しなくなるということはない。しかし、同意が存在するという事実は、その財の法的保護の必要性に影響を与える。というのは、財を保護する究極的目的は、「個人の自由」に高い価値を置く憲法秩序の反映として、その財の保持者にその財に係わる一定量の利益を自由に選択させるというところにあるからである。被害者の同意はまさにこの自由選択の発露に他ならないので、当該財の保護を不要にする。これは個人の意思による法的保護の直接的放棄ではなく、保護の目的との合致から導き出される効果なのである。

法的保護の対象と法的保護の目的とを区別して議論するならば、被害者の同意があるにもかかわらず、法的保護の対象は侵害されると考えなければならない。しかしながら、法的保護の目的には違背していないので、法的保護の必要性のある財への侵害は存在していないことになる。前者が通常の意味での狭義の法益侵害であり、(11)後者は構造として把握された広義の法益侵害である。

このように法益の法的保護を不要にする被害者の同意の効力根拠は、法的保護の対象論からではなく、法的保護の目的論から説明される。

4　構成要件と同意

法益を財とその財に対する自律性との相関関係のなかで構造として把握する場合、最終的には自律性の無視の契機があって初めて不法が成立することになる。この帰結は構成要件該当性の判断に影響を与えるであろうか。同意が構成要件不該当事由あるいは違法性阻却事由のいずれとして機能するのかという問題であり、ドイツの学説史においては、Einverständnis と Einwilligung の二分思考として論議された点である。(12)

確かに、個人の自由に価値を置く近代法の原理は、刑法の立法化に際しても、所与のものとして前提とされていたはずであり、そのためこの原理が、犯罪構成要件の定立に直接影響ないし制約を与えている可能性がある。つまり、「被害者の同意がないこと」が構成要件要素となっているという可能性である。(13)

しかしながら、結局は、構成要件概念をどう捉えるかという問題にも帰着するのであるが、構成要件を形式的記述的形象と理解する立場では、その可能性は個々の構成要件の「解釈」よって、個別的に確認される性質のものと考えられる。その際、発生した結果に対して法的保護の必要性がないのであれば、その原因となった行為を敢えて構成要件に包摂させる必要はないとも言えよう。したがって、立法技術上の制約を考慮しながら、個々の法律文言や構成要件要素が許す限りにおいて、同意を違法性阻却事由から構成要件不該当事由に持っていく試みも、文理的偶然性を極力排するためには、十分に支持されるであろう。(14)

ちなみに、構成要件阻却的同意と違法性阻却的同意の各成立要件の相違は、構成要件要素と正当化要素の性質の違いに起因するものであって、同意それ自体の性質の差異から生じるものではない。

5　正当化事由と同意

前項の議論を受ければ、財産・自由・秘密・名誉に対する罪のように、同意の不存在が、明示的若しくは黙示的に構成要件上予定されている場合には、被害者の有効な同意は、事実の欠如 (Der Mangel am Tatbestand) として作用する。そして、これは、個々の構成要件の解釈の問題である。ちなみに、同意殺人は刑法第二〇二条の解釈の問題である。構成要件に包摂されない場合、次に実定法に規定される他の正当化事由との関連を考慮してみる必要がある。

わが国には、一般条項的な刑法第三五条が存在するが、被害者の同意が正当業務行為あるいは正当行為の成立要件の一要素となっている場合がある。客観的に正当な目的（優越利益）を達成するために、被害者の同意を得てなす行為、たとえば治療行為は、正当業務行為として違法性が阻却される。同意のみでは違法性阻却されない重傷害も、同意と一体となった正当業務行為として正当化される。

刑法第三五条を援用できない場合、しかし、被害者の同意によって法的保護が喪失するという実質に変化が生じるというわけではない。したがって、同意効力に規制が加えられない限り、被害者の同意は超法規的違法性阻却事由として機能することがその帰結となる。(15)

（3） ケスラーとメツガーの利益概念の分析を手掛かりとしている。R. Kessler, Die Einwilligung des Verletzten in ihrer strafrechtlichen Bedeutung (Berlin, Leipzig, 1884), S. 1ff.; Edmund Mezger, Strafrecht, Ein Lehrbuch, 3. Aufl.(Berlin, München, 1949), S. 197-200.

（4） Kessler, a.a.O., S. 51, 52.

（5） Mezger, a.a.O., S. 199.

（6） 拙稿「刑法における被害者の同意（1）」二一一頁、（注1）参照。

（7） 権利放棄説として、Albert Friedrich Berner, Lehrbuch des Deutschen Strafrechtes, 18Aufl.(Leipzig,1898), S. 96f. 法律行為説として、Ernst Zitelmann, Ausschluss der Widerrechtlichkeit, Sonder Abdruck aus dem 99. Band des "Archiv für die civilistische Praxis" (Tübingen, 1906), S. 47-102.

（8） Peter Noll, Übergesetzliche Rechtfertigungsgründe, In besonderen, Die Einwilligung des Verletzten (Basl, 1955), S. 59-139.; Hans Heinrich Jescheck, Lehrbuch des Strafrecht, A.T., 3.Aufl.(Berlin, 1978), S. 303.; Heinz Zipf, Einwilligung und Riskoübernahme im Strafrecht (Neuwied, Berlin, 1970), S. 237f.

（9） Günter Stratenwerth, Prinzipien der Rechtfertigung, ZstW Bd.68, 1954, S. 41-70 ; Eberhard Schmidhäuser,

Strafrecht, A.T., 2.Aufl. (Tübingen, 1975), S. 267-279.
(10)　拙稿「刑法における被害者の同意（1）」一三〇-一三五頁、特に一三三頁参照。
(11)　これを法益と呼ぶのが伝統的思考の基柱である。小暮得雄「違法論の系譜と法益論」『法学協会雑誌』（八〇巻五号・一九六四）五九九頁、六一〇頁（注11）参照。
(12)　Friedrich Geerds, Einwilligung und Einverständnis des Verletzten im Strafrecht, GA, 1954, S. 262-269.拙稿「刑法における被害者の同意（1）」二一一頁（注2）参照。
(13)　シュミットホイザーの不法構成要件の実質化の試みが題材となっている。Eberhard Schmidhäuser, Der Unrechtstatbestand, in : Festschrift für Karl Engisch (Frankfurt, 1969), S. 433-455.
(14)　拙稿「刑法における被害者の同意（2・完）」七八八-七九〇頁。
(15)　拙稿「刑法における被害者の同意（2・完）」七九三頁（注9）。

三　同意効果の内在的制約

同意には、刑法的保護を不要にする実質的効力がある。この効力は、「帰属主体の自律性・自己決定の尊重」という法益保護の目的から導き出されるのであるが、このような立場から出発した場合、はたして同意効力に、通常言われるような実定法と矛盾を来さないような適当な限界を設定できるのであろうか。また、できるとするならば、その基準は一体いかなるものであろうか。とくに問題となるのは、生命・身体に関する侵害行為への同意である。

同意の効力に限界を設定する思考方法には、概括的に見て二方向あるようである。一つは、国家・社会であれ、あるいはそれらを構成する人々の一部または多数であれ、他主体の利害関係の存在を認定する方法である。二つは、個人を自らの攻撃から守るという思考方法である。

1　他人に危害を加えることの禁止

(1)　他人の利益・善良の風俗

古くは、「犯罪行為の客体」と「法的保護の客体」とが一致しているかどうかという観点で説明されていた事象である。[16] たとえば、生命身体への侵襲につき、当該個人以外が併せて法的保護の対象として想定されるならば、当該被害者個人の同意は、当然、法的保護の必要性を全て喪失させることはない。他にも被害者が存在するという理論構成である。

しかし、「個人の自由」に高い価値を置く憲法秩序を前提とした場合、個人の生命•身体は当該個人のありうべき自己決定の前提および関係客体として刑法的保護を受けている。すでに触れたとおり、個人の生命・身体の刑法的保護に関し、国民および公衆は一般的・抽象的な利害を有するが、その当罰性の要求は刑法の一般予防機能と係わる、立法上あるいは刑事政策的利益にすぎない。

また同意が「善良の風俗」に違反するか否かを持ち出す考え方も、[17] 社会の支配的な倫理観あるいはそれを支えている人々の利害関心を法的保護の対象の中に取り込もうとするもので、結局は、他人の利益の存在による限界画定を意味している。

いずれにしても、被害者を特定する作業が行われているものであって、本来の被害者の同意に有用な限界を画そうとの試みではない。

(2)　価値衡量

伝統的な意味での法益とその法益を処分する自由との価値を比較衡量して、同意の効力に一定の限界を画そうという立論は、[18] 一見すると、利益衡量原理を通して正当防衛、緊急避難などの他の正当化事由との統一的把握を可能にするように思われる。その意味で大変魅力的な思考方法であるが、法益という観念と処分の自由という理念を司法の場で具体的に衡量することは困難ではないかという疑問が直ちに浮かび上がってくる。[19]

もとより、すでに憲法的法政策において、個人の自己決定の優位性が決定されており、したがって、個々の事件ごとに再び価値衡量を行う必要はないと言わなければならない。必要なのは、先決されている衡量結果・衡量内容の確認作業のはずである。

2 個人を自らの攻撃から守る

(1) パターナリズム

個人の自己決定を尊重しながら、他人の意思・利益・価値などを援用することなく、同意効力に限界を求めようとするならば、それは自ずと個人を自らの攻撃からも守るという思考方向に至る。すなわち、個人の生命・身体が当該個人のありうべき自己決定の前提および関係客体として刑法的保護を受けているとしても、だからこそ、一時的な自由行使によって、取り返しのつかないあるいは根本的な侵害が実現されるときには、個人の自由は個人からも保護されなければならないのである[20]。

ただし注意が必要なのは、個人の真の幸福を保護する「パターナリズム」（国家の後見的保護）一般を主張しようとするのではないことである。そこには、自由の原理体系が想定されているのである[21]。

(2) 自由の原理体系

自由には他人から干渉されないという消極的側面の外に、さらに積極的側面がある。自由は多様に発展する個性を目的とし、かつまた前提としている。多様に発展する個性を放棄する形式での自由の行使は、この目的・前提に違背するものとして、自由の原理体系からは肯定されない。そこには、人間は誤りのない存在ではないので、「自らの選択」を積み重ね、人間的諸機能を錬磨させ、そこから人生を真の幸福に収斂させていくという理想がある[22]。

これを法益構造に反映させれば、「帰属主体の自律性・自己決定の尊重」という法益保護の目的には、また重要な前提があって、帰属主体の自律性・自己決定の基盤が著しく損なわれるような形での同意は首肯されないのである。なぜなら、自己決定を積み重ね、その多様な知見等のなかから最良を選択していくことができなくなるからである。自由の積極的側面からの制約である。

⑶　生命・身体について

個人を自らの攻撃から守るという観点で、念頭に置かれていたのは、生命・身体の侵害に関しての同意である。原理体系としての自由がまさに侵害される典型事例は、生命を放棄する自由である。これは同意によっては正当化されない。それ故、安楽死・尊厳死を患者の同意だけによって解決しようという方向は誤りである。[23]また生命に危険があるという意味で、重傷害の同意もやはり認められないであろう。ただし、肉体的な意味に限っての「生命の危険」を強調するのは、決して正確な表現とは言い難い。なぜなら、生命への危険がなくとも、自律・自己決定能力の著しい崩壊を招く行為（精神に異常を来す薬物の使用あるいは脳外科手術など）についての同意は、それだけでは正当化事由たりえないことに注意が必要である。逆に言えば、その他の場合には被害者の同意の存在それ自体で、当該同意に基づく侵害行為は正当化されるのである。

3　自損行為

個人には、原理体系としての自由を放棄する自由は認められていない。帰属主体の自律性・自己決定の基盤が著しく損なわれるような場合には、本人の自己決定に制限が加えられるため、法益の法的保護の必要性は欠落せず、同意にもかかわらず、侵害行為に対する法的統制が可能となる。ここに、ある範囲において、同意に基ずく他人の侵害行為を可罰的なものにする根拠がある。その場合でも、具体的には個人の自律に従っているので、同意のない場合よりも、可罰性が軽減するものとして評価できる。

では、以上の過程に第三者が係わらない場合、つまり、被害者と行為者とが同一個人に帰属する自損行為（Selbstverletzung）については、いかに考えたらよいであろうか。特に、自殺傷についての可罰性の議論である。

（1）自殺の権利

自殺（生命に危険のある自傷も含めて）は、まさに、帰属主体の自律性・自己決定の基盤が著しく損なわれる場合に当たる。したがって、当該行為に対しては一種のパターナリズムとして、法的干渉が可能であると考えられる。それ故、またそこから「自殺の権利」は法的には承認されないであろうことが明らかとなる[24]。

（2）生きる義務と刑法の補充性

では、自殺の実行に対して法的干渉が可能であるとしても、そのことから直ちに刑法的制裁の可能性が導かれるわけではない。自殺抑止のために刑罰を科すについては、その功利性に疑問があるし、自殺（未遂）者の処罰を正当化する応報的理由があるとも思われない。刑罰は「他人への危害」を前提としての、法的サンクションであるからである[25]。それ故、刑法的には自分自身に対する「生きる義務」はないし、自殺傷は刑法的規制の枠外に置かれている。現行法が自殺傷を犯罪構成要件化していない理由もここにある[26][27]。

付言すれば、被害者の同意効力に一定の限界を画する思考が、パターナリズム一般の承認を求めるものではないと述べたのも、同様に刑法の補充性を意識してのことである。

（16）Mezger, a.a.O., S. 214.

（17）行為の良俗性を規定する、ドイツ刑法第二二六条aを有力な根拠にする考え方であるが、同規定の存在しない我が国においては同様の思考をする必要がない。拙稿「刑法における被害者の同意（2・完）」七六四頁（注2）（注3）参照。

（18）Noll, a.a.O., S. 75; Jescheck, a.a.O., S. 303; Zipf, a.a.O., S. 32.

（19）この価値衡量を法益処分権限の抽象的な承認の問題と見ること自体（Zipf, a.a.O., S. 33,58-63.）、通常の正当化事由の際に考慮される具体的価値衡量とは違うことが明らかになっている。

（20）Günter Stratenwerth, Strafrecht, A.T.1, Die Strafrecht, 2.Aufl. (Köln, Berlin, Bonn, München,1976), S. 123,

126.

(21) 法のパターナリズム機能について、H.L.A.Hart, Law, Liberty, and Morality (Stanford, California, 1963), p.31.平野竜一『刑法の基礎』(東京大学出版会・一九六六) 一〇一-一一五頁。

(22) 人間の自由を理想主義的個人主義の立場から説いた、ミルの思想を背景にしている。John Stuart Mill, On Liberty (London, 1859), Collected Works of John Stuart Mill (Tronto, Buffalo, 1977), vol.18, pp. 213-310.拙稿「刑法における被害者の同意(2・完)」七七三-七七四頁参照。

(23) 植物状態の患者に対する生命維持装置の取り外しという消極的対応、あるいは薬物使用による積極的対応を、患者の同意・推定的同意の視点だけで解決することはできない。脳死患者からの臓器移植についても同様である。同意の限界領域の事例である以上、刑法的制裁を抑止する他の正当化事由が必要である。したがって、さらに具体的利益衡量の過程を経ることとなる。その結果、客観的に優越する利益が認定されれば、個々に正当化されるケースもある。

(24) 拙稿「刑法における被害者の同意(2・完)」七七七頁参照。

(25) Mill, op.cit., p.223f. 彼らが何らかの無分別な行為を為すのを待って、その後にこの行為を理由として法律上または道徳上の刑罰を加えるという以外に他の方法がないと論ずることに賛成できない(Mill, op.cit., p.282.)。

(26) 刑法的には、自殺の権利はもちろんないが、生存の義務もないという意味で、自殺行為は「放任行為」となろう。拙稿「刑法における被害者の同意(2・完)」七七八頁。

(27) 自殺を社会学的に分析したデュルケムは、自殺は殺人と違って、一連の媒介項を経て、道徳的に賞賛もしくは容認されている行為に結びついてもおり、世論の評価が分かれていることに加え、自殺者が自らに死を課したという事実それ自体が、仮借ない非難を難しくしていると指摘し、いくつかの資格剥奪など二義的処分は別として、いきおい自殺には道徳的処罰しか規定することができないであろうと結論づけている。法政策的にはこのような状況は今日においても同様と思われる。Emile Durkheim, Le suicide : Etudes de sociologie (Paris, 1897), p.1ff.宮島喬訳『世界の名著四七巻　自殺論』(中央公論社・一九六八) 三五三-三五四頁。

四　同意と自律性原理

1　自律性原理

法益（Rechtsgut）は、法と財、すなわち法的保護とその対象とから構成されている。このような構造を念頭に置いた場合、同意の実質的には違法性阻却事由としての根拠は、法益の対象論からではなく、法的保護論から導かれる。財の法的保護は、複合的・平均的内容を有する一定の客観的利益の享受を、財の帰属主体に現実に保証するものではなくて、ありうべき可能性として保障するにすぎない。つまり、現実の享受は、主体の自由な選択に任せようという趣旨なのである。したがって、法的保護の要求は、主体の自律・自己決定の無視の禁止という形で、その主体以外の他人に向けられる。しかしながら、侵害についての同意が存在する場合には、同意が自律・自己決定の無視の契機を取り去ってしまうので、その理論的帰結として、財の法的保護の必要性が欠落することとなる。

正確に言えば、保護対象としての財（狭義の法益）に侵害が加えられても、同意によって、法的保護の必要性のある財（広義の法益）への侵害が欠如し、それ故、刑罰的保護が不要になるのである。このように、同意効力の根拠は法的保護の目的との合致のなかにある。

財の帰属主体の自律性に保護価値を見出す以上の思考は、その歴史的生成の過程からも示されるように、実は近代法の根本的な価値原理である、個人主義・自由主義の具体的な表明に他ならないのである。換言すれば、国家が個人主義・自由主義の原理を受け入れたことの法益構造内への反映が、財の帰属主体の自律・自己決定を尊重するという、法益保護目的となって現れてくるのである。

そして、同意の効力が、この価値原理に基づいているとするならば、同意効力の限界も、同じくこれらの原理に基づいて演繹されなければならない。このような確認から限界論を構成するのであれば、重要なのは、この原理において、個人の自由はおよそ先験的な価値として想定されているのではなく、多様に発展する個性を前提とし、しかもそれを目指すものとして観念されているという事実である。つまり、多様に発展する個性を放棄する形式での自由行使は、否定されるというものである。それ故、帰属主体の自律性・自己決定の基盤が著しく損なわれるような形での同意は首肯されないのである。

以上のように、自由を原理体系として捉えることによって、初めて同意効力の内在的制約を見出すことができるのである。これを国家の機能の面から言えば、国家の成熟者に対する制限的パターナリズムということになる。ただし、この保護思想から、自損行為に対する事前の干渉の論理は演繹されるものの、事後的処罰の正当化根拠は必然的には導かれないことに注意が必要である。(28)

2　推定的同意

刑法における法益保護の目的が、法益の帰属主体の自律性を確保することにあるならば、他人の法領域への侵入が許容されるためには、その主体の同意が不可欠となるのである。この自律性原理に違背すれば、そこに刑法発動の契機が生まれる。しかしながら、被害者側において同意を表明できない事情がある場合、あるいは行為者側に同意を求めることができない情況がある場合、この自律性原理を厳格に貫くことは不可能であり、また非現実的でもある。そこで、このような経緯から発生するのが、「被害者の推定的同意」を巡る問題なのである。

推定的同意は、どういう形式であれ、同意に目を向ける以上、自律性原理の延長線上に位置づけられる一方、同意を得ることができない情況が議論の出発点となっているという意味では、正当防衛・緊急非難等その他の正当化事由と同列に置かれる。その意味で、推定的同意は、自律性原理と他の正当化事由との関係を探る架け橋的存在となる可能性がある。(29)

(1)　黙示的同意

同意認定上あるいは証拠法上の必要性から、同意は何等かの方法で外部に表示されていなければならないが、そこから、同意の意思方向説と意思表示説との対立に踏み込もうというのではない。[30] 同意の本質は、個人の自律・自己決定であることからすれば、法益侵害への認容・甘受の決意が重要である。その際注意を要するのは、黙示的同意は実在的同意の事例であって、そのような黙示的同意が存在するか否か「推定する」のは、同意の認定・検証の過程であるということである。[31]「推定的同意」と呼ばれる事例のなかに、このような黙示的同意の場合がないか勘案する必要がある。

(2)　包括的同意

財自体が自己決定の前提および関係客体として保護されているという法益構造からすれば、同意は法益関連性を有すると表現可能である。そのことは、特定の行為にのみならず、広く法益に係わる各種の行為につき同意をなしうることを意味し、同意を包括的になすこともできる。[32] この包括的同意を認定する過程を捉えて推定的同意と呼ぶのは誤った用語法である。「推定的同意」と呼ばれる事例のなかに、このような包括的同意の場合がないかまた勘案する必要がある。

(3)　推定同意の補充性

思考順序としては、黙示的・包括的同意の事例ではなく、しかも同意を得ることができない場合（同意がない場合ではない）、自律性原理を補充するものとして、初めて推定的同意が検討されるはずである。ただし、多くの場合に懸案となる（緊急）医療行為に際しては、緊急避難・正当（業務）行為等によって正当化され、推定的同意の法理のみが独自に働く余地は少ない。患者の同意を得て行う治療行為は正当（業務）行為であるが、患者の同意が得ることができない場合には、患者の推定的同意に基づいて行う治療行為もやはり正当（業務）行為と立論できえようが、その場合の推定的同意は、正当（業務）行為の一要素として並存し、その限りで同意を補充するものとし

て機能する。(33)

(28) 拙稿「刑法における被害者の同意（2・完）」七九五-七九六頁参照。
(29) 被害者の推定的同意とは、裁判時までに明らかになった資料を基にして、裁判官が行う、被害者の意向ないし主観的利益を確定するための、仮定的蓋然性判断と理解する場合、この仮定的蓋然性判断の構造は、正当防衛・緊急避難・正当行為などの具体的利益衡量の構造とほぼ同じと考えられる。これは、法益構造における財と自律性との相関関係を前提にすれば、財の視点から見れば利益衡量であり、自律性の視点から見れば推定的同意という評価基準になるのではなかろうか。このような意味において、推定的同意は、自律性原理と他の正当化事由との関係を探る架け橋的存在と直感し、不十分ながら、以下の論稿にその要点をまとめてみた。拙稿「推定的同意に関する一試論」『刑法雑誌二五巻一号』（有斐閣・一九八二）七五-一一五頁。Vgl. Claus Roxin, Über die mutmassliche Einwilligung, in : Festschrift für Hans Welzel (1974), S. 447-475.
(30) Geerds, a.a.O., 262-269. 拙稿「推定的同意に関する一試論」八一頁（注2）参照。
(31) 「明示の承諾ありたるときは被害者の承諾であり、黙示の承諾ありと推定せらるるときは推定的承諾である」という用語法は、法律行為（意思表示）説に基づくものであるが、本稿の立場ではない。渡辺蔵人「推定的承諾」『北海道学芸大学紀要（第一部）』（六巻一号・一九五五）四八頁参照。
(32) 黙示的同意、包括的同意を実在的同意と理解する場合、推定的同意の多くの事例が存在しなくなる。
(33) 推定的同意の認定は厳格に行われるべきである。もし、そうでなければ、補充原理の推定的同意が、本来の自律原理たる実在的同意を排除してしまう虞があるからである。また、拙稿「推定的同意に関する一試論」一一三頁では曖昧であったが、実在的同意には超法規的違法性阻却事由としての余地があるのに対して、推定的同意には、その補充性からして、実在的同意と同様の余地があるかどうかは疑問である。

中止未遂における任意性について

城下裕二

一　問題の所在

中止未遂（刑法四三条但書）の成立要件は、「自己の意思により犯罪を中止した」ことである。通常はこれを「自己の意思によること＝中止の任意性」に関する要件と、「犯罪を中止すること＝中止行為」に関する要件とに二分して論じている。(1) これらの要件の内容をいかに理解するかは、中止未遂の減免根拠に関してどのような立場を前提とするかに依拠していることはいうまでもない。ただ、このうち特に「中止の任意性」の意義ないし判断基準については、(2) 学説上、減免根拠との関係がきわめて錯綜している。減免根拠については立場が異なっていながら、任意性については同一の結論に至る場合も少なくない。もちろん、それが直ちに問題となるものではないが、学説における両者の論理的整合性についてはなお検討の余地が残されている。特に九〇年代以降のわが国では、減免根拠に関する新たな諸見解が登場しており、(3) これらは任意性要件の解釈にも様々な形で影響を与えつつある。さらに最近では、中止未遂の主観的成立要件として「中止の認識」（中止意思・中止故意）ということが意識的に取り上げられるようになり、これと「任意性」との関係も問題点の一つとなっている。

他方、任意性要件に関する最高裁の判断は昭和三二年決定以降示されていないが、下級審では比較的多くの判例の蓄積がある。もっとも、そこで採用されている任意性基準は一様ではなく、理論的根拠も必ずしも明らかにはされていない。

こうした問題状況の中で、任意性の意義については改めて検討する必要があるように思われる。そこで本稿においては、学説の現況および判例の動向を概観したうえで、一つの試論を示すことにしたい（4）。

（1） もっとも近時においては、中止未遂の減免根拠と要件論を統一的に把握するという視点から、「違法減少」に関わる要件と「責任減少」に関わる要件に二分して説明する立場も有力である。もちろん、各々の要件にどのような内容を含めるかは論者によって異なる。たとえば、曽根威彦「中止犯における違法と責任」研修五九四号（一九九七年）三頁以下、林幹人『刑法総論』（東大出版会、二〇〇〇年）三七四頁以下、井田良「中止犯」現刑二五号（二〇〇一年）九八頁以下参照。さらに、塩見淳「中止行為の構造」『中山研一先生古稀祝賀論文集』（成文堂、一九九七年）二六五頁以下参照。

（2） 任意性については特に、香川達夫『中止未遂の法的性格』（有斐閣、一九六三年）二〇一頁以下、山中敬一『中止未遂の研究』（成文堂、二〇〇一年）二六頁以下および七五頁以下、清水一成「中止未遂における『自己ノ意思ニ因リ』の意義」上智法学論集二九巻二＝三号（一九八六年）一六五頁以下を参照。

（3） これについては、城下裕二「中止未遂の減免根拠をめぐる近時の理論動向」『誤判救済と刑事司法の課題〔渡部保夫先生古稀記念〕』（日本評論社、二〇〇〇年）五六九頁以下参照。減免根拠に関するこれ以降の業績として、山中・前掲注（1）一頁以下、井田・前掲注（1）九五頁以下、金澤真理「中止未遂とその法的性格」刑雑四一巻三号（二〇〇二年）二九頁以下、同「中止犯」西田典之＝山口厚〔編〕ジュリスト増刊『刑法の争点〔第三版〕』（二〇〇〇年）九二頁以下、野澤充「中止犯論の歴史的展開―日独の比較法的考察―（一）～（五・完）」立命二八〇号（二〇〇一年）三四頁以下、同二八一号（二〇〇二年）三一頁以下、同二八二号（二〇〇二年）九一頁以下、同二八八号（二〇〇三年）一四八頁以下、同二九一号（二〇〇四年）一一三頁以下、和田俊憲「中止犯論―減免政策の構造とその理解に基づく要件解釈―」刑雑四二巻三号（二〇〇三年）一頁以下、岡本勝「中止未遂における減免根拠に関する一考察」『刑事法学の現実と展開〔齊藤誠二先生古稀記念〕』（信山社、二〇〇三年）二七七頁以下、塩谷毅「中止犯」法教二七九号（二〇〇三年）六四頁以下、江藤隆之「中止未遂の法的性格について」法学研究論集〔明治大学〕二〇号（二〇〇四年）五七頁以下、「〈特集〉中止犯論の現在」現刑五巻一号（二〇〇三年）四頁以下の諸論文などがある。

（4）近時の学説では、この要件の重要性に関しても、中止未遂の減免根拠からみて「任意性の要件の意義は極めて軽いもの」（山口厚『刑法総論』（有斐閣、二〇〇一年）二四八頁）とする見解がみられる一方で、「『任意性』の具体的内容の探求を中心に、中止犯論は発展して行かねばならない」（木村光江「中止犯論の展望」研修五七九号（一九九六年）一一頁）とする見解もあり、減免根拠の相違に対応して、論者によって差異があることも明らかになりつつある。因みに、香川・前掲注（2）一〇五頁も、「『自己ノ意思』が中止未遂にとって本質的要件であ」るとされていた。

二　学説の現況と問題点

(1)　「任意性」の判断基準に関する従来の諸学説は、わが国の場合、主観説（無限定主観説）・限定主観説・客観説に分類されるのが通常である。かつては、外部的障害に全く影響を受けない、純然たる内部的動機に基づいて中止したときにのみ任意性を認める（初期の大審院判例が依拠した）内部的動機説に近い立場を採る学説もあった[5]が、現在ではほとんど主張されていない。外部的障害が契機となった場合でも、一定の範囲で任意性を肯定しようとする点では現在の学説は一致しており、そのための判断基準をどこに求めるかで見解が分かれるのである[6]。

(2)　これらのうち、相対的に多くの支持を得ているのは主観説であるといえよう。本説は、外部的障害が行為者の認識を通して中止の動機に影響を及ぼした場合以外に任意性を認める見解であり、行為者の主観的な判断がどうであったかによって任意性の有無を決定するものである[7]。客観的には障害となる事情がなかったとしても、行為者が犯行を続行不能と考えて中止したときには任意性が否定され、実際に存在する外部的障害に気づくことなく自発的に犯行を中止したときには任意性が肯定される。通常、この立場においてはいわゆる「フランクの公式」が援用され、「やろうと思えばやれた」場合の中止には任意性があり、「やろうと思ってもやれない」場合の中止には任意性がないとされている(8)。

検討されるべき点は、中止未遂の減免根拠との関係である。主観説は、一般的には減免根拠に関する責任減少説と結びつくものと理解されている。たしかに、客観主義的犯罪論の本来のあり方である「違法」は客観的に「責任」は主観的という考え方を前提にして、また「自己の意思によ」るかどうかは行為者の主観面から出発して判断すべきであるとするときは、主観説は責任減少説の論理的帰結となるようにも思われる。もっとも、責任減少説が、「いったん抱いた既遂結果実現意思（法益侵害意思＝既遂故意）を『法』の呼びかけに応じて放棄する意思」が「中止行為に表現されれば責任減少を認める(9)」と解している点については、「故意の放棄」と中止の任意性は同一ではなく、任意性は「故意の放棄」に至る動機に自発性が存するか否かの問題であるとの批判が可能である(10)。故意を放棄したとしても、それが自発的ではなく、たとえば完全な外部的障害によるような場合には、中止未遂にはなりえないからである。この点を考慮して、最近では、責任減少の根拠を故意の放棄それ自体ではなく「適法行為の期待可能性が困難な状況で……あえて適法行為（中止行為）を選択したことによる非難の減少(11)」に求め、期待可能性の判断基準と主観説との接点を見出そうとする見解も有力である(12)。しかし本来、実行に着手する以前の段階での具体的事情を考慮して実行行為の回避可能性を判断するための理論を、すでに実行に着手した未遂行為者についてもパラレルに当てはめることの妥当性については、なお検討の余地が残されている。たしかに当該行為者に「適法行為」を期待することは困難であるといえるかもしれないが、それは当該行為者が（適法行為が期待できたにもかかわらず）実行に着手したからであり、その後にあえて中止したからといって、実行に着手する以前の行為者と同様の基準で評価してよいかは疑問である。

また、主観説は違法減少説を採る論者によっても支持されている。たとえば、中止行為にあらわれた結果回避意思が実行行為の故意に変更を加えて、障害未遂と比べた場合の中止未遂の行為無価値を減少させると解する違法減少説からは、中止行為が自発的に行われたかどうかのみが行為無価値の減少にとって重要であるとの観点から主観説が採用されている[13]。しかしこうした理解に対しては、既述のような、故意の放棄と任意性の問題が十分に区別されていないとの批判が妥当することになる。他方、中止未遂の特典的効果を未遂犯の処罰根拠が止揚されたこと（＝すでに生じている法益侵害の危険性を除去したこと）に基づくものと理解し、作為または不作為の客観的中止行為による違法減少を減免根拠と捉える立場からは、「自己の意思」の問題は未遂犯の故意の裏返しの問題であり、「単に結果の防止に向けた中止行為を行なうこと、すなわち法益を保護する行為を認識しているだけでは十分ではなく、さらにこの行為に出ることを認容する心理状態が必要であり、かつそれで十分だとすることになるのが論理一貫した帰結である」との観点から主観説が採用されている。すなわち、「中止未遂の場合には、法益の保護を認識しそれが動機となって中止行為を行なったときに『自己の意思』を認めるべきことになる」のである[14]。ここでは、故意の本質に関する動機説を援用することによって、中止行為の認識と、そこに至る心理状態としての任意性とが統一的に把握されている点が特徴である。ただ、この見解は、一般予防的な刑事政策的考慮からみて「いずれにせよ結果を発生させることはなかったであろう行為者の心理状態にまで中止未遂の特典的効果を与えることは合理性を欠く」という理由から、従来の主観説に一定の絞りをかけている。具体的には、たとえば強姦の実行に着手したところ相手が生理中であったために中止を決意した者については（フランクの公式によれば「姦淫しようと思えば姦淫することは可能であった」ために任意性は肯定されうるが）そもそも結果発生のおそれが乏しい心理状態（結果発生に向けて積極的意思を有しているのではない状態）であり、刑事政策的な特典が行為者の中止決意にとって動機づけとなる可能性がなかったため、任意性は否定されるべきであるとする[15]。しかし違法減少説を貫徹するならば、こうした事例においても未遂犯の処罰根拠である法益侵害の危険性は除去されており、むしろ中止未遂の成立を認めることは可能ではないだろうか。換言すれば、法益を保護する認識のもとに中止行為を行うことで任意性は認められるとする方が本説からは一貫しているのであり、結果発生の意思がそれだけ強度であったか否かによって任意性を限定することは、違法減少説からの帰結とは調和しない面が残るように思われる。

(3) 客観説は、行為者の認識した事情が、経験上一般に犯行の障害となるようなものか否かを判断基準とし、これが否定される場合に任意性を認めようとするものである。かつては主観主義的犯罪論の社会的責任論と結びついて主張されていたが[16]、現在では、減免根拠につき「反規範的意思の撤回」を根拠とする違法減少説に立ち、違法性の(判断対象ではなく)判断基準を一般人(平均人)におく立場から主張されるのが代表例である[17]。しかし、ここでも違法減少説に基づく主観説に対する場合と同様に、「故意の放棄」と任意性の問題が未分化であるとの批判が妥当しうる。そこで最近では、違法・責任減少説を採る立場から、その中の責任減少と結びつく形で次のように客観説が支持されている。この立場では、故意を主観的違法要素と認めるかぎり中止行為による違法減少が肯定され、さらに中止行為に任意性が認められる(中止行為の決意に自発性が認められる)場合には、法にふたたび合致しようとする行為者の人格態度が「法敵対性」を緩和するために責任減少が肯定される[18]。そして「事後的な合義務的行為といえるためには、たんに故意を放棄しただけではたりず、一般的には遂行の障害とならないような事情を認識しているにもかかわらず、あえて遂行を取り止める行動に出る点にこそ、『法敵対性』の緩和による責任の減少がみとめられるのであるから、ここに責任減少説と客観説の実質的連関を見出すべき」(傍点原文通り)であるとされる[19]。本説は、「故意の放棄」と「任意性」の問題をそれぞれ違法減少と責任減少に対応させて客観説の妥当性が論じられている点で注目に値する。しかし本説が、外部的事情が当該行為者の動機に与えた実際の影響を考慮するのではなく、「一般的にどのような影響を与えるか」という観点からのみ任意性を判断しようとするのであれば、従来から客観説に対して提起されている、「自己の意思」による中止か否かを検討する方法として適切ではないという批判があてはまることとなろう[20]。およそ責任判断において、一定程度の「類型化」は不可避であるとしても、「一般人にとって障害になる事情」で中止した行為者について、それだけで任意性を一切認めないというのは妥当ではない。

他方、責任減少説を採用しつつ、従来とは異なる観点から客観説を支持する見解もある。これによれば、「責任」は一般人を基準に判断され、国民の納得する非難可能性という視点が重視される。そして中止犯論において最も重要なのは、「通常、結果の妨害となる性質の事情」に何を含めるかであり、それは国民の規範意識に則って具体的に論じられなければならず、他の減免事由とのバランス、一般的な諸量刑事情との比較をも考慮しなければならないとする。(21) そして、中止に関する行為者の主観的事情として「認識事実」と「中止の動機」を区別し、認識事実についてはⒶ通常思いとどまらない事情Ⓑどちらともいえない事情Ⓒ一般人なら思いとどまる事情があり、中止動機については、㋐悔悟・反省による場合と㋑悔悟・反省にはよらない場合があるとしたとき、Ⓐ㋐およびⒶ㋑の場合はもちろんのこと、Ⓑ㋐の場合であっても任意性が認められ、Ⓒ㋐の場合には量刑上減軽を認めうるとされる。(22) 従来の客観説と比較するならば、Ⓑ㋐の場合にも任意性を肯定するのが特徴であるといえよう。しかし注意すべきことは、Ⓑ㋐の場合に任意性を肯定するのは、本来の客観説の帰結ではない点である。すなわちこの見解においては、いわば客観説と限定主観説が併用されているのであり、そのような二元的な結論を一個の責任減少説によって基礎づけることは困難であろう。「責任」を一般人を基準として判断するとしても、「悔悟・反省」の伴う中止ならば常に非難可能性が減少するかどうかは問題となりうる。「一般的な諸量刑事情との比較」が重視されているが、たしかに「悔悟・反省」は一般的な減軽事情として考慮されることがあるとしても、そのことが、法定の減免事由としていわば「格上げ」されたことの意味を検討する必要があるといえよう。

(4)　限定主観説は、任意性の判断対象となる主観的事情を限定し、自己の行為の価値を否定する規範意識、すなわち、悔悟・慙愧・同情・憐憫などの「広義の後悔」による場合にのみ任意性を認めようとする。かつては主観主義的犯罪論から支持され、(23) 現在では主に違法・責任減少説の論者によって支持されている。(24) 本説に対しては従来から、法的評価と倫理的評価を混同するおそれがあり、中止未遂を単なる必要的減免事由としているにすぎないわが国の刑法のもとでは成立範囲を制限しすぎるという批判が加えられてきた。もっとも本説の論者からも、ここでいう「広義の後悔」は、「何らかの規範意識が働き自己の行為に対する価値否定の感情が働いた」ことが重要であって、「厳格な道義的悔悟とか犯意の放棄とかまで要求するものではない」という反論がなされている。(25) しかし、「責任減少」を前提とするとき、任意性のある中止が「自己の行為に対する価値否定の感情」の作用によるものに限定されなければならない理由は、必ずしも明らかではない。むしろこうした規範意識の働きは、行為者に対する特別予防的考慮を判断する資料として意味をもつものと解される。換言すれば、「広義の後悔」が認められる行為者には、たしかに量刑上、刑の減免がふさわしいと考えられるが、それは「自己の意思」による中止か否かについての類型的判断とは次元が異なるものということができよう。(26) 本説においては、中止未遂が、一般的な量刑事情としてではなく、特に法定の減免事由として存在していることの意味が十分に把握されていないように思われる。

(5) このように、任意性の判断基準をめぐる従来の学説には、理論上の問題点、特に中止未遂の減免根拠との論理的整合性という面からみて、不明確ないしは不十分な点があったことは否定できない。そこで最近では、これらの学説の難点を克服し、減免根拠との関連性を意識しつつ新たな基準を提示するものとして、「不合理決断説」が有力に主張されつつある。本説は、中止未遂の減免根拠に関する「可罰的責任減少説」に基づいて、処罰に値する責任の減少が認められる場合、すなわち「義務違反的意欲が事後的に合法的な意欲へと復帰したことに非難可能性の減少が認められる」場合の判断基準として「不合理な決断」という指標を援用したものであり、犯罪実行時における目的合理的に行動する人間の冷静な理性を基礎として、「不合理」に決断して犯罪の実行を中止したときに任意性が認められる。(27) 本説では、実行の着手に出た行為者は、犯罪目的の実現に向けて自己の行為を統制しているが、そのような段階にある者の「理性的」な判断によれば、目的追求のための行為を放棄するのは、実行の放棄の利益が、続行の利益よりも上回るときであるとされる。そのような理性的な判断に反して、「不合理」

に放棄するならば、それは合理的な判断をなすという価値に反する（＝価値から自由な）決断である。任意性の認められる、「自己の意思」による中止とは、このような価値から逸脱する不合理な決断をいうのであり、不合理な決断により犯罪的意思の弱さを示し、合法性の枠内にとどまった者は、刑罰による事後処理を必要とするほどの当罰的な責任を示してはいないとされるのである。(28)

本説が依拠している可罰的責任減少説自体に対する評価(29)は別としても、本説には次のような疑問がある。(30)それは、ここで採用されている「利益」概念の多義性に関わる。本説によれば、たとえば「刑罰を一般的におそれた場合」には、規範の呼びかけに答えたものであり、任意性が肯定できるとされている。(31)ここでは、「実行の放棄の利益」（刑罰のおそれからの解放）が、「続行の利益」（犯罪目的の実現）よりも下回るにもかかわらず中止するという、「不合理な判断」がなされたことになる。しかし、この場合の「続行の利益」を、およそ「犯罪目的の実現」と捉えるのではなく、より具体的に「刑罰のリスクを伴う犯罪目的の実現」と解するならば、「続行の利益」の方が下回るという判断も可能となってくる。現に、本説では「強盗を企てた者が、予期に反して奪取に適当な物品がなかったので、被害者提供の金員を受領しなかったとき」については、任意性が否定されている。(32)ここでは、「続行の利益」は、単なる犯罪目的の実現ではなく、「自分が欲する物品の奪取」として具体化されていることが明らかである。これらのことは、「続行の利益」の捉え方いかんによって、任意性の判断が異なる可能性の存在を示すものといえよう。個別的な事案を前提とする以上、「続行の利益」概念にとって一定程度の具体化は不可避であると解されるが、その具体化の構造が示されないかぎり、本説は判断基準として不安定なものになるおそれがあるのではないだろうか。(33)

(6)　近時、減免根拠に関する新たな見解である危険消滅説から、主観説が従来とは異なる基礎づけとともに採用されていることが注目される。危険消滅説は、中止未遂規定を「未遂犯の成立により危険にさらされた具体的被害法益を救助するために、既遂の具体的危険の消滅を奨励すべく定められた純然たる政策的なもの(34)」と解する立場であるが、これによれば、任意性がない場合とは、「犯罪の遂行が主観的に不可能な場合」であり、「犯罪遂行による危険がない（すでに消滅した）ために、中止犯の成立を肯定することができない場合」を意味するとされる。すなわち、犯行継続の主観面における可能性があることを前提として、それにもかかわらず中止したときに任意性が肯定されることになる。ここでは、「任意性に欠けるのは、中止行為を強制されたというような極めて例外的な場合に限られ」、「その意味で、任意性の要件の意義は極めて軽いものになる」と解されていることが特徴的である。[35]

この見解では、減免根拠と任意性の意義が論理的整合性を保っており、また、任意性の内容自体も明確なものとなっている。ただ、すでに別稿で述べたように、[36]この見解が従来の「違法減少」（＝違法判断の事後的変更）を批判して「危険消滅」を主張していることに対しては、そこでいう「危険」が未遂犯の処罰を根拠づける「既遂結果惹起の危険」を意味している以上、結論的に未遂犯の違法性が中止行為によって変更されることを肯定し、違法減少説との差異がなくなるのではないかという疑問がある。その点で、任意性の前提となる減免根拠の捉え方に問題を残しているように思われる。

本稿は、中止未遂規定を政策的に理解しようとする点では危険消滅説と同様の志向を有するものであるが、任意性の内容については（四において後述するように）異なる視点から導くことが妥当であると考える。

（5）　小野清一郎『新訂刑法講義総論』（増補版、有斐閣、一九五〇年）一八六頁。

（6）　周知のようにドイツにおいては、ドイツ刑法二四条一項にいう「任意に(freiwillig)行為の以後の遂行を放棄する」ことの意義に関して、「心理的観察方法」に基づく任意性概念（心理的任意性概念）と「規範的観察方法」に基づく任意性概念（規範的任意性概念）が対立してきた（vgl. Schönke = Schröder, Strafgesetzbuch, Kommentar, 25. Aufl.,1997, § 24 Rdn.43 [Albin Eser]; Klaus Ulsenheimer, Grundfragen des Rücktritts vom Versuch in Theorie und Praxis, 1976, S. 279ff.）。前者は、行為者の動機が中止を選択しなければならないほど強制的であったか否かに着目するのに対して、後者は、行為者の動機に対する規範的評価（価値判断）に基づいて任意性の有無を決定する（最近では、両者を結合させた見解も多い。vgl.Strafgesetzbuch, Leipziger Kommentar, 11.Aufl., 2003, § 24 Rdn.155f. [Hans Lilie = Dietlinde Albrecht]）。わが国の主観説および客観説は前者に、限定主観説は後者に属するということが一応可能であるが、客観説については、後者の一例とみることもできよう。

（7）　団藤重光『刑法綱要総論』（第三版、創文社、一九九〇年）三六三頁、曽根威彦『刑法総論』（第三版、弘文堂、二〇〇〇年）二五六頁など。

なお、責任減少説に依拠しつつ任意性について「あたらしい客観説」を採用する立場がある（香川達夫『刑法講義（総論）』（第三版、成文堂、一九九五年）三一〇頁）。これは、外部的事情についての行為者の受け取り方を客観的に判断し、外部的事情が意思に強制的影響を与えたかどうかを判断するものであるが、実質的には主観説の一種とみることができよう。さらに、大塚仁『刑法概説（総論）』（第三版、有斐閣、一九九七年）二二三-二二四頁〔政策説と違法・責任減少説の併合説を前提とする〕、福田平『刑法総論』（第三版増補、有斐閣、二〇〇一年）二三〇頁〔政策説と違法減少説の併合説を前提とする〕参照。また、「折衷説」として同様の見地に立つものとして、井田・前掲注（1）一〇二頁〔違法・責任減少説を前提とする〕、大谷實『新版刑法講義総論』（成文堂、二〇〇〇年）四一〇頁〔違法減少説と刑事政策説の結合説を前提とする〕など。なお、後掲注（58）参照。

（8）　フランクの公式については、vgl. Reinhard Frank, Strafgesetzbuch für das Deutsche Reich, 15Aufl., 1924, S. 91-92.

（9）　内藤謙『刑法講義総論下II』（有斐閣、二〇〇二年）一二八七頁。

（10）　違法減少説に対する批判としてであるが、曽根・前掲注（7）二五三頁参照。なお、この批判は、規範的意識の具体化を根拠とする責任減少説から主張されている「あたらしい客観説」（前掲注（7）参照）に対しても当てはまるであろう。

（11）　曽根・前掲注（7）二五三頁。さらに、塩見・前出注（2）二六六-二六七頁参照。

（12）　内藤・前掲注（9）一二九二頁も、主観説の判断基準は期待可能性の場合と同様であることを認めている。

（13）　中空壽雅「中止犯の法的性格と成立要件─行為無価値論の立場から─」現刑五巻一号（二〇〇三年）三九頁。

(14) 清水・前掲注(2)二六五―二六六頁。さらに、山本輝之「中止犯の法的性格と成立要件―結果無価値論の立場から―」現刑五巻一号(二〇〇三年)四四頁参照。
(15) 清水・前掲注(2)二六七頁。
(16) 牧野英一『刑法総論・下巻』(有斐閣、一九五九年)六二八頁、木村亀二(阿部純二増補)『刑法総論』(増補版、有斐閣、一九七八年)三六二頁。
(17) 西原春夫『刑法総論』(成文堂、一九七七年)(ただし、「折衷説」とされる)。
(18) 川端博『刑法総論講義』(成文堂、一九九五年)四六六頁。
(19) 川端・前掲注(18)四六九頁。
(20) たとえば福田・前掲注(7)二二九-二三〇頁参照。
(21) 前田雅英『刑法講義総論』(第三版、東大出版会、一九九八年)一六六-一六七頁(減免根拠には政策説も併用されている。同書一六五頁参照)。同旨、木村・前出注(4)一〇頁。
(22) 前田・前掲注(21)一六七-一六八頁。
(23) 宮本英脩『刑法大綱』(弘文堂書房、一九三五年)一八四頁。
(24) 佐伯千仭『刑法講義(総論)』(四訂版、有斐閣、一九八一年)三二二頁以下、中義勝『講述犯罪総論』(有斐閣、一九八〇年)二一一頁以下、中山研一『刑法総論』(成文堂、一九八二年)四三四頁以下など。
(25) 佐伯・前掲注(24)三二四頁。
(26) 城下裕二『量刑基準の研究』(成文堂、一九九五年)一三三-一三四頁参照。なお、松宮孝明『刑法総論講義』(第三版、成文堂、二〇〇四年)二三一頁は、主観説を基本としつつ、「広義の後悔」による中止の場合には刑の免除を認めるべきであるとされる。さらに中山研一＝浅田和茂＝松宮孝明『レヴィジオン刑法2』(成文堂、二〇〇二年)一四八-一四九頁〔松宮孝明〕参照。同旨、塩谷・前掲注(3)六五-六六頁。
(27) 山中敬一『刑法総論II』七二八頁、同・前掲注(2)九四-九六頁。「可罰的責任減少説」については、同・前掲注(2)二四頁以下も参照。
(28) 山中・前掲注(27)七二八頁。

(29)　これについては、城下裕二「〔書評〕山中敬一著『中止未遂の研究』」現刑四巻四号（二〇〇二年）一〇六頁を参照。

(31)　山中・前掲注（27）七三〇頁。

(32)　山中・前掲注（27）七三一頁。

(33)　不合理決断説に対する批判として、中山＝浅田＝松宮・前出注（26）一五四頁〔松宮発言〕参照。

なお不合理決断説に関しては、これを基本的に支持しつつ、どのような意識が犯罪者としての合理性がないといいうるのかを、責任の内容に即して明らかにしようとする見解もある。すなわち、刑の減免根拠を、いったん生じた未遂犯の不法・責任を、責任消滅へと行為者を動機づけることによって、不法を消滅させる点に求めた場合、任意性とは責任（法益侵害意思に基づく反規範的意思）がなくなり、反対に、法益保護または規範遵守の意思が生じ、これが動機となって中止行為に出た場合をいうことになる。このような意思があったことを根拠として責任の減少を認め、刑の減免を与えることによって、将来同一の状況が生じたときに、法益保護または規範遵守の意思が生じるように動機づけようとするものと解するのである（林・前掲注（1）三七八頁）。ここでは、実行に着手した者が法益保護または規範遵守の意思をもつことにより中止することが、犯罪者としての「不合理性」を表すものとして捉えられている。この立場が「法益保護」の意思を基準とする点は、実質上、先に見た主観説の一見解（清水・前掲注（2）二六五頁以下）と同様のものといえよう。しかし、これと並列して「規範遵守」の意思をも基準に導入する点に関しては、両者の関係が問題となるだけでなく、（規範意識の働きによる、自己の行為に対する否定的価値判断を求めることになり）限定主観説に接近する可能性も否定できないと思われる。

(34)　山口・前掲注（4）二四二頁。

(35)　山口・前掲注（4）二四八頁。さらに、同『問題探求　刑法総論』（有斐閣、一九九八年）二三〇頁以下参照。同書二三二頁は「任意性の要件は、危険が消滅したところでは中止犯の余地はないという、中止行為の可能性の限界を画する意義を有するにすぎないもの」であるとする。なお、平野竜一「中止犯」同『犯罪論の諸問題（上）』（有斐閣、一九八一年）一五六頁参照。

因みに、減免根拠に関するいわゆる「損害回復説」からも、「現実的な損害回復行為に対応する認識があれば十分であり、意思決定の自由・行動の自由が奪われている場合だけ任意性を否定すれば足りると思われる」と指摘されている（高橋則夫『刑法における損害回復の思想』（成文堂、一九九七年）二三頁）。

（36） 城下・前掲注（3）五八一-五八二頁参照。

三　判例の動向

⑴　戦前の判例では、①大判大正二年一一月八日（刑録一九輯一二二一頁）および②大判昭和一二年三月六日（刑集一三巻一一七八頁）が、外部的障害が存在しないにもかかわらず内部的原因によって中止した場合にのみ任意性を肯定する「内部的動機説」に立つものと解されている。①は「外部ノ障碍ニ因リテ犯罪ノ発覚センコトヲ畏怖」して殺害行為を中止した事案について任意性を否定し、また②は「流血ノ迸ルヲ見テ」殺害行為を中止した事案について「意外ノ障碍」に他ならないとして同様に任意性を否定している。これに対して③大判昭和一二年九月二一日（刑集一六巻一三〇三頁）は、放火の実行に着手した被告人が、自己の犯行であることが発覚するのを恐れて中止した場合は「経験上一般ニ犯罪ノ遂行ヲ妨クルノ事情タリ得ヘキモノ」であるとして任意性を否定した。ここでは、犯行発覚の恐れという主観的事情が「経験上一般」であるかどうかという客観的基準によって判断するという意味での「客観説」が示されたことになる。

⑵　戦後、④最判昭和二四年七月九日（刑集三巻八号一一七四頁）および⑤最決昭和三二年九月一〇日（刑集一一巻九号二二〇二頁）は、いずれも客観説に立つことを明らかにした。④は、強姦罪の実行に着手した被告人が、被害者の出血で自己の手が染まっているのに驚愕して姦淫行為を中止した事案について、「その驚愕の原因となった諸般の事情を考慮するときは、それが被告人の強姦の遂行に障碍となるべき客観性ある事情である」ことから中止未遂の成立を否定した。また⑤は、就寝中の母親を殺害目的で殴打した被告人が、母親が痛苦している姿に驚

愕恐怖して殺害行為を続行しなかった事案について、「被告人において更に殺害行為を継続するのがむしろ一般の通例であるというわけにはいかない」のであって、「犯罪の完成を阻害するに足る性質の障がいと認むべきである」るとの理由から、中止未遂の成立を否定した。これらの判例では、③と同様に、任意性判断の対象自体は（外部的事情を認識することによって生じた）行為者の主観的事情に求めつつ、それを客観的基準によって判断する方法が採用されている。

本判決以降、最高裁判例は出されていないが、下級審判例では、⑤の時期までは「中止未遂たるには外部的障碍の原因が存しないのに拘らず内部的原因により任意に実行を中止し若くは結果の発生を防止した場合でなければならないと解すべきである」といったように、主観的基準によると解されるものが散見されたもの[37]、それ以降は（場合によっては主観的基準を維持しつつも）⑤と同様に客観的基準を採る判例が主流となった[38]。ところがその傾向は任意性を否定した判例に集中しており、任意性を肯定した判例ではむしろ動機の倫理性（学説のいう「広義の後悔」）を重視したものが多い。たとえば⑥大阪高判昭和三三年六月一〇日（裁特五巻七号二七〇頁）は、無理心中のために妻を絞殺しようとした被告人が、妻から被告人の言うことは何でも聞くと哀願されて哀れみを覚えて殺害を中止した事案について、「同女に対する愛情の念から殺害するに忍びず、任意にその実行を中止した」のは明らかであるとした。また⑦福岡高判昭和三五年七月二〇日（下刑集二巻七・八号九九四頁）は、被告人が強盗の実行に着手したところ、被害者が「これだけしかない」と言いつつ現金一九〇円余りを差し出し「これをとられたら明日米を買う金もない」と涙を流すのを見て憐憫の情を覚えて現金には手をつけずに立ち去ったという事案について、「被告人が本件犯行の遂行を中止したのは、単に所論のような外部的障碍のため犯罪の遂行を妨げられたというより、むしろ右のように憐憫の情を催した被告人の自発的な任意の意思に出たものと解するのが相当である」としたのである。これらの判例では、被告人の憐憫の情といった主観的事情（倫理的動機）の存在そのものが任意性を肯定するための決定的要因とされており、少なくともそれを客観的基準に照らすといった判断はなされていない。この点は最高裁判例である⑤との整合性が問題になりえよう。その意味では、これらの判例は限定主観説と親近性を有するともいえるが、逆に客観説がこれらの事案について常に任意性を否定しうるか、判例と同様の結論を客観説からは導きえないのかは議論の余地があると思われる。(39)

(3) こうした傾向は昭和五〇年代に入るまで続いたが、(40)その後、任意性を肯定した判例にも変化が見られることとなった。まず⑧横浜地川崎支判昭和五二年九月一九日（刑月九＝一〇号七三九頁）は、殺意をもって妻の頭部を殴打し、さらに裁ち鋏で突き刺したうえに電気コードで締めつけた被告人が、同女の出血を見て驚愕するとともに憐憫の情を抱いて中止し救急車を呼んだという事案につき、「驚愕するとともに強い憐憫の情によって妻の生命を奪い去ることを欲せず、その遂行を思い止まったと認められるものであ」り、「通常人があえてなしうるのに、行為者はなすことを欲しないという意思の認められる場合は、その意思が外部的障害を契機として生じたにせよ『自己ノ意思』あるものと解するのを相当とする」とした。また⑨宮崎地都城支判昭和五九年一月二五日（判タ五二五号三〇二頁）は、殺意をもって包丁で被害者の頸部を切り裂いた被告人が、多量の出血を見て驚き、同女を何とか救助しようと考え、殺害行為の継続を思いとどまるとともに救急車を呼ぶなど結果発生の防止に努めたという事案について、「深夜、密室において、無抵抗な被害者と二人切りの状況にあることを考えると、容易に殺害の目的を遂げ得たであろうことは推察するに難くないところである。しかるに、被告人が右殺害行為を継続しなかったのは、被害者の右出血に驚がくしたことがきっかけとなって、正気を取り戻し……その行為を反省し、積極的に被害者を救助すべく決意したことによるものであって、任意の意思に基づくものであると認めるのが相当である」とした。⑧および⑨では、任意性を認めた要因がそれぞれ「憐憫の情」ないし「反省」（これについては、「憐憫の情」よりも動機の倫理的性格を薄めようとしたものとみることも可能であろう）であるという点では従来の判例と共通するものの、それのみが決定的な理由とされているわけではなく、中止に至った事情が客観的にみて犯罪続行の障害となりうるかどうかが併せて考慮されている点に特徴がある。その意味では、④および⑤の最高裁判例との接点を見出すことが可能になったと評することはできる。もっとも、両者（すなわち「限定主観説」的基準と「客観説」的基準）の関係は必ずしも明瞭ではなく、たとえば、仮に客観的にみて犯罪続行の障害となりうる事情の下で中止した場合に、他方で「憐憫の情」が認められるからという理由で任意性が肯定されるのか否かは定かではない。むしろここでは、「憐憫の情」ないし「反省」が原因となって中止した場合は、通常人の立場からみて「障害」とはならないと判断しうる点が確認されたということもできよう[41]。

こうした、客観的基準と「広義の後悔」の有無を併せて考慮するという二元的判断方法は、その後の高裁判例によってさらに維持された。⑩福岡高判昭和六一年三月六日（判時一一九三号一五二頁）は、殺人の実行に着手した被告人が、被害者の出血を見て驚愕するとともに大変なことをしたと思い、積極的中止行為に出たという事案について、「外部的事実の表象が中止行為の契機となっている場合であっても、犯人がその表象によって必ずしも中止行為に出るとは限らない場合にあえて中止行為に出たときには、任意の意思によるものと見るべきである」との前提に立ちつつ、「通常人であれば、本件の如き流血のさまを見ると、被告人……と同様の措置をとるとは限らないというべきであり、また……『大変なことをした。』との思いには、本件犯行に対する反省、悔悟の情が込められていると考えられ」るとして、任意性を肯定した。また⑪東京高判昭和六二年七月一六日（判時一二四七号一四〇頁）は、被害者の頭部を牛刀で切りつけたが被害者の防御にあって左腕に傷害を与えた段階で殺害を断念した場合につき、被害者の謝罪及び助命の哀願が中止の契機となっているものの、「一般的にみて、そのような契機があったからといって、被告人のように強固な確定的殺意を有する犯人が、その実行行為を中止するものとは必ずしもいえず、殺害行為を更に継続するのがむしろ通例であるとも考えられる。ところが、被告人は……、Aの哀願に憐憫の情を催して、あえて殺人の実行行為を中止したものであり……自らもAに謝罪して、同人を病院に運び込んだ行為には、本件所為に対する被告人の反省、後悔の念も作用していたことが看取される」として、同じく任意性を肯定した。⑩および⑪では、従来の判例が客観的基準を用いるに際して採用していた「通常人であれば犯行を継続したか」という判断ではなく、「通常人であれば犯行を中止したか」という判断を行っており、実際に中止した者にとっては結果的に有利に（任意性を肯定する方向に）作用しているとの指摘もみられる。(42)

(4) ⑪以降、最近に至るまでの判例を概観すると、客観的基準を徹底しようとするものがみられることが注目される。⑫浦和地判平成四年二月二七日（判タ七九五号二六三頁）は、強姦の意思で暴行・脅迫を加えた被告人が、被害者から「やめて下さい」と哀願されたのを契機に姦淫を中止した事案について、「一旦犯罪の実行に着手した犯人が、犯罪遂行の実質的障害となる事情に遭遇したわけではなく、通常であればこれを継続して所期の目的を達したであろうと考えられる場合において、犯人が、被害者の態度に触発されたとはいえ、自己の意思で犯罪の遂行を中止したときは、障害未遂ではなく中止未遂が成立すると解するのが相当であり、右中止の際の犯人の主観が、憐憫の情にあったか犯行の発覚を怖れた点にあったかによって、中止未遂の成否が左右されるという見解は、当裁判所の採らないところである（のみならず、本件においては、被告人の犯行中止の動機の中に、従たるものとしてではあっても、被害者に対する憐憫の情ないし反省・悔悟の情の存したことは、前認定のとおりである。）」と判示した。本判例については、主観説に依拠しているとの評価もあるが、(43)「通常であれば……所期の目的を達したであろうと考えられる場合において」中止したときに任意性を肯定した点は、かつての④および⑤の最高裁判例が採る客観的基準により忠実であるといえよう。

もっとも、全体的な傾向からすれば、⑫は例外に属し、一時期のように動機の倫理性のみから任意性を肯定した判例がなおみられるものの、(44)⑧ないし⑪と同様に客観的基準を併用する二元的構成に依拠した判例が続いている。(45)そしてごく最近、後者の系列に属しながらも、「客観的判断」の内容が従来とはかなり異なる事案に関する判例が示された。⑬札幌高判平成一三年五月一〇日（判タ一〇八九号二九八頁）は、被害者の女性と不倫関係にあった被告人が無理心中を企て、殺意をもって同女の胸部を突き刺したが、「被告人のことが好きだった」などという同女の言動を契機に、病院に搬送して救命措置を講じさせた事案につき、「確かに、被害者が……被告人の気を引くような言葉を繰り返したことが被告人の気持ちを揺さぶり、被告人が同女を病院に運ぶに至った契機にはなっているけれども、一般的にみて、前記のような経過・状況のもとに、一旦相手女性の殺害や無理心中を決意した者が、前記のような言葉にたやすく心を動かし犯行の遂行を断念するとは必ずしもいえないように思われるし、実際被告人の場合も、同女の言葉により直ちに犯行の遂行を断念したわけではない。」「被告人は、同女の……言葉に触発されて心を動かされたものではあるが、苦しい息の中で一生懸命訴え続けている同女に対する憐憫の気持ちなども加わって、あれこれ迷いつつも、最後には……同女の命を助けようと決断したと解されるのであって、このような事情を総合考慮すると、被告人は自らの意志で犯行を中止したものと認めるのが相当である」とした。原審（函館地判平成一二年一一月二八日公刊物未登載）は、「被告人は、良心の回復又は悔悟の念からというよりは、被害者の働きかけによって、同女が今でも自分を好きであると誤信したがため、被告人にとって同女を殺害して自分も死ぬ必要がなくなったのであり……このような事態の発生は……犯罪の実現への意欲を喪失させるものとして、社会通念上、犯罪の実現に対する客観的障害となると考えるのが相当である」として任意性を認めず、中止未遂の成立を否定していた。ここでは、被害者の言動に基づく犯罪続行の必要性の消滅を重視するとともに、倫理的動機が並存しても「客観的」には（犯罪続行の必要性の消滅という）障害の存在により中止したといえるときには任意性が否定されうるという立場が採られていたといえよう。これに対して本判例では、被害者の言動によっても「客観的」には犯罪を続行する余地があることを認めるとともに、倫理的動機をも判断資料の一つとして任意性を肯定したとみられる。ただ、本判例の「一般的に見て……犯行の遂行を断念するとは必ずしもいえないように思われる」との判示は、客観説的な立場を採ったと解されるものの、従来の「出血による驚愕」のようないわば典型的な事案と比べて、相当微妙な判断であったといえよう。換言すれば、本件のような事情のもとで「一般人」が中止するか否かを一義的に決定するのは困難であり、最終的には（本判例が行ったように）当該行為者の中止に至る意思形成過程を個別に跡づけることによって、行為者が犯罪続行の可能性を認識しつつも中止を選択した場合には任意性を肯定するといった判断を行わざるを得ないことを示しているのではないだろうか。ここでは、客観説がすでに「主観説」化しており、形式的には客観説と限定主観説の二元的構成による判断基準を採っているとしても、むしろ「倫理的動機をも考慮した主観説」ともいうべき実質を有していると解される。本判例は、客観説に対して提起されてきた「一般の経験上」という判断基準の不明確さが、(46)具体的事案において表出した例ということができよう。(47)同時に、こうした客観説的要素が希薄化した二元的判断基準においては、考慮の対象となる主観的事情のなかで「倫理的動機」のもつ比重が改めて問題になるように思われる。

(37) たとえば仙台高判昭和二八年一月一四日特報三五号二頁参照。⑤判決以降のものとして、佐賀地判昭和三五年六月二七日下刑集二巻五＝六号九三八頁がある。
(38) 札幌高判昭和三六年二月九日下刑集三巻一＝二号三四頁、東京高判昭和三九年八月五日高刑集一七巻六号五五七頁、東京地判昭和四三年一一月六日下刑集一〇巻一一号一一一一頁。
(39) 塩見淳「中止の任意性」判タ七〇二号（一九八九年）七六頁が指摘するように、⑦において被告人が現金「を奪取できない特別の事情も何等認められないに拘らず全然手をふれないで立ち去った」点が動機の倫理性の認定資料となっていることは、行為者の認識した事情が有する客観的な意味をも考慮したものと解することもできよう。後掲・東京地判昭和四〇年四月二八日も同旨。
(40) 和歌山地判昭和三八年七月二二日下刑集五巻七＝八号七五六頁、東京地判昭和四〇年四月二八日下刑集七巻四号七六六頁、東京高判昭和五一年七月一四日判時八三四号一〇六頁。
(41) 和田俊憲「判批」判例セレクト'02（二〇〇三年）三〇頁は、こうした二元的判断は「動機を考慮するため客観説の難点を、逆に動機の限定をしないため限定主観説の難点を、いずれも回避できるという特長を有するものといえる」とされる。
(42) 塩見・前出注（39）七七頁、清水一成「中止未遂に関する近時の判例の動向」現刑五巻一号（二〇〇三年）五一頁参照。
(43) 内藤・前出注（9）一三〇〇頁参照。さらに本判決における括弧内の指摘は、従来の判例の基本的動向との抵触を避けるためのものであったとされている。

(44)　東京地判平成二年五月一五日判タ七四三号二四六頁、名古屋高判平成二年七月一七日判タ七三九号二四三頁、東京地判平成七年一〇月二四日判時一五九六号一二五頁、横浜地判平成八年一〇月二八日判時一六〇三号一五九頁、大阪地判平成九年六月一八日判時一六一〇号一五五頁、横浜地判平成一〇年三月三〇日判時一六四九号一七六頁。

(45)　名古屋高判平成二年一月二五日判タ七三九号二四三頁、東京地判平成八年三月二八日判時一五九六号一二五頁、大阪地判平成九年六月一八日判時一六一〇号一五五頁、東京地判平成一四年一月一六日判時一八一七号一六六頁。

(46)　たとえば、内藤・前出注（9）一二九〇-一二九一頁参照。

(47)　同じく最近の判例である大阪地判平成一四年一一月二七日(判タ一一一三号二八一頁)は、殺意をもって被害者である夫の胸部を包丁で突き刺したが、同人に包丁を取り上げられ、その後三時間を超えて救命措置を講じることなく、同人が死亡するのを待っていたところ、同人が突然激しく苦痛を訴えたのを見て翻意し、一一〇番通報するなどしたために傷害を負わせるにとどまったという事案について、「被告人がAに洋包丁を取り上げられた時点のみをとらえて、中止の任意性が認められないとすることは妥当ではなく、一連の事態を全体的に考察すべきであるところ、本件で、被告人は、実行行為終了後も、なおAの生死についていわばこれを支配する立場にあり、犯罪を完遂することも可能であったのに……Aが激しく苦痛を訴えるのを見て我に返り、反省悔悟し、Aが助かるのであれば病院に連れて行こうと考え、一一〇番通報して救護を依頼するなどしているのであって、かかる場合に、通常人が、被告人と同様な行動に出るとは限らず、被告人は、外部的障害によるのではなく、内部的原因によって当該行動に出たというべきであり、中止の任意性が認められる」と判示した。本判例も二元的判断基準に依拠しているとみることができるが、「一連の事態を全体的に考察すべきである」との判示からは、客観説的な立場を離れて、当該被告人の動機形成過程を詳細に判断する傾向が看取されるように思われる。

四　検　討

(1)　以上の、学説および判例の概観を踏まえて、任意性の意義に関する本稿の立場を示すことにしたい。

以前、別稿において、中止未遂の減免根拠について、刑事政策説の再構成という視点から試論を展開した。すなわち、(a)未遂行為者に対する一般予防的考慮を中心としながら、補充的に(b)未遂行為者に対する特別予防的考慮、さらに(c)未遂行為者以外の一般人に対する一般予防的考慮が、障害未遂に比して中止未遂が寛大に取り扱われることの根拠をなすものと理解した。(48)

これらの「政策」要因のなかで、中止未遂の主観的要件を検討するに際して意味をもつのは、(a)の考慮であると解される。法定刑から処断刑を経て、宣告刑に至るまでの中止未遂規定の適用プロセスを前提とするとき、当該行為が刑法四三条但書の成立要件を充足するか否かの判断は、法定刑から処断刑へと至る過程(以下、「処断刑形成過程」とよぶ)において問題となる。そして成立要件を充足すると判断されたならば、どのような(緩和された)最終刑が妥当であるかが、処断刑から宣告刑へと至る過程(以下、「宣告刑形成過程」とよぶ)において決定される。上述した(a)の考慮は、「中止未遂がなぜ減免事由として立法上恩典を事前提示されたのか」を根拠づけるものであり、自己の意思により中止した者に(本来の法定刑そのものの適用ではなく)必要的減免を約束することを説明した点において、処断刑形成過程に関わる。他方、(b)および(c)の考慮は、「中止未遂の要件を充足した者について、どのような配慮に基づいて寛大な刑罰が導かれるのか」を根拠づけるものであり、自己の意思により中止した者に関して、中止行為に関する個別的な事情を斟酌しつつ最終刑を決定すべきことを説明した点において、宣告刑形成過程に関わる。(49)したがって、どのような主観的要件を充足したときに中止未遂が「成立」するかについては、どのような条件のもとで(a)の考慮が最も有効に働くかという観点から解釈されるべきことになる。(50)

(a)の考慮からは、中止未遂の主観的成立要件として、行為者が、犯行継続の可能性を認識しているという状況下で、それにもかかわらず継続しない（結果を発生させない）意思決定をすることが必要となる。犯罪の実行に一旦は着手した未遂行為者の「意思」に働きかけることによって、それ以上犯行を継続せず、結果発生を回避してもらうところに中止未遂規定の本質があると解されるからである。したがって、行為者が、犯行継続は不可能であると認識して中止した場合には、「犯行を継続する」という意思決定をする余地が閉ざされているために、(a)の考慮とは合致せず、中止未遂の成立を認めることはできない。従来の主観説は、こうした犯行継続の主観的可能性の有無を判断基準としてきたものであり、その点において支持しうることになる。この場合、上述の状況下で犯行を継続しない意思決定をすること自体が(a)の考慮にとっては重要であるため、限定主観説のように、意思決定過程における動機の価値を問題とする必要はない。個別的な動機の内実は、中止未遂が成立した行為者について、減軽の程度・免除の可否を決定する段階で考慮されるべきである。また、本人にとっての（主観的）障害があったかどうかが意味をもつのであるから、客観説のように「一般人」にとって障害となりえたかを問題にすることも適切ではないと解される。(51) さらに、多くの判例に示された客観説と限定主観説の二元的構成も採らないことになる。判例⑬に関して述べたように、「自己の意思によ」るものか否かの判断に際して客観的基準を用いることには限界があり、限定主観説を採用するのでなければ、当該行為者の具体的な犯行継続可能性の認識を検討せざるを得ないであろう。

(2)　ところで、近時、中止未遂の主観的要件として、「任意性」と並んで「中止の認識」（中止意思・中止故意）ということが意識されるようになった。これは、自己の意思により「犯罪を中止した」という「中止行為」の要件を充足するためには、客観的に中止行為を行うだけでなく、自己の行為（作為・不作為）によって結果発生を防止しようという認識をもつことが必要であると解するものである。(52)「中止の認識」は、不作為による中止の場合、客観的には行為者の不作為により結果発生に至らなくても、主観的には「中止の認識」が欠けるとき（たとえば行為者が殺意をもって被害者に発砲し、一発目が命中しなかったにもかかわらず致命傷を与えたと誤信して二発目以降を発砲しなかったとき）には「中止行為」が認められず中止未遂が不成立になるという形で機能する[53]。また、作為による中止の場合は、客観的には行為者の作為により結果が発生しなかったが、主観的には「中止の認識」が欠けるとき（たとえば放火の実行に着手した者が、焼損に至る前に、激しく燃え上がらせようとして灯油と誤信してバケツの水を火にかけたとき）に、同様に中止未遂が不成立になるという点で意味をもつ[54]。「任意性」と「中止の認識」は、同じく主観的要素でありながら、前者が中止の動機にかかわる意思的要素であるのに対して、後者は中止行為をその対象とする認識的要素であるという理解が一般になされている[55]。

本稿の立場からは、犯行継続の主観的可能性（＝「犯行継続の可能性」の認識）があるにもかかわらず継続しない意思決定をすることが中止未遂の主観的要件であると解されるので、「中止の認識」は当然にその内容の一部を構成することになる。すなわち、中止未遂の主観的成立要件は、「犯行継続の主観的可能性」を前提としつつ、「中止の認識」を有すること（＝中止を意思決定すること）である。その意味で、「任意性」とは、「中止を意思決定する過程において、犯行継続の可能性を認識していること」をいう。「中止の認識」については、それが「任意性」の要件に属するのか、それとも中止行為自体の要件であるのかが問題とされることがあるが[56]、これは、「自己の意思によ」ることと「犯罪を中止」することについて、(a)前者を主観的要件、後者を客観的要件として完全に二分するか、あるいは(b)前者を(a)と同様に理解しつつ、後者をさらに主観的要件と客観的要件に区別するかによる。「中止の認識」は(a)によれば任意性の要件に属し、(b)によれば中止行為の要件に属することになる。「犯罪を中止した」という要件を主観・客観の両面から構成されるものと理解するならば、「中止の認識」は「任意性」の要件ではなく、中止行為の主観的要件ということになろう[57]。

(3)　このように理解された主観的要件としての「任意性」は、判断基準としては「やろうと思えばやることができた」にもかかわらずやめた場合に中止未遂を認めるという点において、フランクの公式とほぼ同様の帰結に達すると解される。この場合の「やることができた」という判断は、犯行継続についての主観的可能性を意味することになる。これによれば、(A)悔悟・同情によって中止した場合には当然任意性が認められる。(B)驚愕・狼狽によって中止した場合、および(C)発覚ないし刑罰に対する恐れにより中止した場合については、外部的障害が存在すると誤信したときのように、犯行継続の主観的可能性を否定する事情が存在しない限り、「できるのにやめた」のであるから任意性は肯定される。(D)状況の好転により中止した場合（強姦されそうになった被害者が、時間かせぎのために、「少し待ってくれれば合意する」と申し述べたので行為者が中止したような場合）、および(E)行為状況が行為計画と齟齬するために中止した場合（強盗目的で脅迫したところ、被害者の所持品に適当な物品がなかったため、奪取を断念したような場合）も、同様に任意性が肯定される。(58)

こうした判断方法に対しては、従来から「できる」「できない」とみなす基準が曖昧であるとの批判がなされてきた。(59)特に、「できない」とされる場合に関して、(1)行為の続行が物理的に不可能な場合に限るのか、心理的に不可能な場合も含むのか(2)物理的に不可能な場合について、特定の目的や計画に拘束されていればいるほど不可能な場合が増えることになるのか(3)心理的に不可能な場合を含むとすると、たとえば憐憫の情が強くなればなるほど任意性はなくなるのではないか、といった批判ないし疑問が提起されている。(60)これについては、まず、「できない」というのは主観的判断であり、心理的不可能性が直接的に反映する場合もあれば、物理的不可能性が契機となって「できない」という判断がなされる場合もあるということが確認される必要があろう。したがって(1)については、「できない」という主観的判断に至る前提事情としては、物理的な不可能性のみならず、当然に心理的な不可能性も含むことになる。重要なことは、それらの不可能性が、行為者に「犯罪を続行できる」という認識をもたらしたかどうかであり、たとえば強要・脅迫されてやめた場合のように、心理的な不可能性が、（犯罪を続行することについての）意思決定の自由を奪うような状態を惹起した場合には、主観的な継続可能性は否定されることになる（仮に、心理的な不可能性によりやめた場合をすべて中止未遂の対象とするならば、「意思に働きかけることによる結果発生防止」という政策的考慮に合致しないことになる）。他方、物理的不可能性がある場合には、それを認識した結果として主観的可能性は否定されやすいといえよう。(2)については、特定の目的や計画による「拘束」が直ちに主観的継続可能性を否定するものではなく、むしろそうした「拘束」が、（主観的継続可能性を否定するような）物理的・心理的不可能性に相当するかどうかの判断が重要であるといえよう。「ダイヤの指輪を盗もうとした者が、サファイアの指輪しか金庫になかったので、盗まなかった場合、ダイヤを盗むという計画からすれば、不可能であるから盗めなかったということになる」[61]といった例が挙げられているが、ここではサファイアを盗むことが物理的に不可能であったわけではなく、また、ダイヤ以外の物を盗むことについて意思決定できないような特段の事情がないかぎりは心理的可能性も否定されず、主観的継続可能性を認めてよいと思われる。(3)については、憐憫の情が強いということは「障害」としての心理的不可能性を強度にするものではなく、主観的継続可能性を前提としつつ、継続しないという意思決定に至る動機が倫理性を帯びていることを示すものにすぎないから、そのことによって任意性が欠けることにはならないと解される。

(4)　以上のように、本稿の立場からは、中止未遂の主観的要件としての「任意性」とは、「行為者が中止を意思決定する過程において、犯行継続の可能性を認識していること」をいうと理解された。これは、結論的には主観説によって示されてきた方向を支持するものであるが、従来の主観説の多くは、客観説および限定主観説と同様に、法律説を中心とした減免根拠との関連性ないしは論理的整合性に疑問の残るものであった。近時、「ポジティブ・サンクション」としての中止未遂規定[62]の意義が再認識されつつあり、また、減免根拠に関しても、従来の法律説における違法・責任「減少」という論理構造の問題点が意識的に明らかにされてきている[63]。このような理論状況を前提とするならば、任意性を含む中止未遂の諸要件も、本規定の根底にある刑事政策的考慮が有効に機能するための条件は何かという視点から分析されていくべきであろう。

（48）　城下裕二「中止未遂における必要的減免について―『根拠』と『体系的位置づけ』―」北法三六巻四号（一九八

六年）二二四頁。

(49) 近年、わが国において主張されている減免根拠に関する諸学説も、こうした観点から分類可能であることについて、城下・前掲注（36）五八四頁参照。

(50) 岡本・前掲注（3）二八七頁は、減免根拠を「中止未遂固有の『違法・責任』」の減少に求める立場から、必要的減軽は「違法・責任」の減少に伴って認められるのに対して、免除は任意的であるため、「違法・責任」の減少に付加して、中止行為をめぐるあらゆる量刑事情を考慮して判断しなければならないとされる。

なお、ドイツにおける減免根拠の学説として有力な刑罰目的説は、(b)および(c)の考慮から（規範的な）任意性概念を導こうとするものといえる。ただこうした思考方法は、中止未遂を不可罰とするドイツ刑法二四条の下では可能であるとしても、必要的減免事由とするにすぎないわが国の規定については採用が困難であると解される。

(51) なお、「あたらしい客観説」（前掲注（7）参照）が、（行為者の）外部的事情の受け取り方を「客観的に判断」すべきであるというときに、その「客観性」の内容は必ずしも明らかにされてきていないといえよう。この点について、林・前掲注（1）三七七頁参照。

(52) これは、中止未遂の構造を一般の犯罪とパラレルに把握しようという観点から主張されることがある。すなわち、一般の犯罪において故意・過失が主観的成立要件とされるのと同様に、中止未遂においても、「中止行為」の客観的要件を認識すること、すなわち自己の作為または不作為によって、結果を防止しようという認識が必要となるとするものである（山口・前掲注（35）二二五頁、井田・前掲注（1）一〇二頁、塩見・前掲注（1）二六三頁参照）。ただ、たしかに中止未遂は「逆の方向に向った構成要件」（平野・前掲注（35）一四六頁参照）であるとしても、そこでは犯罪（未遂犯）の成立は前提とされているのであって、通常の犯罪成立要件との対比を殊更に強調することには注意が必要であろう。

(53) 内藤・前掲注（9）一三〇六頁参照。塩谷・前掲注（3）六九頁はこれを「行為続行の必要性の認識の欠如」とされ、さらに、実際には二発目の発射が可能であるのに、弾丸が一発しか装填されていないと誤解して発射をやめた場合を「行為続行の可能性の認識の欠如」とされている。

(54) 塩見・前掲注（1）二六三頁参照。塩谷・前掲注（3）六九頁はこれを「作為における結果防止の認識の欠如」

とされている。
(55) 曽根・前掲注（1）一〇頁参照。
(56) 塩見・前掲注（1）二六三-二六四頁、曽根・前掲注（1）九-一〇頁参照。
(57) これに対して和田・前掲注(3)一二頁では、「中止故意」が任意性要件を構成する要素に位置づけられている。
(58) こうした観点からは、先に掲げた判例①ないし⑤についても、任意性を肯定する余地が生じよう。
なお、フランクの公式を基本的に支持する見解の中にも、恐怖・驚愕によってやめた場合について任意性を否定するものがある。これは、「やろうと思えばやれる」だけでは足りず、「外部的障害が一般人から見ても犯罪の完成に妨げとならないものであることが必要である」と解すること（たとえば大谷・前掲注（7）四一一頁参照）に起因するものであるが、その根拠となる違法減少説（および刑事政策説との結合説）の当否は別にしても、こうした客観説的限定を付すならば、フランクの公式を支持する意味はかなり減殺されると思われる。
(59) より本質的な批判として、「やろうと思ってもできなかった」場合に任意性が否定される点に関して、「できなかった」とはそもそも行為の遂行自体が不可能であることを意味するのであり（したがって行為の遂行が可能であることを前提とした中止未遂ははじめから問題とならず）、任意性の有無を示す基準とはならないとするものがある(vgl. Systematischer Kommentar, 6.Aufl., 1998, § 24 Rdn.19 [Hans-Joachim Rudolphi]; Ulsenheimer, a.a.O(Anm. 6). S. 319; Claus Roxin, Strafrecht, Allgemeiner Teil, Band II, 2003, S. 595.)。たしかに、「できない」場合を、犯行を阻止されたときのように物理的不可能性に起因する事態を含むものとして理解するならば、この批判が妥当する場合が生じよう。しかし、「できない」場合を主観的な犯行継続不可能性、すなわち「行為者の意思によって犯行を継続する（結果発生に至る）可能性がない」という状況下で中止した場合に限定して理解するときには、任意性のない場合とみることができると思われる。
(60) 山中・前掲注（27）七二六頁。
(61) 山中・前掲注（27）七二六頁。
(62) 井田良＝川端博「〈対談〉中止犯論の現在」現刑五巻一号（二〇〇三年）七頁〔井田発言〕参照。
(63) 城下・前掲注（36）五七〇頁以下参照。

判例の不遡及的変更について

鋤本豊博

一　問題の所在

1　序　説

(1)　判例の不遡及的変更とは、先例を変更して新しい判例法理を確立する場合に、法的安定性の考慮から、この新法理を過去に遡って適用せず、将来の事件から適用する旨を判決の中で宣明することをいう。(1) 刑事法の領域では、罪刑法定主義の派生原理の一つである「遡及処罰の禁止」を判例変更にも適用できるか否かを論じる際に問題とされる。即ち、行為当時の判例準則によれば無罪となるであろう被告人に対し、判例を変更して、若しくは、既になされている変更判例の準則を適用して有罪とすることも、遡及処罰禁止の法理に反するのであれば、当該判決の効果は遡及できず、将来効しか有し得ないとするのである。

(2)　この問題を最高裁が初めて正面から取り上げたものとして、岩教組同盟罷業事件第二次上告審判決がある。(2) 本件被告人は、昭和四九年四月一一日、全国規模で行なわれた全一日ストライキに際し、同盟罷業のあおりを企て、また、あおったとして地方公務員法違反（あおり罪）で起訴されたが、行為当時、所謂「二重のしぼり論」を採用した都教組事件判決が先例としてまだ存在していたため、同理論によれば無罪となる行為を処罰することは遡及処罰の禁止に反するのではないかと問題にされた。これに対して最高裁は、「行為当時の最高裁判所の判例の

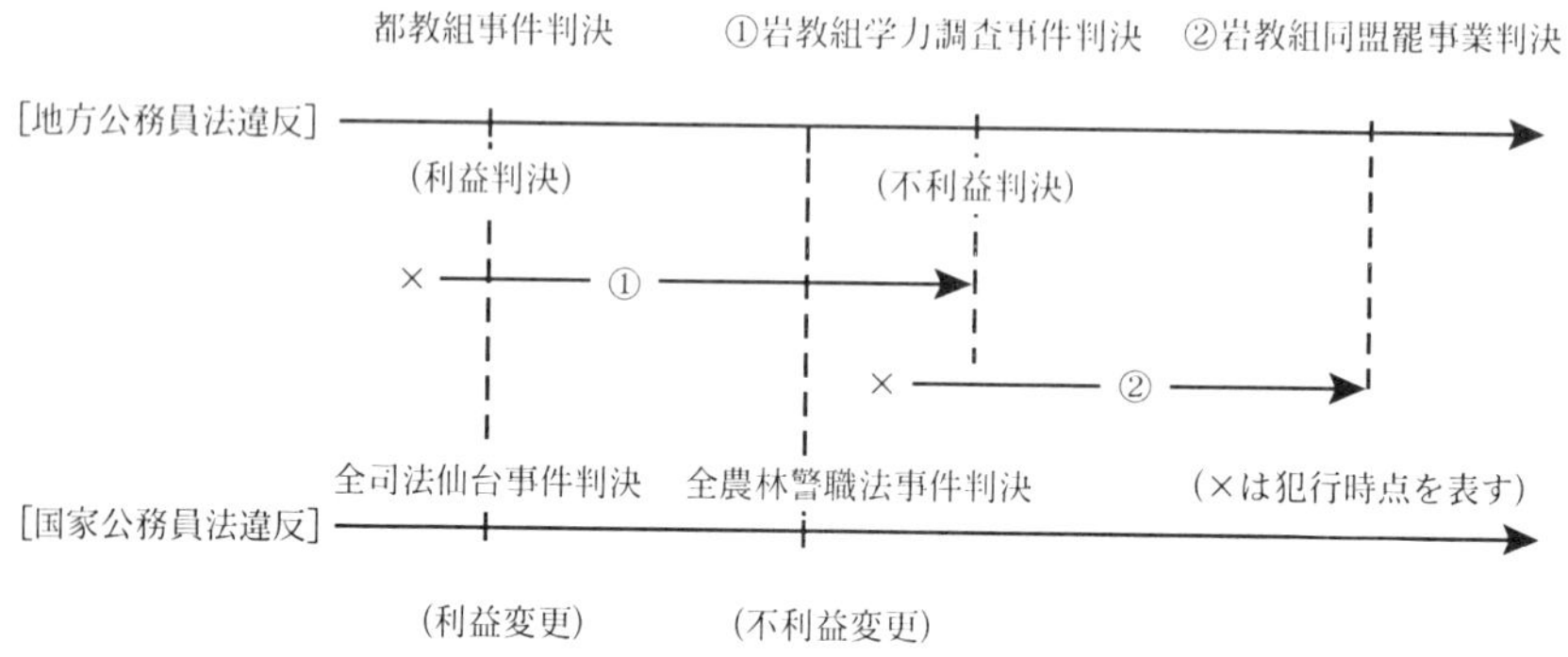

示す法解釈に従えば無罪となるべき……行為であっても、これを処罰することが憲法［三九条］に違反しないことは」明らかだとして、不利益な変更判例準則を適用する場合につき、遡及処罰禁止の法理による救済を与えることに消極的な態度を示したのである。

判例はあくまで個別事件において制定法の解釈によって生み出されるものだとすると、他の事件の裁判規範にはなり得ない。また、判例の不利益変更があったとしても、その新たな解釈は、既に存していたが今初めて正しく認識された法意の実現であるとするならば、判例には遡及禁止の法理は適用できない[3]。さらに、裁判官が事件ごとに法を形成していくコモン・ロー方式を採らず、また、デュー・プロセス条項に州の権力に対する人権保障の一般的根拠を求めなければならないという事情の存しない我が国では、憲法三一条が念頭においているのは専ら成文法の法律であるということもできる。このような伝統的な考え方によれば、右最高裁の帰結は自明のことになるであろう。

(3) にもかかわらず、「判例の法源性」や「判例に対する国民の信頼保護」が刑法学上しきりに主張されてきたのは、現実には判例が、具体的事件に即して、法律の意味内容を補完し具体化する作業を通じて、法律の制約の下で法の具体的形成に寄与していること[4]、従ってまた、国民が自己の行動の指針を判例に求めることもあるという実態が存しているからである。この観点からみれば、遡及禁止が立法者によって違反されるか、裁判官によって違反されるかで、何ら重大な相違をきたさないだけでなく[5]、判例の不利益変更は国民の予測可能性を奪い、行動の自由を不安にさらすという点で、刑罰法規と変わらないのではないかとの疑念が生じてくるのである。

2 違法性の錯誤論の限界

(1) このような問題状況に直面して、どのように対処するかについては、理論的に幾つかの可能性があるが、伝統的な立場は、これを違法性の錯誤論に求めている。例えば、前記最高裁判決においても、次のような補足意見が付されているのである。

国民も、最高裁判所が示した法解釈を前提として自己の行動を定めることが多いという現実に照らすと、「最高裁判所の判例を信頼し、適法であると信じて行為した者を、事情の如何を問わずすべて処罰するとす」べきではないが、そこで問題なのは「行為後の判例の『遡及的適用』の許否ではなく、行為時の判例に対する国民の信頼の保護如何であ」って、「判例を信頼し、それゆえに自己の行為が適法であると信じたことに相当な理由のある者については、……故意を欠くと解する……ことによって、個々の事案に応じた適切な処理も可能となると考える」。

(2) 制限故意説の問題性はさておき、従来の最高裁の立場である違法性の意識不要説を再検討すべきであるとする点には全く異論はない。しかし、まず第一に、「判例に対する国民の信頼の保護」が問題だとしながら、違法性の錯誤という責任領域で対処する論旨は、遡及処罰の禁止が国民の信頼保護の観点からも根拠づけられるため、遡及処罰禁止の問題と行為者の責任の問題とを混同しているかのような印象を与える。前者の問題として取り扱うならば、行為者自身が変更判例の存在を知っていたか否かを問わず、国民の信頼保護を理由に処罰すべきでないとすることも可能だからである(6)。

第二に、常に「違法性の錯誤」として論じることができるか、疑問の余地がある。変更前の判例準則が制定法に包摂されないことが判明したのであれば、当時の裁判所は行為者とともに錯誤に陥っていたに過ぎないといえるが、多くの場合、社会事情の変遷やそれに伴う国民の規範意識の変化、あるいは、当初の法解釈によって思わぬ混乱や弊害が生じたが故に、判例「変更」（≠更生）に至るものと推察されるから、当然に違法と評価してよいものか躊躇を覚えるのである。

⑶　さらに、これ以上に問題なのは、判例の不利益変更に伴う問題を専ら違法性の錯誤論で対処するやり方は、行為者の判例に対する信頼という主観的利益、しかも法的保護に値するものだけが侵害された場合にしか機能し得ないため、必ずしも十分な救済策にはならないということである。即ち、岩教組同盟罷業事件第二次上告審では顕在化しなかった問題（判例変更の限界を越えた変更判例の準則による処罰）や、岩教組学力調査事件で提起されていたと考えられる問題（法適用の不平等の出現）には、全く無力でしかないように思われる。前者の問題は既に別稿で論じているので[7]、ここでは繰り返さない。後者の問題とは、次のような事態を意味する。

「［都教組事件］最高裁判所大法廷判決が言渡された後には、検察庁が全国各地において、係属していた地方公務員法違反被告事件につき、公訴を取消し、また控訴を取下げるなどのことが行なわれ、わずかに残されたのは、最高裁判所に係属する事件のみであり、それについても上告棄却の判決が相次ぎ、被告人らの文部省の全国一斉学力テスト反対闘争に関する事件だけが残された形になってはいたが、同じ闘争に関連する他労組員が被告人になっている事案も最高裁判所に係属していたので、それらの事情が判決の遷延している事情であろう推測される状況であった[8]」。ところが、昭和四八年四月二五日、国家公務員法違反のあおり罪につき同旨の判決であった全司法仙台事件最高裁大法廷判決が全農林警職法事件で判例変更され、その影響を受ける形で、本件被告事件において都教組事件最高裁大法廷判決が判例変更されるに至ったのである。つまり、わずか四年の間で起こった二度の判例変更により、同種同等の事件であるにもかかわらず、罪に問われた被告人とそうでなかった被告人とが生じたということであり、かかる状況は、法の下の平等に反する事態と評してもよいように思われるのである。

3　本稿の基本的視座

伝統的な立場とは逆に、判例が現実に果たす機能に照らし、補充的ながらも判例の法源性を認め、遡及処罰禁止の法理を判例変更に適用しようとする立場（以下、補充的法源説と称す）や、司法に対する国民の信頼保護を罪刑法定主義の保障内容に取り込み、法律主義を崩すこと無く遡及処罰禁止の法理を判例の不利益変更に及ぼそうとする立場（以下、一般的信頼保護説と称す）も存する。これら判例の不遡及的変更論は、前記した問題を一刀両断的に解決して見せるようにも思えるが、既存の法制度や法理論との整合性を保持し得るか疑問なしとし得ない。のみならず、未だ「将来効判決の問題について手続き法上の立法的解決を図る必要があり、その理論的・実務的問題の検討が課題である」[9]という段階に止まる限り、およそ判例を動かすまでには至らないであろう。

本稿は、可能な限り伝統的な法理論の枠組みを守りながら、不遡及的変更論が投げかけている問題意識を間接的な形で受け止め、理論的深化に努めるとともに、未成熟な理論構成であるとの批判を覚悟しつつも、将来効判決の問題を事情判決の法理を用いて乗り越えられないかに挑んでみようと思う[10]。

（1）　田中英夫『法形成過程』（一九八七年・東京大学出版会）三一頁。
（2）　最判平成八年一一月一八日刑集五〇巻一〇号七四五頁。本件評釈として、今崎幸彦『最高裁判所判例解説・刑事篇・平成八年度』（一九九九年・法曹会）一五一頁以下等。
（3）　Claus Roxin, Strafrecht Allgemeiner Teil, Bd. I, 3. Aufl., 1997,§ 5, Rn.61.
（4）　福田平＝大塚仁『刑法総論Ⅰ』（昭和五四年・有斐閣）五二頁。
（5）　Heinz Müller—Dietz, Verfassungsbeschwerde und richterliche Tatbestandsauslegung im Strafrecht, in: Maurach—Festschrift, 1972, S. 43.
（6）　安田拓人「判例の不利益変更と遡及処罰の禁止」森本益之ほか編『大野眞義先生古稀祝賀・刑事法学の潮流と展望』（二〇〇一年・世界思想社）六〇頁。
（7）　鋤本豊博「地方公務員法違反の争議行為の可罰性（下）」北大法学論集四四巻六号（平成六年）五一三頁。

（8）「岩教組同盟罷業事件第二次上告審における上告趣意書」刑集五〇巻一〇号七八〇-一頁。具体的状況については、判例時報一三四六号五頁の記載事件から窺える。
（9）奥村正雄「判例の不遡及的変更」現代刑事法 No.31（二〇〇一年）五〇頁。
（10）この発想は既に、道垣内正人『自分で考えるちょっと違った法学入門』（一九九三年・有斐閣）一四四-五頁で示されており、これに意を強くしてまとめ上げてみようと思い至った次第である。

二　判例の不遡及的変更論の検証

1　補充的法源説

(1)　罪刑法定主義の形式原理の一つである法律主義（民主主義的原理）は、何を犯罪とし、これにどのような刑罰を科すかは、国民自身がその代表機関である国会において法律という形で決めなければならないとするものであるから、補充的法源説も、制定法と同列ないし並列的立場において「独自の法源」を認めようというわけではない。その代表的な論者によれば、「何が許され何が禁じられているかについての尺度は、罪刑法定のたてまえのもとにおいてもなお、多かれ少なかれ、裁判官の補完的活動に依存せざるをえ」ず、「判例はかくて、成文法とあいまって規範観念の一部を形成する」という認識の下に、「判例が旧解釈を行為者の不利益に変更しかつその効果をかれにおよぼすとき、行為者の現実の意識はどうあれ、判例自身の側で、かれの寄すべかりし期待を裏ぎり、旧解釈の趣旨にそって形成されるべき規範観念を破ったとの不条理は掩いがたい」として、憲法三九条と刑法六条の趣旨に照らし、判例による法解釈の遡及を阻止しようとするのである。(11)

ところで、判例の法源という場合、法解釈という手段によって裁判官にどの程度、法の創造が認められるかという問題と、裁判官が裁判をするに当たり、先例にどの程度拘束されるかという問題とに区別しなければならないとされているので[12]、まずは、前者の問題から取り上げることにしよう。

(2)　リアリズム法学に言及するまでもなく、今日の裁判所の果たす役割に法形成機能が含まれることついては、さしたる異論はないであろう。問題は、立法による法形成との相違を単なる程度問題に過ぎないと考えるか、乗り越えられない質的なものを見出すかにある。いずれの立場に立つかによって、制定法のみでは結論が導かれない場合に、その対処の仕方が異なってくる。即ち、前者の立場によれば、「立法者によって作られた成文法は全ての事態を包括し得るものとは言えず、裁判所による具体的な規範形成のための出発点にすぎ」ないのであって、裁判官による「規範形成は、法律によって拘束されると言うよりは、裁判所自身によってのみ制禦される拘束を伴ってなされるもの」と促えられ、「司法上の総合的判断によって創り出される」ことになるのである[13]。このような理解を前提とすれば、遡及処罰禁止の法理を判例変更に適用することも不可能ではない。

しかしながら、右見解は、論者の意図に反して、法律主義を弛緩せしめるように思われる。裁判所には自己の判断を制定法から根拠づける任務があるにもかかわらず、とりわけ遡及禁止が付け加わると、制定法の拘束や理由表示の強制が重視されなくなるからである[14]。確かに、制定法は自己完結的ではあり得ず、裁判官の補完活動を予定しているといい得るが、法形成の委任は、制定法を含む全法体系の原理の探求とその拘束からの解放を意味するわけではない。裁判官は、「あくまでも法による裁判という性格を失わないようにするために、既存の材料や道具を土台にして、しかもその原型をこわして全く別物にしてしまわない範囲でこれを作り直したり、あるいは新しく作った材料や道具が既存の材料群、道具群の中にうまく仲間入りができるようにしなければならないという頗る窮屈なわくをはめられている[15]」のであって、裁判官の法創造活動に、立法者による法律制定のイメージを重ねるべきではないのである。

(3)　では、先例拘束の観点から、判例の法源性を認めることは可能であろうか。学説の中には、「判例を法源でないと解すれば、判例に対しては遡及禁止の原理がはたらかないから、判例の変更は被告人の不利益な場合にもまったく自由だということになる」との問題意識から、判例の法源性を肯定し、これに遡及処罰禁止の法理の適用を認めて、被告人に不利益な方向での判例変更は立法的解決にまつべきだとする見解もある。(16) この立場を徹底させれば、被告人に不利益な判例変更は事実上できなくなるだけでなく、熟慮に基づき不利益変更した裁判官も「違法」行為をしたことになるというのであれば、国家賠償の対象にすらなりかねないであろう。のみならず、先例拘束力に法的効果を認めることは、「上級審の裁判の効力が当該事件限りであることを定めた裁判所法四条が無意義に帰することの問題がある他、何よりも、裁判官の官僚的性格の顕著な我が国では判例ないし法解釈の自由な発展を大きく阻害する結果が予想される」(17) といい得なくもない。

そこで、近時の学説は、判例にも事実上の拘束力があるとして、遡及処罰禁止の法理を判例変更に及ぼそうとしている。即ち、「国民は確立された判例を通じて自己の行為についての法的効果を予測しながら行動する」から、判例変更によって行動の予測可能性が奪われるならば、国民の行動の自由を侵害し罪刑法定主義の要請に反するというのである。(18) しかし、英米法系の判例・学説においても、「判例が先例として拘束力をもつと考えられる主要な根拠は、それが『法源』であるということよりも、むしろ法の適用の公正性なり、審級制に基づく能率（訴訟経済）なり、あるいは予測可能性・法的安定性というような、実定法上秩序および裁判制度に内在する原理であると考えられ」ているので、(19) ここでも判例の法源性を肯定することは、極めて困難と思われる。

加えて、右のようなアプローチに対しては、判例の存在を無視し、その内容如何にかかわらず行動した者等、およそ判例を信頼して行動したとはいえない者に対しても保護することになるため、もともとの問題意識からみて行き過ぎではないかとの批判もある。(20) もっとも、この点はむしろ、違法性の錯誤論による救済との違いとして強調されるところであり、判例への信頼による予測可能性は、行為者の主観的認識を超えた罪刑法定主義の要請の問題として処理すべきであるから、遡及処罰禁止の法理による保護が及ぶのは当然であるといった反論がなされている。(21) しかし、結論の当否はさておくとしても、判例を規範と解するのであれば、判例の存在を意図的に無視した行動は反規範的と評されることになるはずであるが、反規範的行為の自由を規範（判例）が保障しなければならないというのは、矛盾を抱え込むことにはならないのであろうか。

2 一般的信頼保護説

(1) 我が国の学説の中には、罪刑法定主義の形成原理の一つである法律主義を厳格に解することで、判例の不遡及的変更を導こうとする立場がある。即ち、裁判官の法創造機能を強調し、「一般的に判例の法源性を認めることによって遡及処罰の禁止を判例変更に適用することは、かえって罪刑法定主義に違反する」[22]として、補充的法源説を批判する一方、「判例が事実上の拘束力を有し、国民に対してその行動の指針を与える役割を果たしている事実」と、最高裁が担っている法律解釈の統一機能に着目すれば、最高裁の判例を不利益変更する場合には、国民に対する不意打ちとならないようにしなければならないから、裁判官の行動に対する予測可能性も罪刑法定主義の内容をなすといえ、これを確保するためには判例変更の遡及を禁止しなければならない、というのである。[23]

論旨のうち、裁判所の法形成と立法者による法律制定の質的差異を認める点については賛同できる。しかし、まず第一に、不利益変更を許さないのは、「裁判官の判例への拘束を強調し過ぎることによって、法律主義の趣旨に反する」とされるほど、裁判官の法律への従属を要請するのであれば、変更後の判例準則も制定法に包摂されなければならない以上、明確性の原則によって立法に対する予測可能性が担保されている限り、あえて裁判官の行動に対する予測可能性を罪刑法定主義の内容に取り込む必要はないのではないだろうか。[24]また、判例の法源性や先例拘束力の法的性質を否定するのであれば、慣習法化しない限り、判例が行為規範性を獲得する余地はないから、不意打ち的な判例変更の場合にも、罪刑法定主義違反の問題は生じないであろう。[25]さらに、事実上の役割や機能をいくら強調しても、法解釈上の帰結を導く根拠としては十分とはいえないように思われる。

(2) ところで、ドイツにおいても、酒酔い運転罪にいう「乗物を安全に操縦できる状態にないこと」を認定するための血液中アルコール濃度の基準値が、被告人に不利益に変更され処罰されたことから、遡及処罰禁止の法理の(類推)適用の有無が論じられたことがある[26]が、これは証拠準則に係わる問題であり、実体法上の問題ではないので[27]、本稿で個別に取り上げることはせず、そこで用いられた遡及禁止説の典型的な論証の仕方[28]に触れるに止める。それによると、ドイツの判例・通説は、遡及処罰禁止の法理の意義を、法律に規定された行為の評価は事後に不利益には変更されえないという市民の信頼保護に見出している。しかし、これは責任主義の観点(行為当時にある行為の禁止がなければ、その行為を非難し得ないということ)からしか見ていない。ここで問題となるのは、「ある一定の行為の不可罰性に対する個々人の信頼ではなく、従来不可罰な行為を遡及的に犯罪化することを排斥する、国家の決定機関の公明正大さへの一般的信頼である[29]」。他方、実体法の完全性と正当性が根拠なきものと判明した今日、法の制定と法の適用は機能的に厳密に区別することができないことで一致している。しかも裁判官の法発見は、純論理的ではなくむしろ目的論的になされている。このような認識から、判例が法形成に関与し、事実上の遡及的性格を有するならば、法律に向けられている遡及制限に服さなければならない、というのである。

これに対し、有力な学説は、右見解は立法と判例を同列に置こうとするもので、法律主義に反するという[30]。市民は判例を知る必要はなく、信頼すべきは法律の文言である。判例変更も可能な語義の範囲に止められるから、法律の変更より予測可能である。また、遡及処罰禁止の根拠付けとして、信頼保護は無用であって、罪刑法定主義の刑法上の根底―未だ存しない規範には一般予防効果を発揮し得ないこと―から容易に導けるという[31]。さらに、「一般的な信頼状態」つまり「潜在的な」信頼だけが問題だとすれば、常に、行為者にとって、その時々の法状態に対する自己の信頼により、自己の行動をこの法状態に合わせれば罪に問われないとの確たる保証をもつことが、少なくとも可能でなければならないが、そのような信頼は実際には全く役に立たない、と反論するのである[32]。

(3) 思うに、遡及処罰禁止の根拠としては、一般予防の他に、法的安定性の思考も考えることができる。遡及立法を認めると、市民は常に事後法の脅威にさらされることになるからである。ただ、市民にとって法的安定性とは、信頼保護を意味するであろう。そこで、まずは、制定法に対する信頼と判例に対する信頼を区別しておかなければならない。即ち、判例変更が遡及しても、少なくとも市民は制定法を信頼し得る以上、遡及立法を認める場合のような混乱は生じないということである。[33]

次に、信頼の対象は何かという問題がある。この点、遡及禁止説の論者も、あらゆる判決の予測可能性を素人に保証するのであれば、裁判官に対し、素人がするような判決を命じることになるから、信頼保護の要請には制限的にしか応じられない、と主張するに止まる。[34]しかし、判決の予測可能性は不適格であろう。何故なら、どうにか発見可能な先例も何ら規範的な効力はなく、どの事例判決においても、新たな事案ごとに新たな態様で現実化する形成要因が含まれている以上、判例によって行われる法律の具体化は、当初より確たるものは何ら与えられないからである。[35]とすれば、信頼保護の対象は、刑罰権の行使というべきであろう。判例の不利益変更があれば、行為者の主観的な期待は損なわれるが、熟慮に基づいた変更であることが判明すれば、ここにいう信頼保護は何ら損なわれることはない。自己の主観的な利益を「国民の信頼保護」という客観的な利益に言い換えてはならないのである。

（11）小暮得雄「刑事判例の規範的効力」北大法学論集一七巻四号（昭和四二年）六六四頁。
（12）五十嵐清「現代大陸法における法源の機能」日本法哲学会編『法源論・法哲学年報』（一九六四年・有斐閣）四九頁。
（13）寺崎嘉博「遡及処罰禁止原則における判例変更の法的機能」Law School No.36（昭和五六年）一三七頁。
（14）Günter Jakobs, Strafrecht Allgemeiner Teil, 2. Aufl., 1991, 4. Abs., Rn.81.
（15）中村治朗『裁判の世界を生きて』（平成元年・判例時報社）三三四頁。
（16）西原春夫「刑事裁判における判例の意義」『中野次雄判事還暦祝賀・刑事裁判の課題』（昭和四七年・有斐閣）三一〇-一頁。
（17）西野喜一「判例の変更（8）」判例時報一五〇五号五頁。

(18) 大谷實『新版刑法講義総論』(平成一二年・成文堂)七〇頁。

(19) 芦部信喜「憲法判例の拘束力と下級審の対応」国家学会編『国家学会百年記念・国家と市民・第一巻公法』(昭和六二年)八七頁。

(20) 今崎・前掲注(2)一六〇-一頁。

(21) 奥村・前掲注(9)四八頁。

(22) 村井敏邦「判例変更と遡及処罰の禁止」平成八年度重要判例解説(一九九七年)一四三頁。

(23) 村井敏邦「判例変更と罪刑法定主義」一橋論叢七一巻一号(一九七四年)四七-八頁。

(24) 萩原滋『罪刑法定主義と刑法解釈』(一九九八年・成文堂)二三二頁。

(25) 奥村・前掲注(9)四七頁。

(26) この問題に関する近時の一連の判例を紹介したものとして、阿部純二「判例変更と遡及処罰の禁止に関する覚書」東北学院大学法学政治学研究所紀要七号(一九九九年)二七頁以下。Vgl. Barbara Bialas, Promille - Grenzen, Vorsatz und Fahrlässigkeit, 1996. S. 35ff.

(27) Bernhard Haffke, Das Rückwirkungsverbot des Art. 103IIGG bei Änderung der Rechtsprechung zum materiellen Recht, 1970, S. 41.

(28) Hans - Ludwig Schreiber, Rückwirkungsverbots bei einer Änderung der Rechtsprechung im Strafrecht?, JZ 1973, S. 715ff.

(29) Ulfrid Neumann, Rückwirkungsverbot bei belastenden Rechtsprechungsänderungen der Strafgerichte?, ZStW 103(1991), S. 348f.

(30) Roxin, a.a.O.,§ 5, Rn. 61.

(31) Bernd Schünemann, Nulla poena sine lege?, 1978. S. 24.

(32) Herbert Tröndle, Rückwirkungsverbot bei Rechtsprechungswandel?, in: Dreher-Festschrift, 1977, S. 121f.

(33) 高山佳奈子「行為当時の最高裁判所の判例の示す法解釈に従えば無罪となるべき行為を処罰することと憲法三九条」ジュリスト一一三二号一六一頁。

（34） Wofgang Straßburg, Rückwirkungsverbot und Änderung der Rechtsprecht im Strafrecht, in: ZStW82, 1970, S. 957.

（35） Bernd Schünemann, Ungelöste Rechtsprobleme bei der Bestrafung nationalsozialistischer Gewalttaten,in: Bruns-Festschrift, 1978, S. 233f.

三　不遡及的変更の再構成

1　不遡及的判決の手法

(1)　判例変更によって、あるいは、変更判例準則の適用によって、刑罰権の行使に対する国民の信頼が損なわれるような事態を招くとしたら、裁判所はどのように対処すべきであろうか。判例変更に遡及処罰禁止の法理を適用した場合にも、同じような問題に直面する。判例変更の必要性を認めても、同法理の適用はその変更を不可能にし、従来の解釈に従うことを求めるに止まるからである。もっとも、到達したい結論自体は極めて単純明白であり、新判例ないし変更判例の準則を定立ないし確認しつつ、この準則を当該事案に適用せず、旧判例準則に従って判決を下せばよいのである。問題は、このような不遡及的判決の手法が現行法上許されるかにある。

民主的コントロールの及ばない司法裁判所に法令解釈権を与えることが、民主主義の理念に反しないといえるのは、その権限行使が専ら国民の権利回復と維持（事件解決）に仕える場合に限られる。それ故、事件争訟性と判決の遡及効は、司法権の本質的要素と解されるのであるが、新たな法令解釈が、その出現の契機となった事案には適用されず、将来の事案で初めて適用されるということになれば、裁判所は実際上抽象的な法原則を定立していることになる。ここから、それは遡及処罰禁止の放棄ではないか[36]、つまり、判例によって法が形成され、それが将来の事件に及ぶのだとすると、法律がなくても刑罰目的は実現されてしまうのではないか、という疑念が生じてくる。そこで、判例準則を規範として法概念の下に組み入れ、その変更を遡及処罰禁止に服させれば、被告人の保護に有用であり、憲法の趣旨に合致するのではないか[37]、との主張につながるのであるが、判決の遡及効との衝突は解消されないままである。

(2) もっとも、違憲判決の場合は、これと異なる考慮が可能かもしれない。現行憲法は、政治的少数派の人権保障のため、司法裁判所に違憲立法審査権という本来的には司法権ならざる権限を付与している以上、この権限の自己抑制として違憲判断に不遡及的効果を与えたとしても、許容されるように思われるからである。この意味で、非摘出子法定相続差別合憲判決[38]に際して提示された、次のような中島裁判官等の反対意見は注目に値する。「最高裁判所は、法令が憲法に違反すると判断する場合であっても、従来その法令を合憲有効なものとして裁判が行われ、国民の多くもこれに依拠して法律行為を行って、権利義務関係が確立している実態があり、これを覆滅することが著しく法的安定性を害すると認められるときは、違憲判断に遡及効を与えない旨理由中に明示する等の方法により、その効力を当該裁判のなされた時以後に限定することも可能である」。

(3) このような不遡及的判決の手法に対しては、まず、どの範囲の判例変更について用いることができるのか、その基準が明らかでないという問題がある。我が国の学説上、最も広範に捉える見解は、法的に不安定な状態を国民の危険負担によって解決すべきでないとして、「最高裁判所の判例である限り、それが一致したものであるとか、変更可能性のないものであるとかの不確定な要素は問題に」しないという[39]。基準は明確にはなるが、結果的に、判例を立法と同列に置くことにならないか、あるいは、判例の有利変更に対する無用の慎重論を助長することにならないか、といった疑問が残る。

また、当該判示は事件解決に不要な判断であることから、いわゆる傍論に当たり、傍論であれば他の裁判所に対する事実上の拘束力もない以上、法の新たな形成に寄与するどころか、従来の判例に対する信頼の基盤を崩すだけではないかとの批判が妥当する。但し、ここでも、基本的人権に関する判例変更の場合は、事情が異なると考えることもできる。「法律解釈における判例変更は、新解釈がより妥当ということであって旧解釈が国民の権利を侵害するという非難を前提としないが、憲法の基本権に関する場合は旧解釈は人権を侵害するとの非難を随伴する」[40]からである。このことは、全逓東京中郵事件大法廷判決[41]において、判決理由の末尾に示された一般論が明らかに傍論であるにもかかわらず、その後の判例に多大な影響を与えたことを想起すれば、容易に理解することができよう。

その他、別稿で論じた刑事手続法上の問題点からも[42]、刑罰法規の解釈変更に対して不遡及的判決の手法を用いることは、立法論の域を出ないように思われる。

2　事情判決の新法理

(1)　さて、「判例変更という裁判所の判断によって生じた効果が、被告人に不利益に作用することを回避するというのは、国民の信頼に答えるべき国家の態度である[43]」とまでは思えないが、いかに熟慮に基づく不利益変更であっても、その準則の適用により法適用の不平等が生じるような事態を回避することは、裁判所の責務である。不利益変更が不公正か否かは、それを評価する側の主観的見解の相違に左右されるのに対して、同種の事件には同様の解決を与えるべきであるという平等の要請は、「法による裁判」といえるための最低限の条件であり、国民の信頼を担保する根幹を成すものだからである。だとすれば、その回避手段がない場合でも、法解釈により合理的な限度でこれを創造しなければならない。この意味で、多大な示唆を与えるのが、議員定数配分規定違憲判決で打ち出された所謂「事情判決の法理」である。

(2)　議員定数配分規定を違憲とした場合の事後処理について、最高裁は、公職選挙法二一九条一項が行政事件訴訟法三一条の準用を排除しているにもかかわらず、同条の事情判決制度を援用して、選挙無効判決を求める請求を棄却するとともに、当該選挙が違法である旨を主文で宣言するという手法を創造した[44]。即ち、①行政事件訴訟法三一条一項前段は「法政策的考慮に基づいて定められたものではあるが、しかしそこには、行政処分の取消の場合に限られない一般的な法の基本原則に基づくものとして理解すべき要素も含まれている」。②公職選挙法二一九条は、同法違反の選挙「を無効とすることが常に公共の利益に適合するとの立法府の判断に基づくものであるから、……選挙が憲法に違反する公選法に基づいて行われたという一般性をもつ瑕疵を帯び、その是正が法律の改正なくしては不可能である場合については、……必ずしも拘束力を有するものとすべきではなく、前記……法の基本原則の適用により、選挙を無効とすることによる不当な結果を回避する裁判をする余地もありうるものと解する」。③「明文の規定がないのに安易にこのような法理を適用することは許され」ないが、憲法違反という重大な瑕疵を有する「行為についても、高次の法的見地から、右の法理を適用すべき場合がないとはいいきれない」。④「本件選挙が憲法に違反する議員定数配分規定に基づいて行われたものであること……を理由としてこれを無効とする判決をしても、これによって直ちに違憲状態が是正されるわけではなく、かえって憲法の所期するところに必ずしも適合しない結果を生ずること」から、「前記の法理にしたがい、本件選挙は憲法に違反する議員定数配分規定に基づいて行われた点において違法である旨を判示するにとどめ、選挙自体はこれを無効としないこととするのが、相当であ」る。

このように、最高裁は、右判決方式を採る根拠を、事情判決制度の根底にある「一般的な法の基本原則」に求めたが、果たしてそのような基本原則なるものは存在するのであろうか。

(3)　事情判決は、取消訴訟の対象たる処分（採決を含む）が違法であるにもかかわらず、一切の事情を考慮して公共の福祉を維持するために請求を棄却する判決であるが、その際には、損失補償や損害賠償など原告の利益の保護に配慮することが期待されている。つまり、通常の権利保護の主観訴訟を眼中において、原告の利益と公益との調整をはかったものであり、客観訴訟の性格をもった民衆訴訟として構成されている選挙訴訟には、およそその適用は予定されていないのである。[45]しかも、事情判決は、法治行政の原理と裁判を受ける権利を犠牲にしても、違法処分のうえに積み重ねられた既成事実を尊重する制度であるから、反法治国家的機能を営み得るものでもある。[46]そうであるなら、最高裁の理論構成は、三一条の法理とは異質なものと言えるであろう。

しかしながら、最高裁もこれらの点は十分に意識していたと思われる。前記①において、理解すべき「要素も含まれている」という慎重な表現を用いていたほか、③において、適用すべき場合が「ないとはいいきれない」という消極的な表現に止めていたからである。ならば、何がその要素であり、いかなる場合にそれが適用されるというのであろうか。思うに、取消判決の有する遡及効による現状回復により、「憲法の所期するところに必ずしも適合しない結果を生ずる」（前記④）場合において、「現行訴訟制度における違憲・違法即無効（ないし取消）という一義的な判決方法の不備を補うために、……両者を切りはなす判決方法[47]」を用いることが許容される、という法理だと推察される。この法理は、従来のような既成事実の尊重に基礎を置くものではなく、判決によってもたらされる不当な事態を阻止する機能を果たすという意味で、事情判決の適用事例に新しい類型を加えるものである[48]といってよい。

(4)　こうして最高裁によって創造されたと考えることのできる、いわば「事情判決の新法理」を、本稿が直面していた問題に用いるならば、その解決に大きく近づくことが可能になるように思われる。即ち、事情判決の形式を借りて、判例変更を主文で明らかにしつつ、新たな判例準則を不平等状態を招く事件には適用しない、という対処方法が導き出されるのである。

(36)　Paul Bockelmann, Niederschriften über die Sitzungen der Gr. Strafrechtskommission, Bd. 3, 1958, S. 289.
(37)　Wilhelm Knittel, Zum Problem der Rückwirkung bei einer Änderung der Rechtsprechung, 1965, S. 30.
(38)　最大決平成七年七月五日民集四九巻七号一七八九頁。
(39)　村井・前掲注（23）四九頁。
(40)　佐藤幸治『現代国家と司法権』（昭和六三年・有斐閣）三七七頁。

(41) 最大判昭和四一年一〇月二六日刑集二〇巻八号九〇一頁。
(42) 鋤本・前掲注(7)五二二-三頁。
(43) 中山研一「判例変更と遡及処罰の問題(6)・完」判例評論四八六号一六頁。
(44) 最大判昭和五一年四月一四日民集三〇巻三号二二三頁。
(45) 雄川一郎「国会議員定数配分規定違憲訴訟における事情判決の法理」『田上穣治先生喜寿記念・公法の基本問題』(昭和五九年・有斐閣)二八七-八頁。
(46) 阿部泰隆『行政救済の実効性』(昭和六〇年・弘文堂)二九五頁。
(47) 野中俊彦「議員定数配分規定の違憲性と選挙の効力」行政判例百選II(一九七七年)四一九頁。
(48) 阿部泰隆「議員定数配分規定違憲判決における訴訟法上の論点」ジュリスト六一七号(一九七六年)五九頁。

四　結　語

(1) 以上、検討したように、行為当時の判例準則によれば無罪となるであろう被告人に対し、判例を変更して、若しくは、既になされている変更判例の準則を適用して、有罪とすることができるかという問題に対しては、刑罰権の行使に対する国民の信頼という客観的利益を侵害しない限り、これは可能であり、被告人の判例に対する信頼という主観的利益の侵害は、専ら違法性の錯誤論によって救済を図れば足りる、というのが本稿の結論である。もっとも、客観的利益侵害には、岩教組同盟罷業事件において見られた(と本稿が考えている)ように、判例変更の限界を越えた変更判例準則による刑罰権の行使に基づく場合と、岩教組学力調査事件で提起されていた(と本稿が考えている)ように、法適用の平等に反する事態を招くような刑罰権の行使に基づく場合とがあるが、前者の救済策としては免訴判決を、後者の救済策としては事情判決の新法理で対処することができるように思う。
(2) 最後に、岩教組同盟罷業事件第二次上告審判決に関連して、残された問題について記しておこう。

まず第一に、本判決で注目されたのが、従来の最高裁の立場である「違法性の意識不要説」を再検討すべきであるとの補足意見が付されたことであった。ただ、最高裁自身も、既に百円紙幣模造事件で、違法性の錯誤につき相当の理由があるときは犯罪は成立しないとの見解の採否を留保したまま、相当の理由がある場合に当たらないとした原判決を是認していたことから、[49]この点に関する判例変更はもはや時間の問題になったように思われる。となれば、学説に対して、明確な理論体系から射程距離を計って打ちだされた「違法性の意識の可能性」の判断基準が求められていると言えよう。

第二は、判例変更の限界の問題である。この点は、全農林警職法事件最高裁判決が出された際に大いに議論となったところであるが、[50]その後の展開は必ずしも活発とはいい難い。もっとも、この間、判例変更が裁判官の構成の変化のみによってもたらされたとしても不当とはいえない、とする学説が現れたが、[51]従来、多くの学説が批判の念頭に置いていたのは、その裁判官が構成メンバーに加わるか否かで判例変更の有無が決せられるにもかかわらず、先例の推論や分析に適正な考慮を払うことなく、単に判例変更の法廷意見に名を連ねるような場合ではなかったかと思われる。かかる場合、「法による裁判」ではなく「人による裁判」との印象を否定し得ず、刑罰権の行使に対する国民の信頼が損なわれるのである。いずれにせよ、多方面において論理的に前進可能な議論を重ねていかなければならない。

第三に、仮に本件で免訴判決が下されたとして、既に当該判例準則で有罪判決を受けた者がいた場合に、その取扱いをどうするかという問題が残されている。かつて、尊属殺重罰規定の違憲判決が出された際に問題となったが、[52]個別恩赦で果たして対応し切れるか疑問がないではない。さらに、無罪判決を帰結するような利益変更があった場合はどうであろうか。人身保護手続が使えず、個別恩赦も不適当だとすると、非常上告制度の適正な運用に期待するしかないのであろうか。

⑶　その他、判例の不遡及的変更をめぐる問題については、英米法における判例の推移や現況についての詳細

四　結語

な分析と綿密な検討が不可欠であろう。これらを今後の課題とし、今はただ、この拙い論文で、これまで有形無形のご指導を賜った小暮得雄先生の古稀のお祝いとさせて戴くことをお許し願うほかない。

(49) 最決昭和六二年七月一六日刑集四一巻五号二四七頁。

(50) 芦部信喜「合憲限定解釈と判例変更の限界」ジュリスト五三六号(一九七三年)四六頁以下等。

(51) 西野喜一「判例の変更(7)」判例時報一五〇四号(平成六年)二六-七頁。

(52) 鈴木義男「尊属殺違憲判決の周辺」警察研究四四巻六号(昭和四八年)三頁以下。

(二〇〇二年三月六日脱稿)

旧刑法下における累犯加重論——八人の学者の議論

中島広樹

一　問題の所在

現行刑法第十章の累犯規定は、いわゆる旧刑法の再犯加重規定を改正したものであり、[1]周知の通り今日、とりわけ「責任主義」の観点から種々の批判に曝されている。[2]そこで疑問なのは、このように多様な批判のある累犯加重について、旧刑法下ではいったいどのような議論が行われていたのか、という点にほかならない。具体的にいえば、①累犯加重の根拠、②累犯加重に対する批判論、③累犯対策に関する議論等である。そして、これらの論点の中には、責任主義をはじめとする今日的議論とのつながりが認められるであろうか。

本稿は、旧刑法下における累犯加重についての議論を、主として上記の問題関心に沿いながら、当時の学説に即しつつ考察しようとするものである。

そして、このような考察を経ることによって、現行刑法における累犯加重に関する問題点もいっそう明確に浮かび上がってくるのではないか、と考えている。

そこで、以下においては旧刑法下における学説に関し、宮城浩蔵、江木衷、富井政章、岡田朝太郎、古賀廉造、小疇傳、勝本勘三郎、大場茂馬の見解をそれぞれ検討しながら、旧法下における累犯加重論の全体像を明らかにしたい。

ただし、後三者については、参照文献が現行刑法成立後のものであることから、旧刑法下の学者とは目されるが（ただし、大場に関しては新旧刑法の過渡期、むしろ現行刑法施行後に本格的な著作活動を行っている）、まとめて扱うこととした。

さて、「累犯加重」は、大学院時代に恩師小暮先生より与えられたテーマであり、現在もなお、さまざまな角度から研究を継続しているが、本稿もその一環である。

小暮先生には、大学院の指導教授として御指導を賜って以来、現在に及んでもなおその深い見識を通じて導いていただいている。

その学恩の一端に報いるべく、感謝と尊敬の念をもって先生の古稀を祝福し、拙い本稿を捧げたい。

（1）　現行刑法は、第十章に「累犯」を設け、その五六～五九条において「再犯」という言葉を用いているが、旧刑法では第五章に「再犯加重」を置き、その九一～九八条ですべて「再犯」という語句を使用している（我妻栄（編）・旧法令集（昭和四三年、有斐閣）四三三-四三四頁）。本稿では、現行刑法との対比上、「再犯加重」もまた「累犯加重」の名称で統一的に扱うものとする。

なお、現行刑法が累犯という語を採用したのは、再犯のほか三犯以上をも包括的に規定する趣旨からであるが、この点については第二三回衆議院特別委員会で政府委員平沼騏一郎が、累犯の意義を花井卓蔵から質問された際の回答のなかに示されている（倉富勇三郎＝平沼騏一郎＝花井卓蔵（監修）／高橋治俊＝小谷二郎（編）〔松尾浩也解題〕・増補沿革刑法総覧（平成二年、信山社）一八九九頁）。

ちなみに、旧刑法の再犯加重規定が改正されて、現行刑法の累犯加重規定が設けられた当時の監獄の様子を描いた文学作品として、吉村昭・赤い人（昭和五九年、講談社）二〇七頁以下があり、以下のように叙述されている。すなわち「それまでの刑法では、軽い罪をおかした者は不起訴になり、日露戦争中は殊にその傾向が強かったが、新刑法は厳罰主義を採用していた。そのため犯罪者に対する判決も刑期が長くなり、殊に累犯者には二倍にもおよぶ重い刑が科せられた。その結果、無期、長期刑囚が激増し、各監獄署では大赦令以前のように囚人が収容しきれぬほど増加し、しかもかれらは、重い刑に強い不満をいだいた服役状態の好ましくない者がほとんどであった。……囚人たちは……、長期間獄舎生活に堪えねばならぬ苦痛を味わわされることになった。かれらの間には自棄的な空気が濃く、それが自然に脱走の機会をねらうことにもつながっていた」のであり、脱獄が発生すれば厳しい懲戒処分によって生活が破綻しかねない看守と囚人に温情を施すことを禁じられた看守に対して憎悪を抱く囚人との間には緊張・敵対関係が生じ、全国的に囚情の悪化した様子が活写されている。

（2）　拙稿「累犯加重規定解釈の一試論（3）」平成法政研究三巻一号（平成一〇年）一頁以下参照。

二　旧刑法下の学説

1　ボワソナードと旧刑法典の成立

明治初年の刑事立法としては、仮刑律（明治元年）、新律綱領（明治三年）、改定律例（明治六年）があることはよく知られている通りだが、これらはいずれも明や清の律などをもとにして、さらにわが国の養老律や御定書百箇条などを参考にしてつくられたものであった(3)。

このように、明治初年の刑法体系は、復古主義のスローガンの下に中国古来の律形式を採ったものの、多面、社会の現実は西欧資本主義の浸透による近代化・市民社会化の動きを辿っていたために、両者の間に存在する矛盾は日増しに大きくなっていった(4)。こうして従来の刑法に対しては、早くから近代的な立場からの批判が向けられ、政府もまた、欧州諸国の法、とりわけフランス法を範とする法典編纂を企図し、その協力を求めてパリ大学教授ボワソナード（Gustave Boissonade）を招聘するに至ったのだが、ボワソナードの起草した刑法は、明治一三年公布され、同一五年に施行された。そして、彼の著した注釈書が旧刑法解釈の基準となり、わが国における刑法学発展の礎となったことは、周知のとおりである(5)。ところで、ボワソナードの刑法学は、オルトラン(Ortolan)

に負うところが大きいとされるが、オルトランは当時フランスにおける新古典学派（école néo-classique）を代表する刑法学者であった。新古典学派は、言うまでもなくベッカリーアやベンサム等によって開かれた啓蒙的功利主義とカント、メーストルらによって論じられた絶対正義主義とを調和させようとした、いわゆる折衷学派であり、ボワソナードもその信奉者である。彼は、旧刑法の起草にあたり道徳的悪（mal moral）であり、同時に社会的害悪（mal social）である行為のみを犯罪として罰すると明言している。(6)

そして、その理論的徹底が草案の総則部分において認められるが、累犯加重も例外ではない。彼は、累犯加重の根拠について「其ノ犯人ノ道徳ニ背キ及ヒ社会ヲ脅カスコト初犯ノ者ニ比スレバ更ニ大ナレバナリ」と説明しているが、道徳的悪と社会的害悪との折衷主義を貫いていることは一目瞭然である。(7)

なお、旧刑法の累犯加重の法的効果は、刑の四分の一の加重に過ぎず、(8)これは旧刑法全体を貫く「刑罰の緩和、人道化」(9)の現れと解されるが、この点に関しては、旧刑法の制定当初より保守的立場からの反発が存していたことが窺われる。(10)

2　宮城浩蔵

ボワソナードに育てられた刑法学者の代表と目されるのが、宮城浩蔵であることに異論はないであろう。宮城は、折衷主義刑法理論を「常ニ尊信」(11)していたのだが、逆に、自身の説は師の反復であり、独創性に乏しいものとならざるを得なかったと評されているものの、少なくとも旧刑法制定当初は、宮城説が通説的地位を誇っていたのである。(12)そこで、宮城の累犯加重に関する考え方を検討してみよう。

まず、累犯（再犯）の意義についてであるが、数罪倶発との対比において説明されている。すなわち、再犯とは「前罪既ニ判決ヲ経テ裁判確定シタル後ニ再ビ罪ヲ犯シタル」場合であり、数罪倶発とは「未ダ判決ヲ経ザル二個以上ノ罪ノ倶発シタル者」であって、結局再犯たるには、「前罪ノ裁判確定シタル後ニ犯シタル罪」であることを要するということ、換言すると、「確定判決」介在を伴う数罪かどうかが再犯か数罪倶発かを決する基準ということとなるであろう。(13)

次に、累犯加重の根拠であるが、宮城は「今再犯者ヲ以テ初犯者ニ比スルニ再犯ハ其悪意大ニシテ道徳ニ背ク甚ダシク又社会公衆ノ之ヲ畏懼スルコトモ甚ダシクシテ社会ヲ害スルコト大ナリトス」と述べ、それゆえ「(再犯の)罪初犯ヨリ重ク随テ其刑ヲ同等ナラシムル能ハザルヤ明ラカ」だとする。(14) まさに、ボワソナードの見解をそのまま踏襲した折衷主義的議論である。

ただ、宮城のいわゆる「悪意」がいわゆる事実的故意を意味するのか、違法性の意識なのかは必ずしも明らかではない。(15)

さらに、累犯加重に対する批判に関する宮城の説明を検討したい。

前述したように現在でこそ、累犯加重には責任主義の観点から多種多様な批判が行われているものの、当時においては、「故意または過失がない限り責任はない」という程度の素朴な責任主義は存在したといってもよいであろうが、(16) 規範的責任論を基礎とする今日的な用語法における消極的行為責任主義(17)は当然のことながら明確に意識されることはなかったであろうと解される。したがって、現在論じられているような責任主義的観点からの批判はそもそも現れないであろうことは、容易に予想しうる。

果して、宮城の指摘した累犯加重に対する当時の批判とは、「一事不再理の原則」の観点からのものであった。(18) 累犯加重批判のなかで、もっとも歴史の古いのが一事不再理との矛盾を主張する見解であろう。(19)

しかし、宮城は「欧州諸国旧時ノ刑法中ニハ再犯アル時ハ前罪ノ刑期ヲ加重シタルモノ」があり、この場合、既に刑罰を受けた前罪を後罪と合わせて罰するがゆえに、確かに一事不再理の原則に反するが、旧刑法はそれに反して、すなわち再犯者に対して初犯の刑を加重して罰するのではなく「再犯の罪に科すべき刑を加重する」(20) ものなのだから、一事不再理の法理には背反しない、と論じている。(21)

また、旧刑法はいわゆる異種累犯も加重処罰していたが、前罪と後罪とで罪質を異にする場合には、前刑が懲戒の実効性を持たないので、罪質を同じくする犯罪の間でのみ累犯関係を認めるべきである、という説があることにふれ、しかし、異種犯罪間にあっても「人ヲ害セントスル悪意ヲ有スル点ニ至テハ異ナル所」がないのだから、前後の罪質が同じでなければ刑罰加重できないはずはなく、さらに「社会公衆ノ遵奉ス可キ国法ヲ犯スノ点」からしても前犯後犯の罪質如何を問う必要はない、と結論づけるのである。(22)

なお、ドイツでは異種累犯の場合、前刑の警告機能の有効性という観点から、前犯と後犯の間に「内的関連性」を要求することによって責任主義の要求に応えようとした。(23)すなわち、累犯加重を行為責任主義と調和させるべく「前刑の警告機能によって違法性の認識が強化されており、それが初犯者よりも強い抑制動機としてはたらくはずであるから、こうした強い反対動機を押し切って行為に出る点で責任が重い」といういわゆる警告理論に依拠した累犯加重を企図したのであり、このような議論は今日のわが国の通説でもある。(24)

これに反して、宮城の議論が前刑の実効性という問題、ひいては今日的な責任主義と平仄をあわせようとする(たとえ、「見せかけ」にすぎないにせよ)問題に全く鈍感であった事実は否めないが、この事実は、理論的にいえば、期待可能性の理論を中核とする規範的責任論を未だ明確に知らず、また構成要件に関係づけられた保護法益ごとの違法性の意識という考え方が皆無といってよい状態であった、という時代的な限界に由来するものといえよう。(25)

最後に、累犯対策であるが、宮城には特記すべき政策論はなく、逆にそれゆえ間もなく登場する新派的な議論によって、通説的地位を失うことになるのであった。

3　江木衷

明治初期の刑法学において異彩を放ったとされる江木は、フランス法学の影響が圧倒的であった明治二〇年代においていち早くドイツ法学を学び、ドイツ法学の要素をわが国の刑法学に取り入れた点で注目される。(26)その著「現行刑法原論」は総論・各論よりなるわが国最初の全体系的叙述といわれるが、(27)そこにおける江木の累犯加重に対する考え方は、必ずしも詳細とはいえない。

まず、再犯の定義が、「先ニ罪ヲ犯シ其ノ裁判確定ノ後再ビ罪ヲ犯シタルコト」と通説同様に説明されているほ(28)かに、刑の執行を要しない点や前罪が大赦の場合について、再犯として論じない点などが、やはり全く通説通りに概説されていて特筆すべきものはない。

しかし、累犯加重の理由に関して、独自の議論を展開しているのが注目に値する。

すなわち、「本来再犯加重ハ法律上ノ理由ナキモノニシテ……再犯ヲ加重スルノ理由タル全ク一国政策上ノ方便ニ基キタルモノニシテ再犯三犯等数々法律ヲ破ル者ハ社会ニ危険ナリトシ之ニ加重シタル刑ヲ科スルモノニ過ギザルナリ」(29)として、「再犯初犯ノ区別ヲ用ヒズ初犯ハ初犯ノ刑ヲ以テ既ニ罰シ了リタレバ再犯ハ初犯ト同ジク其ノ罪ニ相当スル刑ヲ科スレバ則チ足レリ」(30)という考え方が法理上支持されるべきである、と主張する。というのも、通説の論じている累犯加重の法理、つまり「既ニ初犯ノ罪ニ依リ処刑セラレタルニ係ハラズ尚ホ為ニ改良ノ心ヲ発生セズ再ビ罪ヲ犯スモノニシテ道徳ニ背クノ心情悪意ノ大ナル者」(31)という見解に関しては、刑を言渡された初犯がその刑の執行を実際に受け終わったのでなければ、刑による「真心改悛の情」(32)を顕しえないから賛成できない、というわけである。もちろん、累犯加重廃止論ではない。累犯加重は、法理的な根拠のない政策的制度ではあるが、(33)政策的な理由からではあれ、初犯ではなく再犯を加重処罰するのだから一事不再理の原則に抵触しない、と説いて累犯加重自体には賛成しているのである。

また、江木は、宮城浩蔵の肯定した異種累犯は、(34)これを否定し、あくまでも累犯加重は同種累犯に限定しなければ寛きに失する、という趣旨の批判を行っているが、これも前述した刑の効力を根拠とするものであろう。すなわち、江木は、同種累犯について、しかも刑の執行を要件としてのみ累犯加重を折衷主義の法理にしたがって根拠づけうると考えていたものと解される。[35]

累犯対策としては、特に見るべき議論は存しない。

4　富井政章

わが国は、資本主義の急速な発展に伴い明治二二年を境に、犯罪は恒常的に増加し、累犯者数も犯罪者総数の約七〇パーセントを占めるに至った。[36] そして、このような犯罪増加現象を旧刑法と折衷主義的刑法理論の責任だと主張する学者が台頭してきたが、[37] その代表が富井政章であった。[38]

富井は後に民法学に傾倒するが、明治一九年より数年刑法の講義を担当しており、旧刑法下においてきわめて整然たる体系的解釈論を展開した、と評されている。[39]

では、富井の累犯加重論について検討しよう。富井の議論において最も目を引くのは、やはり累犯加重の根拠づけである。

すなわち、「再犯者ハ初犯ノ裁判ニ懲リザル者ナリ尚将来ニ累犯スルノ恐アル者ナリ故ニ……刑ヲ加重スルモノトス」[40]と述べて、累犯加重を累犯者の危険性から正当化しようとしているが、このことは、宮城・江木が、「法理」を重視していたのと対照的である。富井にとって累犯加重は累犯者自体に着眼した政策であった。

それゆえ、数罪倶発のように、「数罪」の問題ではなく、行為の面においては再犯「一罪」の問題であり、したがってまた、前犯の行為に科刑するという一事不再理原則との抵触も生じない。[41] 富井にとって再犯は「犯罪ノ状態ニ非ズシテ犯人ノ状態」[42]なのであり、宮城のように、数罪倶発と並列的に論じることは、再犯を行為の側面から観察するものであって、そもそも視点の置き方を誤っているのであろう。社会防衛を強調し、漠然たる自由意思を批判して、諸科学の発展の助けを借りて刑法学の基礎を一新しようとした富井の新派的刑法観がストレートに反映しているといえよう。[43]

もちろん、異種累犯も累犯加重の対象とされる。[44] すなわち、再犯加重法が「初犯ノ処分ニ屈セザル悪徒ヲ懲罰スルノ政策ニ基ヅク」[45] ものとするならば、異種累犯にもそれを適用するのは当然であろう。

しかも、江木の主張するように、刑の執行を要するものではなく刑の言渡しのみで「懲ラシメト為ルベキ」と解するので、[46] 累犯加重の範囲は拡張的に把握される。ただ他方で、異種累犯、軽微累犯の場合は情状酌量して裁判官が罪責相応の刑を科しうるように立法すべきである、とも主張しているので、[47] 応報刑的議論が見受けられると評しえようか。ただ、三犯以上に対しては、より有効な手段で対応し、社会への加害を防止すべきであるという旨の政策的提言が行われている点では、やはり新派的なのである。[48]

5　岡田朝太郎

富井政章に刑法の解釈論的方法を学んだ岡田は、実証主義の立場から、折衷主義的刑法理論における正義、良心、道徳違反という基本観念に対して徹底的な批判を加えていたが、[49] 累犯加重についてはどのような見解を持っていたのであろうか。

まず、再犯の定義については、数罪倶発と並列せしめ、再犯も数罪倶発もともに「数罪」であるが、確定判決の存否によって両者は区別されるとしたうえで、「再犯トハ某所為ニ付キ有罪ノ確定裁判ヲ受ケタル後再ビ罪ヲ犯シタル状態」と説明している。[50]「行為」の数に着眼して累犯と数罪倶発とを包括する岡田の見方は、同じく近代派の考え方を支持しつつも、必ずしも累犯を数罪的に捉えようとしなかった富井とは対照的である。

次に、累犯加重の根拠であるが、岡田は「初度ノ判決又ハ刑ノ執行ニ懲リズ仍ホ将来累ネテ罪ヲ犯ス危険アルガ為ナリ」とほぼ前述した富井の考え方に沿った見解を述べているが、[51] 富井と異なり確定判決では「全然懲改ノ効ヲ奏シ悪癖ヲ翻シムル」[52]に足りないから、本来、刑の執行まで要するという考え方に立っているように思われる。

さらに、折衷主義に立脚するかのような加重根拠も併せて論じている点が目を引く。すなわち、累犯者も初犯者も損害の点では変わりがないものの、「有罪ノ判決又ハ刑ノ執行ヲ受ケナガラ更ニ罪ヲ犯サントスル如キ其心情ヲ視ルニ初犯者ニ比スレバ徳義ヲ破ルノ大ナル事疑ヲ容レズ」として、損害とともに責任（罪責）の大小を左右する背徳の程度が累犯は重大であるから加重刑が正当化されると論じてもいるのである[53]。

本来、新派的な根拠づけで十分なはずであるが、折衷主義の「法理」重視的態度に対する顧慮であろうか。岡田は、江木が累犯加重に法的基礎は無く単なる政策的なものにすぎないと批判しているのを再批判して「何故ニ政策上ノ理由ハ法理上ノ理由トスル能ハサルカ」[54]、と反問している。岡田にとって、「理論学（Dogmatik）」と「政策学（Politik）」とは必ずしも異質なものではないのであろう。

ところで、一事不再理原則との抵触如何については、初度の罪に再び刑を加えるものではなく、したがって「一事ヲ再理スルモノニ非ザル」として問題視していない[55]。

さらに、異種累犯の当否に関しては、再犯防止という再犯加重の目的を十分に達成するためには、異種累犯を肯定すべきであるが、甚だしく罪種を異にする場合には「刑ニ懲リザル徴候アリ」とはなしえないがゆえに加重しえない、という立場を明らかにしている[56]。

最後に、累犯対策であるが、新派的、実証主義的な態度が如実に示され、単なる刑罰加重のみならず執行猶予制度の導入や、免囚保護事業の推進の必要性が強く主張されている点に際立った特色が見られる[57]、といってよいであろう。

6　古賀廉造

さて、前述の明治期における資本主義化の結果として生じた犯罪増加現象を、折衷主義刑法学の責めに帰した学者の代表として、富井政章とともに挙げられるのが、古賀廉造である。[58]

古賀は、社会防衛と目的刑論を強調し、犯罪の軽重は、行為の結果ではなく犯人の廉耻・慈愛の心について量るべきだとして、著しく主観主義的な立場をとったことで知られる。[59]

そこで、その累犯加重論であるが、彼は再犯の意義につき、まず「再犯ハ元来数罪連犯ノ一種ナリ」として、これを数罪と「同一ニシテ区別スル所ナキナリ」[60]と断定する。

すなわち、数罪は当然ながら一罪以上であり、累犯もまた「一罪以上ヲ犯スニ非ザレバ成立スル所ノモノ」ではないのだから、累犯における行為の客観的側面を強調して、岡田朝太郎と同様に両者を同一視するわけである。[61]この点において、岡田と古賀は、同じ新派的立場に属する富井が「犯人」の状態に着眼して累犯を一罪と見る方向に傾いたのと対照的ともいえる。むしろ、このような見方は、後年、大場茂馬が行為主義を原則とする旧派の学者の立場を純粋に貫いて、累犯を併合罪・単純数罪と並ぶ数罪の一場合と位置づけたの[62]と変わらないものといってよく、本来の主観主義からすれば富井のような考え方が論理的には一貫していると思われる。

このように古賀においてもまた、確定判決を経ているかどうか、という点が累犯と数罪倶発とを分かつ唯一の基準とされているが、累犯加重の根拠に関しては、再犯者は「既ニ確定判決ニ因リテ刑法ノ峻厳ナルコトヲ知リテ而シテ尚ホ罪ヲ犯スニ至リタル者ナレバ是レ前非ヲ悔悟スルコトヲ知ラス又タ刑罰ノ恐ルベキコトヲ知ラザル者ナレバ通常ノ刑罰ヲ以テ之ニ加フルモ到底再犯者ヲ懲戒スルノ功ヲ奏スルモノ」ではないから、加重刑を要するのであり、そうしなければ、再犯者の続出を防遏する方法がない、と論じている。[63]

そして、古賀の累犯論において特徴的なのは、累犯のうちでも「慣行性の再犯」ほど「恐ルベキハナシ」として、要するに常習犯に言及している点である。彼は、慣行性の再犯は「社会ノ安寧ヲ擾乱スルカ為メニ此ノ世ニ生タリ」という信念を持っており[64]、再犯者の多くは、そのような慣行性を有する者の中から現れるのであるから、再犯者には加重刑が必要であり、そのためには再犯者に「初犯者ヨリ一層重キ責任ヲ」負わせる方法を用いるべきだと結論づける[65]。

この累犯問題に対する濃密な議論のなかに、古賀の実務家としての経歴に由来する治安的刑法観が窺えよう。すなわち、犯罪を犯すために生まれてきた恐るべき累犯者に対しては重い刑罰が必要だから、それに見合った重い責任を負わせよう、という論理は責任を刑罰限定原理として理解する今日の一般的な刑法観からすれば異様である。

すなわち、累犯の行為は責任が重いからそれに相応する加重された刑を科す、というのが宮城などの折衷主義、あるいは現代の責任刑における議論の筋道のはずなのだが[66]、再犯防遏のために必要と解される重刑の辻褄合わせのために、重い責任を後からくっつける、というような仕方で「責任」が持ち出されている点は、まさに「責任主義」の観点から注意を要するであろう。

また、古賀は、累犯加重のためには確定判決の存在だけでは足りず、刑の執行を終了したことを要するとの立場を採るが、これは、累犯加重の根拠が犯人において刑罰を恐れない身上を有する点にあることに鑑みると、単に確定判決のみならず、現実に刑の執行を受け、その苦痛を体験したにもかかわらず犯罪を重ねたという事実があった者こそ、「刑罰を恐れない者」と解するに足りるという理解がその前提に存するのであって[67]、責任主義的な警告理論に由来するものではない。

次に、一事不再理原則との関係であるが、「第二犯罪ヲ審理スルニ当リ第一犯罪ヲ以テ第二犯罪ノ構成要件ノ一ナリトシテ裁判ヲ下ストセバ則チ確定判決ヲ経タル事実ニ付キ再ビ審理スルモノナレバ」一事不再理に反するかもしれないが、第一の犯罪事実を第二の犯罪事実に付け加えて累犯加重を行うのではなく、「犯人ノ身上」が「普通ノ刑罰ヲ恐ルルコトヲ知ラザル」ものであるから加重刑を科すのであり、第一の犯罪事実と第二の犯罪事実は

少しも「相関係スル所ノモノ」ではないから、累犯加重は、一事不再理の原則に背反しない、と論じている。(68)

ここには、前述した、累犯は元来数罪連犯、という見方との断絶が存する。累犯における客観的行為反復という側面が完全に切り捨てられ、行為者の属性のみが前面に押し出された結果、一事不再理との抵触は避けられてはいるものの、累犯において「再犯ト数罪ハ固ニ同一」という行為の客観的側面が忘れ去られることになった、という「行為責任」の観点から重要と思われる点が反省されなくてはならない。(69)

行為責任という観点では、旧刑法が初犯が軽罪で、再犯が重罪の場合、後犯に対する重罪で累犯評価が可能という理由で累犯加重が認められていなかったが、これについて、初犯が重罪で再犯が軽罪の場合に加重を認めていることに鑑みると、「刑ノ権衡ヲ得タルモノ」といえるであろうか、と古賀は質すのであり、(70)古賀においては新派的立場でありながら、軽微累犯の責任相応刑(71)に関する問題意識が多少は存したことが看取される。

さらに、古賀は同種累犯の支持者であるが、この点についても、構成要件ごとに違法性の意識(の可能性)や反対動機を考えようとする、責任主義的な警告理論に由来するものではなく、経験上、同種累犯(慣行犯罪)に着眼して累犯加重を行うことが累犯防止目的に適合するという政策的観点からの態度決定である。すなわち「特別再犯主義ハ学理上ノ研究ニ基カンヨリハ寧ロ実際ノ経験ニ出ヅル所ノ主義ナリ」というわけである。(72)

最後に累犯対策の点では、現実に日本社会においては、累犯者が増加しているのだから旧刑法の累犯加重には実効性がない、と評し、出獄者の監視強化よりも、免囚保護事業の重要性を唱道しているのが注目される。(73)

7　小疇傳・勝本勘三郎・大場茂馬

これまでは、旧刑法時代に著された教科書に即しつつ、当時の学者の議論について検討してきたが、ここでは、現行刑法施行後の著作にあらわれた累犯論を概観する。

すなわち、小疇、勝本、大場の三名を考察の対象としたのであるが、前二者は、通常、旧刑法時代の学者として分類されるのに対して、大場は、現行刑法下の刑法学者として捉えられるのが一般である。(74)しかし、大場の議論は、旧来の折衷主義と台頭してきた新派的刑法思想の双方に影響された、同時に、小野・瀧川に先立つ旧派の先駆者としてのものであり、どのような累犯論が展開されているのか興味深いものがあることから、ここで取り上げることとした。

第一に、小疇傳(75)であるが、フランス刑法学に負うところの多かった当時、小疇がドイツ刑法学を旧刑法に適用しようとした努力は多大なものであったろうと、高く評価されている反面(76)、リストの刑法教科書に全面的に依拠したため、さほどの独創性はないとも評されている。(76)

本稿が参照している「新刑法論」は、現行刑法成立後の著作ではあるが、旧刑法施行当時に著された「日本刑法論総則」と比較して大筋部分の改説はないといわれる。(77)

累犯部分については、立法趣旨に沿ったと思われる逐条的な解説が展開されており、小疇固有の累犯加重論はみられないといってよいであろう。(78)ただ、累犯を併合罪とともに数罪の中に位置づけているのは(79)、注目されるが、しかし結局、累犯加重を「再犯ノ発生ヲ防止スル」趣旨の制度である(80)、とするのだから新派の主張を前提にしている。

ただ、この再犯防止という主張が新派的な立場から積極的になされているのか否か、定かではない。(81)なお、一事不再理との抵触や異種累犯の当否の問題は、触れられていない。

次に、勝本勘三郎(82)の累犯加重論を検討するが、本稿が参照した「刑法要論上巻（総則）」は、現行刑法成立後の大正二年に出版されているから、彼の議論は、小疇同様、現行刑法の条文に即したものとなっている。

まず、特徴的な点は、岡田、古賀、小疇らが、累犯を併合罪とともに、数罪として扱っていたのに対して、勝本はこれをそもそも罪数論ではなく、刑の適用の領域で扱っていることである。(83)これは、現在の大多数の刑法学者の叙述の方法と軌を一にするものである。

そして、累犯の意義については「再犯以上ヲ包括シタル名称ニシテ再犯トハ曩キニ有罪判決ヲ受ケタル者後更ニ罪ヲ犯シタル状態」と定義づけている(84)。この定義は、これまでの再犯に関する考え方に、累犯についての立法趣旨を加味したものであって、特に問題はないであろう。

次に累犯加重の根拠であるが、この点に関して勝本は、いったん確定判決を受けたにもかかわらず、再度犯罪を犯したという事実は、累犯者が「普通ノ刑罰ヲ以テハ防止スルコトヲ得ザル反社会的悪性ヲ有スル者ナルコトヲ表彰スルモノナルガ故ニ」特殊の處分を要するのであり、さらにそれとともに再犯者に対しては、強力な刑を科して「犯人ヲ威圧シ之ヲシテ苟モ再ビ刑辟ニ触ルルコト」のないようにすべきなのだ、と説明する(85)。

前段の理由は、古賀によっても示唆されていたいわゆる社会的責任論であり(86)、後段の方は、いかにも新派らしい特別予防論であろう(87)。

一事不再理と関連した累犯加重批判論は、「今日ニ於イテハ何人モ再犯者ニ特別処分ヲ為スノ必要アルコトヲ争フ者ナク」というのだから、累犯については行為者に着目して、その性格的危険性を認め、そこから議論を始めるべきだという論調が完全に学界・世論のレベルで固定し、行為に着眼して一事不再理の原則違反を主張するものは、もはや見られなくなった当時の状況が窺われる(88)。

さらに、異種累犯の当否に関しては、現行刑法の規定に関連付けながら、異種か否かを問わず、前犯・後犯ともに一般に累犯のおそれのある「不良ナル犯罪又ハ犯罪人ニ科セラレルモノ」である懲役刑に処せられ、もしくは処すべき場合に累犯が基礎付けられる、と説明しているが(89)、新派的な考え方からすると同種累犯こそ常習犯的で危険であるから加重刑をもって臨むべきだ、という議論が導かれやすいであろうが(90)、さらに一歩を進めて罪質よりも危険性に着目するのが本質であるならば、累犯前後の犯罪の性質の類似性はともかく、両者が要するに累犯との親和性を有するものであることが明示されていればよい、ということとなるはずである。であるならば、新派的立場の勝本としては、現行刑法の規定の仕方に対してさほど異論はないであろう。

勝本の累犯対策であるが、教科書においては彼自身の見解を詳らかにすることなく客観的に種々の累犯対策を掲げているが[91]、後見的福祉国家的であり、厳罰主義ではなかったと評される[92]勝本のことであるから、刑罰も含めて長期の自由剝奪的処分に対しては必ずしも肯定的ではなかったであろう、と推測される。

さて最後に、大場茂馬である。新派が支配的だった状況下において、旧派の先駆者としてして登場した大場は、刑事責任は責任能力者に対する道義的責任を意味し、刑罰は犯罪者の罪責に基づかなければならない、として行為者の危険性を問題にする新派の主張を批判したのであった[93]。

そして、累犯については、前述したように併合罪や単純数罪とともに数罪の一種として扱い[94]、「同一人ガ既ニ罪ヲ犯シ之ニ付キ有罪ノ確定判決アリタル後更ニ同種類ノ罪ヲ犯シタルトキハ後ノ罪ハ前ノ罪ニ対シ学理上再犯ナリ」と定義し、現行刑法上の累犯とは多少異なる意義を持つとする[95]。

そして、加重根拠としては、学理上の再犯を前提としつつ「同一ノ傾向ヲ有スル犯罪的心意鞏固ニシテ其情状重キガ為メナリ」と説明する[96]。したがって、大場にあっては異種累犯は認められない[97]。なお、一事不再理・軽微累犯に関する議論は見当たらない。

なお、大場の師事したビルクマイヤーは、従来の意思自由論に基づく心理的責任を深化することによって、性格の危険性概念を意識的に道義的責任観念のなかに取り込もうとし、その後、メッガーにより行状責任として発展させられてゆくのだが[98]、大場自身が累犯加重に際して考えていた責任は、やはり、心理的責任の延長線上のものであって、人格責任論への発展はもちろん[99]、現在の通説であり、表面的には行為責任的である警告理論にも言及していない。

最後に、累犯対策についてであるが、大場の刑事政策論によれば、改善、威嚇等の再犯予防は刑罰の最も望ましい効用であるが、「罪責ニ比例スル害悪ヲ加フル」という刑罰の実質を妨げない限度でしか、貫徹しえないのであるから、刑罰との関係では、もともと余り積極的な累犯加重は許されないはずであった。むしろ、刑余の不信用こそ犯罪発生の大きな原因となっているのである、として前科者に対する行政上の保護手段としての「保護院」の設立を提案しているのが注目に値するであろう。(100)

（3）　大久保泰甫・ボワソナアド（昭和五二年、岩波書店）一一三頁、佐伯千仭＝小林好信「刑法学史」講座日本近代法発達史11（昭和四二年、勁草書房）五‐六頁。なお、仮刑律の累犯加重規定の条文およびその解説に関しては、手塚豊・明治刑法史の研究（上）（昭和五九年、慶應通信）二一頁参照。また、新律綱領、改定律例における累犯加重規定の条文については、花井忠「累犯と常習犯」日本刑法学会（編）『刑事法講座第三巻』（昭和二七年）五四七頁を、またその解説は朝倉京一「累犯加重の法理」専修法学論集（昭和五八年）三七号三～四頁が参照されるべきである。

（4）　佐伯＝小林・前掲論文（注3）七頁以下。四民平等の宣言は、身分刑の消滅を導き、土地売買や営業選択の自由は、自由主義の承認からひいては罪刑法定主義の要求に到達せざるを得ない。

（5）　小野清一郎・刑罰の本質について、その他（昭和三〇年、有斐閣）四二五‐四二六頁。

（6）　小野・前掲書（注5）四二八‐四三〇頁。なお、佐伯／小林・前掲論文（注3）二〇頁によれば、「社会的悪」とは、今日の言葉でいえば法益の侵害すなわち違法であり、「道徳的悪」とは道義的責任を意味し、結局、前者によって（ベンサムのような）功利的目的主義を代表させ、後者によって（カント流の）応報思想を代表せしめており、要するに折衷主義は、処罰される行為の範囲と程度を、違法にして且つ有責な行為の範囲内に限定しようとするもの、ということになる。

（7）　ボワソナード・刑法草案注解（明治二二年）二二二頁。なお、フランスの新古典学派自身は、累犯加重の理由について、「累犯者は法律が与えた厳粛な警告を無視したことにより通常の刑では不十分なことを立証したのであり、したがって法律は服従を求めて厳しさを増した」として、義務違反(faute)すなわち有責性にウェイトを置いた説明をおこなっている（江口三角「フランス新古典学派の刑法思想」団藤重光博士古稀祝賀論文集第一巻（昭和五八年、有斐閣）八三頁）。

（8）　大野平吉・概説犯罪総論上巻（補訂版）（平成六年、酒井書店）一一〇頁。

(9) 小野・前掲書（注5）四二七頁。

(10) 手塚豊・前掲書（注3）二七〇頁以下においては、明治一六年に著された山県有朋の「刑法改正理由」意見書について考察されているが、そこでは、旧刑法公布の翌年に早々と、凶悪犯に対する旧刑法の刑罰が寛大であることに関する問題点が指摘され、とりわけ博徒集団への厳罰が求められている。

(11) 佐伯＝小林・前掲論文（注3）二二頁。なお、宮城浩蔵の刑法理論の全体的研究として澤登俊雄「宮城浩蔵の刑法理論」吉川経夫＝内藤謙＝中山研一＝小田中聰樹＝三井誠（編）『刑法理論史の総合的研究』（平成六年、日本評論社）二三-五〇頁参照。また、松尾浩也「日本刑法学者のプロフィール1」法学教室一五一号（平成五年）七八頁では、ボワソナード以後の宮城をはじめとする日本の刑法学者の系譜が概説されている。

(12) 小野・前掲書（注5）四一三頁。

(13) 宮城浩蔵・刑法講義上巻（明治一八年、明治法律学校）五六四頁、同・刑法正義上巻（明治二六年、明治大学）二七四頁。なお、本稿で参照した刑法正義は、昭和五九年に明治大学創立百周年記念学術叢書出版委員会によって編集されたものである。

(14) 宮城・前掲刑法講義上巻五六六頁。同・前掲刑法正義上巻二七四頁では、「道徳に背くの度」および「社会危険の度」のいずれもが初犯者に比べて一層重大であると述べているが、議論の本質的な部分に変化はない、といってよいであろう。なお、太田聿郎（注解）・刑法義解二（明治一三年）三八丁、龜山貞義・刑法講義巻之一（発行年不詳）三三六頁以下も同旨。後者については、平成一四年、信山社より復刻された日本立法資料全集別巻二五一を参照した。

(15) 宮城・前掲刑法正義上巻二七五頁では、刑法講義において「悪意」としている部分を「目的」という語で言い換えている。宮城は、総論では一般的にいわゆる裸の事実の認識を「故意」と称し、さらに刑法各論において当該犯罪ごとに特徴的である意思的要素の認識を「罪を犯す意」（道徳違背性の認識をも含んでいた）と呼んでいた（齋野彦弥・故意概念の再構成（平成七年、有斐閣）一〇一-一〇二頁）が、「悪意（目的）」と「故意」および「罪を犯す意」との関係は、今後検討されるべき問題であろう。

(16) 川口由彦・日本近代法制史（平成一〇年、新世社）一六四頁。

(17) 消極的責任主義については、内田文昭・改訂刑法Ⅰ（総論補正版）（平成九年、青林書院）二三三頁、小暮得雄「犯罪論の謙抑的構成」団藤重光博士古稀祝賀論文集第二巻（昭和五九年、有斐閣）一一頁、佐伯千仭・四訂刑法講義総論（昭和五六年、有斐閣）七九頁、曽根威彦・刑法総論（第三版）（平成一二年、弘文堂）一四九頁、内藤謙・刑法講義総論（下）Ⅰ（平成三年、有斐閣）七三八頁、中山研一・刑法総論（昭和五七年、成文堂）八〇頁、平野竜一・刑法総論Ⅰ（昭和四七年、有斐閣）五二頁等参照。

(18) 宮城・前掲刑法講義上巻五六四-五六五頁、前掲刑法正義上巻二七四-二七五頁。

(19) フランスにおける一事不再理概念に関する概観として、白取祐司・一事不再理の研究（昭和六一年、日本評論社）一七-三二頁があるが、累犯加重との関係は必ずしも詳細ではない。また、ドイツにおける累犯加重と一事不再理原則との関係については、拙稿「累犯加重規定解釈の一試論(4)」平成法政研究三巻二号（平成一一年）七一頁以下参照。なお、アメリカ合衆国におけるいわゆる「二重の危険」と累犯加重との関係については、岡上雅美「アメリカ合衆国量刑基準における関連行為の考慮と二重の危険」鈴木義男先生古稀祝賀『アメリカ刑事法の諸相』（平成八年、成文堂）六九頁参照。

(20) 宮城・前掲刑法正義上巻二七五頁。

(21) 宮城・前掲刑法講義上巻五六六頁。

(22) 宮城・前掲刑法講義上巻五六七-五六八頁。同・前掲刑法正義上巻二七五-五七六頁

(23) 拙稿「累犯加重規定解釈の一試論(5)」平成法政研究四巻一号（平成一一年）一二頁以下参照。

(24) 拙稿「累犯加重規定解釈の一試論(2)」平成法政研究二巻二号（平成一〇年）五五頁以下参照。

(25) 佐伯千仭・刑法に於ける期待可能性の思想（増補版）（昭和六〇年、有斐閣）八九頁によると、規範的責任論の中心的観念である期待可能性の思想が、木村博士によってわが国に最初に紹介されたのが、昭和三年であり、小野清一郎・犯罪構成要件の理論（昭和二八年、有斐閣）一頁以下によれば、構成要件の理論はフランス法学にも類似の概念がオルトランの時代に存在していたし、わが国では大正時代に大場茂馬が先駆者的な役割を果たしていたものの、本格的な展開は昭和三～四年から、小野博士や瀧川博士によって始まったとされる。法益概念も、本来、より限定的で、より明確に実証可能なものとして把握する方向をもって正当とすべき（内藤謙「法益論の一考察」団藤重光博士

古稀祝賀論文集第三巻（昭和五九年、有斐閣）一五-二三頁）であるが、なお規範自体と同視される時代が第二次世界大戦終了前まで続く（伊東研祐・法益概念史研究（昭和五九年、成文堂）二六三-二六五頁）。そして、構成要件に関係づけられた保護法益ごとの違法性の意識という考え方は、むしろ新しいものと解される（長井長信・故意概念と錯誤論（平成一〇年、成文堂）二九-九八頁、一九三頁）。

(26) 小野・前掲書（注5）四一二頁、佐伯＝小林・前掲論文（注3）二七頁。

(27) 小野・前掲書（注5）四一二頁。江木衷の刑法理論についての研究としては、木田純一＝吉川経夫「江木衷の刑法理論」吉川経夫＝内藤謙＝中山研一＝小田中聰樹＝三井誠（編）『刑法理論史の総合的研究』（平成六年、日本評論社）六七-八三頁参照。

なお、現行刑法原論は明治二五年発刊であるが、本稿では昭和二年発行された冷灰全集第一巻において復刻されたものを参照した。

(28) 江木衷・現行刑法原論『冷灰全集第一巻』（昭和二年、冷灰全集発行会）五七九頁。

(29) 江木・前掲書（注28）五八〇頁。

(30) 江木・前掲書（注28）五七九-五八〇頁。

(31) 江木・前掲書（注28）五八〇頁。

(32) 江木・前掲書（注28）五八〇頁。

(33) 江木・前掲書（注28）五八〇頁。

(34) 江木・前掲書（注28）五七九-五八〇頁。

(35) 浅田和茂・刑事責任能力の研究下巻（平成一一年、成文堂）一九-三八頁によると、宮城は限定責任能力を肯定していたが、江木はそもそも犯罪の責任に大小はないとしていたと解されるが、累犯加重に関しては、刑の執行の存在と同種累犯であることを条件として累犯の有責性の大なることを認めているように考えられる。責任の程度について江木の総論と各論との間には、必ずしも整合しない部分があるように思われる。

(36) 堀内捷三「刑事法」石井紫郎（編）『日本近代法史講義』（昭和四七年、青林書院新社）一二五-一二九頁。

(37) 佐伯＝小林・前掲論文（注3）二二-二三頁。

(38)　富井政章の刑法理論の研究としては、小林好信「富井政章の刑法理論」吉川経夫＝内藤謙＝中山研一＝小田中聰樹＝三井誠（編）『刑法理論史の総合的研究』（平成六年、日本評論社）八四-一〇八頁参照。
(39)　小野・前掲書（注5）四一〇頁。
(40)　富井政章・刑法論綱（明治二二年、岡島宝文館）三五七-三五八頁。なお、本稿では日本立法資料全集別巻一三三として平成一一年に復刻されたものを参照した。
(41)　富井・前掲書（注40）三五八頁。
(42)　富井・前掲書（注40）三五八頁。
(43)　佐伯＝小林・前掲論文（注3）二三-二四頁。
(44)　富井・前掲書（注40）三六一頁。
(45)　富井・前掲書（注40）三六一頁。
(46)　富井・前掲書（注40）三六九頁。
(47)　富井・前掲書（注40）三六八頁。
(48)　富井・前掲書（注40）三七二頁。
(49)　小野・前掲書（注5）四一三頁、佐伯＝小林・前掲論文（注3）二六頁。岡田朝太郎の刑法理論の研究としては、小林好信「岡田朝太郎の刑法理論」吉川経夫＝内藤謙＝中山研一＝小田中聰樹＝三井誠（編）『刑法理論史の総合的研究』（平成六年、日本評論社）一七七-二一三頁参照。
(50)　岡田朝太郎・日本刑法論（明治二七年、有斐閣）九二〇-九二一頁。
(51)　岡田・前掲書（注50）九四二頁。その他、同書九二三、九三五、九三七、九三九頁等において、同旨が繰り返されている。
(52)　岡田・前掲書（注50）九三七-九三八頁。
(53)　岡田・前掲書（注50）九四四頁。
(54)　岡田・前掲書（注50）九四二-九四三頁。
(55)　岡田・前掲書（注50）九四二頁。

(56) 岡田・前掲書(注50)九二九-九三二頁。
(57) 岡田・前掲書(注50)九四九頁以下。
(58) 佐伯=小林・前掲論文(注3)二三頁。古賀廉造の刑法理論の研究としては、中義勝=浅田和茂「古賀廉造の刑法理論」吉川経夫=内藤謙=中山研一=小田中聰樹=三井誠(編)『刑法理論史の総合的研究』(平成六年、日本評論社)一〇九-一三九頁参照。同書一一〇頁以下によると、古賀は司法省法学校卒業後、検事補となり、明治三一年にはさらに大審院検事にまで進み、その後大審院判事や貴族院議員を歴任したが、彼の社会防衛論・主観主義はそのような経歴に由来する刑法観から理解しうると評されるのである。
(59) 小野・前掲書(注5)四一五頁、佐伯=小林・前掲論文(注3)二五頁。
(60) 古賀廉造・刑法新論(増訂版)(明治三二年、東華堂本店)六一一頁。
(61) 古賀・前掲書(注60)六一一頁。岡田・前掲書(注50)九二〇頁。
(62) 大場茂馬・刑法総論下巻(大正六年、中央大学)九八八頁。
(63) 古賀・前掲書(注60)六一二頁。
(64) 古賀・前掲書(注60)六一二頁。
(65) 古賀・前掲書(注60)六一三頁。このような危険だから重い刑によって社会を維持する必要があり、そのために重い責任を負わせるべきである、という発想には社会的責任論の萌芽が看取しうるのではなかろうか(大谷実・人格責任論の研究(昭和四七年、慶應通信)二九-三〇頁)。
(66) 拙稿・「累犯加重規定解釈の一試論(2)」平成法政研究二巻二号(平成一〇年)四〇頁以下参照。
(67) 古賀・前掲書(注60)六二九-六三一頁。
(68) 古賀・前掲書(注60)六一三-六一五頁。
(69) 岡田・前掲書(注50)九四八頁で指摘されていたとおり、ローマ法では累犯と数罪倶発は明確に区別されていなかったのであり、ドイツ普通法時代にローマ法とカロリナ法に依拠しながら形成された「反復は刑を重くする(iteratio auget poenam)」という累犯加重の原理は、むしろ行為者の前科よりも行為の反復にこそ累犯の本質があることを示している様に解される(Bindokat, Zur Rückfallstrafe de lege ferenda, ZStW Bd. 71 (1959), S. 282f.)。

(70)　古賀・前掲書（注60）六二五頁。
(71)　軽微累犯の責任相応刑の問題については、拙稿・「累犯加重規定解釈の一試論(7)」平成法政研究五巻一号（平成一三年）二四頁以下、同・「累犯加重規定解釈の一試論(8)」平成法政研究五巻二号（平成一三年）二八頁以下参照。
(72)　古賀・前掲書（注60）六一五-六一九頁。
(73)　古賀・前掲書（注60）六二六-六二八頁。
(74)　小野・前掲書（注5）　四二〇頁、佐伯＝小林・前掲論文（注3）　五三頁以下、堀内捷三「日本刑法学者のプロフィール2」法学教室一五二号（平成五年）　一〇二-一〇三頁。
(75)　小疇傳の刑法理論についての研究としては、宮澤浩一「小疇傳の刑法理論」吉川経夫＝内藤謙＝中山研一＝小田中聰樹＝三井誠（編）『刑法理論史の総合的研究』（平成六年、日本評論社）二一四-二三二頁参照。
(76)　小野・前掲書（注5）四一六頁、宮澤・前掲書（注75）二二一頁。
(77)　宮澤・前掲書（注75）二二四頁。旧刑法時代の「日本刑法論総則」（明治三九年、清水書店）の再犯加重に関する記述は、四八一-四八三頁、五六二-五六三頁、五八七-五九〇頁において認められ、再犯を数罪の一種と解する等、その記述内容は「新刑法論」とほぼ同じであるが、加重根拠については触れられていなかった。
(78)　小疇傳・新刑法論総則（明治四三年、清水書店）七八一-七九七頁。
(79)　小疇・前掲書（注78）六四六-六四七頁。
(80)　小疇・前掲書（注78）七八六、七九三頁。
(81)　大塚仁・刑法における新・旧両派の理論（昭和三二年、日本評論社）四〇頁。
(82)　小野・前掲書（注5）四一五頁、佐伯＝小林・前掲論文（注3）二六頁。勝本勘三郎の刑法理論の研究としては、中義勝＝山中敬一「勝本勘三郎の刑法理論」吉川経夫＝内藤謙＝中山研一＝小田中聰樹＝三井誠（編）『刑法理論史の総合的研究』（平成六年、日本評論社）一四〇-一七六頁参照。また、山中敬一「日本刑法学者のプロフィール3」法学教室一五三号（平成五年）八八-八九頁。
(83)　勝本勘三郎・刑法要論上巻（総則）（大正二年、有斐閣）五八三頁。

(84) 勝本・前掲書（注83）四五八頁。
(85) 勝本・前掲書（注83）四五八-四五九頁。
(86) 佐伯＝小林・前掲論文（注3）二六頁。
(87) 勝本勘三郎・刑法の理論及び政策（大正一四年、有斐閣）八六〇頁以下。
(88) 勝本・前掲書（注83）四六五頁。
(89) 勝本・前掲書（注83）四六〇-四六二頁。
(90) 古賀・前掲書（注60）六一九頁。
(91) 勝本・前掲書（注83）四六五-四六六頁。
(92) 中＝山中・前掲論文（注82）一四二頁。
(93) 堀内・前掲論文（注74）一〇三頁。大場茂馬の刑法理論の研究としては、堀内捷三「大場茂馬の刑法理論」吉川経夫＝内藤謙＝中山研一＝小田中聰樹＝三井誠（編）『刑法理論史の総合的研究』（平成六年、日本評論社）二三一-二六二頁、刑事政策論に関して、大野平吉「大場茂馬の刑事政策論」吉川経夫＝内藤謙＝中山研一＝小田中聰樹＝三井誠（編）『刑法理論史の総合的研究』（平成六年、日本評論社）二六三-二八六頁参照。
(94) 大場・前掲書（注62）九八八頁以下。
(95) 大場・前掲書（注62）九八九頁。
(96) 大場・前掲書（注62）一三五〇-一三五一頁。
(97) 大場・前掲書（注62）一三五一頁。
(98) 大谷・前掲書（注65）二九-三〇頁、一二八頁以下。
(99) 大谷・前掲書（注65）一八六頁以下によると、大場は新派との妥協を完全に拒否しており、安平博士こそ日本における人格責任論の先駆者であるが、その代表的著作「人格主義の刑法理論」は昭和一三年発刊である。
(100) 大場茂馬・最近刑事政策根本問題（明治四二年、三書楼）一〇五頁。

三　結　語

以上、旧刑法下における学説につき、宮城浩蔵から大場茂馬にいたるまで都合八人の学者の議論を概観したが、最後にこれまでの検討において窺知しえた事柄を何点か指摘して本稿のまとめとしたい。

第一に、学説の展開過程の中において、累犯をもっぱら主観的観点から把握しようとするスタンスが定着していったことである。

すなわち、宮城は、累犯の主観部分を「悪意大ニシテ」という、行為にひきつけられた形で、行為の社会侵害性の増大とともに論じていたのだが、富井は、累犯を犯罪ではなく「犯人ノ状態」であるとして明確に行為から切り離して行為者の危険性に着眼し、岡田も累犯の「背徳」の程度の重大さに重ねてさらに「危険」「悪癖」等の言葉を用いており、著しく主観的に把握していた。この傾向は、古賀においていっそう甚だしくなり、累犯を社会にとって恐るべきもの、犯罪を犯すために生きている者とまで言い切り、累犯の主観面における危険性を、誇張した表現を用いて煽っている様な印象すら受ける。

こうした新派の影響を受けた学説の展開過程のなかで、もはや累犯における主観面の危険性は絶対に無視できないものとして捉えられ、現行刑法施行後の学説においては、勝本も逐条的説明のなかで「反社会的悪性」という語を使用しているし、旧派の大場ですら、累犯の行為面を基調とせず、やはり主観面にとらわれて「犯罪的心意鞏固」などと論じているのである。

これに対して累犯の数罪性は、岡田、古賀、大場などが指摘していたところであるが、このことは累犯の本質論に結び付けられることなく、大場でさえ、累犯の数罪性ないし反復性よりも介在する確定判決（前科性）に累犯の本質を見ざるを得なかった所にこそ、今日にまで及ぶ累犯論の決定的側面があるように思われる。

すなわち、このように累犯の本質を前科性ひいては行為者の危険性のなかにおいて捉えることが、学説の「常識」として固定されていったがゆえに、その後、責任論において危険性と責任を結び付けようとする人格責任や行状責任等の試みが現れざるを得なかったものとも解される。

第二に、現在の通説であるいわゆる警告理論は、宮城から大場にいたるまで明確には認められない、という点を指摘しうるが、このことは、前記の学説のなかで定着していった「危険性」を本質とする「累犯観」に照らせば、異とするに足りないであろう(101)。

第三に、唯一の累犯加重批判論であった一事不再理原則抵触論は、宮城の時代から功を奏しておらず、勝本の時代には全く顧みられなかったことが窺われる、という点である。

第四に、異種累犯批判は、警告理論のレベルでは、責任増加を否定するための規範的責任論からの裏付けを有する理論的議論であるが、警告理論が存在しなかったと解される当時にあっては、常習犯加重を正当化するために政策的見地から行われたものであった、と解される点である。

第五に、累犯対策としては、刑の加重のほかに、一般に免囚保護の必要性が強調されている点が注目される。時代的制約はあるにせよ、国家が累犯者に対して本格的な社会復帰的措置を講ずべきことを正面から強く求めていることは、今日においてもなお、その意義は大きい(102)、といわざるを得ない。

以上、旧刑法下における累犯加重論を主として責任主義的視点から、学説に即して概観した結果をまとめてみたが、旧刑法下の学者たちは政策的見地から累犯に対して危険性というレッテルを張りつけて、異常な長期刑を定めた規定をつくりあげたものの、今日残ったものはといえば、空転した加重刑の実態(103)と掘り崩された比例原則(104)であり、いまや現行刑法の累犯加重制度は、さながら風化した残骸を曝す巨大建築物のような状態にあるといっても過言ではあるまい。

問題は、そもそも累犯の本質を前科性ではなく反復性において、換言すれば行為責任の見地からその不法内容をも視野におさめつつ（行状責任との区別の曖昧な警告理論によることなく）把握すべきであったのに、現在の時点からふりかえると、リアリティに乏しい刑の加重に関する政策的解釈が通説として、あるいは「常識」として押し通されたところにあるといってよかろう。

旧刑法下の議論の考察を終えて今更ながら、累犯加重を適正に再解釈する必要性を感じている。その具体的方法の検討は今後の課題とすることにして、本稿はこの辺で擱筆するのが適切だとおもわれる。

(101)　わが国において、最初に警告理論に立脚した累犯加重論を主張したのは、小野博士であると思われる（拙稿「累犯加重規定解釈の一試論（2）」平成法政研究二巻二号（平成一〇年）四四頁以下参照）。

(102)　この点につき、例えば瀬川晃・犯罪者の社会内処遇（平成三年、成文堂）二二九-二七二頁頁参照。

(103)　拙稿「累犯加重規定解釈の一試論（2）」平成法政研究二巻二号（平成一〇年）三二頁以下参照。

(104)　拙稿「罪刑均衡について」平成法政研究六巻一号（平成一三年）六一頁以下参照。

未遂の処罰根拠——未遂犯は「具体的危険犯か」

振津隆行

一　問題の所在

危険概念について先駆的業績を残された故宮内裕教授によれば、「未遂構成要件は、……具体的危険犯」と解すべきであるとされた。(1) しかもその具体的危険犯の定式は、不能犯論における具体的危険説と一致しているのである。(2) また、平野竜一博士は未遂犯は具体的危険犯であると明言され、(3) しかも、その危険性は「一般人の立場に立って判断した、法益侵害の可能性ないし蓋然性である」として一般人の判断を前提とされている。(4) さらに、山口厚教授によれば、「未遂犯の処罰根拠を結果（既遂）発生の具体的危険と関する立場が……相当に一般化していると見られる——そして本稿もこの立場を支持する——からである」(5) とされ、未遂犯の成立に要する「具体的危険」と、本来の具体的危険犯の既遂の成立に要する「具体的危険」とを同一のものと考え、しかもこのように解する見解が相当に一般化しているとされているのである。

以上のように、未遂犯を具体的危険犯と同一視する見解が、いわば通説化しているのが現状であるが、果して、未遂犯に要する「具体的危険」と具体的危険犯の成立に要する「具体的危険」とを同一視してよいのかどうかという問題意識を前提として、(6) 以下では具体的危険犯の成立のために必要な「具体的危険」の意義を明らかにして、両者を同一のものと考えていいのかどうかにつき、検討を加えようとするのが本稿の課題である。

では、具体的危険犯における危険とは一体どのようなものか、すなわち、具体的危険犯における危険の意義から明らかにしてゆきたい。

（1）宮内裕「煽動罪などの表現犯罪の危険性について」七七八頁注（3）（木村還暦『刑事法学の基本問題（下）』有斐閣、昭和三三年）。
（2）「危険とは行為時において客観的観察者が認識可能であり、あるいはそれをこして行為者のみが認識した条件を判断素材として、経験的知識にしたがって、結果の発生が可能であり、かつその不発生が予測されぬ場合に存在する。このような判断を作出する状態が、危険状態であり、それを惹起する行為が危殆（Gefährdung）と呼ばれている」宮内「危険概念について」七六〇頁以下（竜川還暦『現代刑法学の課題下』有斐閣、昭和三〇年）、同・前掲注（1）七七七頁。
（3）平野竜一『刑法総論II』三一三頁（有斐閣、昭和五〇年）。同じく、明示する者として、野村稔「実行の着手」一二七頁注（11）（『現代刑法講座第三巻』成文堂、昭和五四年）同『未遂犯の研究』三〇四頁注（7）（成文堂、昭和五九年所収）。
（4）平野『刑法総論I』一一九頁（有斐閣、昭和四七年）。なお、大沼邦弘「未遂犯の実質的処罰根拠」上智法学論集一八巻一号一一三頁（昭和四九年）等。
（5）山口厚『危険犯の研究』四頁以下等（東京大学出版会、昭和五七年）参照。
（6）この点を摘示するものとして、岡本勝「『危険犯』をめぐる諸問題」Law Shool, No. 39 三六頁以下（昭和五六年）。

二　具体的危険犯における危険の意義

さて、まず用語の問題につき、既にヒルシュは、危殆犯(Gefährdungsdelikte)と危険性犯(Gefährlichkeitsdelikte)

とに分け、危殆化(Gefährdung)というのは他動詞的な何ものか、つまり、客体に対する危険状態の招来を意味するものとされる。それ故に具体的危殆犯のみが真の危殆犯なのであるとされる(7)。したがって、以下で問題とするのは、正しくは「具体的危殆犯」と表示されるべきものであることを、予め注記しておきたい。

では、「具体的危殆犯」とは、一体いかなる諸前提と結びつけられるのであろうか。結論を先取りして述べると、具体的危殆犯は、具体的に危険な態度とそこから生ずる具体的危険とから構成されている。前者の態度の具体的危険性については、「規範の名宛人がどのように行動すべきかという内容は、違反以前に確定しなければならない。……態度が具体的に危険であるかどうかは、専ら行為(Tathandlung)の開始につき、事前的に判断しなければならない。行為するか否かどうかという決定の前に立つ人間は、考慮された態度が禁ぜられているかどうかを知りうるものでなければならない。したがって、また、このような状態において、行為者の観点から確定可能なもののみが決定的である。そこから、具体的に危険な態度に関し、行為の開始につき行為者の観点から、専ら事前的な判断の必要性が生ずるのである(8)。」

この点に関し、いわゆる「郵便局爆弾事例(9)」の考察が重要である。本事例は以下のようなものである。行為者は、彼が郵便局内に隠した爆弾の時限発火を深夜に設定する。専門家の事前の予測からは、時たま依然夜間一二時頃までだれかが郵便局内で仕事をしているにもかかわらず、爆発の時点においては、そこにだれもいない。

この点を、本郵便局爆発事例に即して言うと、「郵便職員が、事前の観点から時たまなおこの時点で作業しているということで、たとえ職員が夜間一二時頃、爆発の時点で何キロメートルもはなれたところにいたとしても、事前的考察によれば、それがこの判断時に法益客体の具体的危険化もしくは毀損は排除すべきではない、ということが特徴的である。かくして、法益客体が、それがこの判断時点に、態度そのものの作用領域に入りうるというかぎりで、事前的観点から存在しなければならない(10)。」

それ故に、便局爆発事例については、その態度は危険である。何故なら、「事例の観点からは、郵便職員がたまに、夜一二時頃依然として働いており、したがって、郵便職員は態度の作用領域に陥りうるのである。その限りで、行為の開始の事前の観点から、たとえ事後的に、爆発時に郵便局に事実上だれもいなかったということが明らかになるとしても、法益客体は存在しうるものでなければならない。[11]」

だが、以上のような態度の危険性ではなく、すなわち、「態度の具体的危険性は一つの、しかし唯一の具体的危殆犯の前提ではない。危険結果の発生がこれに付け加わらなければならない。それ故、具体的危殆犯にあっては結果犯が問題となる。[12]」それは、結果事態が問題であるのだから、事後（ex post）に得られた認識をも考慮すべきである。[13]「かくして態度の具体的危険性の要件だけでは、具体的危殆犯が語られるというところに導くものではない。[14]」

以上のように、ツィーシャンクによれば、具体的危殆犯は行為の具体的危険性と危険結果の発生が必要だとされる。すなわち、具体的危殆犯の承認のためには、具体的に危険な態度だけではなく、補足的に、そこから因果的な具体的危険結果が生じねばならないとされるのである。[15]

そこで、具体的危険結果が生ずるということはどういうことかが問題となる。まず、「既遂の具体的危殆犯の承認のために（具体的危険結果）、行為者の態度が危険領域内に法益客体が入ったこと[16]」が必要である。また、このことは、ツィーシャンクによって、「具体的危険の（最小の）前提は、行為客体が既に行為の作用領域に陥ったことである[17]」とも表現されている。

なお、「具体的危険は、いずれにせよ、法益客体が行為者の危険領域内にないときには、未だ与えられていない。既遂の具体的危殆犯の承認のためにはこの（最小限の）要件が存在しなければならないということは、今日文献上全く支配的な見解[18]に相応する[19]」のである。

さらに、この具体的危険結果は、「法益の客体が危険領域に到達するとすれば、具体的危険結果は、法益客体に損害が発生するか否かどうかは偶然（Zufall）にのみ依拠するときに存在する」[20]のである。

この「偶然」をどう把えるかについては、諸説が対立している。ホルンは、偶然とは、侵害の欠落が（自然）科学的に証明可能でない場合だとする。[21]これに対して、シューネマンは、科学的（非）証明可能性を目指すのではなく、規範的危険概念を擁護する立場から、通常の経過において計画されたのではなく、脅威を受けた者の、あるいはそれを信頼しえなかったところの他の諸事情の支配できない、幸運な連鎖に基づくところのすべての救助原因が偶然であるとする。[22]さらに、ヴォルターによれば、目的的に投入可能な、繰り返し可能で、それ故に、まさに偶然でないときにのみ、確定した救助チャンスを根拠づける諸事情がある場合には、具体的危険を否定しようとするのであって、それは修正された規範的危険結果説を主張するものである。[23]最後に、キントホイザーは、損害の回避のために目指された事象経過に介入することが可能ではなく、損害の重要性は目指されておおわれないときに、具体的危険を承認するとするが、結局は、事象の結果が偶然に委ねられているということを述べるに止まるのである。[24]

以上のように諸説が展開されているが、ツィーシャンクによれば、具体的危殆犯における具体的危険というのは、「損害の発生の近接した可能性と並んで、行為者の行為がその作用領域の中に法益が入ったことが必要であり、具体的危険は法益客体についての（不）発生が偶然に依拠するときに、具体的危険が初めて肯定される」[25]とする。

このようにして、ツィーシャンクによれば、総括的に述べると、「具体的に危険な態度だけが具体的危険の承認のために十分ではない。補足的に、具体的に危険な態度によって、因果的に危険な結果を招来しなければならない。一方で具体的な危険態度、および他方で具体的に危険な結果は相互に区別すべきである」[26]ということ、そして、具体的な危険結果というものは、「損害の発生が近いというように、蓋然性が存在しなければならない。補足的に、行為者の行為が法益客体の危険領域に入ったということが前提となる。このことが当てはまるとすれば、具体的危険結果は、法益客体に損害が生ずるかどうかは偶然に委ねられているときに初めて存在する」[27]とされ、損害の防止のために目指された救助措置は、最早遂行されえないものである。

以上のように、具体的危殆犯は具体的に危険な態度（「事前判断」によって得られた事情）とそこから生ずる具体的危険（「事後判断」によって得られた事情）から構成されており、そして、具体的危険の特色は、損害発生の近い蓋然性および法益客体が行為者の行為の危険領域の中に入ったということと並んで、法益客体にある損害が生ずるか否かどうかは偶然にのみ依拠するという要件であるということが明らかとなるのである[28]。

（7） Hans Joachim Hirsch, Gefahr und Gefährlichkeit; in Festschrift für Arthur Kaufmann, 1993, S. 550（＝紹介・振津隆行「ハンス・ヨアヒム・ヒルシュの危険概念（危険犯論）に関する二論文の紹介」金沢法学四三巻二号三〇四頁以下（平成一二年）並びに、ブハーワ祝賀論文集のヒルシュ論文にも同一の指摘がなされている（前掲紹介振津、三一二頁以下）。

（8） Frank Zieschang, Die Gefährdungsdelikte,1998, S. 30.

（9） Niederschriften, Bd. 8, S. 427 (zitiert nach Zieschang, a. a. O., S. 28).

（10） Zieschang, a. a. O., S. 33.

（11） Zieschang, a. a. O., S. 34.

（12） Zieschang, a. a. O., S. 35.

（13） Vgl. Zieschang, a. a. O., S. 34.

（14） Zieschang, a. a. O., S. 35f.

（15） Vgl. Zieschang, a. a. O., S. 36.

（16） Zieschang, a. a. O., S. 38.

（17） Zieschang, a. a. O., S. 40.

（18） Vgl. Zieschang, a. a. O., S. 41, Anm. 94.

（19） Zieschang, a. a. O., S. 41.

(20) Zieschang, a. a. O., S. 44.
(21) Eckhard Horn, Konkrete Gefährdungsdelikte, 1973, S. 173.
(22) Bernd Schünemann, Moderne Tendenzen in der Dogmatik der Fahrlässigkeits- und Gefährdungsdelikte, in JA, 1975, S. 796.
(23) Jürgen Wolter, Objektive und personale Zurechnung von Verhalten, Gefahr und Verletzung in einem funktionalen Straftatsystem, 1981, S. 223ff., 226 ff.; ders., Konkrete Erfogsgefahr und konkreter Gefahrerfolg im Strafrecht, in JuS, 1978, S. 753f.
(24) Urs Kindhäuser, Gefährdung als Straftat. Rechtstheorische Untersuchungen zur Dogmatik der abstrakten und konkreten Gefährdungsdelikte, 1989, S. 201ff., 210ff., 277.
(25) Zieschang, a. a. O., S. 46.
(26) Zieschang, a. a. O., S. 50f.
(27) Zieschang, a. a. O., S. 51.
(28) Vgl. Zieschang, a. a. O., S. 76.

三　未遂犯における危険判断とその構造

一　さて、ヒルシュによれば、教科書・コメンタール等の諸文献ならびに判例による欠缺は、依然として、一定の客体に対して存在する具体的危険（Gefahr）と、行為から出発する具体的危険性（Gefährlichkeit = Risiko）との間を概念的に判然と区別していないというところの中にあるとする。ここでは、後者のみが問題となりうる。[29] すなわち、未遂の場合は危険性が問題となり、それは行為客体が具体的危険状態に陥ったことを前提としないのに対して、具体的危殆犯は危険（Gefahr）、すなわち構成要件的結果、つまり既遂は、危険状態の発生が必要となるのである。[30] したがって、既述のように、具体的危殆犯にあっては、事後判断に基づく具体的危険結果の発生が要件となっているのに対して、未遂で問題となる行為の危険性（Gefährlichkeit = Risiko）は、事前の（ex ante）観点から決定すべきものである。[31] それ故、未遂の処罰根拠として問題となる危険判断の基底は、「事前判断」によって画されるのであるが、不能犯における客観的危険説が、危険判断の基底を事後判断をもって画するのである（事後判断の否定）。すなわち、不能犯における客観的危険説が、危険判断の基底を事後判断をもって画するのであるが、未遂は具体的危殆犯と異なり、危険性が問題となるのだから、具体的危険説と共に、「事前判断」によって危険判断の基底は画されなければならないのである。その意味で、客観的危険説は、劈頭から疑問のあるものと考えられうるのである。

さて、ここで、わが国で多数説とされている具体的危険説も、その内容の詳細については必ずしも一致しているわけではない。だが、内藤謙博士によれば、典型的な具体的危険説とは、「行為の当時において、一般人が認識することができたであろう事情および行為者がとくに認識していた事情を基礎（判断基底）として、一般人の判断において、結果発生の可能性ありとされる場合には未遂犯とし、そうでない場合を不能犯である[32]」とする見解であると定義できよう。

しかし、本説は、客観的危険説から従来批判されてきているように、不能犯の成立範囲が極めて狭小となり、未遂犯の成立範囲を拡大することとなるので、私は再検討の必要性を以前から痛感してきた。[33]

そこで、私は、従来の具体的危険説の定式を以下のように修正すべきであると考えるに至った。すなわち、「行為時において客観的観察者（専門家）が認識可能であり、あるいはそれを超えて行為者が特に認識した行為事情を事実的基底（存在論的基礎）として、判断時の人類の全経験的知識（法則論的基礎）に従って、結果発生の高度の可能性がある場合に[34]」未遂犯とし、そうでない場合を不能犯であるとする定式化である。

以上のような修正説と具体的危険説との内容の異同につき、①その危険判断の基底は、「事前判断」によって画される（事後判断の否定）という点は、前述のところから、両説共に共通である。次に、②危険判断の基底については、具体的危険説によれば、一般人の認識しえた事情を考慮するのに対して、修正説によれば、客観的観察者（専門家）の認識可能な事情を考慮すべきであるという点で異なる。すなわち、普遍妥当的な危険判断のための基礎として、客観的考察者を一般人とするか専門家とするかという点については、危険判断の基礎を可能なかぎり個別的・具体的な詳細にわたる事情に求めるべきであると考えられるので、専門的知識ないし可能なかぎり完全な認識能力を手にしうる者を前提とすべきである。(35) なお、行為者主観の顧慮については、客観的観察者（専門家）といえども知り得ない特別の事情を行為者が特に知っている場合がありうるので、行為者に補足的に知られている行為事情を顧慮すべきである。(36) この点で、行為者主観の顧慮ということは、両説共通である。さらに、③危険判断の基準（法則論的基礎）については、具体的危険説は「一般人の判断」に置くのに対して、修正説では、判断時（裁判時）での「人類の全経験的知識」、すなわち、事後の科学的判断に置く。危険の基礎となるクリースの「客観的可能性」概念とその適用にとっては、(37) 元来認識の普遍妥当性を目指すが故に、可能なかぎり完全な法則論的知識が措定されねばならないとするのが原則的立場となるであろう。したがって、法則に関する最高の知識を行為時に限定する必要はなく、判断時の人類の全経験的知識に立脚すべきだと考えられるからである。(38) 最後に、④危険肯定のための侵害可能性の程度については、具体的危険説によれば、「結果発生の可能性」で足るとするのに対し、修正説によれば、「結果発生の高度の可能性」まで要求するという点で、相違するのである。(39)

以上のような修正説が、具体的危険説、さらには、客観的危険説とどのように相違するのかという点を、周知のいわゆる空気注射事件（最判昭和三七年三月二三日刑集一六巻三号三〇五頁）に焦点を当てて、以下で検討してみたい。

二　まず、本件事実の概要は次のとおりである。被告人らは、T方に参集したうえ被告人Oを先発させ、他の被告人二名とTは某方で被害者K子の所在を確かめて来たOと落合ったが、Tは結果をまつためその場から引きかえし、二〇cc用注射器一本と五ccアンプル入蒸留水をもった被告人Mと同Nとは、Oの案内を受けて某日午前一一時頃Kが一人で草取りをしている桑畑についたが、Oは事の発覚をおそれて直ちにその場から引きかえした。だが、Mは、早速用意してきたパンを与えるなどKをだまして注射を承諾させ、NにKの腕を持たせたうえ右注射器でKの両腕の静脈内に一回ずつ蒸留水五ccとともに空気合計三〇ccないし四〇ccを注射したのであるが、致死量にいたらなかったため殺害の目的を遂げなかったというものである。

本件につき、空気栓塞による致死量は、古畑鑑定によれば七〇cc以上とされ、中館鑑定によれば三〇〇cc内外であるとしているので、三〇ccないし四〇ccの空気を注入しただけでは、通常人を死に至すことはできない。しかし、専門家（医師）であれば、事前に致死量に至らないということが認識可能な場合であったといえよう。

にもかかわらず、最高裁は、「静脈内に注射された空気の量が致死量以下であっても被注射者の身体的条件その他の事情の如何によっては死の結果発生の危険が絶対にないとはいえない」として、殺人未遂を認めたのである。

しかし、弁護人の上告趣意によれば、中館鑑定による三〇〇ccの致死量というと、一〇〇cc注射器という大きな注射器で二、三本を打たねばならないが、通常の注射液とちがって抵抗も強く、被注射者が意識不明の状態でなければ空気注射はできない。また、古畑鑑定による七〇ccであっても、五〇cc用という大きな注射器を二度使わなければならないが、この程度の注射は、被害者の意識不明を必要とする。しかも、注射薬とともに空気を注射したかのように取り扱わねば出来ないので、そうすると、注射器中の空気の量はさらに減ずるし、五〇cc、一〇〇ccの大きな注射器に五cc、一〇ccの少量の注射薬を入れる非常識もできない。このように考えると、致死量といい、致死量以下というも、それは量による差ではなく、質的な差であるといわねばならない。このようにみると、空気注射は、それだけでは絶対に致死量を注射しえないのである等と述べられている。

それ故、修正説によれば、専門家（医師）の認識可能な事情を顧慮すれば、事前的にもそれは不可能であり、また、裁判時の人類の全経験的知識（医学上科学上の認識）に従っても、結果発生の高度の可能性が無かったものといわねばならない。したがって、具体的危険説を修正した私見の立場にあっても、本件は、殺人については不能犯を肯定しうる場合であったといえよう[40]。

にもかかわらず、具体的危険説はもとより、客観的危険説に立脚するとする論者にあっても、危険の程度・量が問われている本件においては、社会経験上一般に危険を感ずる場合として、客観的危険説の立場からも相対不能として未遂犯が認められるべきである（曽根[41]）とか、量や程度を高めれば結果発生への可能性が強まり、いずれは結果が発生しうる事例である（村井[42]）等として未遂犯が肯定されているのである。

以上のように、具体的危険説を修正した私見によれば、客観的危険説に立つとされる論者の立場を超えて、不能犯の成立を認める範囲を拡大しうることになるのである（私見のこの点についての個別具体的な検討は、別稿にゆずりたい）。

三　なお、ついでながら、勤務中の警察官から拳銃を奪取し、同警察官の右脇腹に銃口を当て引き金を引いたが、たまたま実弾が装塡されていなかったため、発射しなかったという事案につき、福岡高判昭和二八年一一月一〇日高裁特報二六号五八頁は、殺人未遂罪を肯定した。すなわち、「制服を着用した警察官が勤務中、右腰に着装している拳銃には、常時たまが装てんされているべきものであることは一般社会に認められていることであるから、勤務中の警察官から右拳銃を奪取し、苟しくも殺害の目的で、これを人に向けて発射するためその引鉄を引く行為は、その殺害の結果を発生する可能性を有するものであって実害を生ずる危険があるので右行為の当時、たまたまその拳銃にたまが装てんされていなかったとしても、殺人未遂罪の成立に影響なく、これを以て不能犯ということはできない」と判示したのである。

本件事実は、被告人が昭和二八年四月三日午前二時四〇分頃、福岡市J寺南側道路で、福岡市巡査Aから、公務執行妨害の嫌疑で緊急逮捕されるに際し、逃走しようとして同巡査と格闘したが、同巡査から捻じ伏せられて手錠を掛けられそうになるや咄嗟に同巡査を殺害して逃走するに如かずと決意し、隙を窺って同巡査が右腰に着装していた拳銃を奪取し、同所において同巡査の右脇腹に銃口を当て、二回にわたり引き金を引いたが遇々実弾が装塡していなかったので殺害の目的を遂げなかったというものであり、殺害の目的を遂げなかったのは巡査Aが多忙のためにたまたま当夜に限り、弾を拳銃に装塡するのを忘却していたことによるものであったというものである。

しかし、少し事例を変えて、被害者たるべき警察官がその拳銃に弾が装塡されていないということを認識していたため、容易に被告人を逮捕することができたといった場合には、殺人未遂ではなく、不能犯としてもよいのではなかろうか。この点で、被害者たるべき者の主観（認識）を考慮して、不能犯を肯定することも可能と思われる。それ故に、行為者のみならず、行為当時における被害者たるべき者の特別の主観の顧慮もまた、不能犯の成否を考慮する上で重要であるとも考えられる（このような思考は、私の従前からの試論であるが、この機会に表明しておきたい）。

(29) Hans Joachim Hirsch, Untaugliher Versuch und Tatstrafrecht, in Festschrift für Roxin, 2001, S. 718.
(30) Hirsch, a. a. O., S. 718.
(31) Vgl. Hirsch, a. a. O., S. 718.
(32) 内藤謙「不能犯(一)」法学教室一〇八号七〇頁（平成元年）。
(33) 振津隆行「不能犯――具体的危険説と客観的危険説との対抗――」二五九頁以下（中古稀『刑法理論の探究』平成四年）。
(34) 振津隆行「刑法における危険概念――危険概念の本質について」一八六頁（同『刑事不法論の研究』、成文堂、平成八年所収）。
(35) 振津・注（34）一七六頁。
(36) 振津・注（34）一七六頁。
(37) 振津「クリースの『客観的可能性』の概念とその若干の適用について」六七頁以下（同『刑事不法論の研究』、

成文堂、平成八年所収）。
(38) 振津・注（34）一八二頁参照。
(39) 振津・注（34）一八三－一八六頁参照。
(40) 同旨、山口・注（5）一七〇頁。なお、大谷実「不能犯（再論）」同志社法学三〇巻二・三号四五頁（昭和五三年）。なお、大谷教授は改説された。
(41) 曽根威彦『刑法総論〔第三版〕』二四九頁（弘文堂、平成一二年）。
(42) 村井敏邦「不能犯」一八三頁（芝原邦爾ほか編『刑法理論の現代的展開総論II』日本評論社、平成二年）。

四　結　語

以上の検討の結果、未遂犯を具体的危険犯（正しくは、具体的危殆犯）と同一視しようとする見解には疑問があるということが明らかにされたかと思う。すなわち、具体的危殆犯で問題となる危険は、具体的に危険な態度(事前判断によって得られた事情）とそこから生ずる具体的危険（事後判断によって得られた事情）から構成されている。そして、具体的危険の特色は、損害発生の近い蓋然性および法益客体が行為者の行為の危険領域の中に入ったということと並んで、法益客体にある損害が生ずるか否かどうかは偶然にのみ依拠するという要件であるということが明らかになった。それに対して、未遂犯の場合は、行為から出発する具体的危険性が問題となるのであって、行為客体が具体的危険状態に陥ったということを前提としないのである。すなわち、具体的危殆犯にあっては、事後判断に基づく具体的危険結果の発生が要件となっているが、未遂犯で問題となる行為の危険性は、事前の観点から決定すべきなのである。

右のような次第で、未遂犯を具体的危殆犯と同一視する最近の動向は疑問であること、両者の間の危険の内容・

構造が異なっていることを提示しえたものと思われる。

さて、本小稿は、私の小樽時代以来二〇年余にわたって御指導下さっている小暮得雄先生に捧げるものであるが、本稿で提示した私見をも含めて、今後の更なる考察と検討をお約束することで、小暮先生古稀の御祝辞に代えたい。

（二〇〇一年八月五日稿）

過失犯と「原因において自由な行為」

本間一也

一　はじめに

1　現行刑法上、責任無能力状態で他人の法益を侵害した者の行為は処罰されない（刑法三九条一項）。しかし、（たとえば、飲酒、薬物の摂取等により）責任無能力状態を招いたことについて行為者に責任がある場合も、当該行為は故意犯または過失犯として処罰されないのだろうか。この問題は、一般的に「原因において自由な行為（actio libera in causa）」として扱われてきた伝統的な問題領域である。この問題領域の背景には、次のような思考が存在する。すなわち、このラテン語の歴史的由来からすれば[1]、こうした行為は、責任無能力状態において一定の犯罪結果を直接的に惹起した行為の部分に着目すると確かに「それ自体として観れば自由でない行為（actiones non liberae in se）」であるが、自由でない状態の由来・原因に着目すると（単に、その時点で責任能力を有していたというだけでなく、自由でない状態を招いたことに行為者に帰せしめるべき理由があったことから）自由な行為（actiones liberae）であったといえるとして、責任への本来の帰属対象である「それ自体として観れば自由な行為」（actiones liberae in se）と同様に扱われるべきであるという思考である。こうした思考は、「法理」、「原則」、「理論」等と称されることもあり[2]、そこから特別な「機能」が導かれると理解するむきもあるが[3]、それ自体として「原因において自由な行為」の可罰性を具体的に基礎づけるものではなく、刑法解釈論上は可罰性が問題となる行為の構造を示す以上の意味をもつものではない。[4]「原因において自由な行為」を故意犯または過失犯として処罰しないことが「法感情に反する」[5]ということであるならば、その可罰性は、むしろ刑法三九条の基礎にある責任主義（さらには、故意犯または過失犯の成立要件）という観点からあらためて基礎づけられなければならない。こうした試みは、わが国においてもドイツにおいても従来からなされてきた。[6]しかし、「この問題領域に関して争われていないものは何一つ存在しない」といわれているように、[7]「原因において自由な行為」の可罰性と責任主義との調和、さらには他の問題領域に関する従来の刑法解釈論との調和は、少なくとも一般的な説得力をもちうる形では、現在に至るまで実現されてはいない。[8][9]

2　ところで、「故意の原因において自由な行為」と「過失の原因において自由な行為」という表現が用いられているように、[10]「原因において自由な行為」の問題領域においては、故意犯としての可罰性だけでなく、過失犯としての可罰性も問題対象となることが想定されてきた。しかし、実務上は「原因において自由な行為」について故意犯の成立が肯定される事案は稀であるにもかかわらず、従来の議論の重点はもっぱら故意犯の可罰性の理論的基礎を構築することにおかれ、過失犯の可罰性の問題はあまり注目されることはなかった。[11]その主たる理由は、「過失（結果）犯の特質」から「過失の原因において自由な行為」の可罰性は比較的問題なく肯定できることを前提としてきたことにある。[13]

3　しかし、「過失の原因において自由な行為」の可罰性を「比較的問題なく肯定できる」「過失（結果）犯の特質」とはどのようなものなのだろうか。故意犯と過失犯との間にこうした差異があるとすれば、外部的・客観的に観て同一の行為について、故意犯としての可罰性を基礎づけることはできないが、過失犯としての可罰性は「比較的問題なく肯定できる」ということになろう。しかし、この帰結は正当であろうか。過失犯は、故意犯と比較して、このような帰結をもたらす「おどろくべき広がりと曖昧な輪郭」をもつ法概念なのであろうか。[14]そもそも「過失の原因において自由な行為」という問題領域は、必要なのだろうか。本稿は、こうした問題意識から、最近の判例により「新たな論争が勃発した[15]」ドイツの議論を参考として、「未解決の問題が多い[16]」「過失の原因において自由な行為」の問題を検討するものである。

（1）　Vgl. Hruschka, ZStW 96 (1984), S. 661ff.; ders., Strafrecht nach logisch-analytischer Methode, 2. Aufl., 1988, S. 343ff.; ders., JZ 1996, S. 64ff. さらに、金澤『刑法の基本概念の再検討』（一九九九年）一一四頁以下参照。

（2）　Vgl. Hettinger, Die „actio libera in causa", 1988, S. 24ff.

（3）　Vgl. Neumann, StV 1997, S. 24; Schild, Triffterer-FS, 1996, S. 206; Oehler, JZ 1970, S. 381; Baumann/Weber/Mitsch, Strafrecht, Allgemeiner Teil, 11.Aufl., 2003, §19 Rdn. 32. さらに、前田『刑法の基礎総論』（一九九三年）二一〇頁、金澤・前掲書（註1）一一四頁以下参照。

（4）　Vgl. Schmidhäuser, Die actio libera in causa, 1992, S. 9 Fn.9; Hruschka, Strafrecht, a.a.O.（註1）, S. 49; Küper, Leferenz-FS, 1983, S. 576; Behrendt, Affekt und Vorverschulden, 1983, S. 72; Hettinger, a.a.O.（註2）, S. 27. さらに、長井『内田文昭先生古稀祝賀論文集』（二〇〇二年）一七八頁参照。

（5）　Vgl. Schmidhäuser, a.a.O.（註4）, S. 22; Hirsch, Nishihara-FS, 1998, S. 89; Kühl, Strafrecht, Allgemeiner Teil, 3.Aufl., 2000, §11 Rdn. 8. さらに、中空・関東学園大学法学紀要二一号（二〇〇一年）一三五頁以下参照。

（6）　この問題に関するドイツの判例・学説史的展開に関しては、vgl. Hettinger, a.a.O.（註2）, S. 57ff.; Stühler, Die actio libera in causa de lege lata und de lege fernda, 1999, S. 28ff. わが国の学説状況を整理した最新のものとして、中空・前掲論文（註5）一二九頁以下がある。

（7）　Hettinger, a.a.O.（註2）, S. 28.

（8）　わが国とは異なり、「原因において自由な行為」を少なくとも故意犯として処罰することは現行法上困難であるとする考え方は、ドイツでは最近支持者を増しており、後述するように、判例においても一部支持されている。わが国とドイツのこうした相違は、ドイツでは、「原因において自由な行為」が少なくとも完全酩酊罪（ドイツ刑法典三二三a条）による処罰が可能であることにも原因があろう。もっとも、ドイツでは最近同条の改正が議論されており（vgl. Renzikowski, ZStW 112 (2000), S. 475ff.）、「原因において自由な行為」の問題にも少なからざる影響を与えるものと思われる。

（9） ドイツでは、「原因において自由な行為」の可罰性の問題を立法により解決すべく、最近、いくつかの法案が示されている（vgl. Hettinger, in: ders (Hrsg.), Reform des Sanktionrechts, Bd.1, 2001, S. 189ff., 283ff.）が、責任主義という観点から根強い批判もある（vgl. Hirsch, JR 1997, S. 391f.; Tröndle/Fischer, Strafgesetzbuch, 51 Aufl., 2003, §20 Rdn.19b.）。なお、平川・現代刑事法二〇号（二〇〇〇年）三九頁以下参照。

（10） Vgl. Jescheck/Weigend, Lehrbuch des Strafrechts, Allgemeiner Teil, 5.Aufl., 1996, S. 447. 山口『刑法総論』（二〇〇一年）二二二頁以下参照。

（11） この問題に比較的詳細に言及したものとしては、わずかにHettinger, a.a.O.（註2）, S. 260ff., 391ff., 429ff.; ders., GA 1989, S. 1ff.; Stühler, a.a.O.（註6）, S. 112ff.; Sternberg-Lieben, Schlüchter-GS, 2002, S. 217ff.; 西原『日沖憲郎博士還暦祝賀(1)』（一九六六年）二一三頁以下、佐久間・判例タイムズ八一八号（一九九三年）二五頁以下、中空・関東学園大学法学紀要九号（一九九四年）三六九頁以下、同『下村康正先生古稀祝賀上巻』（一九九五年）一七五頁以下が散見されるだけである。

（12） 後述の「『過失の原因において自由な行為』に関する学説の批判的検討」参照。なお、団藤『刑法綱要総論第三版』（一九九〇年）一六二頁、山口・前掲書（註10）二二六頁参照。

（13） 中空・関東学園大学法学紀要九号（註11）三七〇頁以下参照。

（14） Vgl. Duttge, Zur Bestimmtheit des Handlungsunwerts von Fahrlässigkeitsdelikten, 2001, S. 34.

（15） Renzikowski, a.a.O.（註8）, S. 476.

（16） Krause, Jura 1980, S. 175.

二 「故意の原因において自由な行為」と「過失の原因において自由な行為」

1 「原因において自由な行為」は、事実的観点からその構造を考察すれば、責任無能力状態に陥る行為と、責任無能力状態において特定の構成要件該当結果を発生させる行為という二つの行為事象をもつものとして理解されている[17]（以下においては、わが国の用語法に従い前者を「原因行為」、後者を「結果行為」と称する）。さらに、こうした事実的側面に対する行為者の主観面に着目して分類すると、原因行為時点の主観面と結果行為時の主観面に分けられる。したがって、刑法上重要な類型としては、①原因行為それ自体が故意で行われ、かつ、この時点において特定の犯罪を犯す故意が認められ、結果行為によりこうした故意の内容が実現した場合（この類型では、厳密には、(a)結果行為も「故意」で行われた場合、(b)結果行為は「過失」で行われた場合がありうる）、②原因行為それ自体が故意で行われたが、この時点では、後に行われた結果行為について過失しか認められず、結果行為により特定の構成要件該当結果が発生した場合（この類型では、厳密には、(a)結果行為が「故意」で行われた場合、(b)結果行為が「過失」で行われた場合がありうる）、③原因行為それ自体は過失で行われたが、結果行為は、「故意」で行われ、特定の構成要件該当結果を発生させた場合（この類型では、厳密には、(a)原因行為の前に特定の犯罪を実現する意思があったが、犯罪の実行を開始する以前に、飲酒等により過失で責任無能力状態に陥り、結果行為により当初予定していた特定の構成要件該当結果を発生させた場合、(b)過失で責任無能力状態に陥った後に初めて特定の犯罪を実現する「故意」が生じて結果行為によりこれを実現した場合がありうる）、④原因行為についても、結果行為についても「過失」しか認められず、特定の構成要件該当結果を発生させた場合ということになる[18]。

2　こうした類型のうち、①(a)類型が「故意の原因において自由な行為」、そして④類型が「過失の原因において自由な行為」の類型であることに関してはわが国においてもドイツにおいても学説上争いがない。しかし、②類型と③類型に関して、故意犯が成立しうるのか、それとも過失犯が成立しうるのかという問題に関しては、未だ見解の一致がみられない。

ドイツでは、こうした類型のうち、原因行為時において、後に行われた結果行為について「故意」が認められるだけでなく、原因行為それ自体も故意で行われた場合（①類型）にのみ故意犯の成立を認める（その意味で、故意犯の成立にいわゆる「二重の故意」を要求する）見解が判例・通説である[19]。しかも、こうした見解は、「故意の原因において自由な行為」の可罰性に関して主張されている「構成要件モデル」、「不法モデル」、「拡大モデル」、「例外（責任）モデル」といった基本的立場[20]とは無関係に主張されているのである。

しかし、故意犯成立の前提としてなぜ「二重の故意」の存在が必要とされるのであろうか。原因行為にすでに故意犯の構成要件該当性を認める「構成要件モデル」（さらに、同一の結論となる「不法モデル」）からは、「二重の故意」は、（「構成要件的故意」として）当然の前提ということになろう[21][22]。さらに、原因行為自体は原則として不可罰的な予備行為であるとしながらも、原因行為にまで「責任構成要件」の拡大を認める「拡大モデル」からも（「構成要件的故意」に加えて「責任故意」が）要求されることになろう[23]。問題は、結果行為を構成要件該当行為ないし帰責の対象とする「例外モデル」の場合である。こうしたモデルからすれば、故意犯・過失犯の成否は、結果行為時の「故意・過失」により決定されることになるのが原則である[24]。その限りでは、「例外モデル」を基礎として「二重の故意」の存在を必要とする見解[25]は確かに厳密とはいえない[26]。しかし、帰責の「対象」である「結果行為（に基づく特定の法益侵害）」の帰責の「根拠」を原因行為に求める[27]「例外モデル」からすれば、その最大の根拠は、結果行為を行う意図ないし目的のもとに、責任無能力状態を「意識的に惹起したこと」に求められることになるの[28]であって、概念の厳密さを欠くとはいえ、その限りでは原因行為を「意識的に惹起した」場合を故意犯成立の前提とすることは必ずしも「例外モデル」に反することにはならない[29]であろう。

3　ところで、「故意の原因において自由な行為」を「二重の故意」が存在する場合に限定するこうした見解では、前記類型のうち、①(a)類型[30]が「故意の原因において自由な行為」の類型であり、②、③、④類型はいずれも「過失の原因において自由な行為」の類型ということになる[31]。問題は、①(b)類型、たとえば、行為者が責任無能力状態でXを殺害する意図で飲酒酩酊し実際に責任無能力状態でXを殺害したが、殺害行為の時点では人を殺害することの認識がなく、飲酒酩酊に基づく不注意でXを死亡させた場合[32]である。前述のように、「原因において自由な行為」の構造が二つの行為事象をもつものとして理解されていることからすれば、責任無能力状態において行為者がさらに行為すること、すなわち、結果行為の意思決定を前提とする(33)ことになる。「例外モデル」では（さらに「拡大モデル」でも）、こうした意思決定の内容に応じて「故意」または「過失」を肯定することになるし、「故意の原因において自由な行為」も結果行為が「故意」に行われることを前提としている(34)。「二重の故意」を故意犯成立の前提とする見解は、その意味では厳密には「三重の故意」を要求することになる(35)。したがって、こうした見解では、①(b)類型では故意犯の成立が否定されることになる。

ところが、「構成要件モデル」ではこの点が必ずしも明らかではない。確かに、後述するように、「構成要件モデル」を採用してきたドイツの判例は、結果行為が「自然的故意」に基づいて行われたことを故意犯成立の前提としている(36)。学説上はこの点に言及するものはわずかである(37)が、これを明確に否定する見解もみられない(38)。もっとも、そうなると、原因行為に構成要件該当行為を認める「構成要件モデル」の前提に合致するかは疑わしいものとなる(39)。なぜなら、原因行為自体にすでに故意犯の構成要件該当性を認める「構成要件モデル」によれば、原因行為の段階で、後の特定の構成要件該当結果の発生に対して「決定的な」原因が設定された（「因果連関」）だけでなく、原因行為の意思が結果行為を支配したという意味で、当該結果の発生に対して内面的な関係（「責任連関」）も確立されたことが前提(40)であり、当該結果は、本来、原因行為の単なる因果的要素にすぎない結果行為を通じて、いわば「自動的に」発生する(41)ことを予定しているからである(42)。したがって、「構成要件モデル」からすれば、原因行為時の故意が決定的であり(43)、結果行為の「故意」による遂行は不要であり、前記①(b)類型では故意犯が成立することになるはずである。あえて結果行為について「自然的故意」という形であれ、故意による遂行を故意犯成立の要件とするのであれば、その必要性を理論的に基礎づける必要があるだけでなく、犯罪論体系的観点から原因行為時に必要とされる故意との関係を明確化すべきである。

4　他方、「二重の故意」を故意犯成立の要件としない見解からは、前記類型は、次のような結論となる。まず、「例外モデル」を基礎として、故意犯・過失犯の成否を結果行為時の「故意・過失」で決定しようとする見解からは、②(a)類型、③(a)類型、③(b)類型は「故意の原因において自由な行為」の類型であり、①(b)類型、②(b)類型は「過失の原因において自由な行為」の類型ということになる。

しかし、原因行為が意識的に行われたとはいえ、その時点では、結果行為を行う故意が認められない(②(a)類型)にもかかわらず、さらに、結果行為が「故意」で行われたものの、原因行為は意識的に行われたものでも、またその時点では結果行為を行う意思が全く認められない(③(b)類型)にもかかわらず、結果的に故意犯の成立を認めることは不当であろう。なぜなら、こうした類型では、原因行為と結果行為との結びつきがきわめて希薄なものであり、原因行為自体が責任無能力状態で行われた結果行為に基づく特定の構成要件該当結果の帰責を例外的に正当化する根拠としては弱すぎるからである。特に、前記③(b)類型に故意犯の成立を認めようとする論者は、結果行為時の「故意」を重視する。[44] しかし、「例外モデル」からすれば、結果行為時の「故意・過失」は帰責の根拠足りえず、[45] 帰責の根拠は、前述のように、原因行為に求めなければならない。

問題は、原因行為の前に特定の犯罪を実現する意思があった③(a)類型である。確かに、こうした事案を「過失の原因において自由な行為」[46] として扱うことに対しては、この種の事案の発生頻度が必ずしも少なくないことを考慮すれば疑問が生じよう。しかし、原因行為の前に特定の犯罪を実現する意思があったとしても、実現意思を留保したままのそうした意思は、「計画故意」とでも称すべき意思であって、刑法上の故意概念を満たすものではない。[47] 過失で行われたにすぎない原因行為は、故意犯としての帰責を正当化する根拠ということはできない。

最後に、「構成要件モデル」を基礎として「二重の故意」を故意犯成立の要件としない見解からは、①(b)類型と③(a)類型が「故意の原因において自由な行為」の類型、②(a)類型、②(b)類型、③(b)類型が「過失の原因において自由な行為」の類型ということになる。[48]

5　以上のように、「故意の原因において自由な行為」と「過失の原因において自由な行為」の類型[49]の区別は、

「原因において自由な行為」の可罰性を基礎づけるモデルにより基本的に異った形で論じられている。しかし、本稿の問題意識からすれば、「過失の原因において自由な行為」の類型を最も広範囲にとらえる通説的見解にしたがって、さしあたり前記①ⓐ類型を除くその他の類型を「過失の原因において自由な行為」が問題となりうる類型として考察を進めることにする。

(17) Vgl. Hettinger, a.a.O.(註11), S. 3; ders., a.a.O.(註9), S. 196; Rath, JuS 1995, S. 405.

(18) また、原因行為と結果行為がそれぞれ作為または不作為で行われる場合がありうるが、特に結果行為として不作為が問題となる場合は、「原因において自由な不作為〔omissio libera in causa〕」と呼ばれている（vgl. Baier, GA 1999, S. 272; BGHSt 38, 78.）。

(19) Vgl. Lenckner/Peron, in: Schönke/Schröder, Strafgesetzbuch, 26.Aufl., 2001,§20 Rdn. 36; BGHSt 2, 15(17); 17, 333(334f.); 23, 133(135), 356(358); BGH NJW 1977, 590.

(20) Vgl. Hillenkamp, 32 Probleme aus dem Strafrecht, Allgemeiner Teil, 10.Aufl., 2001, S. 77ff.

(21) もっとも、「二重の故意」を故意犯成立の要件とすることが「構成要件モデル」、「不法モデル」から当然の前提となるのかには疑問がある。なぜなら、「故意の原因において自由な行為」が、原因行為と結果行為との間に「手段—目的」関係がある場合に限定されるのであれば、原因行為に関しても故意が及ばなければならないが、一般的にはこうした場合に限定されてはいない（vgl. Lenckner/Peron, a.a.O.(註19), §20 Rdn.37.）からである。行為者が責任能力のある時点で、結果行為に対して「決定的な原因を設定した」こと、あるいは自己の責任無能力状態を利用した間接正犯的構成を論拠とする「構成要件モデル」からは、「障害状態を惹起する故意」が必要とされる理由として、こうした「原因を設定することの認識」が必要（Puppe, JuS 1980, S. 348; Behrendt, a.a.O.(註4), S. 68）、「責任無能力を結果惹起に対して故意または過失で利用した」という「内面的結びつきだけが、原因において自由な行為を刑法上責任を負うべき行為として取り扱うことを正当化する」（Oehler, JZ 1970, S. 381.）、「間接正犯の場合に、故意は構成要件の充足のみならず、行為支配を基礎づけるファクターにも及ばなければならないのと同様」（Roxin, Lackner-FS, 1987, S. 320. vgl. auch Jakobs, Strafrecht, Allgemeiner Teil, 2. Aufl., 1993, 17/66）であるといったことが指摘されている。なお、林・神奈川法学二八巻一号（一九九三年）三〇五頁は「二重の故意は既遂故意を代替する」とする。さらに、山口『理論刑法学の最前線』（二〇〇一年）一四八頁は「遡及禁止論」の立場から「二重の故意」を要求する。「不法」モデルから必要性を認める見解として、vgl. Schmidhäuser, a.a.O.（註４）, S. 55.

（22）これに対して、「構成要件モデル」を基礎としながらも、「原因において自由な行為の処罰根拠はその結果を行為者が惹起した構成要件に基づいている」（Maurach, JuS 1961, S. 376）として、あるいは「二重の故意を要求すると、故意の原因において自由な行為の適用領域がその法概念の本質にそわない形で制限されることになってしまう。責任無能力状態に陥ったことに行為者に全く責任がない場合でさえも原因において自由な行為は排除されない」（Cramer, JZ 1968, S. 274; ders., JZ 1971, S. 766.）として「二重の故意」を否定する見解もある。とくに後者の見解は、責任主義に反し処罰の拡大を招くとして批判されている（vgl. Horn, GA 1969, S. 296; Roxin, a.a.O.（註21）, S. 321; Paeffgen, in: NK, Vor§323a Rdn.33（1995））が、こうした場合は、むしろ「原因において」自由な行為が存在しない場合であろう（Hruschka, SchwZStr. 90（1974）, S. 74.）。なお、「構成要件モデル」を基礎としながら、「二重の故意」を否定するわが国の見解として、たとえば、大谷『新版刑法講義総論〔追補版〕』（二〇〇四年）三五一頁がある。

（23）「拡大モデル」では、主観的構成要件要素としての故意の対象は結果行為であるが、責任要素としての故意は原因行為時の故意であり、それが「故意の原因において自由な行為の中心的意義を有する」ことになる（Streng, JZ 1994, S. 713; ders., JZ 2000, S. 24.）。

（24）町野『松尾浩也先生古稀祝賀論文集上巻』（一九九八年）三四七頁。「例外モデル」を基礎づけたHruschkaは、「故意犯または過失犯として処罰されるかという問題にとって基準となるのは、責任無能力状態での行為者の表象である」としている（Hruschka, JZ 1996, S. 67, 72. 但し、Hruschkaによれば、責任無能力状態に陥ったことについて過失すら存在しない場合には不可罰である。Hruschka, a.a.O.（註23）, S. 73f.）。JahnkeもHruschkaの見解と結論を同じくするが、その根拠は、むしろ前述のCramerと同様、刑事政策的な観点からのものである（Jahnke, in: LK, 10 Lieferung: 11. Aufl., 1993,§20 Rdn.79, 81, 82.）。さらに、禁止の錯誤とのアナロジーから同一の結論をとる見解として、vgl. Stratenwerth, Kaufmann-GS, 1989, S. 494ff.; Stratenwerth/Kuhlen, Strafrecht, Allgemeiner Teil,

5.Aufl., 2004,§10 Rdn. 50.

（25）「故意の原因において自由な行為」の可罰性を権利濫用に求めるOttoは、故意犯としての帰責が可能であるには「責任無能力状態を意識的に創出したことを前提とするだけでなく、責任能力のある状態において〔責任無能力状態下での犯罪実現を〕計画したことをも前提とする」（Otto, Jura 1986, S. 433.）ことを理由に、Eser/Burkhardtは、「責任無能力状態で犯された所為と責任能力のある状態でなされた意思決定とが内容的に一致しなければならない」（Eser/Burkhardt, Strafrecht I, 4. Aufl., 1992, 17-A31）として責任主義の観点から（vgl. Lenckner/Peron, a.a.O.(註19), §20 Rdn. 36.）必要性を基礎づけようとしている。また、丸山『内田文昭先生古稀祝賀論文集』（二〇〇二年）一六五頁は、「原因行為時の意思がそのまま実現されたということを根拠づける要因のひとつ、あるいは結果行為時の意思の欠陥を補填する要素のひとつ」として「二重の故意」を要求する。

（26）故意が構成要件該当行為に関係するものであるとすれば、「例外モデル」からは、原因行為を意識的に行うという主観内容は「故意」ではないということになる（vgl. Neumann, ZStW 99(1987), S. 577 Fn. 40.）からである。

（27）Vgl. Hruschka, JZ 1996, S. 66ff.; ders., JZ 1997, S. 23f.; Neumann, GA 1985, S. 392.

（28）Neumann, Arth-Kaufmann-FS, 1993, S. 593. vgl. Lenckner/Peron, a.a.O.(註19), §20 Rdn.36.

（29）こうした見解は、実質的に「構成要件モデル」に接近すると批判する見解としてvgl. Roxin, a.a.O.(註21), S. 321; Paeffgen, a.a.O.(註22), Vor§323a Rdn.35.

（30）こうした事案としては、犯罪を実現する目的で責任無能力状態を惹起し、実際に当初の計画を実現したという現実にきわめて稀な事案と、責任無能力状態を故意に惹起することが犯罪の意思決定の構成要素ではないものの、犯罪の実行を目前に控え、アルコール・薬物等の摂取が抑制および操縦能力の喪失へ至ることを認識しながら敢えて摂取し、責任無能力状態の下で当初の計画を実現した事案（vgl. Puppe, a.a.O.(註21), S. 349; Jahnke, a.a.O.(註21), §20 Rdn. 79; BGH NJW 1977, S. 590）ということになろう。

（31）これに対して、内田『西原春夫先生古希祝賀論文集第二巻』（一九九八年）一八四頁以下は、前記③(b)類型について、「『過失による精神障害』の招来という客観的事実の存在と、『精神障害状態の認識』という主観的事実の存在を前提として『構成要件的故意』を現実化した」ことを根拠に「故意の原因において自由な行為」類型であるとしているが、こうした根拠により故意責任を正当化できるかは、後述のように疑問がある。

(32) Vgl. Hruschka, JZ 1996, S. 67.

(33) Vgl. Hruschka, JZ 1997, S. 23. 但し、前述の「原因において自由な不作為」(註18)の場合は、こうした意思決定が欠けることになる。

(34) Vgl. Jescheck/Weigend, a.a.O.(註10), S. 447; Hruschka, JZ 1996, S. 67, 72; Streng, JZ 2000, S. 24.

(35) Vgl. Stühler, a.a.O.(註6), S. 16. Fn.11; Hettinger, a.a.O.(註9), S. 196; Streng, JZ 2000, S. 24.

(36) BGHSt 1, 124(126); 23, 356(360). わが国の判例ではこの点は必ずしも明らかではない。

(37) Vgl. Jakobs, a.a.O.(註22), 17/65; Rudolphi, in: SK, StGB, 1999,§20 Rdn. 30. わが国では、大谷・前掲書(註22)三五一頁。

(38) 但し、山口『問題探求刑法総論』(一九九八年)一九八頁は、「必ずしも必要ない」とする。さらに、中森『刑法理論の現代的展開総論I』(一九八八年)二四三頁参照。

(39) Vgl. Stratenwerth, a.a.O.(註24), S. 492f.; Stühler, a.a.O.(註6), S. 70; Hettinger, a.a.O.(註9), S. 257f.

(40) BGH, LM 7 zu §51 Abs.1StGB; BGHSt 21, 381; BGH 17, 335. さらに町野・前掲論文(註24)三六〇頁参照。

(41) Puppe, a.a.O.(註21), S. 348; Schild, a.a.O.(註3), S. 206; Hirsch, NStZ 1997, S. 231; ders., a.a.O.(註5), S. 96. さらに、山中『刑法総論II』(一九九九年)五八一頁参照。

(42) こうした前提自体には医学的にも疑問があるとする見解として、vgl. Luthe/Rösler, ZStW 98(1986), S. 325; Stühler, a.a.O.(註6) S. 57, 63, 140,ff.; Hettinger, a.a.O.(註9), S. 198, 256.; Jakobs, a.a.O.(註22), 17/66; ders. Nishihara-FS, 1998, S. 107ff. もっとも、結果行為が責任能力のある時点での意思決定に多かれ少なかれコントロールされるということは「故意の原因において自由な行為」の可罰性を肯定するあらゆるモデルに共通の前提といってよい。

(43) 町野・前掲論文(註24)三四二、三六一頁。

(44) たとえば、内田・前掲論文(註31)一八四頁以下、斉藤『西原春夫先生古希祝賀論文集第二巻』(一九九八年)二〇一頁以下。

(45) Vgl. Roxin, a.a.O.(註21), S. 310.

(46) Jähnke, a.a.O.(註21), §20 Rdn. 79,81,82はこうした事案を「過失の原因において自由な行為」の事案として処理することの不当性を根拠に「二重の故意」を否定する。vgl. auch BGHSt 21,381.

(47) Hettinger, a.a.O.(註9), S. 257. vgl. BGHSt 23, 356. さらに、山口・前掲書（註38）一九八頁参照。

(48) これに対して、「自然的故意」を故意犯成立の要件とする立場からは、前記類型の③(a)だけが「故意の原因において自由な行為」の類型ということになる。

(49) わが国では、「故意犯の実行行為開始後（かつ終了前）に責任無能力状態が生じた場合」も一般に「故意の原因において自由な行為」の類型として論じられている（山口・前掲書（註38）二〇一頁以下参照）が、ドイツでは、一般に、「因果関係の錯誤」の問題として処理されている（vgl. Roxin, Strafrecht, Allgemeiner Teil, Bd.1, 3.Aufl., 1997,§20 Rdn. 60,66; BGHSt 7, 326; 23, 133; 23,356; NStZ 1998, 30f.）。なお、限定責任能力状態下において結果行為が行われた場合（vgl. Streng, JuS 2001, S. 540ff.）も「原因において自由な行為」の類型として問題となりうるが、本稿ではさしあたり考察の対象から除外する。

三 「過失の原因において自由な行為」に関するドイツの判例の動向

1 「原因において自由な行為」に関するドイツの判例は、戦前から一貫して「構成要件モデル」を基礎として故意犯または過失犯としての可罰性を肯定してきた(50)。ところが、後述するように、最近になって、連邦通常裁判所が新たな判断を示したことから、学説上も新たな論争を招くに至っている。ここでは、本稿の問題関心から「過失の原因において自由な行為」に関するドイツの判例を概観することにする。

2 【1】 RGSt 22. 413.

〔事案〕 被告人は飲酒による完全酩酊状態で、ミルクを積載した一頭立て馬車を、交通量が多く、しかも複数の労働者が作業中の道路上を高速度で走行させていたところ、馬を適時に停止させることも、労働者に警告を発することもできず、荷車を労働者の一人の背後に接触、転倒させ重傷を負わせた。

〔判旨〕「違法な結果が発生する際に、行為者が行為能力を有していることが重要なのではなく、重要なのは行為者が、結果をもたらした行為を行うときに責任能力が存在したということである。たとえ、当該結果が発生したときに行為者が無意識の状態にあり自由な意思決定ができなかったとしても、後に発生した自己の行為の結果を意欲していたか、または意欲はしていなかったが起こりうるものとして予見できたのかに応じて、行為者は当該結果を故意または過失で惹起したのであり、そのことを理由として責任を負うのである。……飲酒酩酊状態で実行したことは、被告人がこうした状態に陥る前に意識的かつ自由意思に基づいて行ったことと切り離すことができない。……被告人は、飲酒を継続して酩酊状態に陥り、この状態で馬車を交通量の多い町の場所で走行させ、そのことによりそばに居合わせた人を危険に陥れるとかもしれないということをわずかの注意で予見できたに相違ない。被告人が仮に、〔しらふの状態で〕市内を通行する際に馬の手綱を、意識を失った第三者に渡していたならば、そうした行為は、法的には、被告人が本件において実際に行ったことと異なるものではないといえよう。

本判決は、ドイツの判例上、「原因において自由な行為」という思考方法が明瞭な形で現れた最初のものである。ここには後の判例の基本的な原則、すなわち、「故意の原因において自由な行為」と「過失の原因において自由な行為」の区別、結果行為は因果的にも、また主観（故意・過失）的にも原因行為に由来するものであること、責任無能力状態を惹起したことに落ち度が存在することを根拠として、原因行為に着目して可罰性を正当化しようとする基本原則が示されている。また、間接正犯的構成の論拠がすでに示されている点も注目される。この判決の趣旨は、居眠り運転により多くの子供たちが遊ぶ庭に突っ込み子供を死傷させた事案に関するRGSt 60, 29においても確認されている。(51)

【2】 RGSt 70, 85.

〔事案〕 飲酒後に弟と口論になり、過度の飲酒による興奮状態と弟から受けた頭部傷害による流血を見て興奮が極度に達し責任無能力状態になった被告人が、「お灸をすえるために」二名に向けて発砲し、うち一名の腕に傷害を負わせた。

〔判旨〕 「ある者が……過失で責任能力を阻却する酩酊状態に陥り、さらに、こうした酩酊状態において危険な傷害を犯すかもしれないことを過失により考えなかった場合には……過失傷害の責任を負う（RGSt.Bd.22. S. 413参照）。」

本判決は、前記【1】判決をうけて、前記③(b)類型に対しても過失犯が成立しうることを初めて明らかにしたものである。

【3】 BGHSt 2, 14.

〔事案〕 飲酒酩酊すると粗暴になる自己の性癖を認識していた被告人が、その危険性を考慮することなく飲酒酩酊し、責任無能力状態で他人に傷害を負わせた。

〔判旨〕 「行為者が自己酩酊し、その際、完全酩酊状態において傷害を犯すかもしれないことを過失により考えず、後に完全酩酊状態で自然的故意により他人に乱暴を加えた場合は、……過失傷害（原因において自由な行為）……を理由に処罰されることになる。」

本判決は、「原因において自由な行為」の可罰性に関する戦後初めてのものであるが、前記【1】、【2】判決の立場を踏襲したものである。本件は、前記【2】判決と同様、前記③(b)類型にあたるものであるが、「自然的故意」という概念が初めて登場している点が注目される。(52)

【4】 BGHSt 17, 333.

〔事案〕 被告人は、飲酒酩酊後、車を運転し交通事故を起こし被害者を死亡させた。

〔判旨〕 「原因において自由な行為の事案でも……責任非難は、酩酊状態に自ら身をおいたことに関係している。しかも、『目的の実現に向けた』酩酊……に対する特別な刑事責任が問題なのである。酩酊状態で行われた行為は、有責に実現された刑罰構成要件ではないが、刑法的非難の対象に含められる。なぜなら、行為者は未だ責任能力のある状態において、酩酊状態で一定の犯罪行為……を犯すかもしれないということを過失により考えなかったか、またはこうした可能性を確かに一旦は考慮したが、何事も起こらないことを期待して、過度のアルコール摂取を止めなかったことに落ち度があること（過失の原因において自由な行為）によるものであれ、あるいは一定の犯罪行為を犯すことを意識して飲酒し、この結果を是認したこと（故意の原因において自由な行為……）によるものであれ、いずれにせよ責任無能力状態で行われた行為との間にすでに非難可能な内面的関係を確立したからである。こうした負責根拠が認められるのは、そうでないと、この種の事案における酩酊状態に陥る行為の責任内容が刑法上十分に評価されないことになるからである。……酩酊状態に陥る行為が本来の構成要件的行為である。」

すでにBGHは「故意の原因において自由な行為」の可罰性に関して、「原因において自由な行為という観点から行為者に対する刑事責任を認めることは、後に責任能力が排除された（または著しく減少した）状態において、行為者に事前に予見可能な形態で行われた所為に対する決定的な原因を、行為者が責任能力のある状態で有責に設定したという考え方に基づいている」とする理由づけを行っていたが、[53] こうした理由づけと並んで、原因行為と結果行為との内面的関係に着目した新たな観点からなされた本判決における理由づけも、後の判例[54]に踏襲されることになる。

【5】 BGHSt 40, 341.

〔事案〕 癲癇性の発作に罹患していた被告人は、医師から車の運転を禁止されていたが、四年間にわたり運転中に発作が発生しなかったことから運転を継続していた。犯行当日、被告人は、長区間走行後、休憩をとり運転を再開した直後、予兆もなく一瞬にして右足が痙攣し昏睡の発作に見舞われたため操縦不能になり、車はそのまま疾走して歩行者に衝突し、一四名に傷害を負わせ、一名を死亡させた。

〔判旨〕「発作が始まった直後の事故状況において、意思に基づく操縦または支配可能性の欠如により、被告人に刑法上重要な行為態様が欠けていたということは、過失致死傷という非難を被告人に対して行うことを妨げるものではない。過失非難の対象となる構成要件的行為は、被告人が……休息した後、運転を再開したことにある。被告人が発作に罹患していたこと、その頻度および強度に着目すれば、運転者として道路交通に関与することは、他の交通関与者の生命および身体の安全に関して必要とされる注意を怠った行為態様である。非難の対象を……こうした行為態様に結びつけることは、過失結果犯の特殊性から正当化される。原因において自由な行為という……争いのある……法概念は……必要でない。」

本判決は、「過失の原因において自由な行為」という特別な問題領域の存在を判例上初めて否定した点で注目に値する。しかし、本判決の事案は、直接的に結果を惹起した行為時にすでに行為能力自体が欠けていた事案であり、本来の「原因において自由な行為」の事案ではないこと[55]に加えて、「過失の原因において自由な行為」の問題領域を否定する理由として「過失結果犯の特殊性」を指摘するにとどまっている。

【6】 BGHSt 42, 235

〔事案〕飲酒運転により何度か有罪判決を受けており、有効な運転免許を所持していなかった被告人は、犯行当日、デンマークからドイツを経由してオランダに入国後、多量に飲酒し、正常な運転が困難であったにもかかわらず、車を運転して明らかなジグザグ走行をしながらドイツ国境を越え、少なくとも時速七〇㎞の高速度で検問所を通過した際、右側車線を塞いでいた数個の車止めを乗り越え、減速せずにそのまま走行し、右側車線に停車していた自家用車に衝突した。その際、この自家用車の検問を行っていた国境警備隊の職員二名を轢き、その場で死亡させた。

〔判旨〕①「被告人は、国境に近づいたときにはすでに飲酒酩酊により刑法二〇条の意味における責任無能力であった（という疑いが排除できない）が、このことは過失致死罪を理由とする有罪を覆すものではない。但し、この場合……原因において自由な行為という法概念を持ち出す必要性は存在しない」。「刑法上の非難の対象は、刑法二二二条の場合、―他の過失結果犯の場合と同様―構成要件該当『結果』の発生に関して注意義務違反であり、この結果を因果的に惹起した、行為者のあらゆる行為態様である。（本件における、後に飲酒運転する危険性を認識できたにもかかわらず飲酒酩酊したことと後の運転それ自体のように）複数の行為が注意義務違反行為として問題となる場合、以上の理由からは、過失非難を時間的に早い行為態様、すなわち、―時間的に後の行為態様とは異なり―行為者に対して有責であると非難できる行為態様に結びつけることには何の疑問も存在しない」。

② 「道路交通危険罪および無免許運転罪が有責に犯されたものとして被告人を非難することは、原因において自由な行為の諸原則によってもできない。……いわゆる『構成要件的解決』は、「他の犯罪の場合には、原因において自由な行為という法概念に対する十分に根拠のある基礎を提示するかもしれない。しかし、刑法三二五c条、三一六条、道路交通法二一条のように、一定の行為態様、すなわち、その行為によって惹起されその行為と切り離すことのできる結果としては把握することのできない行為態様を禁止している構成要件では、本来の構成要件該当行為に……有責な所為を認めることはできない」。このことは、「上記規定に対する故意による違反だけでなく過失による違反に対しても妥当する」。「刑法三一五c条および道交法二一条による交通犯罪は、行為者が車を『運転する』ことを前提としている。しかし、車の運転は、運動の惹起と同じ意味ではない。車の運転は、運転を開始するという運動が開始されて初めて始まるのである。……原因において自由な行為という法概念を、……間接正犯の特別な場合として理解する……考え方によっても構成要件該当行為は結局、飲酒行為ということになる。しかし、行為者はすでに述べたようにいかなる車も運転していない。……『拡大モデル』は、原因において自由な行為の問題領域を越えて、……刑法二〇条の適用の不当な限定へと至ることになろう。……例外モデルは、刑法二〇条の明らかな文言と一致し得ない」。

本判決[56]は、「原因において自由な行為」の可罰性を難なく肯定できるとしてきた従来の判例の立場に基本的に修正を迫るものとして画期的な判決である[57]。まず、判旨①で、前記【5】判決と同様、過失結果犯に関する限り、「過失の原因において自由な行為」という特殊な問題領域（以下「特殊な問題領域」と称する）の存在を否定した。しかも、本判決は、前記【5】判決の理由づけ（「過失結果犯の特殊性」）を敷衍し、過失結果犯の場合には刑法上の非難の対象となる行為を（故意の結果犯の場合よりも）広くとらえることができることを指摘している点が注目される。こうした論拠の妥当性は、後に学説とあわせて検討する。

次いで、本判決は、判旨②において、道路交通危殆化罪（刑法三一五c条）、交通における酩酊罪（同三一六条）および無免許運転罪（道路交通法二一条一項）のような犯罪に関しては（特に前二者に関しては過失で犯された場合でも）、「原因において自由な行為」の「諸原則」に基づいて可罰性を肯定することは「許されない」として完全酩酊罪（刑法三二三a条）の成立だけを認めるとともに、「原因において自由な行為」の可罰性に関して、従来から提示されている各種モデルは、いずれも本件のような犯罪の可罰性を肯定することができないか、または現行法と一致しないとして批判を加えている。実務上、従来から「原因において自由な行為」の広範な適用領域とされてきた道路交通の分野において、このように一定の制限を加えた本判決の意義はきわめて大きいといえよう。しかし本判決は、従来の判例の伝統的潮流から大きくそれるものではない。[58] なぜなら、本判決は、判旨②から明らかなように、（本件の「車の運転」のように）一定の行為態様を結果とは切り離して記述し、それ自体として結果（たとえば、運転という結果を引き起こすこと）とは理解されない行為態様を構成要件要素としているような犯罪に関しては、「原因において自由な行為」の可罰性に関する従来のモデルではその可罰性を基礎づけることができないとしているだけであり、また他のモデルに対して批判を加えるものの、従来の判例が基礎としてきた「構成要件モデル」自体を放棄していないからである。本判決の射程範囲について、論者の中には「『原因において自由な行為』の終焉の始まり」[60]であるとして、その影響力を予測するものもあらわれた。しかし、BGHは、本判決直後に出された、第三刑事部決定[61]および最近の第二刑事部判決[62]において、少なくとも故意の結果犯に関する限り、「原因において自由な行為」という「原則」を今後も維持していく旨を強調しており、今後の動向が注目される。[63]

3　以上、概観したように、ドイツの判例では、最近になって、少なくとも過失結果犯に関する限りは、「過失結果犯の特殊性」、すなわち、過失結果犯の場合には、刑法上の非難の対象となる行為を（故意の結果犯の場合よりも）広くとらえることができることを根拠に「特殊な問題領域」を否定し、過失結果犯以外の過失犯、たとえば、過失挙動犯等の場合には「過失の原因において自由な行為」としての可罰性を基礎づけることができないとされるに至っている。そこで、こうした論拠の妥当性を学説の状況を踏まえてあらためて検討することにしよう。

(50) 判例の動向に関しては、vgl. Hettinger, a.a.O.(註2), S. 175ff.; ders., a.a.O.(註9), S. 199; Stühler, a.a.O.(註6), S. 122ff.

(51) RGSt 60, 30. 但し、本判決は、結果を直接惹起した時点で行為者に行為能力が欠けていた事案に関するものである。

(52) もっとも、本件の直接的な争点は、完全酩酊罪（旧三三〇a条）と過失傷害罪（二三〇条）との罪数問題であり、前記【2】判決が過失傷害罪だけを適用したのに対して、同罪の適用だけでは「酩酊状態において犯された『故意の』傷害の不法も行為者の責任をも正当に評価できない」として、完全酩酊罪の適用を認めている点が注目される。

(53) BGH, LM zu§51 Abs.1 StGB(a.F.) さらに「故意の原因において自由な行為」の場合、「行為者は、酩酊状態に陥る時点において、後に完全酩酊状態下で実行した特定の犯罪をこうした状態で犯す―少なくとも未必の―故意を有していなければならない……心理的抑制を除去した後で当初の計画を酩酊状態において実行する目的でまさに飲酒することは概念に本質的なことではない。行為者が、飲酒により生ずる責任無能力状態において当初計画した所為を犯すことになるかもしれないということを考慮に入れながらも、そうした結果となることを是認し、飲酒を決意したということで足りる」としている。

(54) たとえば、BGHSt 21, 381; 23, 356; 34, 29; BGH, VRS 23(1962)438. なお、過失酩酊運転罪（刑法三一六条二項）の成否が問題となった事案に関して、BayObLG bei Janiszewski NStZ 1988, 264. は、行為者が飲酒酩酊後に車を運転する意思決定を行う一般的可能性の存在だけでは過失犯としての非難を基礎づけるものではなく、個々の事案における具体的事情、たとえば飲食店まで自家用車を運転してきており、店の近くに駐車してあるとか、飲酒後別な場所に移動する予定があったなどの事情から、飲酒後に車を運転する意思決定を行う可能性が具体的に存在しなければならないとしているのが注目に値する。

(55) Vgl. Stühler, a.a.O.(註6), S. 124 Fn. 279.

（56） 本判決の詳細な検討として、中空『宮澤浩一先生古稀祝賀論文集第二巻』（二〇〇〇年）三九三頁以下参照。
（57） 従来の判例の立場から初めて離れた判例としてvgl. LG Münster NStZ-RR 1996, 266.
（58） Vgl. Stühler, a.a.O.（註6）, S. 125.
（59） なお、本判決には、刑法の場所的適用範囲、完全酩酊罪と客観的処罰条件、裁判所構成法一三二条二項などの論点もある（中空・前掲論文（註56）四〇一頁註（6）参照）。
（60） Vgl. Wolff, NJW 1997, S. 2032; Ambos, NJW 1997, S. 2296; Fahnenschmidt/Klumpe, DRiZ 1997, S. 77ff.; Horn, StV 1997, S. 264; Neumann, a.a.O.（註3）, S. 23.
（61） BGHR, §20, actio libera in causa 2（BGH, NStZ 1997, S. 230）
（62） BGHR, §20, actio libera in causa 3（BGH, NStZ 2000, S. 584）vgl. auch BGH NStZ 1999, 448.
（63） BGH第四刑事部裁判長Meyer-Grosberは、今後BGH大刑事部による統一した問題解決が示されると予想している（vgl. Dietmeier, ZStW 110(1998), S. 400ff., S. 400f.）。

四 「過失の原因において自由な行為」に関するドイツの学説の批判的検討

1 「過失の原因において自由な行為」に関する学説は、現在、通常の過失犯論での処理を前提として「特殊な問題領域」の存在を全面的に否定する見解、過失結果犯以外の過失犯（たとえば、過失挙動犯）において必要性を肯定する見解、全面的に必要性を肯定する見解に大別される。

2 「特殊な問題領域」の存在を全面的に否定する見解は、学説上はすでに一九世紀中葉に主張されていたが[64]、最近の判例に対しても決定的な影響を与えたのはHornの次のような見解であった。すなわち、過失犯において「複数の行為が注意義務に違反する行為として問題となる場合、そのうちのどの行為が行為者に不法として非難されるかという問題は合目的性の問題である。そして、行為者に対して（「責任」）非難『できる』行為が選択されることになる。こうした方法は、ときおり『過失の原因において自由な行為』と称される事案の場合でも異ならない。……この場合にも、注意義務に違反する複数の行為態様の中から行為者に対して非難可能な行為態様が選択されるのである——これは、我々が、過失犯の事案の場合にはつねにそしてあらゆる場合に多かれ少なかれ意識的に適用する全くノーマルな手続きである。原因において自由な行為という名前は、注意義務違反行為と結果の発生とが時間的に特に離れた事案を特徴づけるのに資するかもしれない。しかし、解釈学的機能はいずれにせよ過失犯の場合、全く存在しない[65]」。Puppeもこれをうけて「過失犯の場合には、予備と実行の着手との区別が存在しない。理論上、構成要件該当行為は、結果の原因鎖を任意に広くさかのぼることが可能である。……いわゆる過失の原因において自由な行為は、あらゆる点で完全な過失犯であり、その外部的経過において異なるに過ぎない[66]」としている。さらに、過失結果犯の場合、注意義務違反は「広く過去に存在する事実を対象とする回避可能性という観点」を用いて判断されることから、非難の契機は、直接結果を惹起した行為よりもはるか前の時点に「原理的に広く開かれている[67]」とするこうした立場からは、「過失の原因において自由な行為」と「引受過失」とのアナロジーも論拠の一つとして挙げられている[68]。

他方、こうした立場では、「純粋」過失結果犯以外の過失犯、たとえば、過失による交通における酩酊罪においても「特殊な問題領域」の存在を否定するという点で一致するものの、その根拠に関しては、前記【6】判決と同様、過失犯としての可罰性を肯定できないとする見解[69]と、過失結果犯に関する前述の論拠を応用して可罰性を肯定できるとする見解[72]とに分かれている。

これに対して、「純粋」過失結果犯以外の過失犯に関しては、通常の過失犯論でその可罰性を肯定することはできないとして、こうした犯罪に限定して「特殊な問題領域」の存在を肯定する見解も主張されている[70]。こうした見解は、前記【6】判決とは異なり、この限定された範囲で認められる「過失の原因において自由な行為」の可罰性を主として「例外モデル」に基づいて基礎づけることができるとしているのである。

最後に、「過失の原因において自由な行為」という問題領域を一般的な過失犯の問題に解消することはできないとして、「特殊な問題領域」の必要性を主張する見解も依然として有力である。たとえば、Hirschは、前記③類型に着目してこの点を次のように敷衍する。すなわち、「この場合……行為者自身により故意に惹起された結果が、その実現時点において責任能力が欠けていたことを理由に、それに先行する酩酊を通じて犯された過失行為によるものでありうるとすれば、その理由づけを要する。そのような場合にはまさに故意の原因において自由な行為の場合とパラレルな問題が生ずる」[71]ことになるとする。

Hruschkaも「特殊な問題領域」の存在を完全には否定していない。むしろ彼は、過失犯自体が「原因において自由な行為」の構造そのものであり、したがって、前記【6】判決が過失犯の成立を肯定したということは「原因において自由な行為」が実は積極的に基礎づけられたことを意味していると評価する[73]。すなわち、「特殊な問題領域」の存在を否定する見解が、広く過去に遡って非難の契機を見出すこと、さらに「引受過失」の可罰性の根拠を前述のような意味での「過失結果犯の本質」に求めているのとは異なり、Hruschkaは、その根拠が、過失結果犯自体がまさに「原因において自由な行為」の構造を持つことにあるとしているのである[74]。

3　以上のように、「特殊な問題領域」の必要性をめぐり学説は対立しているが、論点は、結局、「過失の原因において自由な行為」の可罰性を一般的な過失犯の諸原則により基礎づけることができるかという点である。

前述のように、「特殊な問題領域」の必要性を否定する判例・学説は、過失結果犯における結果の（客観的および主観的）帰属対象となる行為を故意結果犯の場合よりも広くとらえることができることを前提としている。しかし、その論拠は、必ずしも明らかではない。

まず、故意犯の場合とは異なり、現行法上、過失犯の場合に予備・未遂行為が処罰の対象とならないことは事実であるが、そうだからといって、たとえば故意で行われた場合には予備行為として原則として不処罰となる行為が、過失で行われた場合には可罰性が肯定されることには必ずしもならない[75]。

次いで、故意犯と過失犯との構成要件該当行為の構造という観点からも両者に差異を見出しがたい。学説の中には、両犯罪類型は構成要件該当行為の内容として「質的・量的に異なった危険性」を予定しているという前提から、両犯罪類型における構成要件該当行為の構造差を主張するものがあるが[76]、こうした前提自体が正しくない[77]。また、「客観的注意義務違反」という基準を用いて過失犯の構成要件該当性を故意犯の構成要件該当性判断と区別するとしても、そこからはこうした基準自体が結果の帰属対象を広く取り込む曖昧な概念であることが導かれる[78]としても、帰属対象の範囲の差異がただちには正当化されるわけではない。少なくとも客観的構成要件に関する限り、両犯罪類型の構造差を認めることはできない[79]。

さらに、前記【6】判決が指摘するのは、過失犯の結果帰属の対象行為は、構成要件該当結果の発生と因果関係のあるあらゆる注意義務違反(行為)であるということである。こうした指摘は、過失犯の場合には、故意犯とは異なり「統一的ないし拡張的正犯概念」[80]が妥当することを含意するものであろう。確かに、原因行為を正犯行為という観点から理解する場合には、「統一的ないし拡張的正犯概念」が妥当すると一般的に理解されてきた過失犯の場合には、「限縮的正犯」概念が妥当する故意犯よりも広い結果の帰属対象行為を想定できよう。しかし、客観的構成要件において故意犯と過失犯との間に少なくとも客観的構成要件に関して構造差が存在しないとすれば、行為者の主観内容の相違だけで両犯罪類型に異なった正犯概念が妥当すると解すべきではない[81]。過失犯の場合も「限縮的正犯」概念が妥当すると解すべきである[82]。

最後に、「引受過失」とのアナロジーという論拠は重要であるが、アナロジーを指摘するだけでは、過失犯が故意犯よりも広い結果の帰属対象をもつという前提を基礎づけることはできない。なぜなら、構成要件該当結果を直接的に惹起した行為ではなく、こうした行為に先行する活動を引き受けた時点において、後の当該結果の回避に必要な能力が欠けていることを行為者が予見できたことを条件として過失の存在を肯定する「引受過失」という概念自体が正当化を必要とするからである[83]。

4　以上のように、「過失結果犯における結果の帰属対象となる行為を故意結果犯の場合よりも広くとらえることができる」という不十分な論証に基づく前提から「特殊な問題領域」の存在を否定するのは妥当ではない。「過失の原因において自由な行為」の可罰性が「比較的問題なく肯定できる」と考えられているのは、むしろ、過失犯の結果（の責任への）帰属構造が「原因において自由な行為」の帰属構造と類似性を持つことに理由があると解すべきであろう。(84) すなわち、自己の意思により一定の結果発生に向けて外部的条件を整備し外部的事象の因果過程に介入することを通じて外部的事象を支配する故意犯とは異なり、その本質上、結果発生の実現意思を欠く過失犯においては、行為者が、不注意から自己の行為の具体的危険性を看過していたために当該結果を回避する動機を形成して一定の回避行動にでることができず、当該結果の発生を回避できなかった場合であるといえる。一般的には、結果の回避が不可能な状態にあった場合、「法は不可能なことを義務づけない（ultra posse nemo obligatur）」という原則により、当該結果を行為者に帰属することはできない。しかし、結果回避が不可能な状態を回避することが行為者に可能であった場合、この原則は制限され、例外的に当該結果を行為者に帰属することが可能となる。(85) つまり、結果回避が不可能な（自由でない）状態（結果回避無能力状態）を招いたことについて行為者に帰すべき理由が存在する（原因において自由であった）場合に、結果の帰属が可能となるのである。結果回避能力の欠如にかかわる「引受過失」の可罰性、(86) さらには「認識のない過失」の刑事責任もこうした観点から基礎づけることが可能である。

5　もっとも、過失犯の結果帰属構造をこのように解したからといって、当該結果の発生から因果経過を無限に遡り、行為者の何らかの不注意な行動を見出し帰属の根拠とすることが認められるわけではない。行為者が、当該法益侵害を回避する動機を形成して一定の回避行動にでることができるためには、少なくとも当該結果の回避が可能であった時点で当該結果発生の具体的予見可能性、換言すれば、自己の行動が当該結果を回避する能力を不当に制限し、結果回避無能力状態に陥ること（により発生する結果）の具体的予見可能性が存在しなければならない。したがって、当該結果の因果経過を遡って最も早い時点で行為者の不注意な行動にその責任への帰属根拠を見出すとしても、それは当該結果を回避する能力を不当に制限し、結果回避無能力状態に陥る行動を行う意思決定をし、当該活動を引き受けた時点を限界としなければならない[87]。なぜなら、それ以前の時点まで遡って行う予見可能性判断はきわめて抽象的な危惧感を内容とせざるをえないだけでなく、当該結果を回避する能力を不当に制限するものとはいえない不注意は、帰属の根拠となりえないからであり、また、こうした判断に基づいて結果の帰属を認めることは結果責任を問うことに他ならず、最大限に保障されるべき行動の自由を不当に制限することになるからである。したがって、この時点において、行為者が責任無能力状態にあった場合、結果の帰属はできないことになる。

たとえば、行為者が不注意で自己酩酊状態に陥った後に「故意」に飲酒運転を行った場合、あるいはその後に不注意で死傷事故を発生させた場合、行為者が飲酒酩酊後に初めて飲酒運転の意思決定を行い実行に移したのであれば、その時点が結果帰属の根拠となりうる限界時点であり、行為者がこの段階で責任無能力状態にあったのであれば、結果の帰属はできないことになる。飲酒開始以前に飲酒運転の意思を有していた場合も同様である。確かに、飲酒酩酊運転は、結果を回避する能力を不当に制限する行為であるが、運転を開始しない限り、飲酒酩酊行為は、それ自体として当該結果を回避する能力を不当に制限する行為ではないからである。問題となるのは、前記【6】判決の行為者のように、飲酒運転の常習性、または飲酒ないし薬物酩酊後に他人の法益を侵害ないし危殆化する一定の性癖を有する行為者の場合である。具体的事案において「飲酒（薬物摂取）―完全酩酊―法益侵害」という一連のプロセスに相当程度の強い関係が認められる性癖を有する例外的な行為者の場合には、飲酒（薬物摂取）行為自体がすでに結果を回避する能力を不当に制限する行為であり[88]、したがって、行為者に自己の行動が当該結果を回避する能力を不当に制限し、結果回避無能力状態に陥ることの具体的予見可能性が認められる限り、責任無能力状態で実現した結果帰属の根拠を、こうした行為を意思決定し実行に移したことに求めることが許されるであろう。

(64) 学説史に関してはvgl. Hettinger, a.a.O.(註2), S. 260ff., 391ff., 429ff.

(65) Horn, a.a.O.(註22), S. 269f. しかしHornは、後述するように、最近、改説している。

(66) Puppe, a.a.O.(註21), S. 350. vgl. auch Roxin, a.a.O.(註21), S. 312; Neumann, a.a.O.(註3), S. 24; Otto, a.a.O.(註25), S. 433; ders., BGH-FG, Bd.IV, 2000, S. 126f.; Sternberg-Lieben, a.a.O.(註11), S. 234.

(67) Paeffgen, ZStW 97(1985), S. 525; ders., a.a.O.(註22), §323a Rdn.49.

(68) vgl. Paeffgen, a.a.O.(註67), S. 525; Roxin, a.a.O.(註49), §24 Rdn. 111; Mitsch, JuS 2001, S. 112. こうしたアナロジーを指摘しながらも特殊な問題領域の存在を肯定する見解として、vgl. Maurach, a.a.O.(註22), S. 380; Baumann/Weber/Mitsch, a.a.O.(註3), §22 Rdn. 61.; Maurach/Gössel/Zipf, Strafrecht, Allgemeiner Teil, Teilband 2, 7.Aufl., 1989, §43 Rdn. 62; Schroeder, in: LK, 11Aufl., 1994, §16 Rdn.141.

(69) Paeffgen, a.a.O.(註67), S. 525; ders., a.a.O.(註22), §323a Rdn.52; Roxin, a.a.O.(註21), S. 312 Fn.17; ders., a.a.O.(註49), §20 Rdn. 58; Salger/Mutzbauer, NStZ 1993, S. 563; Neumann, (註3), S. 24; Streng, a.a.O.(註35), S. 25.

(70) Vgl. Jescheck/Weigend, a.a.O.(註10), S. 448; Schroeder, a.a.O.(註68), §16 Rdn.141; Eser/Burkhardt, a.a.O.(註25), 17-A34.

(71) Hirsch, NStZ 1997, S. 230 (但し、Hirsch, a.a.O.(註5), S. 101は、一般の過失犯論で可罰性を基礎づけることができるとしている)。vgl. auch Puppe, a.a.O.(註21), S. 350.

(72) Otto, NStZ 1997, S. 434.

(73) Vgl. Hruschka, JZ 1997, S. 27. なお、Spendel, JR 1997, S. 135 もこうした評価をして、「特殊な問題領域」の必要性を主張するが、故意犯と過失犯との客観的構成要件の同一性を前提として、両者を区別して扱うことの不当性以上の理由づけはみられない。

(74) 但し、Hruschkaによれば、過失結果犯と「原因において自由な行為」の場合の相違点は、前者の場合には法律上の構成要件にとって重要な諸事情を認識する能力が問題となり、後者の場合にはこうした諸事情の法的重要性を認識する能力が問題となるという点にある。vgl. Hruschka, JZ 1997, S. 24ff.; ders., JZ 1989, S. 314f.

(75) 中空・前掲論文（註11）二〇二頁、大塚・刑法雑誌三三巻二号（一九九三年）七三頁参照。なお、こうした観点から、過失犯の帰属対象となりうる行為は、同一の行為が故意で行われたと仮定した場合に未遂の段階に達している行為であることが必要であるとする見解として、vgl. Horn, a.a.O.(註60), S. 266; ders., in: SK,§316 Rdn. 12, §323a Rdn. 29(1999); Stühler, a.a.O.(註6), S. 116; Duttge, a.a.O.(註14), S. 35; Kühl, a.a.O.(註5), §17 Rdn.95a.

(76) Herzberg, JuS 1986, S. 249ff.; Puppe, ZStW 103(1991), S. 17f.; dies., Vorsatz und Zurechnung, 1992, S. 37, 39; dies., in: NK§15 Rdn.89f. なお、平野『犯罪論の諸問題(上)』（一九八一年）一七一八頁、前田『刑法総論講義〔第3版〕』（一九九八年）一二七頁参照。

(77) Vgl. Renzikowski, Restriktiver Täterbegriff und fahrlässige Beteiligung, 1997, 217f. さらに、内藤『刑法講義総論(下)I』（一九九一年）一一二九頁以下参照。

(78) 「注意義務違反」概念の有用性をめぐる議論の批判的考察として、vgl. Duttge, a.a.O.(註14), S. 91ff., 353ff. さらに、山口・前掲書（註38）一五六頁以下参照。

(79) Vgl. Wolter, Pötz-FS, 1993, S. 311f.; Jakobs, a.a.O.(註42), S. 120f.; Schmidhäuser, a.a.O.(註4), S. 52; Spendel, a.a.O.(註73), S. 135.

(80) 町野・前掲論文（註24）三五六頁以下参照。

(81) Lesch, GA 1994, S. 116.

(82) Renzikowski, a.a.O.(註77), S. 261ff. なお、過失犯における正犯概念については、松宮『過失犯論の現代的課題』（二〇〇四年）二六五頁以下参照。

(83) 批判的考察として、vgl. Neumann, Zurecnung und Vorverschulden“, 1985, S. 186ff.

(84) Vgl. Kaufmann, Schuldprinzip, 2.Aufl., 1976, S. 156, 162; Kindhäuser, JR 1985, S. 480ff.; ders., Gefährdung als Straftat, 1989, S. 91ff.; ders., GA 1994, S. 197ff.; Vogel, Norm und Pflicht bei den unechten Unterlassungsdelikten, 1993, S. 74ff.; Hruschka, JZ 1997, S. 24ff. なお、ここで「原因において自由な行為」の「帰属構造」とい

う場合、それは、actio libera in causaの概念史に忠実な「例外モデル」を基礎とした帰属構造を意味する。「構成要件モデル」が原因行為に着目するのは、帰属の「対象」を確定するためであるのに対して、「例外モデル」は帰属の「根拠」を確定するためであるという点で基本的に異なる。

(85)　Kindhäuser, GA 1994., S. 204; Vogel, a.a.O.(註84), S. 77ff.

(86)　「引受過失」という法概念についての研究が不十分であることを指摘する見解として、vgl. Roxin, a.a.O.(註49), §24Rdn. 111.

(87)　Hettinger, a.a.O.(註2), S. 456; ders., a.a.O.(註11), S. 16; ders., a.a.O.(註9), S. 260; Paeffgen, a.a.O.(註22), Vor §323a Rdn.50. なお、過失結果犯の帰責範囲について、当該結果の発生から時間的に遡及する場合の限界設定に関しては、故意犯処罰が原則であり、過失は故意と比較した場合、弱い帰責形式であることを根拠として、故意で行われた場合に故意犯として処罰されない行為は、それが過失で行われた場合「なおさら」処罰されないということが帰結されるという原則〔Erst-schluß-Lösung〕を提示する見解（Fellenberg, Zeitliche Grenzen der Fahrlässigkeitshaftung, 2000, S.17ff., 49ff., 97ff.）が注目に値する。

(88)　こうした行為は、客観的にも故意犯の客観的構成要件該当行為と同一視できよう。

五　おわりに

以上検討したように、「過失の原因において自由な行為」の可罰性は、過失犯の結果帰属構造と「原因において自由な行為」の帰属構造との類似性という観点から、一般的な過失犯の諸原則により基礎づけることが可能である。その限りでは、「過失の原因において自由な行為」という特殊な問題領域は不要である。しかし、過失犯の場合、結果帰属の「根拠」を因果経過を遡って原因行為に求めるとしても、それは無制限の遡及が認められるわけではなく、行為者が当該結果を回避する能力を不当に制限し、結果回避無能力状態に陥る行動を行う意思決定をし、当該活動を引き受けた時点を限界としなければならない。また、こうした時点において責任能力が存在しない場合には、責任主義の見地から結果の帰属は認められるべきではない。こうした前提から出発する以上、特に、たとえば前述の純粋な過失結果犯以外の過失犯では結果の帰属が困難となる。その限りでは、こうした場合に限定して「特殊な問題領域」を認めようとする前述の見解も理由がないわけではない。しかし、責任主義を実質的に機能させるためには、処罰の限界をわきまえるべきであろう。

＊　拙稿を謹んで小暮得雄先生の古稀のお祝いに捧げる。

＊　本稿は、在外研究中（二〇〇二年）に執筆されたものであり、日本語文献を十分に参照できなかったが、校正時に最少限の補充を行った。また、紙幅の関係で引用文献の論文タイトル、副題等は省略した。

併合罪加重における内在的制約

――「新潟女性監禁事件」控訴審判決の問題提起

丸山雅夫

一　「刑の権衡」論による問題提起

一　我が国の刑法は、一般に、多くの犯罪類型において極めて広い幅をもつ法定刑（※）を規定している。これは、同一構成要件を充足する犯罪の処断が問題になる場合であっても、個々の事案における具体的な事情がさまざまに異なりうるものであることを前提として、より実態に即した妥当な量刑を具体的に実現しようとする目的によるものだと言ってよい。また、それは、裁判官の量刑判断に対する絶対的な信頼を前提とするものでもある。しかし、他方で、いくつかの結果的加重犯類型においては、極めて重い法定刑が規定されているだけでなく、選択可能な法定刑としての幅も極めて狭くなっている。たとえば、殺人罪（一九九条）の法定刑が「死刑又は無期若しくは三年以上の懲役」という幅広いものであるのに対して、汽車転覆等致死罪（一二六条三項）や強盗致死罪（二四〇条後段）、強盗強姦致死罪（二四一条後段）の法定刑は、いずれも「死刑又は無期懲役」という択一的な規定になっている。

二　このような状況のもとで、たとえば強盗犯人が殺意をもって被害者を殺害した事案に対して、強盗罪（二三六条）と殺人罪との観念的競合（場合によっては併合罪）として処理する見解は、罪数論としては最も素直なものであるにもかかわらず、多数説を構成するまでには至っていない。その理由は、このような処理によると、一九九条よりも圧倒的に重い法定刑を規定する二四〇条後段の適用が認められなくなってしまうために、殺害の故意がある場合（強盗殺人）の処断刑の方が故意のない場合（強盗致死）の処断刑よりも軽くなりうるという不都合（処罰の不均衡）が生じるからである。このため、強盗殺人の事案に対しても二四〇条後段を適用するような処理方法が模索され、大正一一年の大審院刑事聯合部判決（大連判大正一一年一二月二二日刑集一巻八一五頁）を契機とする結合犯説（二四〇条後段は強盗罪と殺人罪ないしは傷害致死罪との結合犯であるとする）、故意ある結果的加重犯説（二四〇条後段は重い結果［＝死］の故意的実現の場合を含む結果的加重犯規定であるとする）、強盗罪と二四〇条後段との観念的競合を認める立場などが有力に主張されてきた。しかし、主として強盗殺人の事案を念頭に置いたこのような処理方法は、他の結果的加重犯類型には一貫できないことや、死の事実を二重に評価することの是非といった難点を持つものでもあった(1)。

三

この問題に関して、小暮博士は、初期の論稿において、極めて示唆に富む見解を展開された。小暮博士は、「罪刑の均衡はひいて刑の権衡につながる(2)」という問題意識のもとに、かなりの程度に簡素化されている個々の構成要件との関係で、「理論上ないしは実体論理のうえから見て、犯罪の軽重にかかわるべき定型的差異の存するかぎり、そこには、犯罪定型中におけるいわばミクロ・コスモスとしての罪刑の権衡＝刑の均衡の問題が成りたつ」とされ、「通常の犯罪定型の内部に合理的な範囲で小定型の観念を導入し、その各々について法定刑の質または幅員を考えるときは、構成要件の一態様にただちに法定刑の全範囲を抽象的に対応させることは、その限度で意味を失な［う］」と主張された(3)。こうした考え方を強盗殺人の事案において具体的に展開すれば、「殺人罪の構成要件は簡素であり、対するに法定刑の幅はひろいが、そこに強盗殺人という細分化された定型を考え、他方、強盗致死罪の刑に見あう刑罰の定型的な枠を考えるのである。……死刑または無期懲役という強盗致死罪の法定刑がそれじたい適正であり、かつ強盗殺人が強盗致死にくらべて軽くてはならないという前提が正しいとすれば、強盗殺人について、無期懲役を下限とする刑罰の枠を設けることは、すぐれて合理的な結論と目すべきであろう。

それは妥当な量刑の指標に沿いつつ、関連法条の趣旨ないし実体論理の要請にかなうもの」だということになり(4)、強盗殺人の事案を殺人罪と強盗罪との観念的競合として処断することに何らの不都合も生じないということになる。博士の見解は、罪刑法定主義の原則をはじめとする犯罪論全体の視点から、犯罪の処断の場面において一定の内在的制約が存在することを認めるというものである。

博士自身は、「小定型」という形での内在的制約を強調されたために、「刑の加重事由としての累犯および併合罪については、すでに構成要件的定型の枠をこえる問題であることから、あえて小定型の概念をおよぼす理由がない(5)」とされるにとどまった。しかし、犯罪論体系という視点から内在的制約を考えるならば、犯罪の処断場面における「小定型」概念の展開はそのひとつの典型的なものにすぎず、別の場面における別の形の内在的制約を考えることも充分に可能であろう。むしろ、「小定型」概念を用いた小暮博士の見解は、実質的に、犯罪論全体における問題提起として捉えるべき内容のものである。

四　社会に大きな衝撃を与えた「新潟女性監禁事件(6)」裁判において、刑法四七条にもとづく併合罪加重との関連で、まさに、量刑場面における内在的制約の存否が大きな問題となった。控訴審判決（東京高判平成一四年一二月一〇日判例時報一八一二号一五二頁）が量刑場面における内在的制約の存在を前提として併合罪加重の限界を明示したのに対して、第一審判決（新潟地判平成一四年一月二二日判例時報一七八〇号一五〇頁）の結論を追認する最高裁判決（最一小判平成一五年七月一〇日刑集五七巻七号九〇三頁）は、そのような処理を明確に否定したのである。本件に関してはすでに多くの論稿が公刊されており、（元）検察官や（元）裁判官といった実務家を中心として最高裁判決を支持する立場がある一方で、控訴審判決を支持する立場も研究者を中心に有力に主張されている。しかし、両者の議論は必ずしも同一の土俵上にあるとは言いがたいもののようである。特に、前者の立場（そして最高裁判決）は、量刑実務上は説得的なものではあるが、控訴審判決の提起した問題に正面から答えているようには思われない。

そこで、以下において、それぞれの立場の主張・論拠を検討するとともに、控訴審判決の提起した問題を考えてみることにしたい。

(1) 強盗殺人の事案の処理をめぐる議論の詳細については、丸山雅夫『結果的加重犯論』(成文堂、一九九〇年)二五八頁以下参照。
(2) 小暮得雄「刑の権衡論について」北大法学論集一四巻一号(一九六三年)三九頁。
(3) 小暮・前出注(2)五六頁以下。
(4) 小暮得雄「《小定型》序考」植松博士還暦祝賀『刑法と科学 法律編』(有斐閣、一九七一年)一〇二頁。
(5) 小暮・前出注(4)一〇九頁。
(6) 本件を扱った一般的な著作としては、たとえば、碓井真史『少女はなぜ逃げなかったか』(小学館、二〇〇〇年)、毎日新聞新潟支局編『新潟少女監禁事件 空白の九年二カ月』(新人物往来社、二〇〇〇年)、松田美智子『カプセル 新潟少女監禁事件 密室の三三六四日』(主婦と生活社、二〇〇二年)、佐木隆三『少女監禁 「支配と服従」の密室で、いったい何が起きたのか』(青春出版社、二〇〇三年)。

二 事件の概要と裁判所の判断

一 第一審判決の認定した本件事案の概要は、次のようなものであった。

女子小学生に対する強制わいせつ事件で執行猶予中であった被告人は、平成二年一一月一三日午後五時頃、新潟県三条市の農道上において、一人で歩いて下校途中であった小学四年生の女子児童(当時九歳)の姿を認め、同女を無理矢理さらって連行しようと決意し、ナイフで脅迫するなどして同女を抱きかかえて被告人運転の普通乗用自動車のトランク内に押し込めて発進させ、同日午後八時頃、同県柏崎市内の自宅の二階自室に連れ込んだ(略取)。その後、平成一二年一月頃までの約九年二ヶ月にわたって、同所において、同女に対して継続的に脅迫や暴行を加えつつ監禁を続け、[7] その結果、同女に治療期間不明の両下肢筋力低下、骨量減少等の傷害を負わせた（逮捕監禁致傷）。以上が、第一犯行である。また、第二犯行は、平成一〇年一〇月上旬頃、同県北蒲原郡所在の店舗において、監禁中の同女に着用させるために、女性用下着キャミソール四枚（時価合計二四六四円程度で、犯行後に被害弁償がなされている）を万引きした（窃盗）というものであった。

右の事実にもとづいて、検察官は、未成年略取罪（二二四条前段）、逮捕監禁致傷罪（二二一条）[8]、窃盗罪（二三五条）で被告人を起訴した。なお、第一審が認定した事実関係については、上訴審において特に争われることはなかった。

二　第一審の新潟地裁は、①被告人が被害者の身体を抱きかかえてトランク内に入れたことはない、②未成年者略取誘拐罪については公訴時効が完成している、③被告人は本件犯行当時に心神耗弱状態にあった、とする弁護人の主張をいずれも排斥したうえで、次のような量刑判断をした。[9] すなわち、「未成年者略取及び逮捕監禁致傷罪の犯情がまれにみる程極めて悪質なのに対して、窃盗の犯行は、その犯行態様が同種の事案と比べても、非常に悪質とまではいえず、またその被害額が比較的少額であり、しかもその犯行後被害弁償がなされ、その被害者の財産的な被害は回復されて実害がない等の事情があり、このような場合の量刑をどのように判断すべきかが問題になる」としたうえで、「刑法が併合罪を構成する数罪のうち、有期の懲役刑に処すべき罪が二個以上含まれる場合の量刑については、加重単一刑主義を採り、その情状が特に重いときは、その各罪の刑の長期の合計を超えることはできないとしつつ、その長期にその半数を加えた刑期の範囲内で最終的には一個の刑を科すとした趣旨を勘案すると、併合罪関係にある各罪ごとの犯情から導かれるその刑量を単に合算させて処断刑を決するのではなく、その各罪を総合した全体的な犯情を考慮してその量刑処断すべき刑を決定すべきものと解され」、「とりわけ、未成年者略取及び逮捕監禁致傷の犯行は、被告人が自らの欲望を満足させることだけを考えて敢行した極めて身勝手な動機に基づくものであり、その略取から逮捕監禁に至る犯行は、被害者に対する監禁が約九年二か月間という異常な長期間にわたって継続され、その間、同女の逃走を防止するべく、執拗な脅迫と暴行を加え、同女に対して、幾多の不合理、不条理な命令を加え、義務を課し、それに同女が違反すると、執拗・苛烈な暴行を繰り返し加えるなど様々な虐待行為を行い、同女に極限状態に近い生活を強いるなどその人格を完全に無視し、あたかも自己の愛玩物であるかのように扱うなどして、その結果、同女は、非常に重い傷害を被った上、同女から人生の重要な時期を奪い取っており、この点はもはや取り返しがつかないこと、その犯行後、同女に対し、みるべき慰謝措置が講じられていないことなどその動機、態様は極めて悪質であり、その発生した被害結果等は余りにも重大であり、刑法がその構成要件として想定する犯行の中でも最悪の所為ともいえること、また、本件窃盗の犯行は、監禁行為の継続中に成長した同女に着用させるための衣類を盗んだという点で監禁の犯行を継続し、その犯行に資するがために敢行されたもので、その動機及び態様等は相当に悪質であって、未成年者略取及び逮捕監禁致傷の犯情を一層悪化させているといわざるを得ず、このように本件の処断刑になる逮捕監禁致傷罪の犯情には特段に重いものがあるといわざるを得ず、その犯情に照らして罪刑の均衡を考慮すると、被告人に対しては、逮捕監禁致傷罪の法定刑の範囲内では到底その適正妥当な量刑を行うことができないものと思料し、同罪の刑に法定の併合罪加重をした刑期の範囲内で」懲役一四年（未決勾留日数中三五〇日を算入）を言い渡したのである。これに対して、被告人側が控訴した。

三　控訴審の東京高裁は、控訴趣意のうち、「本件窃盗罪の刑は最大限に重い評価をしてもせいぜい懲役一年であり、これと逮捕監禁致傷罪の法定刑の上限である懲役一〇年とを合算しても懲役一一年にしかならないのに、原判決がこれを大幅に上回る懲役一四年に処したのは、本件逮捕監禁致傷罪について、法定刑の上限を超える量刑をしたことによるのであって……判決に影響を及ぼすことの明らかな法令適用の誤りがある」との主張を容れて、「併合罪関係にある二個以上の罪につき有期懲役に処するに当たっては、併合罪中の最も重い罪の法定刑が刑法四七条により一・五倍に加重され、その罪について法定刑を超える刑を科する趣旨の量定をすることができる、と解している……原判決の刑法四七条に関する解釈は、誤りである」として破棄自判し、改めて被告人に懲役一一年を言い渡した。法令適用の誤りを認めた理由については、「併合罪に関する諸規定の内容及びそれらの立法の沿革に照らせば、刑法四七条が二個以上の罪につき有期の懲役又は禁錮に処する場合に加重主義をとった趣旨は、吸収主義を廃して併科主義により有期刑を併科するとした場合に、処断刑の上限が余りに長期になって犯人に過酷な結果となるので、これを避けることにあったと解される。すなわち、刑法四七条本文が、併合罪を構成する罪のうち『最も重い罪について定めた刑の長期にその二分の一を加えたもの』を併合罪全体に対する刑の長期としたのは、最も重い罪の刑の長期が併合罪全体に対する刑の上限になるという吸収主義の不合理を克服しつつ、刑の上限を併科主義による場合よりも短く限定するためであって、それ以上の意味はなく、最も重い罪について法定刑そのものを文字通り加重するものではない。……犯人にとって最も厳しい併科主義の場合でも、個々の罪に対する刑が積み重ねられるだけであって、法定刑そのものが加重されることはないのに、それを緩和しようとする趣旨の加重主義（併科主義に比べれば減軽主義）において、法定刑そのものが加重されるいわれはない」から、「併合罪全体に対する刑を量定するに当たっては、併合罪中の最も重い罪につき定めた法定刑（再犯加重や法律上の減軽がなされた場合はその加重や減軽のなされた刑）の長期を一・五倍の限度で超えることはできるが、同法五七条による再犯加重の場合とは異なり、併合罪を構成する個別の罪について、その法定刑（前同）を超える趣旨のものとすることは許されないというべきである」としたのである。これに対して、検察官が、刑法四七条の解釈適用の誤りを主張して、上告受理の申立を行った。

四　刑法四七条の解釈について、最高裁は、「併合罪のうち二個以上の罪について有期の懲役又は禁錮に処するときは、同条が定めるところに従って併合罪を構成する各罪全体に対する統一刑を処断刑として形成し、修正された法定刑ともいうべきこの処断刑の範囲内で、併合罪を構成する各罪全体に対する具体的な刑を決することとした規定であり、処断刑の範囲内で具体的な刑を決するに当たり、併合罪の構成単位である各罪についてあらかじめ個別的な量刑判断を行った上これを合算するようなことは、法律上予定されていないものと解するのが相当である。また、同条がいわゆる併科主義による過酷な結果の回避という趣旨を内包した規定であることは明らかであるが、そうした観点から問題となるのは、法によって形成される制度としての刑の枠、特にその上限であると考えられる。同条が、更に不文の法規範として、併合罪を構成する各罪についてあらかじめ個別的に刑を量定することを前提に、その個別的な刑の量定に関して一定の制約を課していると解するのは、相当でな」く、「本件に即してみれば、刑法四五条前段の併合罪の関係にある第一審判決の判示第一の罪（未成年者略取罪と逮捕監禁致傷罪が観念的競合の関係にあって後者の刑で処断されるもの）と同第二の罪（窃盗罪）について、同法四七条に従って併合罪加重を行った場合には、同第一、第二の両罪全体に対する処断刑の範囲は、懲役三月以上一五年以下となるのであって、量刑の当否という問題を別にすれば、上記の処断刑の範囲内で刑を決するについて、法律上特段の制約は存しないものというべきである」と判示した。そして、破棄自判のうえ、「第一審判決は、被告人に対し懲役一四年を宣告した量刑判断を含め、首肯するに足りると認められ、これを維持するのが相当」だとしたのである。

（7） 監禁期間が約九年二ヶ月もの長期にわたったこととの関係で、特に捜査の問題点を指摘するものとして、土本武司「新潟少女監禁事件」捜査研究五八三号（二〇〇〇年）二四頁以下参照。

（8） 致傷について、警察は心的外傷後ストレス障害（ＰＴＳＤ）をも含めて立件したが、検察官の起訴事実からは除外された。障害の事実や犯罪行為との因果関係の立証の困難さといった問題はあるにしても、「身体の生理機能の障害または健康状態の不良な変更」を傷害と解する生理機能障害説（大判明治四五年六月二〇日刑録一八輯八九六頁）からすれば、ＰＴＳＤは当然に傷害概念に含まれるものと言えよう。本件以後の実務においては、ＰＴＳＤを傷害として処理する扱いが確立しているようである。なお、林美月子「ＰＴＳＤと傷害」神奈川法学三六巻三号（二〇〇四年）二一九頁以下参照。

（9） 罪数については、第一審判決の判断は明確でない点もあるが、次のように考えるべきであろう。被害者を自車のトランク内に押し込めて自宅まで運転した一連の行為は、厳密に見れば逮捕罪（二二〇条前段）と監禁罪（二二〇条後段）を成立させるが、同一法益（身体の移動の自由）の侵害に向けた連続的行為であることに着目し、包括的に観察して一罪（狭義の包括一罪）として評価される（最大判昭和二八年六月一七日刑集七巻六号一二八九頁参照）。また、それは、未成年者略取罪としての行為と全面的に重なり合うことから（最大判昭和四九年五月二九日刑集二八巻四号一一四頁参照）、観念的競合として処理される（五四条前段）。さらに、自宅二階で監禁を継続した結果として傷害を与えた部分に監禁致傷罪が成立し、観念的競合として処理される部分と包括的に観察して、第一犯行全体が監禁致傷罪として処断されることになり、公訴時効も監禁致傷罪を基準として判断されることになる（最一小判昭和四一年四月二一日刑集二〇巻四号二七五頁参照）。第二犯行の窃盗罪は、第一犯行全体と一定程度の関連性をもってはいるものの、同時審判の可能性のある別罪であり、併合罪（四五条）として処断される。

三　併合罪加重の趣旨と方法

(1)　第一審判決の読み方

一　検討の前提として明らかにしておかなければならないのは、第一審判決がどのような方法によって懲役一四年という宣告刑を導いたかということである。この点について、控訴審判決は、「逮捕監禁致傷罪について、法定刑の上限を超える量刑をした」ものとして第一審判決を捉え、法令の解釈適用に明らかな誤りがあるとした。控訴審は、本件「被告人に対しては、逮捕監禁致傷罪の法定刑の範囲内では到底その適正妥当な量刑を行うことができないものと思料し」という部分に着目して、監禁致傷罪の法定刑そのものを加重することによって懲役一四年が導かれたと理解したのであろう。学説のなかにも、そのような理解を前提として、第一審判決を批判するものが見られる[10]。第一審判決がこのような趣旨を判示したものだとすれば、成文法において明示的に予告されていた刑罰（法定刑）を超える量刑をした点で罪刑法定主義の原則に反しているばかりでなく、裁判による法定刑の修正（という事実上の立法）を認めることになる点で三権分立の原則にも反すると言わなければならない。[11]

二　しかし、監禁致傷罪の法定刑そのものを超えた量刑をしたものとして第一審判決を捉えるのは、妥当でないと思われる。第一審判決は、「併合罪関係にある各罪ごとの犯情から導かれるその刑量を単に合算させて処断刑を決するのではなく、その各罪を総合した全体的な犯情を考慮してその量刑処断すべき刑を決定すべきもの」としているところから明らかなように、事件全体との関係で総合的な量刑判断が妥当だとするものだからである。最高裁判決が、「第一審判決の……説示は、措辞がやや不適切であるといわざるを得ないが、その趣旨は、本件の犯情にかんがみ、逮捕監禁致傷罪と窃盗罪という二つの罪を併せたものに対する宣告刑は、逮捕監禁致傷罪の法定刑の上限である懲役一〇年でもなお不十分であるので、併合罪加重によって一〇年を超えた刑を使わざるを得ない旨を述べたものと解され」、「第一審判決が……併合罪中の最も重い罪について法定刑を超える刑を科する趣旨の量定をすることができると解していることが明らかであるなどと評するのは、相当でない」として、第一審判決に対する控訴審判決の捉え方を批判するのには、理由がある。[12]

(2)　併合罪規定の立法趣旨

一　いわゆる併合罪の関係に立つ数罪を処断する方法には、吸収主義（数罪に対する処断刑の範囲を最も重い罪の法定刑の限度とする）、加重主義（各罪のうち最も重い罪の刑に一定程度の加重をしたものを併合罪の刑とする）、併科主義（各罪ごとに刑を量定したうえでそれらを併せて科刑する）があるとされ[13]、現行刑法は、最も重い罪の刑として死刑または無期懲役・禁錮刑が法定されている場合には吸収主義を（四六条）、有期の懲役・禁錮刑の場合には加重主義を（四七条）、罰金と他の刑との間では併科主義を（四八条）、それぞれ採用している。四七条における加重主義は、数罪俱発に関する旧刑法一〇〇条一項が「重罪軽罪ヲ犯シ未タ判決ヲ経ス二罪以上俱ニ発シタル時ハ一ノ重キニ従テ処断ス」として吸収主義（犯罪の吸収）を採用していたのを変更して、「併科主義と吸収主義とのもつそれぞれの欠点を是正することをねらいとした折衷的な方法」を採用したものだと言われている。[14] しかし、問題は、まさに、この折衷的（中間的）方法としての加重主義の内容に関わっているのである。

二　明治四〇年の刑法改正政府提出案理由書によれば、数罪の処断に際して吸収主義を採る場合には「一度罪ヲ犯シタル者ハ其裁判確定ニ至ルマテ幾度之ト同等若クハ之ヨリ軽キ罪ヲ犯スト雖モ後ノ犯罪ニ対スル刑ハ常ニ第一ノ犯罪ニ対スル刑ニ吸収セラレ後ノ犯罪ハ全ク処罰ヲ受クルコトナキ結果ヲ生ス加之一罪ヲ犯シタル者ト数罪ヲ犯シタル者トハ常ニ同一ノ刑ヲ以テ処断セラルルニ至リ頗ル不当ノ結果ヲ来タスヲ以テ改正案ハ此主義ヲ排斥シ所謂併科主義ヲ採リ一罪毎ニ各其刑ヲ科スルコトヲ原則ト為シタ」一方で、「有期ノ自由刑ニ付キ各罪毎ニ一ノ刑ヲ科ストスレハ遂ニハ其刑期数十年ノ長キニ至ル虞アルヲ」考慮して、「此ノ場合ニモ例外トシテ制限併科ノ主義ヲ採リタリ」と説明していた（旧漢字を新漢字に改めた）。[15] 四七条の立法趣旨がこのようなものだとすれば、併合罪加重は単純数罪の場合と同様に処断すること（併科主義）の過酷さを回避するためのものであり、[16] 刑の執行段階における調整（五一条）にもその趣旨が明確に示されている。[17] したがって、その実体は、「加重主義」と呼ぶよりも「減軽主義」と呼ぶ方が適切だということになる。[18]

三　右のような理解からすれば、四七条にもとづく併合罪加重は、各罪について併科される場合の量刑を超えることは許されないから、各罪に対する量刑判断を（少なくとも仮定的に）行ったうえで、その合計の範囲内で具体的な宣告刑が決定されるべきことになる。そうであれば、各罪に対する（少なくとも仮定的な）量刑判断においては、罪刑法定主義の原則から当然に、各罪に予定されている法定刑を超えられないという制約が生じてくる。控訴審判決および控訴審判決（少なくともその個別的判断アプローチ）を支持する学説は、[19] まさにこのように考えているのである。ところが、このような処理は、統一刑主義を前提とする単一刑加重主義（加重統一刑主義とも言われる）を採用したものとされる四七条の理解、そしてそれにもとづく従来の量刑実務と必ずしも整合的ではないように見える。そのために、最高裁は、「同［四七］条がいわゆる併科主義による過酷な結果の回避という趣旨を内包した規定であることは明らかである」としながらも、「そうした観点から問題になるのは、法によって形成される制度としての刑の枠、特にその上限である」として総合的判断アプローチを採ったのである。

(3) 併合罪加重の方法

一 我が国の刑法四七条は、併合罪加重の方法として、統一刑を前提とした単一刑加重主義を採用したものと考えられている。たとえば、同じく「加重主義」を採るとされるドイツの方法と対比して、「ドイツ刑法では、数個の罪に対するそれぞれの相当刑を定め、その相当刑の中最も重きものを加重して一の『併合刑』とするのである。之に反して我が刑法は、併合罪につき各罪の相当刑といふものを認めない。単に『其ノ最モ重キ罪ニ付キ定メタル刑』即ち最重の法定刑をとって之に加重を施し、其の刑期範囲内に於て統一的な刑の量定を為すのである。即ちドイツ刑法は併合刑主義であり、我が刑法は統一刑主義である」とされ[20]、「[加重主義]にも二種類のものがある。その一は宣告刑の加重ともいうべきもので、ドイツ刑法七四条の採用するところである。同条によると、裁判所は数罪につきまず別々に刑を量定し、次いでその中の最も重い刑を一定の制限内で加重することによって一の併合刑を作り出して宣告するのである。その二は、法定刑の加重で、わが刑法のとる方法である。これは数罪の法定刑に一種の修正を施して一の処断刑を作り出すものであって、懲役・禁錮に関する四七条の場合をその最も典型的なものとする」とされている[21]。また、「統一刑の場合は、個々の罪についての刑の量定をせず、はじめから全部の罪について、一つの処断刑の枠内で、刑を量定するのであ［り］」、「統一刑主義とは、数個の罪に対し、一個の処断刑の枠をきめ、その範囲内で一個の刑を科するものである」から、「わが国の現行法ははっきりした統一刑である」ともされている[22]。

二 このような統一刑を前提とする単一刑加重主義は、最も重い罪の法定刑を加重して導かれた処断刑の範囲内で数罪の情状を総合的に評価して刑を定めることができるという長所を持っており[23]、我が国の量刑実務もこれに従っていると言ってよい。[24] 最高裁判決とそれを支持する見解の根底には、事案の全体的・総合的評価に対する期待をうかがうことができる。このこととの関係で、控訴審判決は、事案の全体を個々の犯罪に分解して考察するものであり、個々の犯罪に対する評価を前提として個々の犯罪に対する量刑を行ったうえで、その合計を宣告刑として言い渡したもの（加算主義的処理）として批判されるのである。そのような加重方法は、統一刑主義（我が国）よりも併合主義（ドイツ）に親近性を持つだけでなく、全体の「背後事情を一応ばらばらにする点でかえって技巧的でさえある」と感じられるからであろう。[25] しかし、単一刑加重主義も、行為責任を基礎とするものであり、その限りでは、ドイツの併合刑主義との間に基本的な相違があるわけではない。[26] 我が国の統一刑主義による処理とドイツの併合主義による処理との間に一定の相違があるにしても、そのことは控訴審判決に対する批判と直結するまでのものとは言えないのである。

(10)　たとえば、前原宏一「新潟女性監禁事件判決のとらえ方――犯罪被害者と刑罰」法学セミナー五七二号（二〇〇二年）七一頁以下、安達光治「新潟監禁事件」法学セミナー五八二号（二〇〇三年）一八頁、曽根威彦「併合罪加重における罪数処理――新潟少女監禁事件最高裁判決を中心として」現代刑事法五巻一〇号（二〇〇三年）四七頁以下。なお、只木誠「刑法四七条の法意」ジュリスト一二六九号平成一五年度重要判例解説（二〇〇四年）一六三頁。

(11)　丸山雅夫「罪数」町野朔＝丸山雅夫＝山本輝之編集『ロースクール刑法総論』（信山社、二〇〇四年）一四二頁。

(12)　なお、井田良「併合罪と量刑――『新潟女性監禁事件』最高裁判決をめぐって」ジュリスト一二五一号（二〇〇三年）七八頁以下、城下裕二「併合罪規定の解釈と量刑理論――新潟女性監禁事件最高裁判決の検討」季刊刑事弁護三六号（二〇〇三年）一四頁、古江頼隆「併合罪における量刑判断の方法（刑法四七条）について判示した最高裁判決（新潟少女監禁事件）」法律のひろば五六巻一一号（二〇〇三年）七五頁、土本武司「刑法四七条の法意――新潟少女監禁事件最高裁判決」判例評論五四二号（判例時報一八四六号、二〇〇四年）三九頁、参照。

(13)　団藤重光責任編集『注釈刑法(2)のII総則(3)』（有斐閣、一九六九年）五二六頁以下［高田卓爾］。

（14）　団藤・前出注（13）五二八頁［高田］。なお、中野次雄「併合罪」日本刑法学会『刑事法講座第七巻補巻』（有斐閣、一九五三年）一三七二頁、瀧川春雄「併合罪と累犯」日本刑法学会編集『刑法講座4未遂・共犯・罪数』（有斐閣、一九六三年）一九四頁、鈴木茂嗣「罪数論」中山研一＝西原春夫＝藤木英雄＝宮澤浩一編『現代刑法講座第三巻過失から罪数まで』（成文堂、一九七九年）三〇一頁。

（15）　倉富雄三郎＝平沼騏一郎＝花井卓三監修、高橋治俊＝小谷二郎共編（松尾浩也増補解題）『増補刑法沿革綜覧』（信山社、一九九〇年）二一四八頁以下。なお、現行併合罪規定の沿革については、山火正則「現行併合罪規定の成立過程」荘子邦雄先生古稀祝賀『刑事法の思想と理論』（第一法規、一九九一年）二一五頁以下参照。

（16）　林幹人「罪数論」芝原邦爾＝堀内捷三＝町野朔＝西田典之編集『刑法理論の現代的展開総論II』（日本評論社、一九九〇年）二九〇頁。

（17）　団藤・前出注（13）六〇二頁［松尾浩也］、大塚仁＝河上和雄＝佐藤文哉＝古田佑紀編『大コンメンタール刑法第4巻』（第二版、青林書院、一九九九年）二七二頁［安井久治］。

（18）　中野・前出注（14）一三七二頁、大塚ほか・前出注（17）二五四頁［中川武隆］。

（19）　松宮孝明「刑法四七条による併合罪加重の方法」法学セミナー五八七号（二〇〇三年）一一六頁、曽根・前出注（10）四六頁、井田・前出注（12）七九頁、城下・前出注（12）一五頁。

（20）　小野清一郎「犯罪の単複と構成要件」同『犯罪構成要件の理論』（有斐閣、一九五三年）三六六頁以下。

（21）　中野・前出注（14）一三七一頁。

（22）　平野竜一「競合犯の科刑」同『犯罪論の諸問題（上）総論』（有斐閣、一九八一年）二二五頁、二二八頁以下。

（23）　藤木英雄『刑法講義総論』（弘文堂、一九七五年）三四九頁。

（24）　松本時夫「併合罪と刑の量定について」研修六六七号（二〇〇四年）二八頁以下。

（25）　平野竜一『刑法総論II』（有斐閣、一九七五年）四三二頁。

（26）　平野・前出注（22）二三〇頁。

四　最高裁の論理と問題点

(1)　文理解釈と控訴審判決の読み方

一　最高裁は、控訴審判決の加重方法について、併合罪を構成する各罪について個別的かつ具体的に刑を量定したうえでそれらを加算処理するもの（個別的量刑加算方法）として捉えたうえで、単一刑加重主義を採る四七条が予定しない方法での処理を行ったものとして批判している。また、最高裁判決を支持する立場も、控訴審判決をこのようなものとして捉えて、四七条の文理解釈からは個別的量刑加算方法を採ることはできないとする。控訴審判決のような方法が許されるためにはその「趣旨が条文上明示されていなければならないが、さような文言は全く見当たらない」とされ[27]、「立法論としてはともかく[28]」、解釈論としては採りえない方法であるとされるのである[29]。そこには、個別的量刑加算方法を採る場合には、四七条但書が規制しようとした「それぞれの罪について定めた刑の長期を超える」という事態は論理的に生じえないことになるため、同条但書は本来的に無意味な存在になってしまうという考慮も働いている。その一方では、加算対象となるべき逮捕監禁致傷罪の量刑と窃盗罪の量刑が判決文に明示されていない点をとらえて、個別的量刑加算方法による以上は「数罪の各罪についての量刑が示されなければ首尾一貫しない」との批判も加えられている[30]。

二　では、控訴審判決を具体的な個別的量刑加算方法にもとづくものだとする捉え方は、そもそも妥当なものなのであろうか。たしかに、控訴審判決がその判示内容の具体的な説明に際して、「逮捕監禁致傷罪と窃盗罪の併合罪全体に対する刑を量定するに当たっては、例えば、逮捕監禁致傷罪につき懲役九年、窃盗罪につき懲役七年と評価して全体について懲役一五年に処することはできるが、逮捕監禁致傷罪につき懲役一四年、窃盗罪につき懲役二年と評価して全体として懲役一五年に処することは許されず、逮捕監禁致傷罪については最長でも懲役一〇年の限度で評価しなければならない」としている部分は、各罪に対する具体的な量刑の後にそれらを加算(合計)する方法を採ったもののように読めなくはない。しかし、控訴審判決の主張する個別的量刑加算は、併合罪加重が単純数罪の場合における併科刑を超えてはならないとする四七条の立法趣旨を重視することから、その趣旨を実現するためには少なくとも各罪について「仮定的な量刑」を行ったうえでその加算の範囲内で宣告刑を決定すべきだとするものである。それは、四七条における内在的制約を実現するための「アプローチ」であり、各罪に対する具体的な量刑にもとづく加算処理「方法」を要求するまでのものではない。したがって、各罪に対する量刑を判決文に明示する必要もないのである。[31]

三　個別的量刑加算アプローチを採る場合には四七条但書の存在が無意味になるとする批判は、説得的な面があることは否定できない。しかし、この但書は、最も重い罪の刑の長期を一・五倍した範囲内であればどのように宣告刑を決定してもよいかのように読みうる本文との関係で、併科する場合の刑を超えられないことを明示的に確認したものと理解することが充分に可能である。このような理解は、但書の「如ク規定セサレハ却テ制限併科ノ趣旨ニ反シ純粋ニ各刑ヲ併科シタルヨリ一層不利益ナル効果ヲ犯人ニ及ホスニ至ル可ケレハナリ」とする理由書[32]からもすでに明らかである。

(2) 総合的判断アプローチの長所？

一　最高裁判決(とその支持者)は、四七条の文理解釈を根拠とするだけでなく、事案の全体を総合的に判断して宣告刑を決定する処理(総合的判断アプローチ)の方が実態に即した妥当な量刑が可能だと考えている。たとえば、「併合罪を構成する複数の個別犯罪行為の背後には行為者の人格や環境など各罪に共通する人的事情が認められることが通常であるが、そもそも重大な犯罪に対する基本的な刑罰である懲役や禁錮に相当する犯罪の併合罪を処断する場合には、犯罪行為そのものだけから刑責を判断するのではなく、他の行為との関係や行為者の人的属性等を踏まえた行為者に対する非難としての刑責が判断されるべきである」から、控訴審判決のような個別的量刑加算アプローチは、「関係する諸事情が十分に考慮されないか、逆に過剰に（複数回重複して）考慮されることとなってしまう」ために採りえないとされるのである。[33] このような見解の背後には、再犯（累犯）加重（五七条）と併合罪加重との類似性が意識されていると言えよう。[34] また、総合的判断アプローチを前提とするこれまでの実務に関しても、長年にわたる多数の事件処理を通じて具体的な量刑基準が形成されており、「その時代その社会における国民一般の正義感覚によって支えられている」との指摘が見られる。[35]

二　右のような立場が強調する、具体的な事案（個々の犯罪の背景にある行為者の人格や環境をも含めた全体）を総合的に判断したうえで宣告刑を決定すべきだとする点については、個別的量刑加算アプローチもそのこと自体を否定しているわけではない。また、総合的判断アプローチの方が、そのような処理に馴染みやすいというイメージがあるとも言えよう。しかし、問題は、より根本的に、総合的判断アプローチの判断構造そのものにあると言わなければならない。現行刑法が行為責任を基礎としている以上、仮定的ではあるにしても、個々の犯罪との関係で量刑判断をしたうえで、全体的な宣告刑を決定しなければならないからである。行為者の人格等の考慮が許されるとしても、それは行為責任を前提としたものでなければならない。単純一罪においてすら、法定刑の枠内に収まってさえいれば宣告刑をどのように量定してもかまわないというわけではない。犯罪に対する社会的非難の手段としての刑罰が行為者の責任の程度に応じたものでなければならないこと（量刑における責任主義）は、暗黙のうちにも当然の前提とされているのである。統一刑を前提とする単一刑加重主義について、「行為の背後に行為者の人格や環境を考えるならば、背後にある人格や環境等の事情は数個の犯罪に多かれ少なかれ共働しているから、行為責任を基本としつつ加重刑を科するのが妥当だ」とされるのも、[36] 個別的量刑加算アプローチにもとづいて事案を総合的に判断する必要性を指摘したものと見ることができよう。

また、最高裁判決のように、併合罪加重によって「修正された法定刑ともいうべき……処断刑」が形成されるという点からは、併合罪加重と再犯加重との間に一定の類似性を見ることも不可能ではない。しかし、再犯加重の趣旨は、評価の対象としての人格形成の一連性を遮断する確定裁判の介在によって、それ以後は新たな人格態度を期待することにあるとされている(37)。併合罪としての処理が加重主義を採り、単純数罪としての再犯の処理が併科主義を採るのは、一連の人格を評価対象とする併合罪の事案で「全人格としてより悪質である」という評価を受ける場合がありうるとしても、規範意識の覚醒を期待された後の再犯の方が「常に犯罪性が高いとみなされている」からである。

三　控訴審判決に対しては、現実の裁判における裁判官の量刑判断から全くかけ離れたものだとする批判が見られる。裁判実務においては、一〇回の窃盗行為の個々について量刑をしたうえでそれらを合算することはなく、「一〇回にわたる窃盗の犯行に全体的に対応する具体的な量刑基準を見出すことができるのが一般であ」り、その基準（刑の相場）にもとづいて宣告刑が決定されると言われている(38)。おそらく、それが正しい実務感覚なのであろう。しかし、そうであるとしても、裁判実務においては、行為責任と無関係に感覚的な量刑判断がなされているわけではなく、明確に意識はしていないにしても、行為責任を前提とした量刑判断がなされているはずである。町野教授の極めてわかりやすい表現を借りて言えば、「『XはAに対してこのような監禁致傷を行い、監禁を継続するために下着の窃盗を行ったのであるから、監禁致傷、窃盗、それぞれの犯罪の情状を考慮すると〇〇年の刑になる』とするのであって、『Xの情状は〇〇年が相当であり、併合罪加重の枠内に収まっていれば問題ない』というものではない(39)」のである。

すでに述べたように、控訴審判決に対する批判は、控訴審判決の判示を、個々の犯罪に対する具体的な量刑を行ったうえでそれらを合算して宣告刑を決定する趣旨のものとして捉えたことによる。そのように読みうることは否定できないが、控訴審判決の趣旨は、個別的量刑加算「アプローチ」の必要性を強調したものとして捉えるべきである。従来は意識しないでも妥当な結論に到達しえていた量刑実務が(40)、本件を契機として、行為責任を明確に意識したうえで量刑判断をしなければならない事案の存在が顕在化しただけのことだと思われる。また、裁判実務において「量刑相場」と言われる状況が形成されていることは事実であるとしても、そのような量刑相場もア・プリオリに存在しているわけではなく、[41]長年にわたる量刑実務の積み重ねの中で蓄積されてきた結果としてのものである。そこでも、前提となるのは、行為責任でなければならない。

四　第一審判決および最高裁判決の採る総合的判断アプローチの最大の問題点は、軽微な犯罪（窃盗罪）が極めて当罰性の高い別罪（監禁致傷罪）の事実上の評価に利用されうることであり、本件においてそのような処理がなされたのではないかと推測されることである。[42]特に、土本教授（元最高検察庁検事）は、このような処理の合法性を強調されている。土本教授は、第一審判決について、「本件は、法が予定する刑期を遥かに上回る事態を持った事件であることを看過してはならない。その実態に適合するような刑を導くために、余罪を追起訴し、併合罪加重の制度を利用して、一五年の刑を科し得るようにお膳立てをしたのである。それは、弁護人が言うように、軽微な窃盗を重大悪質と過大評価して、それを五〇パーセント増しに相当するものとして上乗せするものではない」としたうえで、求刑から一年を減じた言渡しを「検察官、弁護人双方の『顔を立てた』折衷的量刑である」として批判する[43]一方で、控訴審判決に対しては、「事件の実態にそぐわず、被害者やその家族、一般市民の神経を逆撫でするような結論を出したのはいかにも不可解である」と非難している。[44]「今回の判決は被害者感情にきちんと配慮し、量刑にも考慮した点で刑事裁判に風穴を開けるものだ」とするコメント[45]にも、同様の見方をうかがうことができよう。

たしかに、約九年二ヶ月にも及ぶ本件の監禁行為が被害者（の身体・精神さらには人生全体）に及ぼす影響には、想像を絶するものがある。そのような事案に対して、個別的量刑加算アプローチによって監禁致傷の部分を法定刑の上限の一〇年まででしか評価しないとするのでは、「刑罰の秩序維持機能が達成できず、被害者やその家族の処罰感情や一般市民の法感情からも遠くかけ離れた不当な結論になる」とされるのである。[46]しかし、監禁罪および監禁致傷罪の法定刑の上限が懲役五年と懲役一〇年とされているのは、現行刑法の立法当時に、本件のような事案の出現が全く予想されていなかったからにほかならない。一〇年の法定刑では本件事案を適切に評価できないとしても、それは立法の不備に帰せられるべきものであり、行為責任を超えた量刑によって不都合を是正すべきものではない。土本教授の見解の実質は、監禁致傷罪の法定刑そのものの加重を認めるものであり、罪刑法定主義に抵触する疑いを払拭できない。特に、本件において、監禁にもとづく致傷が存在せずに監禁罪しか認定できなかった事態を仮定した場合には、窃盗罪の法定刑の上限（一〇年）を一・五倍して処断刑が導かれたうえで、当罰性の高い監禁罪を適切に評価するために懲役一四年が宣告刑とされうることを否定できない[47]。しかし、このような事態は、明らかに不当である。

控訴審判決が指摘するように、「本件のような犯行が生じ得ることを前提としたときに、国民の健全な法感情からして、逮捕監禁致傷罪の法定刑の上限が懲役一〇年では軽すぎるとすれば、将来に向けて法律を改正するほかない」のである。

(3) 軽微な窃盗の重大性？

一　控訴審判決が「最大限に重い評価をしてもせいぜい懲役一年」程度にしかならないと判断した軽微な窃盗罪について、第一審判決・最高裁判決を支持する立場は、窃盗罪の存在が本件の処断刑を一五年まで引き上げる実質をもったものであると評価している。その根拠は、本件下着の万引きが被害者の監禁を継続するための手段として実行されたものであり、監禁致傷罪と密接な関連性を有していることから、通常の万引事案と同列に論じることは妥当でないことと、長期間にわたって類似の窃盗行為を反復している事情から、窃盗行為に常習性が認められることにもとづいていると言えよう[48]。最高裁が結論を追認した第一審判決も、前者について、「本件窃盗の犯行は、監禁行為の継続中に成長した同女に着用させるための衣類を盗んだという点で監禁の犯行を継続し、その犯行に資するがために敢行されたもの」と判示し、後者について、「被告人は、被害者に使用させる日用品などを多数万引きしていたことを自認しており、その犯行には常習性が窺われる」と判示している。しかし、このような根拠で軽微な窃盗罪に本件での大幅な加重機能を認めることには重大な疑問がある。

二　本件における第二犯行としての窃盗（万引き）は、第一審判決が指摘するように、致傷結果をもたらした監禁行為を継続するためになされたものであり、第一犯行としての監禁致傷と密接に関連したものである。しかし、そのことによって懲役一四年の宣告刑が実質的に正当化されるというわけではない。四五条は、「確定裁判を経ていない二個以上の罪を併合罪とする」だけで、それらの数罪間の関連性を問題にするものではないからである。また、数罪間に特に強い関連性が認められる牽連犯の場合ですら吸収主義によって「最も重い刑により処断」される（五四条一項後段）ことからすれば、窃盗行為が監禁行為と密接な関連性を有することを根拠に大幅な加重を認めることは正当化できないであろう。学説のなかには、第一審判決と同様の観点から、併合罪を構成する数罪間の関連性の有無に着目して、相互間に密接な関連性がない場合に限って量刑に対する内在的制約を機能させるべきだとするものさえ見られる(49)。しかし、このような区別的な扱いは、併合罪における量刑基準・量刑判断を無用に混乱ないしは分裂させることになる。窃盗と監禁との間の密接関連性を強調する第一審判決・最高裁判決は、まさにこのようなものなのである。

三　第二犯行としての窃盗が常習窃盗の一部である場合には、起訴された部分が軽微なものであるとしても、全体を重く評価することは「論理的に」不可能ではない。第一審判決は、このように考えたのであろう。しかし、そのような扱いは、起訴されていない犯罪事実を余罪として実質的に処罰することにつながる危険性がある。起訴されていない犯罪事実の扱いについては、昭和四一年の大法廷判決が、単に被告人の性格や経歴、犯罪の動機、目的、方法等の情状を推知するための資料として考慮することは許されるが、いわゆる余罪として認定したうえで実質上それを処罰する趣旨で量刑の資料として考慮することは許されないとしていた（最大判昭和四一年七月一三日刑集二〇巻六号六〇九頁)。また、その翌年の大法廷判決は、起訴されていない犯罪事実で捜査官に対する被告人の自白以外には証拠のないものを余罪として認定し、それをも実質的に処罰する趣旨で重い量刑をすることは、憲法三一条および三八条三項に違反するとしていた(最大判昭和四二年七月五日刑集二一巻六号七四八頁)。本件においては、「被告人による窃盗行為の常習性については、一審判決において、『被告人は、被害者に使用させる日用品などを多数万引きしていたことを自認しており、その犯行には常習性が窺われる』との指摘があり、また、二審判決においても、同様にその常習性が指摘されていたが、この点については、被告人方の衣装ケース内から発見・押収された数々の証拠物による裏付けが存在するところである」と説明されているが[50]、それによって両大法廷判決の趣旨が実現されているかには重大な疑問がある。

いずれにしても、第二犯行としての窃盗罪については、第一審判決および最高裁判決を支持する土本教授も、「処断刑を懲役一五年に引き上げるだけの実質があったと評価するの……はやや強弁に過ぎる」と指摘されている[51]が、まさにその通りであろう。懲役一四年の宣告刑は、実質的にも、相当と言うことはできないのである。

(27) 土本・前出注(12)四〇頁。
(28) 中村雄一「併合罪と量刑――新潟女性監禁事件判決に関する議論を手がかりに」秋田法学四二号(二〇〇四年)九八頁。
(29) さらに、古江・前出注(12)七六頁以下、井上宏「併合罪中に二個以上の有期懲役に処すべき罪がある場合における処断刑の形成方法について」警察学論集五六巻一一号(二〇〇三年)一九二頁、永井敏雄「時の判例」ジュリスト一二五八号(二〇〇三年)一七二頁以下。
(30) 土本・前出注(12)四二頁。
(31) 井田・前出注(12)七九頁。
(32) 倉富ほか・前出注(15)二一五〇頁。
(33) 井上・前出注(29)一八八頁。同旨として、佐久間修「犯罪『行為』の意義とその具体的展開」現代刑事法五巻一〇号（二〇〇三年）九六頁、古江・前出注（12）七六頁、土本・前出注（12）三九頁。なお、東京高等検察庁検事長による本件の事件受理申立理由書（別紙）七頁も、このような趣旨を強調するものであった。

（34）只木・前出注（10）一六三頁。

（35）松本・前出注（24）三〇頁。なお、同「量刑の相場について」法の支配一二六号（二〇〇二年）二九頁以下参照。

（36）平野・前出注（25）四三二頁。なお、井田良「量刑理論と量刑事情」現代刑事法三巻一号（二〇〇一年）三五頁以下参照。

（37）団藤重光『刑法綱要総論』（第三版、創文堂、一九九〇年）四四九頁。

（38）松本時夫「罪数論と刑事裁判実務」現代刑事法六巻七号（二〇〇四年）五〇頁。

（39）町野朔『プレップ刑法』（第三版、弘文堂、二〇〇四年）二四一頁。

（40）団藤・前出注（13）五九四頁［松尾浩也］において、「量刑の実際においては、併合罪の場合もそのうちの最も重い罪について定めた刑の範囲で十分な量刑ができることが多く、とくに加重して処断刑の上限を高める必要はあまり感じられていない」との指摘が見られたが、基本的な状況は現在でも変わっていないと言えよう。

（41）岡上雅美「併合罪の場合における量刑判断の方法――新潟女性監禁事件」法学教室二八二号別冊付録判例セレクト2003（二〇〇四年）三〇頁。

（42）「司法の目・新潟監禁事件の量刑をめぐって」ジュリスト一二一八号（二〇〇二年）五頁は、「検察側の裏技」が使われたという評価をしている。他方、和田俊憲「併合罪における有期懲役刑の処断刑形成と量刑の限界――新潟女性監禁事件上告審判決」ジュリスト一二七九号（二〇〇四年）一六〇頁は、「本件監禁致傷は……一般的に想定される事案であって法定刑の上限に対応するような重大なものよりも犯情は数段重く、例えば懲役一二年に対応させて責任評価をしても、違法ではない」とする。

（43）土本武司「少女長期監禁事件の量刑」捜査研究六〇五号（二〇〇二年）三二頁。

（44）土本武司「併合罪加重――新潟監禁事件控訴審判決」捜査研究六一七号（二〇〇三年）三一頁。

（45）平成一四年一月二三日付朝日新聞朝刊「諸澤英道・常磐大学長（被害者学）の話」。

(46) 土本・前出注(43)三二頁。
(47) 本件のような監禁致傷の事案においては、その法定刑は、二二一条にもとづいて、傷害罪の法定刑(一〇年以下の懲役又は三〇万円以下の罰金若しくは科料)と監禁罪の法定刑(三月以上五年以下の懲役)を比較したうえで、三月以上一〇年以下の懲役が導かれる。したがって、本件の場合には、監禁致傷罪の法定刑の上限を一・五倍することになるから、致傷が生じなかった場合のような不合理はないと言うことも可能である。しかし、監禁致傷罪と窃盗罪の法定刑の上限がともに一〇年であることからすれば、違和感の残ることは否定できない。
(48) 井上・前出注(29)一九一頁、古江・前出注(12)七六頁、八〇頁注(11)、永井・前出注(29)一七四頁以下。なお、判例時報一八三六号(二〇〇三年)四三頁の最高裁判決に対するコメント参照。
(49) 中村・前出注(28)一〇一頁以下。
(50) 永井・前出注(29)一七五頁。
(51) 土本・前出注(12)四〇頁。

五 むすびにかえて

以上、裁判官が量刑判断をする場面においても不文の内在的制約が機能すべきではないかという問題意識から、併合罪の加重方法が問題になった新潟女性監禁事件に対する各審級の判決を手がかりに検討してきた。結論としては、併合罪の処断における加重主義の採用の趣旨を重視する限り、控訴審判決のいう個別的量刑加算アプローチに正しい核心があると言わなければならない。ただ、条文上に何らの制約も明示されていないことや、個別的量刑加算アプローチによれば仮定的な量刑判断が前提となることから、第一審判決・最高裁判決(およびその支持者)が指摘するような違和感が残ることは否定できない。そこから、第一審判決・最高裁判決は、もっぱら四七条の解釈問題として本件の解決を図ったものと思われる。しかし、そのことによって、量刑判断を実質的に指導する原理を探求するという機会が失われることにもなってしまった。「最高裁は、その手堅い、優等生的ともいえる現行法解釈により、量刑判断の法化と合理化に向けての発展の芽を摘んでしまった」と評される所以である。[52]

裁判官による量刑実務への信頼を前提としながらも、さらにその精緻化に向けた努力は、今後ともなされていく必要があると思われる。「現行刑法は法定刑の幅が大きく、刑の量定範囲のひろいこと比較法上の異色であり、その間にあって、事案の個別性に即しつつ、妥当・適正な宣告刑を裁量することはしかく容易ではない。また、宣告刑に先だつ処断刑の形成についても、裁判所の裁量に俟つばあいが多いのはむろんである。これらの一連の過程を通じて、裁判官の恣意的な裁量を排すべく、そこに量刑を指導すべき客観的な原理上の指針が存しなければならない。それは、さかのぼれば罪刑法定主義の要請の量刑における発現と考えてよい」という指摘[53]を再認識することこそが、その出発点であると言えよう。

(52) 井田・前出注(12)八一頁。
(53) 小暮・前出注(2)五一頁。なお、原田國男「新潟女性監禁事件最高裁判決について」現代刑事法六巻一二号(二〇〇四年)五六頁。

※本稿で対象とする法定刑は、平成一六年改正法(法律第一五六号、二〇〇五年一月一日施行)前のものである。

自己負罪拒否特権の起源についての一考察

——アメリカでの議論を中心にして

伊藤博路

一　はじめに

憲法三八条一項に規定される自己負罪拒否特権(以下、単に特権とも表記する)は、アメリカ法を母法とするものであるが、合衆国憲法修正五条に規定される自己負罪拒否特権(privilege against self-incrimination)の沿革に関するかの国での議論は錯綜している状況にある。[1]

まず、伝統的な説では、自己負罪拒否特権は、宗教的、政治的迫害の産物であるとして、特権の起源をイギリスのコモン・ロー(common law)に求める。[2]

しかし、現在では、特権は、ローマ法に由来する法体系であるカノン法(canon law)上のnemo tenetur prodere seipsum(何人も自己を罪に陥れる義務はない)という格言から徐々に発展してきたものと考えられるとの指摘がなされている。[3] さらに、近時主として二つの論文が、糺問手続で用いられたnemo tenetur prodere seipsumの法格言がローマ法を淵源とする大陸法から移入されたことを強く主張し、特権はイギリス法に起源を持つとの伝統的な説に疑問を提示している。[4]

本稿は、自己負罪拒否特権の沿革につき、アメリカでの議論を分析・検討する。[5] わが国における自己負罪拒否特権の意義・根拠を確認する上で、[6] アメリカにおける議論は有益な示唆を提供するものと思われる。沿革の中でも、特にその起源についての考察に射程範囲を限定して、自己負罪拒否特権の本質を解明するための準備作業を行うことが本稿の目的である。考察の順序としては、伝統的な説について概観した後、それを批判的に検討する学説の分析・検討を行い、最後に若干のまとめを述べたい。

（1） *See* U.S. Const. amend. V.

（2） 本稿ではイングランドを指すものとして用いる。

（3） Akhil Reed Amar & Renée B. Lettow, *Fifth Amendment First Principles: The Self-Incrimination Clause*, 93 Mich. L. Rev. 857, 896 (1995), *reprinted in* Akhil Reed Amar, The Constitution and Criminal Procedure 46 (1997). 本稿では以下の文献も含め初出を引用する。また、紙幅の制約もあり原著者の引用は基本的に省略したことを予めお断りしておく。

（4） *See* R. H. Helmholz, *Origins of the Privilege Against Self-Incrimination: The Role of the European Ius Commune*, 65 N.Y.U. L. Rev. 962 (1990), *substantially reprinted in* The Privilege Against Self-Incrimination 17 (R. H. Helmholz et al. eds., 1997) [hereinafter The Privilege]; M.R.T. Macnair, *The Early Development of the Privilege Against Self-Incrimination*, 10 Oxford J. Legal Stud. 66 (1990). なお、酒巻匡「憲法三八条一項と行政上の供述義務」松尾浩也先生古稀祝賀論文集下巻（一九九八年、有斐閣）七五頁、洲見光男「有罪の答弁と量刑審査における自己負罪拒否特権の保障」朝日法学論集二四号一頁（二〇〇〇年）も参照。

（5） これまでのわが国の研究として、例えば、安倍治夫「英米における自己負罪拒否特権の形成」法律のひろば一〇巻六号三三頁（一九五七年）、多田辰也「捜査の構造再考序説——黙秘権の歴史的考察を手掛りとして」立教大学大学院法学研究三号一頁（一九八二年）、澤登文治「自己負罪拒否権の歴史的展開（一—二・完）——合衆国憲法修正五条の意義」法政理論二四巻二号一五三頁、同二五巻一号一二四頁（一九九一—九二年）、小川佳樹「自己負罪拒否特権の形成過程」早稲田法学七七巻一号一二一頁（二〇〇一年）参照。

（6） この点に関する包括的な研究として、例えば、平野竜一「黙秘権」刑法雑誌二巻四号三九頁（一九五二年）（同・捜査と人権（一九八一年、有斐閣）八三頁所収）参照。

二　伝統的な説

では、伝統的とされる説について概観する。(7)

(イ)　特権の起源を考察する上で最も重要となるのは、Leonard W. Levy の Origins of the Fifth Amendment である。(8)彼によれば、特権は二つのシステム間の対立によって生まれたとされる。一方は、国民の権利と自由を時には逆行しつつも支持してきたイギリスのコモン・ローに立脚している。コモン・ローの伝統と実務家は特権を自己負罪的質問に返答することを強要されないというものに高めたとされる。もう一方は、教会裁判所(ecclesiastical court)によってイギリスでも適用されたローマ法と大陸法の審問手続(Roman civil law and the continental inquisition)の伝統に立脚するものである。実務家は、特権が創造されることに対して徹底的に戦った。大陸法手続の目的は、「拷問と異端者の焚刑」(9)であったというのである。(10)

さて、Levy によれば、初めて自己負罪拒否特権について曖昧でない表現が用いられたのは、一七世紀の憲法上の論争とりわけイギリスの宗教裁判所で用いられた職権による宣誓(ex officio oath 以下、単に宣誓とも表記する)の適法性をめぐる論争においてであった。カノン法上の用語で oath de veritate dicenda と呼ばれた職権による宣誓は、全ての質問に対して真実を供述することを宣誓させるものであった。刑事被告人は、個々の質問が何を意味するのかを必ずしも詳細に知っているとは限らなかったので、結局、自己に不利益な証拠の提出を宣誓する結果となった。刑事被告人に宣誓させることによって、不道徳行為あるいは異端に関する証拠を求めて徹底的な尋問を行うことが可能となっていたのである。(11)

(ロ)　職権による宣誓は、教会法(law of the Church)上の様々な犯罪を処罰するためにイギリスで用いられていたが、その手続によって尋問された被告人は、エリザベス一世(Elizabeth I)の下に確立された宗教的教義に異議を唱えたピューリタンやカトリック教徒(Puritans and Catholics)のような良心的国教反対者(非国教徒)(conscientious dissenters)がほとんどであった。[12] ピューリタンとカトリック教徒は、宗教上の対立はあったものの、宣誓を不服とする点では一致していたのである。[13]

Levyは、国教反対者が、テューダ王朝期(Tudor monarchs)に国王大権に基づいて作られた大権裁判所(prerogative court)の一つであり、宗教上の重大犯罪につき審理し判決を下す目的で設けられた高等宗務官裁判所(Court of High Commission)[14]の面前に立たされたとき、彼らの宣誓強制に対する抗議は非常に強かったと述べている。そして、被告人が宣誓を拒否した場合、この裁判所は、罰金、投獄刑を科す権限を有していた。[15]

国教反対者は、自身の宗教的信念への追求を拒絶する動機を有しており、高等宗務官裁判所が依拠した職権による宣誓がそれ自体違法であると主張した。まず彼らがその主張の根拠としたのは、聖書の文言や道義心、そしてLevyが「最初は曖昧な格言[16]」であったと述べた、何人も自己を罪に陥れる義務はない、との法格言であった。しかし、国教反対者は、コモン・ローの法律家、とりわけSir Edward Cokeの援助を受けることにより、教会裁判所に対するコモン・ロー裁判所の敵対心を利用し、その格言を、究極的に自己負罪拒否特権と成すことができたのである。Levyは、いかにしてイギリスの裁判官が、特に高等宗務官裁判所に対して職権による宣誓に基づいて手続を進めることを禁止する禁止令状(writs of prohibition)の発給を抑えるのを止めたのかを詳述している。[17]

(ハ) それらの令状に関する事例の中には、コモン・ロー裁判官による自己負罪の強要に対するルールについての最初の明示的表現が含まれている。そのルールの根底にある考え方はすぐに確固たるものとなったし、高等宗務官裁判所や教会裁判所が廃止された一六四〇年代には、[18]それとともに職権による宣誓も用いられなくなっていった。そして、一六六〇年の王政復古に際して教会裁判所は復活したが、しかしそのときまでには宣誓に対する拒否はしっかりと根付いたものとなっていた。[19] その流れの中で特権は生まれた。すなわち、教会および国王に対する宗教的、憲法的自由の争い、そしてより広い見方では、イギリスの刑事手続と大陸の刑事手続との間の文配をめぐる争いの結果である、というのである。[20]

（7）ここでの論述は、Helmholz, *supra* note 4. によるところが大きい。なお、本稿のテーマの主たる考察対象となるイギリス法の歴史につき、さしあたり、田中英夫・英米法総論（上）（一九八〇年、東京大学出版会）五一頁以下参照。

（8）Leonard W. Levy, Origins of the Fifth Amendment: The Right Against Self-Incrimination (2d ed. 1986). なお、初版の発行は一九六八年であり、紹介として、小早川義則・大阪市立大学法学雑誌二二巻四号六一七頁がある。

（9）Helmholz, *supra* note 4, 963 (quoting Levy, *supra* note 4, at 20).

（10）Helmholz, *supra* note 4, at 963. なお、教会裁判所の歴史に関して、J・ベイカー（小山貞夫訳）・イングランド法制史概説（一九七五年、創文社）九八-一〇一頁、F・W・メイトランド（小山貞夫訳）・イングランド憲法史（一九八一年、創文社）六七〇-六九六頁参照。

（11）*Id.* at 964-65.

（12）1 Eliz. 1, c. 2 (1559).

（13）Helmholz, *supra* note 4, at 965.

（14）高等宗務官裁判所に関する詳細な研究として、*see* Roland G. Usher, The Rise And Fall of The High Commission (Philip Tyler ed., 1968). また、邦語での詳しい文献として、澤登・前掲注（5）法政理論二五巻一号一二七-一三四頁参照。

（15）Helmholz, *supra* note 4, at 965.

（16）*Id.* at 966 (quoting Levy, *supra* note 8, at 330).

（17）Helmholz, *supra* note 4, at 966. なお、禁止令状には、イギリス国民は自己に不利益な証拠を提出することを強制されない権利を有するという原則、そして高等宗務官裁判所の判事 (officials) にその権利を尊重することを命じる、と記載されていた。*Id.*

（18）17 Car. 1, c. 11 (1641). その経緯につき、*see generally* Martin Ingram, Church Courts, Sex and Marriage in

二　伝統的な説

England, 1570-1640, at 369-74 (1987); Usher, *supra* note 14, at 316, 333-34.

(19) 13 Car. 2, c. 12 (1661). なお、一七世紀中葉のイギリス刑事訴訟の改革動向につき、松代剛枝「イングランド刑事訴訟の近代化動向――D・ヴィールの歴史解釈を基盤として」（井戸田侃先生古稀祝賀論文集）転換期の刑事法学（一九九九年、現代人文社）一頁。

(20) Helmholz, *supra* note 4, at 966-67.

三　大陸法との関係についての説

次に、自己負罪拒否特権と大陸法との関係についての諸説を取り上げる。まず、二で述べた、Levy の説を批判的に検討した R.H. Helmholz の説について概観する。

1　R.H. Helmholz の説

(イ)　R.H. Helmholz は、大陸法の観点から特権の初期の歴史を検討することにより、Levy の説に対して次のような問題点を指摘している。すなわち、一七世紀のコモン・ロー裁判官の意見だけに焦点を当てることは、特権の起源を狭く誤って理解する結果を導いてしまったと述べているのである。特権の初期の歴史については、一六および一七世紀の状況を背景とした、同時代のローマ法とカノン法を検討することによってのみ十分な理解が可能となる。それら二つの法源は、大陸法諸国では ius commune として知られている。[21] この ius commune は、イギリスの大権裁判所および教会裁判所で適用された。[22] イギリスで実際に特権が最初に直接的に主張されたのは、それらの裁判所においてであり、コモン・ロー裁判所においてではなかった。ius commune 自体には、自己負罪を強要されることはないという原理を含んでいたし、イギリスにおける初めての特権の明白な主張は古来のコモン・ローよりもむしろ大陸法に依拠していた。このように、Helmholzは、「法的専制（Legal tyranny）に特権の起源を求めるLevy説に依拠する代わりに、ヨーロッパのius communeを検討することの有用性を示す」とし、「ius communeは、彼〔Levy・筆者注〕が考えた以上に、より複雑で、積極的な、そして最終的に信用できる役割を演じた」と指摘している。[23][24]

(ロ)　そして、Helmholzは、Levy説に以下のような批判的検討を加えている。

第一に、自己負罪の強制を禁止している古来のイギリスのコモン・ローの原則と、それを表現するために用いられたnemo tenetur prodere seipsumの法格言は、実際には、ヨーロッパのius communeの伝統から採られたものといえる。[25] 実際、この格言は、Pope Gregory IX（ローマ教皇グレゴリウス九世）時代のカノン法の最も権威的かつ基本的な書物であるglossa ordinaria to the Decretals（1234）of Pope Gregory IXにおいても記述が見受けられる。その格言は、おそらく中世カノン法についての最も影響力を持っていると思われるInnocent IV（インノケンティウス四世）とPanormitanusによって繰り返し是認されてきた。その格言については、ius communeから導かれる「一般的結論（Common Conclusions）」についての一六世紀における解説で言及されており、民事・刑事手続の同時代の大陸法のマニュアルにも記載されていた。[26]

当時の職権による宣誓に対する抗議の中には、単に宣誓がコモン・ローの原則に反するからというのではなくて、宣誓の使用が教会法に違反するという主張があった。例えば、一五九二年に、ピューリタンであるJames Moriceは、宣誓は反ローマ＝キリスト教会（Antichristian church of Rome）の諸々のルールおよびカノンに反すると論じた。別のピューリタンの論者は、宣誓はカノン法自体に反するように見えると論じた。なお、大主教(Archbishop)Whitgiftが現れる以前の一五九一年に、宣誓に異議を唱えた者もいた。イギリス国教会総本山のカンタベリー寺院の若干の牧師が異議を唱え始めた、と論じることによって、自分の主張を正当化した。[27] しかし、それら全てが、道義心やイギリス法の古来の諸原理を重んじる者たちだけが行った特異な議論ではない。

Levy説は、また、コモン・ローにおいて特権に関する先例がないこと、職権による宣誓とは別個の実質的根拠が存在する場合にのみコモン・ロー裁判所の裁判官は禁止令状を発したという近時のある論者の見解とは合致しない。[28] コモン・ローは、自己負罪に対するいかなる特権をも含むものではなかった。それどころか、被告人が自己に有利な証拠を提出したいと望んだ場合であっても、被告人が宣誓の上で証言することを完全に禁じていた。また、職権による宣誓を用いた教会裁判所に対してコモン・ロー裁判所の裁判官が必ずしも熱心な対決姿勢を採ったわけではなく、コモン・ローと大陸法との衝突という観点から特権の歴史を解明することは困難となった。[29]

最後に、Levyは、宣誓に関する議論が教会法の法律家(ecclesiastical lawyers)によって行われていたという事実を全く無視している。教会裁判所の記録および報告書には、ローマ＝カノン法(Roman canon law)に関する相当量の資料が含まれている。それは、教会裁判所の訴訟において、宣誓に強く反対して行われた議論は、イギリスのコモン・ローではなく、ius communeを根拠にしていた、ということを示している。一六世紀から一七世紀初期のイギリスの教会法とその手続に関する著作物は、nemo tenetur prodere seipsumの法格言をよく引用している。言い換えれば、教会裁判所で活動していたイギリスの弁護士は、nemo tenetur prodere seipsumの法格言をイギリスの法体系(jurisprudence)の一部として考えていたように思われる。このように、高等宗務官裁判所が用いた職権による宣誓に対する拒否は、ローマ＝カノン法に反することを根拠としていたのであった。[30]

2 M.R.T. Macnairの説

M.R.T. Macnairは、大陸法との関係について詳述し、証人の自己負罪拒否特権と黙秘権との区別を明確に意識しつつ論じている。

(イ) Macnairは、コモン・ローでは特権の起源に関して主として二つの説が支持されてきているとする。その一つが、John H. Wigmoreの古典的な説である。これは、特権は、王権による専制的支配を代表するものとして王政批判側から批判されるようになった星室裁判所（Court of Star Chamber）そして高等宗務官裁判所が廃止された結果、すなわちほとんど偶然の出来事として、一七世紀中頃にコモン・ローの中に取り込まれたものであるとした。[31] これに対して、Mary H. Maguire[32]やLevy[33]は、特権を支えている原理は、中世期にイギリスのコモン・ローによって構築された刑事手続システムの中により深い根源を有している、と主張している。Wigmoreは、コモン・ローにおける特権の適用を諸概念の混乱の結果であると考えたが、他方Levyは、コモン・ローの刑事手続に特権の起源があると考えた。両者とも、特権は刑事裁判での被告人の黙秘権（right of the accused to remain silent）に始まり、続いて証人および民事訴訟での犯罪の陳述（allegations of crime in civil litigation）に拡大していったとした。[34]

ところで、Macnairは、特権の起源について第三のアプローチを示唆している。このアプローチの第一要素は、刑事被告人が公判で黙秘権を与えられる以前に、特権は、証人に適用され、そして民事手続での犯罪の陳述に適用されたということである。第二要素は、証人および民事手続での犯罪の陳述への特権の適用が、当時のヨーロッパの諸国の法とりわけカノン法からイギリス法に派生したということである。さらに、大まかにいって、少なくとも一六八八年の名誉革命まではコモン・ローの法律家も自己負罪に関する教会法の法律家の概念を共有しており、コモン・ローに特有の、犯罪の訴追に直面しての一般的な黙秘権の概念を裁判例から見て取れるようになるのは、一七世紀終期から一八世紀初期になってからのことであった。[35]

(ロ)　さて、Macnairは、Wigmoreの説を、次のように要約することから検討を始める。すなわち、第一に、Wigmoreは、中世のコモン・ローが犯罪で訴追された場合にいかなる形での黙秘権をも認めなかったとし、この見解を正当化するために一定の証拠（a body of procedural evidence）を引用した。他方、Wigmoreは、自己の見解と整合しない証拠に対しては、特にコモン・ロー裁判所と教会裁判所とが裁判権をめぐり衝突した事例であると解釈した。Wigmoreの見解では、この衝突はジェームズ一世（James I）の統治下まで続いた。コモン・ロー裁判所は裁判手続の濫用（abuse of process）の場合に自己負罪的尋問を用いたし、国会もそのような尋問を正当化した。エリザベス一世治下での特権の存在を示唆する唯一の証拠は、いくつかの大法官府（Chancery）の事例であった。[36]

また、エリザベス一世治下で、国教反対者は、教会による主要な統制手段であった高等宗務官裁判所の糺問的刑事手続への抗議を開始した。一六三〇年代の終わり頃になると、急進的自由論者のJohn Lilburneが、同様に糺問的手続を用いた星室裁判所の宣誓を徹底的に拒否した。一六四〇年以降には、急進的自由論者の勝利によって、星室裁判所と高等宗務官裁判所の廃止、そして教会裁判所に対する自己負罪的宣誓の使用の禁止が導かれた。これにより特権の概念が創造されることとなったが、その後、類推によって（by analogy）、大陸法とコモン・ローの概念とが混在していたとでもいうべき「観念連合（association of ideas）」を経て、コモン・ローの刑事裁判へと広がり、そしてさらに証人に適用されるまでに広がり王政復古期には民事手続においても適用されるようになっていた。このようにして、特権は、まず宗教をめぐる政治的衝突を通して、それから「観念連合」によって、コモン・ローの中に定着していったのである。[37]

Levy説は、Wigmore説とは二つの点で異なっている。第一の点は、Levyは、裁判権の衝突（jurisdictional conflict）に関するWigmoreの見解を受け入れなかった。そして、それゆえLevyは、自己負罪的宣誓に対する敵意の根源をイギリスおよびコモン・ローの政策的伝統（political tradition）よりもさらに以前にまで遡って求めたのである。そして、Wigmoreの用いなかった資料をも加えて、彼が論じた以上に、エリザベス一世とジェームズ一世治下の禁止令状の事例を、強制的自己負罪に対するより決定的な敵意として、Levyは理解したのである。第二に、Levyは、黙秘権について、――Wigmoreと同じく彼はその起源を一七世紀中頃に求める――「観念連合」の果たした役割は少なく、その起源を専らJohn Lilburneの行ったような宗教的、政治的闘争の結果としての産物であるとする。[38]

ところで、裁判権に関する事例としてのジェームズ一世治下の禁止令状の事例を検討することによって、Wigmoreの説を基本的に支持しつつ、一部修正を加えた説が見受けられる。(39)これによって、大陸法とコモン・ローとが交錯した「観念の混乱（confusion of ideas）」の年代は一六四〇年代へと押し上げられた。(40)

(ハ)　さて、WigmoreとLevyの両説には、重大な問題が含まれている。第一に、MaguireとLevyは、一六世紀終期頃の高等宗務官裁判所をめぐる論争以前に、糺問手続と自己負罪的宣誓への敵意が存在していたと考えていたように思われるが、この敵意の基盤がコモン・ロー上の刑事手続で一般化していたかは不明確である。また、Wigmoreが指摘したように、コモン・ロー裁判所は、様々の事例でそのような手続を用いた。他方、イギリスと同様に大陸においても自己負罪的宣誓への敵意は存在しており、しかもイギリスの刑事手続から影響を受けたということはほとんど考えられない。(41)

第二に、議論が錯綜している状態にある。なぜなら、民事事件や、被告人に黙秘権を認めた刑事事件において、証人に、特権が適用された事例が存在するからである。さらに、適用された最初の事例は、ローマ＝カノン法の手続（romano-canonical procedure）を用いていたエクイティ裁判所（equity court）においてであり、コモン・ロー裁判所ではなかった。WigmoreおよびLevyのいずれもエクイティ裁判所での事例を適切に検討しなかったのである。(42)

第三に、WigmoreもLevyも被告人の黙秘権が確立されたのは王政復古期であったとしている。先例によれば、当時のコモン・ロー裁判所は、裁判所侮辱（contempt）と裁判手続の濫用（abuse of process）の事例で自己負罪的尋問を用い続けたのであり、この見解は支持できないように思われる。(43)

(ニ)　Macnairが採っているアプローチは、要約すると次のようなものである。宣誓強制下の自己負罪的尋問の正当性は、中世の宗教思想とカノン法においても論争があった。この種の尋問は、大陸法およびカノン法においても制限されていた。この尋問に関する論争は、王政復古の結果としてイギリスにおいて復活したものであったが、自己負罪的尋問に対する敵意は、早くとも一六八八年までに、コモン・ロー上の原則というよりもむしろ、宗教論争として残存した。そのような尋問の制限は、他方で、一六世紀終期および一七世紀初期においてローマ＝カノン法の手続を用いた教会裁判所およびエクイティ裁判所において適用された。すなわち、そのような尋問の制限は、コモン・ローの法律家によって教会裁判所の手続に対して用いられ、その中の一部、つまり証人に適用された自己負罪拒否特権は、遅くとも一六四〇年代にコモン・ロー裁判所において適用された。そして、一六九〇年代と一七〇〇年代に自己負罪的尋問に対する法的制限および宗教的、政治的異議が、自己に不利益な証拠を提出することを強制されない一般的権利の概念の中に定着し始めたのである。(44)

3 Albert W. Alschuler の説

さて、以上の二つの論文は、伝統的とされる説を批判的に検討し、大陸法との関係を強く主張するものである。Albert W. Alschuler(45)もその立場を支持しつつ、nemo tenetur prodere seipsum の淵源について論じている。自己負罪拒否特権の沿革として、時代は遡ることとなるが、自己負罪拒否特権の本質を考える上で有益であるので、その淵源についても検討する。

(イ) Alschuler は、以下のように述べている。すなわち、一七世紀初期の特権の起源は、イギリスのコモン・ローではなくて、ヨーロッパ大陸の裁判所およびイギリスの大権裁判所と教会裁判所を通して適用された ius commune に求められる。一七世紀のコモン・ロー裁判所が国教反対者の被疑者に対して自己負罪的尋問を行う高等宗務官裁判所の権限を制限したとき、コモン・ロー裁判所は、自身が従うとした法に追随することを高等宗務官裁判所に要求した(46)。

ところで、ius commune に関するいくつかの格言には、尋問に対する最も重要な制限があった。nemo tenetur prodere seipsum の格言に加えて、ius commune ではさらに次の二つの格言が用いられた。すなわち、Nemo punitur sine accusatore（何人も告発者なしには刑罰を科されない）とNemo tenetur detegere turpitudinem suam（何人も自己の恥辱を明かす義務はない）である。[47]

それらの格言が反映された原理は古典的ローマ法（classical Roman law）では知られていなかったし、[48]その原理がius communeに取り込まれた時期も定かではない。もっともらしい仮説は、特権は自白するための宗教上の義務を制限する機能を持ち始めたというものである。[49][50]

(ロ) そして、Alschulerは、さらにその淵源を次のように述べている。三世紀まで、罪を行ったことに対する贖罪行為（penance for wrongdoing）はキリスト教の教義上の義務であったし、かつその贖罪行為は公に（in public）行われた。この贖罪行為が公の自白（public confession）を一般に含んでいたか、あるいはその代わりに、秘密告解（private confession）が公の贖罪に先立って行われたかどうかは議論があるが、教会が究極的に求めたのは秘密告解のみであった。四世紀には、教会の指導者であったSt. John Chrysostomは、次のように述べた。すなわち、「あなたは公の場で（in public）あなた自身を裏切ったり、他者の面前であなた自身を告発しなければならないとは私は言わないが、予言者（prophet）が、主に汝の行いを明かしなさい（Reveal your ways unto the Lord）と言ったときには従わなければならない」[51]。この記述は、数世紀後にnemo tenetur prodere seipsumの法格言を正当化するために引用された。[52]

罪人（wrongdoers）が沈黙する権利を有することの概念を反映するのとはかなり異なって、自己負罪拒否特権は、罪人の義務（sinner's duty）は刑事手続を導くであろう公の暴露（public disclosure）を含まなかった実利的判断（pragmatic judgment）のみを反映するものであろう。公の暴露または刑事罰への服従を要求することは、罪人が進んで告解をする機会を減少させ、かつ告解の精神（soul）面での効用の可能性を減少させるものとなったであろう。[53]

(ハ) 時を経て、一七世紀までには、特権は、十分な被疑事実なしに（in the absence of well-grounded suspicion）

宣誓した上で尋問されない権利へと発展した。ius commune における nemo tenetur prodere seipsum の原理は、いかなる者も自身の罪を「暴く（reveal）」ことを要求しないし、被告人の犯罪を暴き、また主張する被告人以外の者が、「告発者（accuser）」として存在しなければならない、という考え方に基づいていた。そして、被告人の尋問には、相当な理由（probable cause）が必要とされるようになってきたのである。[54] さらに、このような考え方は、高等宗務官裁判所の用いた職権による宣誓に対する拒否においても根拠として用いられるようになる。[55]

そして、特権の歴史は、高等宗務官裁判所の権威との闘争、宣誓の上での供述を強要された者がいた時代とその目的についての話なのである。[56]

（21） ius commune には、一般的に、「普通法」という訳語が用いられているようであるが、他方、同一の訳語は「コモン・ロー」についても用いられるところであり、両者の混同を避けるために原語にて表記する。

（22） *See* R. H. Helmholz, Roman Canon Law in Reformation England 162-69 (1990).

（23） なお、Helmholz は、自己負罪的質問に答えることを強要されないというルールの起源については、考察の射程外としている。Helmholz, *supra* note 4, at 964 n.14. この点につき、後述3参照。

（24） Helmholz, *supra* note 4, at 963-94.

（25） 他方、Helmholz は、Levy 説には、この法格言の評価について、一貫性に欠けるように思われる、と指摘している。*See id.* at 967 n.25.

（26） Helmholz, *supra* note 4, at 967.

（27） *Id.* at 967-68.

（28） *Id.* at 968 (citing Charles M. Gray, *Prohibitions and the Privilege Against Self-Incrimination*, *in* Tudor Rule and Revolution 345 (Delloyd J. Guth & John W. McKenna eds., 1982)).

（29） Helmholz, *supra* note 4, at 968.

（30） *Id.* at 968-69.

(31)　8 JOHN H. WIGMORE, EVIDENCE IN TRIALS AT COMMON LAW § 2250 (John T. McNaughton rev. ed. 1961). なお、星室裁判所について詳しくは、小山貞夫・イングランド法の形成と近代的変容（一九八三年、創文社）一三九-一八三頁、澤登・前掲注(5)法政理論二五巻一号一三四-一四四頁、この裁判所の用いた尋問手続について、グランヴィル・ウイリアムズ（庭山英雄訳）・イギリス刑事裁判の研究（一九八一年、学陽書房）三四-三七頁も参照。

(32)　Mary H. Maguire, *Attack of the Common Lawyers on the Oath Ex Officio as Administered in the Ecclesiastical Courts in England, in* ESSAYS IN HISTORY AND POLITICAL THEORY IN HONOR OF CHARLES HOWARD MCILWAIN 199 (Carl Wittke ed., 1936).

(33)　LEVY, *supra* note 8, chs 1-8.

(34)　Macnair, *supra* note 4, at 66.

(35)　*Id.* at 67.

(36)　*Id.*

(37)　*Id.* at 67-68.

(38)　*Id.* at 68.

(39)　*Id* (citing Gray, *supra* note 28).

(40)　Macnair, *supra* note 4, at 68.

(41)　*Id.* at 68-69.

(42)　*Id.* at 69.

(43)　*Id.*

(44)　*Id.* at 69-70.

(45)　Albert W. Alschuler, *A Peculiar Privilege in Historical Perspective: The Right to Remain Silent,* 94 MICH. L. REV. 2625 (1996).

(46)　*Id.* at 2638.

(47)　*Id.* at 2639 (citing Helmholz, *supra* note 4, at 975,981).

(48) なお、初期のユダヤの法（Jewish law）では、自己負罪的証言をほぼ禁止し、自己負罪的公判廷外供述をほぼ排除していた。*See* LEVY, *supra* note 8, at 433-41; Irene Merker Rosenberg & Yale L. Rosenberg, *In the Beginning: The Talmudic Rule Against Self-Incrimination*, 63 N.Y.U. L. REV. 955 (1988).

(49) Alschuler, *supra* note 43, at 2639 (citing Amar & Lettow, *supra* note 3, at 896). すなわち、Amar & Lettow は、特権は、大陸法から移入されたカノン法上の格言、すなわち、nemo tenetur prodere seipsum から徐々に発展してきたものであると考えられる。元来、nemo tenetur prodere seipsum は、赦罪（absolution）の条件として、告解（confession）において全ての罪（sins）を明らかにする義務を負うが、それが犯罪の訴追に結びつくことはないということを、意味するものであった。しかし、一旦訴追が開始され、ある者が起訴され証人として召喚されたならば、その者は真実を供述しなければならなかった。そして、一六世紀から一七世紀に職権による宣誓に対する闘争において見られた自己負罪拒否特権の具体化は、宗教上の不寛容と宣誓強制とその上での尋問の濫用的使用からの保護についての中世の考え方と密接に関連していた、と述べている。

(50) Alschuler, *supra* note 45, at 2639.

(51) *Id.* at 2640 (quoting Helmholz, *supra* note 4, at 982).

(52) Alschuler, *supra* note 45, at 2639-40.

(53) *Id.* at 2640.

(54) なお、十分な嫌疑がある場合に黙秘する権利を認めることは道徳律（morality）に合致しないという主張も見受けられる。*See* R. Kent Greenawalt, *Silence as a Moral and Constitutional Right*, 23 WM. & MARY L. REV. 15 (1981).

(55) Alschuler, *supra* note 45, at 2640-41.

(56) *Id.* at 2641-42.

四　若干のまとめ

(イ)　さて、以上述べてきたことからは、自己負罪拒否特権は、コモン・ロー裁判所によってローマ法およびカノン法上の概念が継受され、発展してきたと考えられる。[57] その意味で、Levy がイギリスのコモン・ローに焦点を当てたことは正当であろう。[58] しかし、ヨーロッパの ius commune が自己負罪拒否特権の初期の歴史に対して与えた意義については、再検討されなければならない。

Levy の学説は、二つの法システムの対立を基礎に置いている。すなわち、自由の側面のコモン・ローと人権制約の側面の大陸法である。この劇的な対置は、一見すると的を射た評価にも思えるが、歴史的現実を簡略化しすぎている。ius commune が適用された裁判所に関する資料を無視し、職権による宣誓に対してなされた当時の議論についての検討が不十分である、[59] との指摘は示唆的である。[60] イギリスの自己負罪拒否特権の概念の由来は大陸法にのみ求められる、[61] というように大陸法ないしカノン法を特権の起源であると断ずることができるかはともかくとして、少なくとも、コモン・ローを前面に押し出せるかは疑問があろう。[62] 三で見てきたように、イギリスでの職権による宣誓に対する拒否という形で具体化した自己負罪拒否特権をめぐる議論は、nemo tenetur prodere seipsum に深く関係していると考えられるからである。[63]

もっとも、自己負罪拒否特権の淵源は大陸法さらにそれは宗教上の義務との関係にまで遡るが、[64] 他方、確立した時期は、コモン・ローに求めることができる。[65] そして、nemo tenetur prodere seipsum の展開を通して、自己負罪拒否特権の成立過程における大陸法とコモン・ローとの関係は密接に繋がっており、それが議論を錯綜させる原因となっていると思われる。この点に関しては最後に少し触れることとし、以下で、特権の成立において象徴的な役割を演じたとされる John Lilburne の裁判の意義について述べておきたい。

(ロ) 黙秘権を主張した最も有名なコモン・ロー上の被告人は、John Lilburneであった。彼は、まず、煽動的文書の輸入に関して尋問されるが、明示されていない起訴事実（unspecified charges）に関する質問についてのみ供述を拒否する一方で、星室裁判所での職権による宣誓を徹底的に拒否した[66]。

一六四九年の反逆罪での裁判においては、彼は多くの存在しない権利（nonexistent rights）を要求した。罪状認否手続において、彼は「イギリス法により、私は私自身に不利益となる質問、あるいは私自身に関する質問に対して供述する義務はありません」と断言した[67]。

当時においては、このようなLilburneの主張自体は、大きな意味を有していたのかもしれない。しかし、これは例外的な事例であることや[68]、本稿で検討してきた議論状況からは、自己負罪拒否特権の起源は、大陸法ないしカノン法との関係から再評価されなければならないだろう。

(ハ) 最後に、自己負罪に関しては、一七世紀のコモン・ロー法律家と大陸法系法律家（civilians）とは、ほぼ同じ概念を共有していたことが示唆される、との点については[69]、両法系間の対立は周知の通りである[70]。また、両者の裁判所の手続の相違はその点に関して重要な意味を持つものであろう[71]。この点の関係を解明した上で、諸説の具体的な位置付けないし評価を行うことが残された課題である[72]。

(57) *See* Helmholz, *supra* note 4, at 989-90.

(58) *Id.* at 990.

(59) *Id.*

(60) なお、このような指摘に対してはLevyによって激しい反論がなされている。*See* Leonard W. Levy, *Origins of the Fifth Amendment and Its Critics*, 19 CARDOZO L. REV. 821 (1997).

(61) *See* John H. Langbein, *The Historical Origins of the Privilege Against Self-Incrimination at Common Law*,

92 MICH. L. REV. 1047, 1072 (1994).

(62)　*See, e.g.*, John Fabian Witt, *Making the Fifth: The Constitutionalization of American Self-Incrimination Doctrine, 1791-1903*, 77 TEX. L. REV. 825, 828 (1999).

(63)　この点については、このラテン語の法諺によって表現されたコモン・ローの原則の禁止しようとするものが、専ら宣誓の下での自己負罪強制の禁止であるとすれば、コモン・ロー上の被告人とは関係がないということになり、供述を拒むという被告人の権利を基礎付けるものとはならないということになる、との指摘がなされている（小川・前掲注（5）一四八頁）。しかし、宣誓強制の事実上の効果およびその上での供述の強要をめぐる議論とその背景の状況は、供述を拒む被告人の権利の保障への「由来」ないし「影響」という意味で評価すべきであるという見方もあり得よう。他方、同頁でも指摘されているように、証人の特権については、この原則が現代の特権に受け継がれてきたものと考えられる。

(64)　本稿三-3-(イ)、(ロ)参照。

(65)　自己負罪拒否特権の確立期につき、拙稿「自己負罪拒否特権の確立期についての一考察——イギリス法を中心に」帝塚山法学五号一三五頁（二〇〇一年）参照。なお、拙稿「植民地期アメリカにおける自己負罪拒否特権に関する一考察」帝塚山法学六号二〇三頁（二〇〇二年）も参照。

(66)　Alschuler, *supra* note 45, at 2653 n.98. この点につき、Amar & Lettow, *supra* note 3, at 897 & n.182 は、彼の主張は、自己負罪的尋問に対して供述しない権利を有するというものではなくて、適切な訴追（proper accusation)を受ける権利を有するというものであった。このように、一六世紀から一七世紀の間にかけての職権による宣誓をめぐる闘争は、教会裁判所の裁判権および宣誓強制の前提として必要とされる嫌疑(charge)の質に関するものであった、と指摘する。なお、John Lilburne 事件について詳しくは、澤登・前掲注（5）法政理論二五巻一号一六〇頁以下参照。

(67)　Alschuler, *supra* note 45, at 2653 n.98.

(68)　*Id.* Amar & Lettow, *supra* note 3, at 897 も、特権は、一七世紀終期の異端および煽動罪の裁判で、不熱心に(half-heartedly)行使されたにすぎなかった、とする。なお、特権行使の実効性との関係では、その背景として、予備審問で黙秘したコモン・ロー上の被告人は、保釈(bail)を否定されたであろうし、被告人の公判前または公判での黙秘の態度から事実認定者は不利益推認したであろう、こと等にも注意を要しよう。*See* Lawrence Herman, *The Unexplored Relationship Between the Privilege Against Compulsory Self-Incrimination and the Involuntary Confession Rule* (*Part I*), 53 OHIO ST. L. J. 101, 124 (1992).

(69) 本稿三-2-(イ)参照。

(70) Macnair, *supra* note 4, at 84. なお、大陸法と英米法との対立につき、さしあたり、田中和夫・英米法概説（一九八一年、再訂版、有斐閣）九頁以下参照。

(71) *See, e.g.*, LEVY, *supra* note 8, at 3-42.

(72) なお、禁止令状に関する最近の詳細な研究として、*see* CHARLES M. GRAY, THE WRIT OF PROHIBITION: JURISDICTION IN EARLY MODERN ENGLISH LAW, 2 vols. (1994).

（二〇〇二年二月脱稿）

イギリスにおける裁量による不公正証拠の排除

稲田隆司

一　はじめに

事実認定が公判手続の中核をなす刑事訴訟において、証拠の取り扱いを定める証拠法が担う役割は大きい。なかでも、証拠の取捨選択にかかわる証拠能力に関する原則は、特に重要なもののひとつである。

この点、自白については、日本国憲法三八条二項および刑事訴訟法三一九条すなわち自白法則が、特定の状況下でなされた自白を証拠として用いることを厳しく戒めている。しかしながら、証拠物に関しては、法文上、自白にたいする自白法則に相当するような制約は存在しない。

自白と証拠物との扱いにこのような差異が見られるのは、自白が採取方法いかんによっては、その内容に変質を来す場合があり、したがって証拠価値が失われてしまう危険性を孕んでいるのにたいし、証拠物は、たとえいかなる手段を用いて収集されたとしても、基本的にそれ自体の性質・形状に変わりはなく、したがってその証拠価値が損なわれることもないからだといえる。

しかしながら、いかに証拠価値には影響がないとはいえ、どのような方法で採取されたものであっても証拠として利用できるとなれば、証拠を得たいがゆえに不当な捜査活動が横行する危険性があるし、さらには憲法三一条の定める適正手続の原則や憲法三五条の宣言する令状主義が空文化してしまう恐れすら生ずる。この意味で、証拠物についても、その採取の手段または状況いかんによっては、証拠価値の問題とはかかわりなく、その利用に何らかの歯止めを掛ける必要が出てくる。これは、法制の違いにかかわらず、二〇世紀の刑事司法が克服すべき重要課題のひとつであったといえよう。

この課題に、たとえば合衆国やわが国の法は、「違法」な手段によって獲得された証拠には証拠能力を認めないとする法理をもって対処した。いわゆる「違法収集証拠排除法則」である。これにたいしてイギリス法は、[(1)]証拠物の性格はその獲得手段によって変化するものではないから、「裁判所は証拠がどのような方法で獲得されたのかに関心を持たない[(2)]」という理由で、合衆国やわが国のような捜査の違法をその根拠とする排除法則すなわち違法収集証拠排除法則の採用を伝統的に否定してきた。この事実を踏まえて、一般に、イギリスでは、たとえ証拠の収集手続に違法が存在したとしても、それを理由に当該証拠が排除されることはないと理解されているようである。

しかしながら、イギリスにおいても、どのような方法で採取された証拠であっても無条件に許容性を認められるというわけではない。すなわち、「[証拠の]許容性に関する厳格な原則が被告人にたいして不公正に(unfairly)働く場合には、裁判官は証拠を許容しない裁量権を常に有している[(3)]」ことが、コモン・ロー上の原則として確立しており、従来から、不当な手段によって獲得された証拠の許容性をめぐる問題は、この裁量による排除によって取り扱われてきたのである。

そして、この不公正証拠の裁量排除は、現在では制定法上の地位も得ている。すなわち、「一九八四年警察及び刑事証拠法(The Police and Criminal Evidence Act 1984. 以下、『一九八四年法』という[(4)]）」七八条一項が、「いかなる手続においても、裁判所は、訴追側が立証の基礎として申請する証拠につき、その証拠が獲得された状況を含むすべての事情を考慮して、その証拠を許容することが当該手続の公正さに有害な影響を及ぼすためこれを許容すべきではないと認めるときは、その証拠の許容を拒むことができる」と規定しているのである。

このイギリスにおける不公正証拠の裁量排除については、コモン・ロー下でのその成立と展開の様子に関する限り、わが国においてもすでに詳細な研究が存在する。(5) しかしながら、一九八四年法施行以降のその運用状況についでは、いまだ十分な検討がなされてはいないように思われる。これに鑑み、本稿では、イギリスの不公正証拠の裁量排除につき、コモン・ローにおけるその発展の歴史を簡単に確認した上で、一九八四年法下における排除の実態に若干の検討を加えることとしたい。

(1)　ここでイギリスとは、イングランドおよびウェールズを指す。
(2)　Kuruma, son of Kaniu v R [1955] AC197., at 203.
(3)　Id., at 204.
(4)　一九八四年法の成立過程の詳細については、三井誠「イギリス刑事司法の改革(1)——一九八四年警察・刑事証拠法及び一九八五年犯罪訴追法を中心に」ジュリスト九三七号六三頁以下などを参照。また、同法の邦訳として、三井誠＝井上正仁「イギリス警察・刑事証拠法／イギリス犯罪訴追法」法務資料四四七号（一九八八年）がある。
(5)　井上正仁『刑事訴訟における証拠排除』弘文堂（一九八五年）三二八頁以下、同五〇二頁以下参照。

二　不当に獲得された証拠の許容性

上述したように、イギリスでは、違法・不当な手段で獲得された証拠であっても、法的には原則として許容性を有するといわれている。(6) しかしながら他方では、やはり上述したとおり、裁判官には「不公正な」証拠を排除する裁量権が付与されてもいる。本稿の目的が、この「裁判官の裁量による不公正証拠の排除」の検討にあることはすでに述べた。しかしながら、本題の検討に入る前に、本節では、古今の裁判例の中から、違法・不当な手段で獲得された証拠であっても許容性を有するという原則に言及のあった主な事例を取り上げて概観し、この原則が現に存在していた事実を確認しておくことにする。

(1) まずは、合衆国やわが国のいわゆる違法収集証拠排除法則と対比する上でも重要な視点となるであろう、違法な捜索の結果として獲得された証拠にたいするイギリスの対応を見ておく。

この点に関する最初期の裁判例として有名なものに、一八七〇年のジョーンズ事件[7]がある。[8] 事案の概要は、警察官が違法に被告人の身体を捜索したところ、同人のポケットから二五匹の鮭の若魚 (young salmon) が発見され、これを根拠に密漁の廉で有罪が言い渡されたというものであった。上訴を受けた高等法院 (High Court) は、「違法な手段で獲得されたことを理由に、当該証拠を被告人に不利益な証拠として用いることができないと判示しなければならないとすれば、それは司法にとって危険な障害となろう[9]」と述べ、当該証拠を許容した原審の判断を支持した。

たとえ違法に収集された証拠であっても直ちにその許容性が失われるものではないとする裁判所の立場は、その後、一九五五年のクルマ事件[10]において枢密院 (the Privy Council) によっても確認された。当該事件は当時コモンウェルスであったケニアで起こったもので、権限を有しない警察官による違法な身体捜索の過程で発見された弾薬が証拠とされ、被告人が弾薬の不法所持で有罪とされたというものであった。本件事案につき枢密院は、「たとえ盗まれたものであったとしても、かかる証拠は許容性を有する[11]」としたクロンプトン裁判官 (Crompton J) の有名な言辞を引用しつつ、「裁判所は証拠がどのような方法で獲得されたのかに関心を持たない[12]」と述べて、有罪判決を支持した。

また、一九七八年のジェフリー対ブラック事件[13]では、軽微な窃盗での逮捕後に行われた違法な無令状捜索によって被告人の部屋から発見された相当量の麻薬が、薬物不法所持の証拠として許容されていた。その理由を裁判所は、「証拠を獲得する際に不法があっても当該証拠が不許容とされることはないという命題を受け入れるべきことには、いささかの疑いもない[14]」からだと説明している。

⑵　次に、違法な捜索の結果として獲得されたものではないけれども、何らかの不当な手段により獲得された証拠物の許容性いかんに触れた裁判例を見ておく。

一例として、強姦犯人の同一性証拠の許容性が問題となった、一九八六年のアピセラ事件[15]がある。被告人は三人の女性を強姦したとして有罪判決の言いわたしを受けた。有罪の決め手となったのは、訴追側によって提示された、三人の女性が強姦によって淋病に罹患したという事実および被告人も淋病に罹っていることを示す同人の体液標本であった。被告人は、当該標本の採取は同人の同意に基づくものではなかったことを指摘し、したがって当該標本は不当な方法によって獲得された証拠であるとして、その排除を求めた。これにたいして上訴裁判所(the Court of Appeal)は、イギリスには「被疑者から採取されたいかなる証拠についても……被疑者の同意なしでは許容できない旨の宣言をする法則は存在しない」と述べ、被告人からの証拠排除の申立を却下し、原審の有罪判決を支持した。

また、一九九六年のカン事件[16]では、捜査機関による違法な「盗聴」行為によって獲得された証拠が問題となった。被告人は、市民の住居の不可侵性は、違法な盗聴装置によって獲得されたいかなる証拠も自動的に排除されることで保障されなければならないとの論を展開し、当該証拠の排除を求めたが、貴族院(the House of Lords)はこの訴えを退けた。すなわち、ノーラン(Nolan)裁判官およびキース(Keith)裁判官によれば、イギリス法には被告人の主張するような「自動的な排除」の発動を促すプライバシー権などは存在しないので、当該証拠を排除する必要はないということであった。

⑶　以上概観したように、イギリスには違法・不当を理由として直ちにまたは自動的に証拠を排除する法則は存在せず、かりに違法・不当な手段で獲得された証拠であっても、それは原則として法的には許容性を有する旨の発言が、裁判上たしかに見られることが確認された[17]。そしてイギリスにおいては、被告人がかかる証拠の排除を望む場合に採りうる方策は、裁判所にたいして不公正証拠の排除裁量権の発動を求めることである。では、裁

量による不公正証拠の排除とはどのようなものなのであろうか。

（6） 多くの論者が異口同音にかかる原則の存在を指摘している。たとえば、アンドリューとハーストは次のように言う。「違法、不当または不公正に獲得された証拠であっても、法的には許容性を有するというのがイギリス法の大原則である」（Andrews & Hirst on Criminal Evidence(1997) 3rd ed., p. 440.）。

（7） Jones v. Owens(1870) 34J. P. 759.

（8） Andrews & Hirst, op. cit., p. 440.また、井上正仁・前掲書三二八頁以下を参照。

（9） Jones v.Owens (1870) 34J. P. 759., at 760.

（10） Kuruma, son of Kaniu v R［1955］ AC 197.

（11） R. v. Leatham(1861) 8Cox C. C. 498.

（12） Kuruma, son of Kaniu v R［1955］ AC197, at 203.

（13） Jeffrey v. Black［1978］Q. B. 490. 被告人はパブでサンドイッチを盗んだとして逮捕されたのだが、警察が行った被告人の住居の捜索の過程で麻薬が発見された。裁判所は、この捜索は窃盗の捜査を目的としていなかった点で違法であると判示した。

（14） Jeffrey v.Black［1978］ Q. B. 490. at p. 497.

（15） R.v.Apicella (1986) 82Cr. App. R. 295.

（16） R. v. Khan［1996］ Crim. L. R. 733.

（17） しかしながら、この点につき、井上正仁教授は、「確かにコモン・ローには違法に収集された証拠は許容性を有しないという法則はなかったが、そのことは、逆に、そのような証拠も許容性を有するという法則が定立されていたことを意味するものではな［く］……、コモン・ローにおいては、その点は、端的に、『問題』とされなかっただけであ」るとの理解も存在することを紹介している。詳細は、井上正仁・前掲書六五－六六頁（2）を参照。

三　コモン・ローにおける裁量による不公正証拠の排除

(1)　裁判官が「不公正な」証拠を排除する裁量権を有していることを明示的に認める裁判例が見られるようになるのは、二〇世紀の半ば以降である。たとえば、前出の一九五五年クルマ事件[18]で枢密院は、違法に収集された証拠であっても直ちに許容性を失うものではないとしつつも、同時に、「[証拠の]許容性に関する厳格な原則が被告人にたいして不公正に働く場合には、裁判官は証拠を許容しない裁量権を常に有している」ことを認めていた。

当時、この裁量権の意義がどのように理解されていたかを端的に示すものとして、やはり前出の一九七八年ジェフリー対ブラック事件[19]におけるウィジェリー（Widgery）主席裁判官の次のような発言がある。「警察官らが単に無権限で［人の住居に］立ち入ったというだけにとどまらず、彼らが欺罔を用いたとか、相手を誤導したとか、圧迫的（oppressive）であったとか、不公正であったとか、その他道徳的に非難されるべき態様で行動したような場合には、裁判官らは、彼らの有する裁量権を行使して、特定の証拠を許容しないことができる」。

これを見る限り、この裁量権は当初、少なくともその表現上は、かなり広範に機能しうるものであるかのように説明されていたといえる。しかしながら、クルマ事件からジェフリー対ブラック事件までの間に、実際に不公正証拠の排除裁量権が発動されて証拠が排除された事例はほとんど存在しない。すなわち、数少ない例外として、いずれも欺罔により行われた医学的検査の結果によって被告人が飲酒運転で有罪とされた、一九六二年のコート事件[20]と一九六三年のペイン事件[21]の二例が報告されているに過ぎないのである。

(2)　このように、排除裁量権についての裁判所による説明の内容と、その実際の機能との間には少なからぬギャップが存在していた。[22] しかしながら、その後、一九八〇年のサン事件[23]が、このギャップを埋める役割を果たした。同事件で裁判所は、この裁量権は実際には極めて例外的にしか機能しえないものであることを厳しく確認し、そしてその性格がいかなるものであるかについて指摘している。

サン事件の概要は次のとおりである。被告人らは偽造銀行券の行使および不法所持の罪を問われていたが、それは警察のおとり捜査によって教唆されたものであった。被告人らは一貫して一切の証拠は排除されるべき旨主張していたが、事件は貴族院にまで持ち込まれた。

貴族院は結論的に被告人らの主張を退けた。その理由としてディプロック(Diplock)卿は、「裁判所は証拠がどのように獲得されたかに関心を持たない[24]」から、「違法な捜索の結果として発見された証拠を排除する裁量権など存在しない[25]」と述べていた。これを要するに、原則として裁判官は、「関連性のある証拠を、それが不当または不公正な方法で獲得されたことを根拠に排除する裁量権を有しない[26]」ということである。しかしながら、ディプロックは同時に、かかる原則にはふたつの例外があるとも述べていた。

第一の例外は問題となっている証拠が不利益供述または自白である場合だという。これは、自白法則では律しきれない不当な取調によって得られた自白に対処するために機能するものである。[27] したがって、かりに任意性があり自白法則上は証拠能力を認められる自白であっても、これにより排除される場合がある。

第二に、何人も自己の密告者となることを求められることはない[28]」という法諺が適用されるような場合すなわち「被告人が任意に証拠を提出するよう誘導され、かかる誘導の方法が不公正であった場合[29]」である。換言すれば、被告人が自己負罪的な効果を有する証拠を自ら提出する場合に、その提出に至る過程でなされる捜査側の働きかけの性格が問題となるのであり、かかる働きかけが「不公正」であれば排除裁量権の発動がありうることになる。この場合、「不公正」か否かを判断する基準は、第一の例外として挙げられている不当に獲得された自白の場合にその排除を正当化しうる基準と同等のものだとされる。[30]

ようするに、イギリス法には証拠排除によって違法・不当な捜査活動を抑制し、あるいは当該活動を行った警察官を懲戒しようという認識はないので、この目的で、単に違法・不当・不公正な手法で獲得されたことを根拠に証拠を排除する必要はない[31]けれども、真実を発見し被告人を不当な有罪判決から保護するというコモン・ロー上の重要命題を貫徹する必要上、当該証拠の利用がこの命題を危うくする恐れが生ずるような場合には、証拠排除もありうる[32]ということである。

(3)　このように、サン事件は不公正証拠の排除裁量権の内容を、それ以前のものに比してより限定的に捉えなおしたと理解できる。[33]では、サン事件以降の裁判例は、どのような態度を採っていたのであろうか。一例として、アルコール呼気検査結果の証拠としての許容性が問題となった一九八六年のフォックス事件[34]を挙げる。

同事件の被告人は、当該呼気標本は同人が警察署で提供を「強いられた」ものであり、したがってこれはサン事件で示された原則によって排除されるべきだと主張していた。すなわち、被告人は自宅で違法に逮捕されたもので、したがってその後の標本提出に至る手続も違法であるところ、このことは、かかる一連の違法行為の結果、標本という自己負罪証拠の提出を強いられたに等しいというのである。

しかしながら、この主張は、上訴審においても貴族院においても採用されなかった。裁判所の見解によれば、かりに当該証拠が排除されていたとするなら、それはディプロックの示した裁量権からの逸脱にあたるというのである。[35][36]

このように、サン事件が示した排除裁量権の性格についての限定的な見解は、その後、さらに縮小解釈されて適用されていたといえる。この結果、サン事件以前においてさえほとんど機能していなかった排除裁量権は、さらにその発動の機会を奪われることになってしまった。この傾向は、一九八四年法七八条の運用が軌道に乗るまで続くのである。

(18)　Kuruma, son of Kaniu v R ［1955］ AC197.

(19) Jeffrey v. Black [1978] Q. B. 490.
(20) R. v. Court [1962] Crim. L. R. 697.
(21) R. v. Payne [1963] 3All E. R. 848.
(22) See, Zander, The Police and Criminal Evidence Act 1984, 3rd ed(1995), p. 233.
(23) R. v. Sang [1980] A. C. 402.
(24) Id., at p. 436.
(25) Id, at p. 437.
(26) Id., at p. 437.
(27) したがって、この例外は本稿における直接の検討の対象ではない。不当に獲得された自白が不公正証拠の排除裁量権によって処理されるようになるのは、証拠物についてのその適用が問題となるよりかなり前のことである。その嚆矢となったのは一八八五年のゲイヴィン事件判決（Gavin(1885)15Cox C. C. 656.）であったといわれている。ゲイヴィンは身柄拘束中に警察の取調を受けて自白していたが、裁判所は、かかる取調を不当な捜査方法であると断じ、この過程でなされた自白を排除した。すなわち、身柄拘束中の被疑者については、裁判官がその取調権限を有しないと同様に警察官もかかる権限を持たず、したがって、かかる不当な取調によって獲得された自白を証拠とすることはできないとされたのである。不公正証拠の排除裁量権が自白法則を補完する機能を果たしてきたことについては、たとえば、稲田隆司「自白法則と虚偽排除説――コモン・ローにおけるその成立と展開」法政理論三〇巻四号四〇頁以下を参照。
(28) Andrews & Hirst, op. cit., p. 455.
(29) R. v. Sang [1980] A. C. 402, at p. 436.
(30) See, Andrews & Hirst, op. cit., p. 455.
(31) ディプロックは次のように言う。「かりに（当該証拠が）違法に獲得されたものだとしても、民事法上の救済がありうるし、それが適法ではあるが警察の職務準則に違反する方法で獲得されたというのであれば、適切な懲戒権者によって処理されるべき事柄である」（R. v. Sang [1980] A. C. 402, at p.436）。

(32)「裁判において裁判官が関心を有するのは、訴追側が提出しようとする証拠がどのように獲得されたかではなく、裁判でそれを訴追側がどのように利用するかである」(R. v. Sang [1980] A. C. 402, at p. 436)。

(33) See, Zander, op. cit., p. 233.

(34) R. v. Fox [1986] A. C. 281.

(35) ただし、この点につき、貴族院のフレイザー (Fraser) 卿は、本件においても、「もし被告人が何らかのトリックまたは欺罔によって警察署におびき出されていたり、あるいは警察官が圧迫的に振る舞っていたとしたならば……、証拠を排除する裁判官の裁量権が……発動されていたかもしれない」とも述べていた。(Id., at p. 293.)

(36) 貴族院のこのような見解にたいしては次のような批判が存在する。すなわち、フレイザーは、警察官のトリック、欺罔または圧迫の結果として警察署へ出向き標本を提出する場合と、本件で実際にあった警察署への強制的な連行および標本の提出の場合とを区別し、前者の場合には排除裁量権発動の可能性があったことを示唆しているけれども、いずれの場合でも自己負罪を強制されない権利が侵害されることには変わりがないのであるから、ディプロックの基準に照らすとき、両者を区別することにどれほどの意味があるのか、というのである。もっともな批判というべきであろう。(See, Andrews & Hirst, op. cit., p. 456.)

四　一九八四年法下における裁量による不公正証拠の排除――一九八四年法七八条一項

一九八四年法の制定過程においても、不当に獲得された証拠をどのように取り扱うべきかは重要な論点のひとつであった。合衆国の違法収集証拠排除法則のようなアプローチの可能性も検討されたが、その採用は結局見送られた。主な理由は、合衆国の例を見ても違法収集証拠排除法則には必ずしも違法捜査の抑止効があるとはいえないこと、それが機能するのは極めて少数の事例に限られ、また、かりに機能したとしても違法捜査がなされてから数ヶ月というタイムラグが生じること、そして警察の違法行為をチェックするためならば損害賠償請求あるいは懲戒処分で足りること、などであったという。[37]結局、イギリス法は、不当に獲得された証拠にたいしては、従来どおり裁量による排除をもって対処する道を選択したのである。

ただし、排除裁量権は一九八四年法において明文化され、制定法上の地位を得た。すなわち、裁量による不公正証拠の排除は、同法七八条一項をその根拠規定として運用されることとなったのである。

1　コモン・ローと一九八四年法の関係——一九八四年法八二条と七八条

不公正証拠の排除裁量権は一九八四年法七八条によって制定法化された。しかしながら、この排除裁量権が、同法八二条三項によってコモン・ロー上の権限としても留保されていることには注意が必要である。すなわち、同条同項は、「本編（一九八四年法『第八編：刑事手続における証拠』）の規定は、裁判所が裁量により証拠を排除する権限（質問を許さないという方法によると他の方法によるとを問わない）に影響を及ぼさない」と規定しているのである。したがって、証拠の許容性は厳密には七八条および八二条のいずれの文脈においても問題となりうる。では、七八条と八二条との関係はどのようなものなのか。

一九八四年法の施行当初には、七八条の排除裁量権とコモン・ローのそれとの関係は不分明ではあったけれども、一般に七八条の機能はサン事件の示していた原則と大差ないものと理解されていたようである。[38]しかしながら、裁判所は程なく、七八条をコモン・ローの裁量権に比してより広義に解釈・適用するようになる。たとえば、一九八七年のマット事件[39]においてウールフ（Woolf）主席裁判官は次のように述べている。

「七八条の正しい解釈として、わたしは、それがコモン・ローにおいて存在していた不公正な証拠を排除するための裁判所の裁量権を損なうものではないと強く確信している。正に、わたしの理解では、コモン・ローにおいて適正に排除されうる証拠は、当然に七八条の下でも排除されうる」[40]

このように、七八条の守備範囲はコモン・ローのそれに等しいかあるいはそれを超えるものであると認識されるようになったといえるが、その背後には、裁判所の「不公正」概念の捉え方の変化が存在していた。すなわち、裁判所は、不公正の基準自体はコモン・ロー下でも七八条においても等しいけれども、このことは必ずしも、同一の事件におけるコモン・ローの裁量権と七八条のそれとの適用範囲が等しくなければならないことを意味するものではないとの立場を採るようになったのである。(41) そしてこの立場においては、七八条の方がコモン・ローのそれよりも広義なのだという。(42)

このような見解が示されるようになったことの帰結として、裁判所は、一九八四年法以前の実務から一転して、従来から排除裁量権の適用の可否が争われていたたぐいの証拠はもちろん、かつては許容されていた類型の証拠についても、七八条を根拠に排除するようになった。(43) すなわち、七八条下での不公正証拠の排除裁量権は、従来に比して、現実により幅広く機能するようになったのである。(44) では、七八条が機能するのはどのような場面なのか。その文言上、七八条が発動しうるのは、「手続の公正さに有害な影響を及ぼす」ような状況においてであるとされているが、手続の公正さに有害な影響が生じる状況とは具体的にどのような状況を指すのだろうか。以下では、七八条の運用状況について検討する。

2　七八条の運用状況①——警察の不当または違法な行為

七八条の機能の場として第一に考えられるのは、警察の不当または違法な活動があった場合であろう。しかしながら、この場合でも、たんに違法・不当があったというだけでは足りず、その不当性・違法性がかなりの程度に達するまでは手続の公正さに有害な影響は生じないというのが一般的な理解である。では、どの程度までの不当性または違法性が求められるのか。

(1)　この点については、まず、警察の違法または不当な活動と証拠獲得との間の因果関係の有無ないし程度が問題となる。一九九五年のスチュワート事件(45)における上訴裁判所の判断を見てみよう。同事件においては、電力およびガスの不正利用を捜査する目的で警察官と電力会社の職員らが被告人宅の捜索を行い、その結果ガスおよび電力メーターに取り付けられたバイパス装置が発見され、これに基づき被告人は有罪判決を受けていた。[46]しかし、被告人の住居に立ち入る際に警察官らは、一九八四年法の実務規範（the Codes of Practice）Bにたいする違反を犯していた。被告人は、この違反を根拠に、当該捜索によって発見された自己負罪証拠すなわちガスおよび電力メーターに取り付けられたバイパス装置の排除を求めたが、上訴裁判所はこの主張を認めなかった。その理由は、問題となっている自己負罪証拠は、「たとえ警察官らが実務規範を遵守しつつ［住居への］立入を果たしたとしても、あるいは、本件において彼らが行ったように、実務規範に従わずに立入を果たしたとしても、いずれにしても丸見えの状態でそこにあった」のであるから、警察官らの行為に、不公正が含まれる可能性はないからだという。

本件においては、警察官らの犯した実務規範違反と証拠獲得との間に因果関係の存在は認定されず、したがって証拠排除も認められなかった。これを反対に理解すれば、証拠が純粋に違法または不当な行為の結果として獲得された場合、とくに違法・不当な行為がなければ獲得されえなかったであろう証拠の場合には、その排除の可能性は格段に高くなると考えられる。[47]

(2)　違法・不当な活動を行った際の警察官の意識も重要な要素である。この点、七八条においても、たとえ不当・違法に獲得された証拠であっても、たんに警察や訴追側を懲戒する目的で排除されることはないとするコモン・ローの原則が墨守されるべきことは確認されてはいる。[48]しかしながら、警察の違法・不当な活動が悪意に基づくものであった場合には、状況が異なってくる。

かかる場合に適用されるべき一般原則を示すものとして、たとえば、一九八八年のアラディス事件[49]における裁判官の発言が注目に値する。すなわち、悪意の存在が示されうる場合には、裁判所は、かかる悪意の結果獲得された証拠を排除する決定を下すのに、ほとんど躊躇を感じないであろうというのである。[50]

裁判所のかかる立場を具体的に表している裁判例のひとつとして、一九八七年のマット事件[51]が挙げられる。同事件においては、被告人は違法な呼気検査を受け自宅で逮捕された上で警察署へ連行され、そこで改めて当該呼気標本が検査された結果、同人が道路交通法のアルコール過剰摂取規定に違反していることが証明されていた。本件の事実が前出のフォックス事件[52]と類似していることには注意が必要である。一九八四年法施行以前の事件であるフォックス事件では、証拠の許容性は認められていた。他方、マット事件の裁判所は、問題の呼気標本は七八条に基づいて証拠から排除されるべきだと判示した。両者の区別の根拠は、フォックス事件は警察官の全くのミスから生じたものであるのにたいして、マット事件の警察官は悪意に基づいて行動していたことにあるとされた。

このように、警察の違法・不当な活動が悪意に基づくものであった場合には、当該不当・違法と証拠獲得との間の因果関係の有無・程度とはまた別の考慮の下で、証拠が排除されることがありうる。すなわち、悪意に基づく違法・不当は、有罪判決の確保という公共の利益を犠牲にしてまで正すべき不公正であると認識されているといえよう。

3　七八条の運用状況②——おとり捜査および秘密捜査活動

サン事件からも明らかなように、イギリス法はいわゆる「わなの抗弁」を認めてはおらず、したがって、訴追側証拠がおとり捜査の結果として獲得されたという理由だけでは裁量による排除は認められないというのがコモン・ローの原則であった[53]。この立場は基本的には七八条の下でも踏襲されている[54]。しかしながら、それにもかかわらず、近年、警察のおとり捜査やその他の秘密捜査活動を司法にたいする不公正な侵害とみなし、その果実を排除するよう裁判所に求める事例が少なからず見られるようになってきている。なぜ、このような事例が増加しているのか。そして、かかる要求に裁判所はどう応えているのか。また、そこにはどのような考慮が働いているのか。以下では、この点について検討を加える。

(1) 一九九二年のクリストウ事件[55]では、宝石窃盗団の摘発の任にあたった秘密捜査官らが宝石の故買人を装い、彼らに盗品の宝石を売却しようとした被告人らを含む顧客に接触するとともに、その際の会話の様子を隠しビデオ・カメラとマイクで記録していた。その記録から、被告人らが特定の地域において宝石窃盗を行った事実を推認させる情報が獲得された。被告人側から、このような形で被疑者から供述を引き出すことは被疑者取調を規律する実務規範Cに違反するので、当該証拠は排除されるべき旨の主張がなされた。これにたいして上訴裁判所は、当該捜査活動には何らの不公正も存在せず、したがって証拠排除の必要はないと判示した。

上訴裁判所のかかる衡量の背後には次のような考慮が働いていたとされる。すなわち、クリストウ事件のように警察官が秘密捜査活動を行っている場合には、被疑者と会話をする際に被疑者にたいして実務規範が要求するような権利告知を行うことは不合理であるし、そもそもかかる状況下で実務規範Cの完全な遵守を強いることが当該活動の目的を大きく損なうことは明らかだ[56]ということである。したがって、本件を見る限り、被疑者に不利な証拠を得る目的で捜査機関が策略を用いたとしても、それは必ずしも不公正または不当とは見なされず、それどころか逆に、公共の利益の観点から有効と認められる場合すらあることが理解できる。

ただし、クリストウ事件では、用いられた策略が被告人らに「押しつけられていた」わけではなく、被告人らは「自発的に策略にはまった」ことが強調されていた点には注意が必要である。換言すれば、本件において裁判所が七八条の発動はない旨の判断を下すにあたっては、被告人らが自ら盗品を故買人に提供することを選択した事実が重視されていたのである。これに鑑みると、かりに秘密捜査官が特定の被疑者を狙って直接に接近した場合には、裁判所の立場は秘密捜査活動によって得られた証拠を排除する方向により傾くと思われる[57]。

(2) クリストウ事件には、おとり捜査等と七八条との関係をめぐる重要な論点がもうひとつ含まれている。すなわち、警察官が取調目的すなわち不利益供述を得る目的で秘密捜査活動を行うことを厳しく戒めていたことである。換言すれば、実務規範Cの制約を回避し被疑者から実務規範の保護を奪う目的で秘密捜査を行うことは許されないというのである。

一見すると、これはクリストウ事件において認定された事実と矛盾するようにも思われる。なぜならば、クリストウ事件で捜査官らは被告人らにロンドン内で盗品を転売するのが危険な場所について質問し、その返答に基づいて宝石が盗まれた地域が特定されており、それが被告人らを窃盗犯人と認定する根拠のひとつとなっていたからである。これは、捜査官らが不当な手段で不利益供述を引き出していたことにはならないのだろうか。

この疑問にたいしては次のような説明が可能だという。すなわち、クリストウ事件の警察官らが被告人らに発した「盗品の転売をしてはいけない場所はどこだろう」という質問は、故買人らしさを演出し秘密活動を効果的に遂行する上で必要な行動だったのであり、これによって結果的に不利益供述が得られていたとしても、不利益供述の獲得が直接の目的ではなかったということである。(58)

この、取調目的で秘密捜査を行うことは許されないとするクリストウ事件の立場は、一九九三年のブライス事件(59)にも明瞭に引き継がれている。同事件において上訴裁判所は、秘密捜査官が盗難車のバイヤーを装い、被告人に罪の認識について直接質問し、その結果不利益供述を得ていたことに関し、この供述は七八条によって排除されるべきであったと判示した。

おとり捜査あるいは秘密捜査自体は必ずしも禁止されてはいないのに、「取調目的での秘密捜査」にたいしてはことさら厳しい制約が課せられるのはなぜなのか。この疑問にたいする確たるこたえを示すことは困難であるが、ここではさしあたり、「被疑者の取調については、それを規制する実務規範が存在し、かかる秘密捜査における取調はおそらく実務規範の要請を満たすことができないから」(60)(61)であるという指摘が存在することを紹介しておく。

(3)　七八条下においても、「わな」がそれ自体では抗弁になりえないことはすでに確認した。そしてこのことは、一九九六年のレイティフとシャーザッド事件(62)において、貴族院によっても再確認されている。しかしながら、同事件は他方で、「わな」またはおとり捜査は場合によってはそれ自体で手続の公正さに不当な影響を及ぼしうるものであり、したがって七八条の発動がありうることも認めてもいた。では、おとり捜査の事例において七八条が発動され証拠が排除される場合とはどのような場合なのか。この問題を検討するにあたっては、一九九四年のスマースウェイト事件(63)が参考になる。

スマースウェイト事件の被告人らは、殺し屋を雇い殺人を教唆した罪で訴追され有罪判決を受けていた。しかし、被告人らが雇った殺し屋とは、実は殺し屋を装った秘密捜査官であった。被告人側は、当該おとり捜査は不公正なものであるとして証拠排除を迫ったが、上訴裁判所は、本件において秘密捜査官によって得られた証拠を許容した原審の判断は適切であったと判示した。上訴裁判所によれば、おとり捜査において証拠が排除されるべきか否かを判断する際の一般原則(64)は次のとおりだとされる。

① 警察官が犯罪を犯す意思のない者を唆して犯行に至らせたか否か
② 当該わなの性質
③ 当該証拠は既遂犯罪についての供述か、それとも犯罪への関与の事実そのものか
④ 当該捜査官はどの程度行動的または積極的だったか
⑤ 捜査の際に発生した事実についての確固たる記録があるか、また、確実な裏付けがあるか
⑥ 秘密捜査官は、実務規範に従って適切になされるべき質問を行うに際して、役割の濫用をしなかったか

これらの基準をスマースウェイト事件に当てはめるとき、同事件の事実は次のように評価できる(65)。第一に、本件の秘密捜査官は、真の意味でのおとり捜査官として活動していたわけではなかった。なぜならば、被告人らは捜査官がいなくとも自らその計画を考え出したのであり、事件全体は捜査官の関与とは関わりなく動き出していたからである。この意味で、捜査官は犯意のない者を唆して犯意を生ぜしめたのではない。第二に、秘密捜査官の介入は、犠牲者となるはずだった人々を、いずれにせよ雇われたであろう本当の殺人者から救う働きをしたと

思われる。第三に、秘密捜査官と被告人らとの数回にわたる会合の様子は、一回を除いて、全てテープ録音されていた。以上の諸要素に鑑みると、本件における証拠の許容は適切であったといえよう。(66)

(4)　おとり捜査以外の秘密捜査活動、たとえば盗聴の場合はどうか。麻薬の密輸および密売の事例であるカン事件(67)において貴族院が採った見解は次のようなものであった。すなわち、本件の事案は極めて大規模な麻薬の密輸・密売であったが、当該犯罪の重大性に照らした場合、本件で行われた盗聴によるプライバシー権の侵害はそれほど深刻とはいえず、したがって、両者を衡量すれば、本件の事実審裁判官がヨーロッパ人権規約八条にたいするいかなる違反も盗聴装置に由来する証拠の排除を求めるものではないと判断したのは全く妥当だということである。しかしながら、もし犯罪が軽微でかつプライバシー侵害が重大だった場合には、かかる証拠の排除は正当化されたかもしれないことには注意すべきであろう。(68)

4　七八条の運用状況③——証拠の証明力に影響を及ぼすおそれ

証明力に欠ける証拠を生み出したり獲得したりする結果につながりかねない違法または不当が存在する場合には、当該違法・不当は、当然かかる証拠の排除を正当化する根拠となる。かかる認識自体はコモン・ローにおいても存在していたが、七八条下ではこの類型に該当すると判断された事例が相当数にのぼっている。とくに目に付くのは、警察による同一性確認のパレード(69)についての実務規範Dの不遵守などが存在した事例である。かりに当該手続によって獲得された証拠が許容された場合には、被告人の公正な裁判を受ける機会を損ないうる信頼できない同一性確認に依拠することになるというのが裁判所の懸念のようである。以下では、実務規範Dの不遵守が問題となった事例をいくつか紹介する。

裁判例を概観してまず目につくのは、識別手続の優先順位をめぐる事例である。具体的にはパレードを実施しなかった場合の正当性に関する問題である。実務規範によれば、特定の事由が存在すればパレードを行わなくてもよいとされている。たとえば、被疑者の容貌が特異なため、被疑者に似た人物を必要数だけ集められない場合などがこれにあたる。しかしながら、裁判例からは、裁判所がこの事由の存在をなかなか認めようとせず、警察に対してパレードの実施を厳しく求めていることが伺われる。たとえば、一九八八年のゲイナー事件(70)では、被告人と同じ人種に属するパレード参加者を探す際の警察側の努力が不十分であったとの理由で、パレードのかわりに実施された集団識別によって得られた証言が排除されている。

このように、識別手続は原則としてパレードによらなければならないとする裁判所の姿勢は厳格である。したがって、捜査側にパレードの実施を不正に回避しようとする意図が認められる場合に、より厳しい非難が加えられるのは当然であろう。たとえば、強姦の事案である一九九一年のナガー事件(71)においては、被告人がパレードの実施に同意していたにもかかわらず、警察署の外で告訴人による単独対面方式での識別があえて行われたが、上訴裁判所は、これを「実務規範にたいする完全なる侮辱」であるとして、有罪判決を破棄した。同様に、捜査側に不正にパレードを回避しようという意図が認められるとして、上訴審で有罪判決が破棄された事案に一九九四年のグラハム事件(72)がある。同事件では、被告人がパレードの実施を求めなかったため何らの識別手続も行われないまま手続が進行し有罪判決が下されたが、実は被告人がパレードを求めなかったのは、警察が捜査段階で被告人にたいして、実際にはその予定がないのにパレードが実施される予定がある旨告げていたからであった。

その他、実務規範D違反に関する事例として目につくものとしては、集団識別が実施された場所の選定の適否が問題となった一九九三年のジャメル事件(73)がある。同事件の被告人は混血人種であった。集団識別の実施に先立って、さまざまな人種の人物が通過するであろうとの期待から、ある通りが集団識別の場所として選定されたが、実際には被告人以外には混血人種は現れず、当然の結果として被告人が犯人として識別されてしまった。上訴裁判所は、この集団識別の手続上の瑕疵と他の事情を勘案した上で有罪判決を破棄した。

5　若干の考察

コモン・ローは、原則として、たとえ不当に獲得された証拠であっても、当該証拠の有する有害な影響力がその証明力を上回るような場合を除いて、かかる証拠を排除するための裁量権の存在を認めてこなかった。しかしながら、七八条はこのように限定的なものではない。かりに説得力のある証拠であっても、捜査官の悪意に基づく不当・違法な捜査活動で獲得された証拠の場合はもちろん、それが捜査官の真の誤解の結果として不当・違法に獲得された場合でも、裁判官は七八条の下で当該証拠を排除すべきか否かを、少なくとも考慮だけはしなければならない(74)。確かに、七八条は公判手続の公正さに関する規定に過ぎないのだけれども、裁判所は、警察または訴追側の違法または不当な捜査活動がなければ直面させられることはなかったであろう証拠に、被告人が自らの公判において直面させられた場合には、公判手続の公正さが損なわれる恐れがあるとの見解を採っているように思われる(75)。

何らかの不当に獲得された証拠を許容することによって手続の公正さが実際に侵害されるかもしれないことが明らかだと思われる場合、裁判所は次に、訴追側と被告人側との間の諸利益の比較衡量を試みることになる(76)。しかしながら、このような場合でも、もし問題の証拠を許容することが被告人にとって極めてわずかな「不公正」を含むだけであると思われるならば、裁判所は、当該証拠を許容することによって司法の利益がより担保されると判断することもあるだろう。七八条の下で証拠が排除されるべき場合とは、全ての状況に照らして、当該証拠が手続の公正さに及ぼす有害な影響が受け入れがたいものと考えられる場合に限定される(77)。「裁判所の職務とは、単に手続の公正さに有害な影響があったか否かを考慮することにとどまらず、かかる有害な影響が証拠排除を要求すべきものか否かを判断することにある(78)」からである。したがって、おとり捜査における不公正の有無・程度が問題となるような場合、被告人が誘惑されたかわなに掛けられたかを問うだけでは不十分であり、裁判所は、それが実際どのような方法で、どのような状況で行われたのかを確定する必要がある。問題のわなが公正で合理的だと認定される場合もあるだろうし、わずかに状況が異なるだけで逆の結論が導き出されることもありうる。

(37) See, Zander, op. cit., p. 234. また、一九八四年法七八条の成立に至る過程の詳細については、井上正仁・前掲書五〇六頁以下を参照のこと。
(38) See, Andrews & Hirst op. cit., p. 453.
(39) Matto v. D. P. P. [1987] R. T. R. 337.
(40) Id., at p. 346.
(41) R. v. Christou [1992] Q. B. 979.
(42) See, Zander, op. cit., p. 250, and Andrews & Hirst, op. cit., p. 453.
(43) See, Andrews & Hirst, op. cit., p. 453.
(44) See, Zander, op. cit., p. 236.
(45) R. v. Stewart [1995] Crim. L. R. 500.
(46) 一九八四年法と実務規範の関係について簡単に触れておく。一九八四年法とは要するに、長年にわたる判例法および個々の単行法の蓄積によってあまりにも複雑になってしまった捜査法および証拠法を整理・統合する目的で制定されたものだといえる。しかしながら、同法によって様々な捜査手法や証拠の取り扱い方を逐一詳細かつ具体的に規定することは不可能であったし、また、将来見込まれる社会的変化に柔軟に対応する必要上からも、種々の手続を制定法の形で固定的に規定することは必ずしも望ましいことではないと考えられた。そこで、一九八四年法は、その六六条において、実務の指針となり、ある程度柔軟に改正可能なガイドライン、すなわち実務規範を制定する余地を残したのである。この六六条の規定を受けて実際に設けられた実務規範は五種類ある。すなわち、「警察官による停止および捜索権限の行使についての実務規範（Code of Practice for the Exercise of Powers of Stop and Search by Police Officers）：実務規範A」、「警察官の行う施設の捜索および身体または施設で警察官が発見した財産の押収に関する実務規範（Code of Practice for the Searching of Premises by Police Officers and the Seizure of Property Found by Police Officers on Persons or Premises）：実務規範B」、「警察官による身柄拘束、処遇および取調についての実務規範（Code of Practice for the Detention, Treatment and Questioning of Persons by Police Officers）：実務規範C」、「警察官による人の識別のための実務規範（Code of Practice for the Identification of Persons by Police Officers）：実務規範D」、そして「被疑者取調のテープ録音に関する実務規範（Code of Practice on Tape Recording of Interviews with Suspects）：実務規範E」である。それぞれの実務規範は現在までに程度の差はあれ改正を受けている。最初期の実務規範A、B、CおよびDの邦訳としては、渥美東洋「イギリスの警察及び刑事証拠法の『実務規範』(1)、(2)、(3)、（4・完）」判例タイムズ五九五号、五九六号、五九七号、五九九号がある。また、実務規範Eの邦訳としては、稲田隆司「イギリスの『一九八四年警察及び刑事証拠法』の改正『実務規範』（一）」熊本法学一〇二号二三七頁以下を参照。ただし、実務規範はあくまでも警察官など捜査実務を担う者にたいするガイドラインに過ぎず、この意味で、その遵守が法的に義務づけられているわけではなく（一九八四年法六七条一〇項参照）、また、実務違反にたいする違反すなわち違法な手続となるわけでもないことには注意が必要である。

(47)　Andrews & Hirst, op. cit., p. 457.

(48)　R. v. Delaney (1989) 88Cr. App. R. 338.

(49)　R. v. Alladice (1988) 87Cr. App. R. 380.

(50)　Id., at p. 386.

(51)　Matto v. D. P. P. [1987] R. T. R. 337.

(52)　R. v. Fox [1986] A. C. 281.

(53)　本稿「Ⅲ　コモン・ローにおける裁量による不公正証拠の排除」を参照。

(54)　R. v. Harwood [1989] Crim. L. R. 285. 上訴裁判所は、七八条のような規定が新しい一般的な抗弁を作出するために用いられるのは適切ではないと述べている。

(55)　R. v. Christou [1992] Q. B. 979.

(56)　Andrews & Hirst, op. cit., p. 461.

(57)　Id., at p. 462.

(58)　Id., at p.461.

(59) R.v. Bryce(1993)95Cr. App. R. 320.
(60) Andrews & Hirst, op. cit., p. 462.
(61) 実務規範Cの重要な特徴のひとつとして、それが取調の正確な記録を強調していることが挙げられる。秘密捜査におけるように不利益供述に関する信頼できる記録が存在しない場合には、そのこと自体が証拠排除の強力な根拠となりうる。See, R. v. Bryce(1993)95Cr. App. R. 320.
(62) R. v. Latif and Shahzad［1996］1All E. R. 353.
(63) R. v. Smurthwaite［1994］1 All E. R. 898.
(64) この原則はあくまでも一例に過ぎないことには注意が必要である。おとり捜査や、盗聴などの秘密捜査の適否をめぐる一連の事例は、裁判所が排除裁量権をどのように行使すべきかを決定するさいに考慮されるべき諸要素に関する重要な指針を提供するものであるが、裁判例というものは必然的にそれらに固有の事実によってケース・バイ・ケースであるため、裁量権が行使されるべき状況を厳密に定義することは不可能である。See, Andrews & Hirst, op. cit., p. 460.
(65) Id., at p.463.
(66) しかしながら、たとえ被告人らが、秘密捜査官によって本来は行う意図のなかった犯罪に誘い込まれたのだとしても、その事実は、良くても証拠排除の可能性があったことを指摘する一要素に過ぎず、不当と見なされることはないかもしれないし、おとり捜査の利用の真の一例とは見なされないかもしれないないであろうという指摘があることには注意が必要である。Id., at p. 463.
(67) R. v. Khan［1996］3 W. L. R. 162.
(68) この点、盗聴装置や隠しカメラの使用を管理する法的な枠組みを整備することが望ましいとの指摘がある。See, Andrews & Hirst, op. cit., p. 463.
(69) イギリスの犯罪捜査において実施されている目撃証人による犯人識別方法の中でも、特に特徴的なものとして、いわゆる「パレード (identification parade)」がある。これは、要するに、被疑者を含む複数人を「行列 (parade)」させ、この行列の中から証人に自らが目撃した犯人を識別させる手法である。かかる手法は、わが国の実務において主流となっている、目撃証人に被疑者本人を単独で見せて行われる「単独対面方式」による識別方法に比して、より信用性の高い証言を得ることを可能にするものとして、近年わが国においても注目を集めている。イギリスにおける犯人識別手続については、たとえば、鯰越溢弘「イギリスにおける目撃証人の取り扱いについて」法政理論三〇巻四号二二五頁以下、大出良知「イギリスにおける証人による『犯人』識別の実際」季刊刑事弁護一一巻九〇頁以下、渡部保夫「犯人識別供述の信用性に関する考察㈤㈥㈦」判例時報一二二九号・一二三二号・一二三三号、稲田隆司「イギリスにおける犯人識別手続き」渡部保夫監修・浜田寿美男他編著『目撃証言の研究――法と心理学の架け橋をもとめて』北大路書房（二〇〇一年）五四二頁以下などを参照。

(70)　R. v. Gaynor [1988] Crim. L. R. 242.
(71)　R. v. Nagah [1991] Crim. L. R. 55.
(72)　R. v. Graham [1994] Crim. L. R. 212.
(73)　R. v. Jamel [1993] Crim. L. R. 52.
(74)　Andrews & Hirst, op. cit.,p. 459.
(75)　この意味で、たとえば、もしフォックス事件が七八条の下で判断されていたとしたならば、警察の善意は、やはり違法逮捕の結果獲得された証拠を許容する方向に好意的に捉えられていたかもしれないが、しかしながら、必ずしも被告人の権利にたいする重大かつ実質的な損害を治癒するに十分とは見なされなかったかもしれないとの指摘がある。Id., at p. 459.
(76)　R. v. Hughes [1988] Crim. L. R. 519.
(77)　R. v. Khan [1996] Crim. L. R. 753.
(78)　R. v. Walsh (1990) 91Cr. App. R. 380.

五　むすび

以上、本稿では、イギリスの裁量による不公正証拠の排除について、コモン・ローにおける発展の歴史を確認した上で、一九八四年法七八条下でのその運用状況を概観するとともに若干の考察を試みてきた。

ここまでの検討からも明らかなように、七八条の運用をめぐっては、いまだ少なからぬ混乱が見られるようである。しかしながら、裁判例というものが必然的にそれらに固有の事実によってケース・バイ・ケースであり、それゆえに裁量権が行使されるべき状況を厳密に定義することは困難であることに鑑みるならば、これはやむをえないことだというべきであろう。したがって、かかるマイナス面を強調するよりも、我々は、七八条によって現に違法・不当に獲得された証拠を排除する機会が増加してきていることに目を向けるべきである。

一九八四年法が施行されてからまだ日は浅い。七八条に基づく裁量による不公正証拠の排除の実務がどのように展開していくのかについては、今後とも注意深く見守っていく必要がある。

徴憑と自白に関する一つのスケッチ

公文孝佳

一　はじめに

今日「糾問手続（あるいは訴訟）」という言葉には否定的評価を見出す立場が多数であると思われる。例えば、表現の違いこそあれ、わが国の刑事司法が「自白採取を目的とした糾問的司法」と表現するとき、そこに「糾問（手続）」という語に対する肯定的な評価を見出すことはできない。(1) しかしながら、糾問手続において、拷問と自白が重要な要素であったことを認めるにしても、それらがどのような要件のもとで課されていたのか、その実相を明らかにする作業が必要である。また、糾問という言葉に否定的な意味を込めるとしたら、それはかかる作業を前提とするのではないだろうか。

また、現在我々の持つ刑訴法は自白のみに基づく有罪判決を許さない。（憲法三八条、刑訴法三一九条）よって自白とそれ以外の証拠で初めて有罪認定が可能となる。それでは、しかし、自白（あるいは二人の目撃証人）のみを有罪判決の要件とした糾問訴訟では自白以外の証拠（徴憑）はどのように位置づけられていたのであろうか。この点を明らかにすることで、今日における自白とそれ以外の証拠による事実認定適正化の議論に幾許かの示唆が得られるのではないかと考えている。

（1）一例を挙げれば、わが国の論者が糾問という語を否定的に使っていることは、「弾劾」的捜査観と「糾問」的捜査観の対置よりそれを見て取ることもできるであろう。

二 糾問訴訟の発展と徴憑理論

1 「糾問」手続

今日においては、糾問手続は一般的に言われるように、過酷な拷問（とその濫用）、陰湿な糾問官、恣意的な事実認定といった否定なイメージのみで捉えてはならない。この点に関しては、法史学者であるヴォルフガング・ゼラートが二〇年ほど前に既に指摘している。[2] ゼラートは、糾問訴訟が導入・定着した要因を、真実発見への志向に見出す。[3] また、糾問訴訟のルーツの一つとして教会法が挙げられるが、[4] 教会法で導入された原因は、聖職者に対する懲戒手続の整備の必要であった。[5]

糾問訴訟は教会法において導入された後、世俗法にも適用があるとする学説の影響などを受け、世俗の裁判権にも浸透することとなり、[6] ドイツではラント平和令によって受容が促進され、定着することになる。[7] 手続運営における恣意性の排除を目的として導入されて定着した糾問訴訟は、その目的に見合う構造を持っていた。ここでは、罪体（corpus delicti）の確定あるいは事実の立証（Der Beweis der Tat）と犯人の確定（Der Beweis der Täterschaft）が峻別され、それらに応じた手続を行うことになっていた。前者に対応するのが一般糾問、後者に対応するのが特別糾問であり、自白の採取が行われた。こうしたモデルを確立したのがガンディヌスである。ガンディヌスは一般糾問において、理性的且つ適正に犯罪事実の確定が行なわれるべきことを主張した。ここにいう事実の確定（constare de delicto）が意味したのは、「実際に犯罪が行なわれたことの確定」である。[8] そして、事実（Tat）と犯人の確定とは区別して扱われ、事実の立証は客観的な証拠（徴憑）によって行い、犯人の確定は自白でもって行うとして、証拠（徴憑）と自白が明確に区別されていたのである。[9]この意味で自白は証拠ではなかった—事実の客観面を立証するものではない—といえよう。[10]

そして、事実の確定（確信）を前提とした上で、初めて自白の採取が問題となっていたのである。そして、ここで注意すべき点は、一般糾問では事実の確定のみならず、被告人が犯人であることの高度の蓋然性について確認することが求められていたことである。[11]以上のように事実の確定を先行させ、その上で自白の採取が初めて問題となるとして手続を二段階にしたことの意義は無辜の者の保護にあったとされている。[12]

しかしながら、こうした手続の二分は困難な問題に直面することになる。何故ならば、一般糾問で立証の対象となる罪体は各種犯罪類型によって異なり、①人の目に触れないものもあるし（例えば、死体が水中に遺棄されたか密かに埋葬されたために発見されない場合を想起）、②そもそも検証によってそれを確定できない場合（例としては魔法の罪、姦通、名誉毀損などがある）もあるなどの点に限界があり、これらの場合には、容疑者が詳細に申告しないと、犯罪の事実の立証が困難だったからである。[13]そこで糾問開始には「少なくとも風聞による（saltem per famam）」というルールがイタリア法学では発展していくことになったのである。

その代表的論者としてバルトルスがいる。バルトルスは事実の確定を拷問の要件としつつも、その前提たる事実の確定について、風評をそれに参加させることができるとしていた。即ち、バルトルスは一般糾問に必要な風評として「犯罪についての風評（fama de maleficio）」を特別糾問については「訴追されている者に対する悪評（mala fama contra certam personam）」が必要であるとしている。[14]しかし、その上でなお、風評が特別糾問（拷問）の要件たるには、事実の確定が前提であるとしている。[15]このように、糾問開始要件としての事実の確定手続に風評を参加させることを認めつつ、特別糾問（拷問）の要件としても風評を考えることができるという思考は一見して矛盾しているとも思われるが、バルトルス自身は、次のように主張し、風聞以外のその余の徴憑をできる限り集めることが重要であるとしている。「犯行の真実を探り出すのについて確信を築きあげるために、注意深い裁判官は申し立てられた数多くの証言から徴憑を収集することができる」[16]。従って、悪評のみで手続を行うことができるとまでは主張していなかった。同様の立場をとった者としてはバルドゥスがいる。バルドゥスもまた糾問手続を事実の確定と犯人の確定とにわけ、前者に関して風評を徴憑として認めつつも[17]、それ単体で拷問を行なうことができないとしていた[18]。

以上のような、風評を糾問開始要件と数えても、単体では拷問の要件とすることはできないという―そしてそれ以外の徴憑を集めなければならない―見解は、中世イタリア法学において諸学者の見解の一致するところであった[19]。糾問手続にあっては、風評・悪評といった、犯罪事実を直接に立証するものではないものを糾問手続における事実認定に参加させることは認められつつも、その余の徴憑が求められることで事実の確定への要請は依然として命脈を保っていたのである。そして、この理論は後のドイツの刑事法学に多大な影響を及ぼすことになる。しかしここで重要な点を指摘しておかねばならない。それは、拷問は風評「のみ」に基づいてはできず、その余の徴憑が求められるが、それら徴憑が拷問に十分なものかどうかの判断は裁判官に委ねられていたという点である[20]。糾問手続の弊害として指摘されてきた「裁判官による恣意的な運営」のきっかけがまさにここにあった。

2　カロリーナ法[21]

前節で見たように、糾問手続は手続を運営する側の恣意的な運営あるいは濫用を抑制すべく登場したものであった。それ故にこそ、事実の確定と犯人の確定手続が一般糾問と特別糾問とに分けられ、前者を前提としてはじめて後者の手続に進むことができたのである。しかしながら、事実の確定の対象となる罪体には確定しがたいものもあり、そこから風評を糾問手続上の要件として考える立場が登場したわけである。しかし、風評という犯罪の事実的側面には属さないものを手続に組み込むことに対して、事実の確定を特別糾問開始要件として求める立場が疑問を呈するのは自明のことであった。そこで、風評のみならず、その余の徴憑を求めるべしという理論的手当てがなされたのであるが、風評をも含めたそれら徴憑が拷問に十分なものであるかどうかという点については裁判官の自由裁量に委ねられていた点が問題であった。この点は拷問の濫用という形で現れることになったと思われる。そしていかなる状況が現出したかは、一五三二年に成立したカロリーナ法の序文から見て取ることができよう。「多くの地にて、法とよき理に反して審理が行われることが頻繁であり、このために責なき人々が苦しめられ、また命を奪われていた。また逆に、罪ある者たちは、正常ではない、危険で遅滞しがちであった審理によって処刑を延期されているか、生命を永らえるか、あるいは放免されている。このことは刑事原告人たちにとって、また一般の利益という点では非常に大きな損害である」。こうした事態に対応すべく立法されたのがカロリーナ法であった。[22] 拷問と自白に関する部分を概観しておこう。

まずは、六条規定の、[23] 誰かある者につき非行を犯したという風評がある場合に職権で開始される手続である。（一般糾問）この「職権により」行われる手続の場合でも、拷問に先立ち、問題となっている手続の対象となっている行為が実際に存在したかどうかを調査せねばならなかった。

そして「徴憑（Indiz）」のみが存する場合には生命・身体刑を科すことは認められず、拷問のみが許された。（二二条）[24]

また拷問を許す徴憑は「十分なものであり且つ信頼しうる」ものでなければならない。そして、被告人が有罪であるという結論を導きうるものでなければならない。問題なのは多くの徴憑を寄せ集めて「十分なもの」となすことができるかということにあった。（二七条）[25] これについては、多くの徴憑の寄せ集めにより被告人に有利な徴憑の評価が超えられた場合にのみ、認められることになっていた。（二八条）[26] 徴憑の評価に関しても厳しい規制が規定されている。徴憑は二人のよき証人によって立証されねばならない。（二三条）[27] また、一人の証人による立証は現行犯（一六条及び二三条）の場合と同様に、拷問のみが許されるにすぎなかった。信頼しうる徴憑の存在が立証されたとされる以前に、被告人には自身の無罪を示すような免責事情を陳述・立証することが求められた。（四七条）[28]

次に自白に関してであるが、自白は書面化され、翌日またはそれ以後の日において被告人によって同じ内容が任意に繰り返されねばならないとされる。（五六条）[29]この場合書面と違った内容を自白した場合には新たに拷問されることになっていた。（五五条）[30]しかし、被告人が拷問されても自白をしなかった場合、どのような要件のもとで拷問を新たにできるのか、ということ、さらには何回行うことができるのか、ということをカロリーナ法は規定していない。そしてその場合に、無罪判決を行わなければならないかどうかについても規定していない。この点は後に諸家によって多様に論じられることになる。また、この場合の処理をめぐり特別刑、仮放免（absolutio ab instantia）の導入が提唱されることになる。

以上のような特徴を持ったカロリーナ法は、最近の研究が示すように[31]、その存在意義を、抽象的規範の個別具体的な事件への適用に際し生じる濫用や誤用の防止に見出すものであった[32]。つまり、イタリア法学における徴憑を巡る理論の欠点を、拷問には「風評以外の＋α」が必要であるとしつつ、それを自由裁量に委ねた点に見出すとするなら、カロリーナ法はその欠点を拷問開始に必要な徴憑を予め法に規定することで克服しようとしたといえる。このような志向を持つカロリーナ法の成立によって、刑事手続の恣意的運営を防止するための道具立ては整ったのである[33]。

（2） Sellert, Die Bedeutung und Bewertung des Inquisitionsprinzip aus rechtshistorischer Sicht in: Recht und Staat im sozialen Wandel, FS-Scupin 1983, S. 161-182. 本論文には和田卓朗教授の翻訳・解説論文がある。和田卓朗（訳）「法史学の視角から見た糾問原理の意味と評価」阪市大法雑五〇巻一号一三六頁以下（二〇〇三年）。

（3） Sellert, a.a.O., S. 167.

（4） Trusen, Der Inquisitionsprozess. Seine historischen Grundlagen und frühen Formen, ZRG KA74 (1988) S. 168ff.

（5） 糾問手続は教皇インノケンティウス3世の教会改革の一部をなすものであった。糾問手続以前においては、訴追人の訴追による弾劾手続が行われていたのであるが、訴追者に完全な立証が求められていたということ、訴追者に手続に関する十分な知識を欠く場合が多かったこと、雪冤宣誓（Reinigungseid）によって容易に無罪の立証をなすことが可能であった、などのことから弾劾手続は十分に機能していなかった。Ignor, Geschichte des Strafprozess in Deutschland 1532-1846 von der Carolina Karls V. bis zu den Reform des Vormärz（→以下Ignor, Geschichteと表記）S. 48.

（6）糾問手続を世俗法に受容させる理論的基盤を提供した法学者として、ロッフレドゥス・エピファニがいる。教会法と世俗法の双方に明るかったロッフレドゥスは、糾問手続がローマ法においても見出されると主張した。このように、世俗法たるローマ法においても糾問手続を見出すことができることを根拠として、ロッフレドゥスは糾問手続が世俗の裁判権にも適用されると主張したのである。この見解が普及した結果、イタリアの諸都市及びドイツの領邦が新たな手続としての糾問手続を受容した。Ignor, Geschichte, S. 51.

（7）Ignor, Geschichte, S. 59.

（8）Hall, Die Lehre vom corpus delicti (1933)（→以下ではHall, corpus delictiと表記。）S. 13.

（9）Hall, corpus delicti, S. 18.

（10）なお、クラインハイヤーは、中近世ドイツにおけるいくつかの刑事裁判令に規定されている自白の取り扱いから、「自白に基づいて犯罪事実の再構成を行う」といった現代的意味での自白が、中世後期から近世初期において証明手段ではなく、有罪判決のための条件でしかなかったとしている。Kleinheyer, Zur Rolle des Geständnisses im Strafverfahren des späten Mittelalters der frühen Neuzeit, Conrad-GS 1979, S. 384.

（11）Hall, corpus delicti, S. 7f.

（12）Ignor, Geschichte, S. 94.

（13）Ignor, Geschichte, S. 95.

（14）Hall, corpus delicti, S. 21.

（15）Hall, corpus delicti, S. 21.

（16）このバルトルスの見解の訳は若曽根教授のものに依拠した。若曽根「徴表と拷問をめぐる中世イタリア法学者の学説・覚書」熊本法学七九号一九九四年（→以下、若曽根「徴表と拷問」と表記）一九二頁。

(17) Hall, corpus delicti, S. 22.
(18) 若曽根「徴表と拷問」一八九-一九〇頁。
(19) 若曽根「徴表と拷問」一九三頁、二〇四頁。
(20) 若曽根「徴表と拷問」一九三頁。
(21) カロリーナ法の全体像を知る邦語文献としては、米山講師の業績がある。米山耕二「カロリナの刑事手続―近代的刑事司法の礎―」一橋大学法学研究九巻（一九七四年）一五九頁以下。また、カロリーナ法の条文訳としては塙浩「カルル五世刑事裁判令（カロリナ）」『フランス・ドイツ刑事法史』（一九九二年）一四五頁以下［初出は神戸法学雑誌一八巻二号（一九六四年）二一〇頁以下］がある。なお、以下のカロリーナ法の条文訳は、塙訳を参考としつつ口語体で拙訳を試みたものである。
(22) カロリーナ法の立法までの経緯については、Kleinheyer, Tradition und Reform in der Constuitio Criminalis Carolina. S. 7ff. を参照。
(23) カロリーナ法六条「誰かある者が巷に流布している風評によって犯罪を犯したという嫌疑がある場合、あるいは信頼にたる徴憑（Indiz）の存在故に悪評があり、それらを理由として司直によって拘束された場合、法的に信頼することができる徴憑があるか、風評でいわれる犯罪とその者を関連付ける十分な徴憑がなければ、その者に対して即座に拷問を行なうことは許されない。更に、このような場合、裁判官は拷問による審問を行う前に、事案の性質や状況に応じた程度での取調や調査を、当該犯罪が実際に行われたかどうかについて行わねばならない。このような調査は本法令中他の条項に見られるように入念に行わねばならない」。
(24) カロリーナ法二二条「更に次のことが認識されねばならない。何人に対しても、嫌疑の徴憑あるいは嫌疑そのものによって最終的な有罪の宣告を行ってはならず、それらに基づいては拷問のみが許される。徴憑が（後の条文に見られるように）十分な場合は刑事刑の宣告をすることが許される。しかしながら、刑事刑の宣告は被告人自身の自白あるいは目撃証人による証明がある場合に限られる。有罪判決は推論あるいは徴憑に基づいてはならない」。
(25) カロリーナ法二七条「前条（二五条および二六条（二五条八項）→後註四二を参照）に規定したのは拷問を行なうために必要な徴憑である。しかし、これらは単独では拷問を課すことが許される十分な徴憑とはならない。しかしながら、ある者に対する嫌疑を根拠づける徴憑が複数見られる場合には、拷問を命じそれを実行することに責を持つ者は、前述の嫌疑要素あるいはそうした徴憑に一致すると見られる嫌疑要素が、本条以降の条文に規定されるのと同じ程度の、拷問を行なうに足りる十分な徴憑といえるかどうかを決定せねばならない」。

(26)　カロリーナ法二八条「更に、ある者に対する嫌疑が複数の徴憑により根拠づけられる場合には、次の二つのことが常に考慮されねばならない。嫌疑そのものと、その者を免責する事情である。この二つの衡量の結果、嫌疑を示す徴憑が免責を示すそれよりも上回ると決定された場合、その者に拷問を課すことができる。しかしながら、嫌疑を根拠付ける若干の徴憑よりも免責事情がより重視され尊重されると考えられる場合には、拷問を行なうことは許されない。また、これらの判断に何らかの疑念がある場合には、拷問の賦課命令及び実行に責任を持つ者は、十分な法学識を持つ者からの助言を求め、且つ、本刑事令の最後に規定した地に訴訟記録送付による鑑定を求めねばならない」。

(27)　カロリーナ法二三条「拷問を行なうために要求されている十分な徴憑は、そのいかなるもののも、十分な徴憑に関して規定する後出の諸規定（六二条以下）に規定したように、二名の善良な証人により証明されねばならない。しかしながら、犯罪の主要要素を証明する善良な証人が一人の場合には、三〇条に規定しているように、半証として十分な徴憑を構成する」。

(28)　カロリーナ法四七条「被告人が、責を問われている犯罪について熟考の結果、否認した場合、被告人が自身に問われている犯罪につき無罪であることを立証できるかどうかという点を被告人に入念に問わねばならない。この場合、被告人（原文では「囚人（Gefangen）」となっている）に、彼によって行なわれたとして目下問われている犯罪が行なわれた時刻に、誰か他の者と一緒にいたか、あるいは別の場所にいたのかということを思い出せるかどうかということを問わねばならない。なぜなら、そのことによって、被告人が問われている犯罪を行ない得なかったことを認めることができるからである。これらは、多くの人はたとえ自分が真に無罪であっても、その愚かしさや恐怖のために身の証を立てるすべを知らないが故に必要である。そして、前記の態様かあるいはその他の有効な方法で、被告人（原文では「囚人（Gefangen）」となっている）が自身が無罪であることを示した場合、裁判官は可能な限り速やかに、被告人あるいはその友人の費用負担でもって、彼の無罪についての調査をせねばならない。さらに、裁判官の許可を得た上で、被告人あるいはその親族が無罪を立証するために立てた証人には、六二条規定の証人に関する規定（被告人が何者をも自白せずに…という文言で始まる）及びそれに続く数個の規定に見られるように、被告人またはその家族の請求によって尋問を行わねばならない。この場合、十分な法的根拠がないのに、被告人やその親族による前述の証人尋問を却下してはならない。しかしながら、貧困のために、被告人あるいはその親族が証人召喚のための費用を負担できないか、それに苦しむ場合には、司直または裁判所は費用を負担した上で裁判を続けねばならない。これは、無辜の者を不法に罰することなく、他方、邪悪な者を罰するために行われるものである。さらに、前述の調査において被告人が無罪でないことが判明した場合、被告人は徴憑の存在により十分な嫌疑ある者として拷問にかけられる。拷問は一人の裁判官及び少なくとも二人の参審員及び裁判所書記の面前で行われる。そして被告人が自白したことの内容及び裁判所による調査の内容は書面に注意深く記録せねばならない。また、この記録はそれが原告人に関連を持つ限りにおいて、その者に開示せねばならないし、また、その者の請求があるときは同人に渡さなければならない。それに際しては記録を故意に歪曲することは一切許されない。記録の引渡は遅滞なく行わなければならない」。

(29) カロリーナ法五六条「前の諸条において明瞭に規定されているのは、拷問あるいは拷問の脅しによって、解明されていない犯罪に関して自白をした者に対して、当該犯罪の諸状況に関してどのように尋問を行わねばならないか、またその審問に基づいてどのような調査を引き続き行わねばならないかということについてである。それらは真実発見のために行われるものである。しかしながら、被告人を勾留し、その者に尋問を行なう場合に、当該犯罪に関する諸状況がその者に予め伝えられ、それに基づいて尋問が行なわれるとすると、当該尋問は実を結ばないこととなろう。それゆえ、朕は、裁判官諸兄にかかる事態に対し十分な注意を払うことを望むものである。それよりも、朕は、尋問の前にあるいは尋問中に、前条の諸条中に明瞭に規定されていること以外の手段を被告人に行わないことを裁判官諸兄に望む。更に、被告人（原文では「囚人（Gefangen）」となっている）を権限ある裁判官及び二名の参審員に引致するには、拷問及び彼の自白後少なくとも二日後でなければならない。それに際しては、刑吏部屋、あるいは裁判官が適当と考えた部屋に引致される。そして引致後に、裁判所書記により、被告人に対して彼の自白が読み上げられる。この読み上げの後に、裁判官は被告人の自白が真実であるかどうかに関する尋問を行わねばならない。この尋問に際しては、被告人の発言もまた記録されねばならない」。

(30) カロリーナ法五五条「前述の（→五四条規定これに関しては後掲註を参照）拷問の前に行われる調査の結果、被告人が自白した内容たる事件状況が真実ではないと決定されたとき、被告人は不実を理由として非難され、厳しい言葉で叱責される。この場合、再度の拷問を被告人に行なうことが許される。これは被告人が自白によって既に示した状況を精確に且つ真実をもって言明させるために行われる。これらのことがおこなわれるのは、時として罪人は事件状況に関して虚偽の陳述を行うことがあるからであるし、また、そうすることによって、前記調査が真実を明らかにしえなかったとき、自身を無罪だと見せかけることができると信じているからである」。

(31) 藤本幸二「中近世ドイツにおける証拠法の変遷について」一橋論叢三五巻一号（二〇〇一年）六九頁以下。

(32) 藤本前掲論文八三頁。

(33) もっとも、「拷問の適用それ自体」が問題であったことは言うまでもない。

三　徴憑理論及び自白をめぐるカルプツォフの見解

カロリーナ法が、近代刑事法学の黎明期の到来を告げたことを意味する一里塚であることを想起するとき、注目せねばならないのは、同法に解釈を加えた諸家の見解である。そこで本稿では、それら諸家の見解のうち、一七世紀最大の刑事法学者とも言うべきベネディクト・カルプツォフ(34)の徴憑及び自白についての考えを眺めることにしたい(35)。ドイツ普通法の刑事法において、その没後も強い影響を及ぼしたカルプツォフの見解をみておくことは、自白の歴史的研究の出発点として意義があると考えるからである。

1　徴憑理論の概観――カロリーナ法の限定的解釈

カルプツォフは糾問手続を論じるに際して、一般糾問と特別糾問の伝統的な区別を前提としていたが、実際は後に見るように、その区別は形式的なものであり、手続全体を三段階に分けて論じる。もっとも、このことが、「事実の確定（constare de delicto）」を拷問の要件として放棄―カロリーナ法は徴憑の「存在」を要件としているのでありそれは必ずしも「事実の確定」ではない―したわけではない点に注意せねばならない。従って、拷問を課すことを容易に認めていたわけではなかった。糾問手続が二分されていたことの意義は恣意的な手続―ひいては拷問の濫用―の運営の防止にあったが、彼はかかる要請を次の二つの点から満たそうとしていたと考えられる。糾問手続の手続段階に応じて認定手続に必要なものを三つに分けること、カロリーナ法規定の徴憑について限定的な解釈指針を与えること、の二つである。

まず前者である。カルプツォフは糾問手続を次の三つの段階に分けたうえ、各段階に必要な徴憑と自白を論じている。①糾問開始のために十分な嫌疑があるかどうかを検討する段階。②徴憑の証明力が拷問の適用を正当化するかどうかを検討する段階。③有罪判決を下すことができるかどうかを検討する段階。そして、①に関しては「合法性を疑わしめる徴憑（indicia levia et legitima）」が、②に関しては「特に確定した疑い得ない徴憑（indicia certa ac indubitata）」、③については自白が求められるとカルプツォフはしていた[36]。特に本稿では②に注目したい。何故ならばカルプツォフは、拷問に入るには被告人が犯人であることの蓋然性が必要であるとしていたからである[37]。このように、カルプツォフが各手続段階に要求される徴憑と自白を三つに分けていたことの意義はどこにあったのであろうか。この点につき、ハイチュは、立証手続を一般糾問と特別糾問に分ける代わりに、各段階で行われる認定手続に参加できるものを三つに分けることで「事実の立証と犯人の確定」を分けることによる手続保障という伝統的思考を維持する点にあったと指摘する。即ち、彼によれば、カルプツォフは、特別糾問の開始前には「事実の確定（constare de delicto）」が必要であるとしたイタリア法学以来の伝統を極力維持―形を変えてではあるが―しようとしていたとされる[38]。以上を踏まえれば、カルプツォフは糾問手続の各段階における徴憑に厳格なものを求めることで、糾問手続における適正な事実認定を企図していたといえる。そこで、次に問わねばならないのは、各手続段階で問題となる徴憑の内実であろう。

この点に関し、カルプツォフが糾問開始要件として「犯罪を推論させる徴憑」と「犯人であることの徴憑」の両方の存在を要求している点に注目せねばならない[39]。このことが意味するのは、拷問賦課以前の段階において、事実の確定とともに、被告人が犯人であることについての蓋然性を求めていたということである。この点は有罪についての確信が必要とされていたと言うこともできよう。しかしながら周知のように、糾問手続では、実体とは直截の関連を持たない風評・悪評が種々の処分を行うための要件とされていた。それでは、悪評・風評は実体の解明・証明とどのようなかかわりを持ったのであろうか。私見では、この風評・悪評の取り扱いを検討することが、糾問手続における「事実（風評などとは直截の関係を持たない）」認定の様相を見る手がかりとなるように思われる。そして、その手がかりとなるのがカロリーナ法六条についてのカルプツォフの理解である。以下、カロリーナ法六条に関する解釈を一瞥することにしよう。

カロリーナ法六条及は悪評（diffamatio）を糾問開始要件として挙げる[40]。この六条は規定内容からもわかるように、悪評に加えて充分な徴憑があれば拷問を行うことを認めるものである。カルプツォフによると悪評の存在が認められるのは、二人の証人が「自分たちは民衆の大半から悪評を聞いたし、それは民衆の間で遍く広がっている」と証言した場合である。この悪評の取り扱いに関してカルプツォフはカロリーナ法六条の解釈として、悪評は他の徴憑に代わるものとなる、と理解する。このことが意味していたのは、悪評は、糾問手続の「開始」要件としては、他の証拠と同時に存在する必要はないということであった[41]。

しかし、カルプツォフは、以上のように糾問「開始」の要件としての悪評を独立した徴憑と認めつつも、拷問開始要件としての風評に関してはかなり厳格な立場を取る。この点について、再びカロリーナ法を見てみよう。カロリーナ法は徴憑を「犯罪一般に関する徴憑」と「個別の犯罪に関する徴憑」と区別して規定しており、前者については二五条がそれを規定する[42]。そして悪評は前者に含まれる（二五条一項）。しかし、カルプツォフは悪評については、拷問開始を基礎付ける独立の徴憑としては認めず、更にそれが拷問賦課要件存否検討のための事実認定に参加できる要件を、極めて厳格に論じている。まず、悪評を「それのみで他の徴憑がない場合には」拷問の要件とはならないものであると理解する。このように単体では拷問賦課を基礎づけない徴憑を「遠い徴憑（indicia remota）」という。（なお、単体で拷問要件を満たす徴憑を「最も近い徴憑（indicia proxima）」という。）このように措定した上で、悪評が徴憑として認められる条件を以下のように極めて厳格に定めていた。カルプツォフは、悪評を徴憑として認める条件として次のものを要求する。①糾問開始前に存在すること。②悪評の範囲が申告されること。③証人が悪評を他の大多数の民衆から聞いたことを申告すること。④誰からその悪評を聞いたか証人が申告すること。⑤④で申告された者が信頼のおける人物であること。⑥証人が悪評の発生した根拠を申告すること。⑦証人自身の風評が良いこと。⑧風評がそれを流すことにより利益を受ける者からなされたものでないこと。⑨風評が犯罪地と同じ場所で流れていること。⑩風評が具体性を欠くか概括的なものでないこと。[43] 以上のように、悪評が徴憑となるための要件を絞った上で、カルプツォフは他の徴憑との組み合わせを考えている。その一例としてカルプツォフがあげているのは、強盗あるいは窃盗の事例における悪評の取り扱いである。カロリーナ法四三条二項は犯行に供した合鍵や侵入用具が容疑者のもとで発見され、容疑者に犯行を行なったであろうという風評がある場合に拷問を課すことを規定する。[44] これに関してカルプツォフは、犯行に供した道具は一つの徴憑に過ぎないとし、悪評の存在を厳格に求める。カルプツォフはこの根拠として、犯人が悪評のない品行方正な者の家の窓越しに犯行道具を投げ入れるような場合を挙げている。[45] 四三条二項からは犯行に供した道具の存在は単体で拷問の賦課が可能となるが、それについて限定的な解釈を施すため、補充的に徴憑としての悪評の存在を検討している点が注目される。拷問賦課要件を検討する場合に、徴憑としての悪評を単体では評価しないという志向は厳格に維持されていたのである。

以上、徴憑としての悪評・風評の取り扱いに関するカルプツォフの見解をみた。悪評・風評といったものが徴憑として糾問開始手続の要件とされた背景には、既に見たように、[46] 事実の確定を手続開始の要件として厳格に求めると、殺人罪で死体がない場合であるとか、姦通あるいは名誉毀損、魔法の罪といった罪体を確定しがたい事例の場合に糾問手続を開始できないという実際上の困難があった。これに対応する形で、糾問手続開始、その後の拷問賦課に関する事実認定に風評も加えることができるという主張がなされたわけである。そして風評とその余の徴憑とが相俟って特別糾問（拷問）手続に進むことができるという学説が定着したのであるが、風評とその余の徴憑の関係については裁判官の裁量に任され、結果、恣意的な手続の運用とその結果としての拷問の濫用を招いたわけである。この点はカロリーナ法の前文に見られるとおりである。カロリーナ法が徴憑としての悪評と風評に対して取った厳格な立場が意味するのは、それを単体として糾問開始の要件と認めるにしても、拷問開始の要件とするにはそれ以外の徴憑との組み合わせが必要であるということであった。それを前提とした上でカルプツォフは徴憑としての風評に更に限定的な解釈を施していたわけである。この点は風評が事実認定に参加できる条件を見れば更に明らかになる。前述したようにカルプツォフは一〇もの要件を挙げている。[47] また、風評が拷問賦課のための徴憑として作用する場合にはカロリーナ法に従い二名の証人が必要であった。更に、拷問開始のための事実認定においては、補充的な徴憑としてそれが使われていたという点も指摘できるだろう。

それでは、悪評や風評が単体では徴憑としては問題とならないとして、それ以外の徴憑についてカルプツォフはどのように理解していたのか。犯罪一般に共通する徴憑を規定する二五条規定の徴憑につき、風評以外のものについて簡単に見ておこう。[48] まず、犯罪地での目撃、犯罪地の途上での被告人の目撃を規定する二五条三項に関してであるが、これは他の徴憑と相俟って拷問賦課を根拠付ける徴憑となる。なお、殺人が問題となる場合には、容疑者が犯罪地で血だらけの武器を持っているところが発見された場合、これは殺人の場合における「完全な徴憑」になるとされていた。（三三条）[49] また、二五条八項（二六条）に限定的な解釈を加えている。被害者と加害者が財産をめぐって係争中でなければならないというカロリーナ法に対し、被告人が被害者の死亡により利益を受ける「見込み」があることを要求する。また、二五条七項の逃亡に関しても限定的解釈を加えている。被疑者が逃亡したという事実の判断は裁判官にゆだねられるとしつつも、あらゆる逃亡を徴憑として理解してはならないとしている。その根拠として、被疑者が裁判官の憤激や敵対者の権力あるいは証人の偽証を恐れて逃亡することをあげる。その上で、風評と同じように単体では徴憑とはならないことをカルプツォフは主張している。(50)

なお、カロリーナ法二五条規定の徴憑は同条に「すべての徴憑をあらかじめ規定しておくのは不可能」との記述があることからも判るように、限定列挙されたものではない。そのため、同条は徴憑の類推を認める。結果、裁判官が恣意的判断を行う危険が当然に存在した。この点について、カルプツォフは以下のような例を挙げ、具体的な解釈指針を示している。アリバイについて被告人が嘘を言った場合。この場合は嘘を言ったことが徴憑となり拷問を受けることになる。次に被告人が混乱している場合。黙秘をした場合。この場合は他の徴憑と相俟って拷問が認められる。また、犯罪を故意に行なったのかどうかが判明しない場合には、道具を用意していたかどうかという点が問われ、道具を用意していればそれは徴憑となる。(51)

次にあらゆる犯罪に共通し、且つそれのみで拷問賦課を正当化する徴憑（もっとも近い徴憑（indicia proxima））について見ておこう。この種の徴憑は次の二つに分類される。①被告人の負罪メルクマール。目撃証人あるいは共犯者の証言あるいは被告人自身の発言（大言壮語や事件前の脅迫的言辞）などがこれにあたる。②被告人自身の疑わしい行動。これには被告人が被害者に口止め料を支払うこと、被告人による共犯者への援助などが含まれる。まずは裁判所外での自供についてである。カロリーナ法三二条は、裁判所外で被告人が大言壮語によって犯罪を自供した場合と、犯罪が生じる前に当該犯罪を行う旨を相手に告知して脅迫していた場合に、拷問を認める。(52)しかし、この場合に関してもカルプツォフは限定的解釈を施している。即ち、それら自供や脅迫は具体的な犯罪事実と結びついていなければならず、単なる大言壮語や脅迫では拷問を認めることはできないとしていた。なお、この場合でも、被告人が当該犯罪を行ないそうな者であるという点が要求されている。(53)次に犯行に供した道具が被告人のもとで見つかった場合を見てみよう。この場合はその者が犯人であることの徴憑とされる。もっとも、これが認められるのは、被告人が問題となっている犯罪行為を行いそうな者であるという風評が流布している場合に限られるのは前に見たとおりである。なお、ここでもまた風評が問題となるが、それを認める要件が厳格であったことは既に見たとおりである。従って拷問にはその余の徴憑が必要であった。なお、ハイチュによると、カロリーナ法が窃盗及び強盗の場合に規定したこの徴憑をカルプツォフはすべての犯罪に共通する徴憑に一般化していたとされる。(54)次に盗品の処分や犯人の隠匿に関与したような場合の犯罪事実に関与した第三者の取り扱いに関してもカルプツォフは限定的な解約を施す。カロリーナ法四〇条によれば、ある人物のところで盗品が発見された場合、当該人物が、犯人が誰であるかという点について供述をしないことは、他の徴憑と相俟ってその者に拷問をすることが許されると規定されている。しかし、カルプツォフは援助を行なった者の意思内容を問題とすることで限定的な解釈を施そうとする。即ち、その者が援助行動を「狡猾に（dolose）」に行なったかどうかを問題とするべきであると主張している。例えば見返りを約束する場合などがこれにあたる。(55)

以上は「犯罪一般に関する徴憑」に関するカルプツォフの見解の概観である。カロリーナ法では、これら徴憑以外に、各犯罪類型に規定されている徴憑が組み合わされた上で事実認定が行われるようになっていた。この点につき、いくつかの犯罪類型についてのカルプツォフの見解をごく簡単に見ておくことにしよう。

殺人罪に関しては、カルプツォフはカロリーナ法の規定に忠実であり、被告人が、血のついた武器や衣服を持たずに犯罪地で発見された場合には、犯罪地にいたという以外の徴憑が必要であるとしている。(56)なお、殺人罪に関して特別刑を科すことができる場合を想定している。カルプツォフは、血のついた武器もち、また乱れた衣服で、殺害された者の家の唯一の出入り口から出てきた場合には、即座の有罪判決が可能であるとする。このような事例で、自白を得られなかった場合の有罪判決の形態として、カルプツォフが特別刑を主張している点が注目される。(57)もっとも、既に述べたように、カロリーナ法は徴憑のみによる有罪判決を認めない。しかしながら、罪体について決定的な重大な徴憑がいくつかある場合で、拷問による自白が得られない場合に、徴憑による立証で十分であるとして、特別刑を認めている点に注意せねばならない。なぜなら、この場合は自白を欠くだけで、事実は確定していることが前提となっているからである。

次に姦通罪である。本罪は犯跡が残っていないことから事実の確定を行い難いとして糾問手続の変化を促した犯罪類型の一つであるが[58]、カルプツォフは姦通罪の徴憑に関しては次のものを挙げている。①男女が性交中の卑猥な姿態で不意に見つけられた場合。②恋文が見つかった場合。③男が若い娘の家で見つかった場合。④夫が病気か家を長期空けているのに、妻が出産した場合。このうちカルプツォフが特に強調するのが①の場合である。姦通現場を徴憑として強調することで、本罪について拷問が課される場合を限定的に理解しようとしているように思われる。また、姦通現場の発見を徴憑とすることは、拷問手続に移行する前に犯罪事実の確定を求めていることの表れであると考えることもできよう。

以上でごく簡単に紹介したカルプツォフの徴憑理論の理解からは、カルプツォフは徴憑による事実の確定を可能な限り行なうべきであるとし、犯罪の事実的側面にかかる要件の存在とその確定を特別糾問（拷問）を行う前提として理解していたといえよう。このことは徴憑としての風評に対して極めて厳格な態度をとっていた点からも明らかである。風評を単体では特別糾問の要件としては認めず、その余の徴憑の存在を求めた上で補充的にのみそれを利用できるとしていた。以上を簡単に総括しておけば、カルプツォフは、拷問賦課の要件として、自白なしで有罪判決を下すことが可能となるような事実の確定を求めていたということになろう[59]。

2　自白とその手続を巡って

以上見てきたように、徴憑理論に関するカルプツォフの見解からは、拷問賦課手続においては、徴憑の存在によって事実の確定が求められていた、ということができる。そこで、そうした事実の確定に基づいて行われた拷問による自白の取り扱いを見ておくことにしよう。

自白が法的に認められるための要件に関して、カルプツォフはカロリーナ法に従っている。即ち、自白が正当性をもつには二つの要件をクリアする必要があるとしている。①それが十分な徴憑に基づいて行われること。②内容が確認されること。(カロリーナ法五四条)[60]以上の二つがその要件である。②については、カルプツォフは次のような主張をしていた。まず、拷問により強制された自白を被告人が拷問房の外で確認することである。なぜならば、拷問具の前で被告人に自白内容を確認することは自白を強制することと変わらないからである。次に自白の確認は拷問後一定の期間後になされることを求める。更に、カルプツォフは、カロリーナ法に従い、自白の確認を裁判官及び参審員の陪席のもとで行うことを求めていた。[61]

それでは、自白と徴憑(とそれ依拠した事実認定)の関係はどのようなものであったのであろうか。この点に関し、カルプツォフは有罪判決のためには、徴憑の存在が確実なものであり且つ疑いを挟まないものだけであるだけでは足りず、明白且つ完全な立証が必要であると主張する。[62]ここで拷問開始のための徴憑が「犯人の特定」をも意味するものであったことを想起せねばならない。そして、こうした前提の上で、有罪判決のためには「確実且つ疑いを入れない立証」だけでは足りないといっていることの意味を考えねばならない。自白の確認手続が事件事実の確定を前提とした上で、法定尋問事項[63]に従って尋問を行い確認される点を想起すれば、有罪判決における自白は、確定した事実の立証程度をヨリ高めるものではなかったと思われる。この意味で、自白は、徴憑による有罪事実認定の立証を補完するものではなかったと言えよう。[64]

さて、以上のように、「事実の確定→拷問(自白採取手続)」という流れを前提とするとき、拷問で否認した場合、自白後の自白確認手続(Ratifikation)で黙秘した場合の処理が問題となる。まず前者である。この場合については、カルプツォフは当時の通説に従って、原則的に最終的(deinitiv)な無罪判決を認める。[65]もっとも、例外的に新たに糾問を開始できる場合を認めている(仮放免)。即ち、以下の三つの場合である。①同一の事件で新たな訴追者が事件を訴えた場合。②法的状態が変化したことによって新たな事実が現れたとき。③新たな徴憑が発見され、公共の福祉の要請から新たな手続を行うことが求められるとき。[66][67] もっとも、再度の糾問が許される場合と拷問の回数には制限―カロリーナ法はこれについての規定を欠いていた―を設けている。即ち、殺人・強盗・放火といった重大犯罪（delicta atorocisima）の場合に限り、三度目の拷問を認める。三度にわたる拷問でも自白をしない場合には、特別刑を科すことをカルプツォフは主張する。この場合は、拷問の賦課はもはや問題とならない。しかし、十分な嫌疑は残っているのであるから、それを根拠に特別刑を科すことができるとカルプツォフは主張している。なお、刑期の長短や刑種に関しては裁判官の裁量にゆだねられるとしていた。（特別刑[68]）

以上は拷問において自白しなかった場合についての処理である。カルプツォフは再度の拷問に関しては新たな徴憑の存在による事実状態の変化を求めている。その上で更に犯罪類型で再度の糾問が許される場合に絞りをかけていた。そして、三度目の拷問でも自白しなかった場合には、特別刑を科すことをカルプツォフは主張している。それでは次に自白確認手続で否認をした場合の取り扱いを見ておこう。苦痛を免れるために自白をしたのに確認手続で否認する場合はカロリーナ法五七条によって再度拷問にかけられる。なぜなら、このような場合には徴憑の証明力が減じられたとはいえないからである。なお、再度の確認手続でも否認した場合には、重大事件の場合のみ三度目の拷問が許される。これでも否認すれば特別刑が科されることになっていた。確認手続において不明瞭あるいは不十分な答弁しかしない場合でも同様に処理されるとカルプツォフは主張する。（徴憑の証明力は減じられていない）[69] 確認手続は自白の内容と拷問賦課のために確定された事実との一致を確認する手続であり、それが一致して初めて有罪判決が科されるものであった。そして、この場合に確認手続で否認するか不十分な答弁しかしない場合に、カルプツォフが徴憑による事実の証明程度が減じられることはないとして特別刑を科すことを認めていた点は、拷問賦課要件について事実の確定を要求していた点とも表裏をなす。従って、カルプツォフの見解にあっても、自白は決定的な証拠として独自の存在意義を持つものではなく、有罪判決による正規刑を科すための条件であるという中世以来の伝統の影響上にあったと思われる。

(34) Benedikt Carpzov (1595~1666)・裁判官、後にライプツィッヒ大学教授。カルプツォフの略歴についてはエ・シュミットの簡潔な紹介がある。(vgl. Einführung in die Geschichte der deutschen Strafrechtspflege 3. Aufl. 1965, §137, S. 153f.) なお、カルプツォフについては「魔女裁判の裁判官として二〇〇〇〇人もの被告人に死刑宣告を下した」などの記述も見られるが、それについては現在、疑問視されている・カルプツォフの職歴などを詳細に紹介しつつ、魔女裁判への関与が裁判官としての勤務中には二件しかなかった点をトゥルーゼンが指摘している。Trusen, Benedictct Carpzov und die Hexenverfolgen (in: Recht und Kriminalität. F.W.Krause-FS), S. 19ff. insbesonndere, S. 21.

(35) カルプツォフの自白・徴憑理論についてはハイチュの論稿がある。Heitsch Beweis und Verurteilung im Inquisitionsprozess Benedikt Crpzov's 1964 (以下Heitsch, Beweis und Verurteilung, として表記。) 本稿はその論述の多くを同著に負う。

(36) Heitsch, Beweis und Verurteilung, S. 28.

(37) Hall, corpus delicti, S. 48.

(38) Heitsch, Beweis und Verurteilung, S. 29f.

(39) Heitsch, Beweis und Verurteilung, S. 32.

(40) カロリーナ法六条の条文に関しては前註二三を参照。

(41) Heitsch, Beweis und Verurteilung, S. 33.

(42) カロリーナ法二五条「まず、嫌疑を示す要素に関連して、それらのものがいかにして法的に十分な徴憑になるのか、また、いつ十分な徴憑となるのかに関して、下記のように規定する。徴憑が、本条以降の数多の規定に記述され、拷問による審問に十分なものであると規定されていても、本刑事令中に見出せない場合がある。その場合は、以下に規定されたものの類似の状況に基づいて調査を行わねばならない。何故なら、すべての徴憑をあらかじめ規定しておくのは不可能だからである。

第一項：被疑者が、自身に問われている犯罪についてそれを行ったということができるほどに、無思慮であり軽率な者であるとき。また、同じ者が同種の犯罪を以前に行っていたか、同種の犯罪を理由に訴追されたことがあるとき。しかしながら、被疑者の悪評は、その者に敵対する者や軽率な者から生じたものであってはならない。公正無私な人から生じたものでなければならない。
第二項：被疑者が嫌疑の高い場所で身柄を拘束されるか発見された場合。
第三項：犯人が犯行中に発見されたとき。または、犯行地への往復の途上で発見されたとき。その者が識別されなかった場合には、前述の状態にあることを見られたときのように、その者の風体や服装や武器、または馬を持っていたかどうかに注意しなければならない。
第四項：被疑者が同種の犯罪を犯す人の近くに住んでいるか、その人と徒党を組んでいる場合。
第五項：財産に対する損害、あるいは人に対する傷害の場合には、次のことに注意を払わねばならない。その者が、怨恨、敵対感情、自身が以前に受けた脅迫、あるいは何がしかの利益を受けることの期待から動機を持つに至ったかどうかという点について。
第六項：傷害の被害者または財産の損害を受けた者が、様々な理由を根拠として、ある者をこの者が死ぬべきまたは誓約を行うべき原因となる犯罪を行ったとして、非難する場合。
第七項：ある者が犯罪を理由に逃亡している場合。
第八項（二六条）
：誰かある者が具体的な財産をめぐり他者と係争中であり、当該財産が彼の生活資、動産及び不動産の大部分を占め、さらにその者が吝嗇者であり且つ係争者の敵と考えられる場合で、係争者が密かに殺害された場合には、当該殺人をその者が行ったという推論が生じる。またこの者が当該殺人を行ったという嫌疑が、この者の固有の性質に由来すると考えられる場合、彼が十分な免責事由を持たないときは、勾留の上、拷問を行なうことができる」。

（43） Heitsch, Beweis und Verurteilung, S. 41. なお、ボェーマーはこうした要件は厳格に過ぎ、殊に⑨要件は無意味であると批判している。また彼は、悪評が問題となるのは、目下手続の対象となっている犯罪と同種の犯罪に関しての悪評がある場合のみであると主張する。vgl. Grove, Beweisregeln im Inquisitionsprozess Johann Brunnemanns, Johann Paul Kress', und Johann Samuer Friedrich Boehmers 1974（→以下Grove, Beweisregelnと表記）, S. 80f.

（44）四三条の条文は次のとおりである。

一項：以下の場合には、被告人が、問題となっている物件の所持に関して、それが欺瞞的な手段や犯罪的な手段によるものでないことを立証しない限り、十分な徴憑が存在する。盗品が被疑者とともに発見された場合。その全部あるいは一部を被疑者が所持するか又は、被疑者によって売却、散逸させられるか、浪費されたことが発見された場合。被告人がその物件の売主あるいは譲渡人の名前を供述することを拒んだ場合。

二項：窃盗が合鍵や鍵を壊すための道具でもって行われ、窃盗を行うのに適したそのような道具を持って犯罪地にいた場合、その者がそうした犯罪を犯す者であろうことを信じうるような者であるときは、拷問を行うことができる。

三項：特に大規模な窃盗事件が起き、事件後に、犯罪によるものを別とすれば、平素のその者の収入以上の支出を行っていたことが判明した者に嫌疑がかけられ、そしてその者がどこでそうした疑わしい富を得たかということについて十分な根拠を示すことができず、その者がそうした犯罪を犯す者であろうことを信じうるような者である場合には、その者には十分な嫌疑が存在する。

（45）Heitsch, Beweis und Verurteilung, S. 39f. und S. 49.

（46）本稿(二)を参照。

（47）なお、徴憑の性質と個数で拷問（及び有罪判決）は決定されていた。カロリーナ法は犯罪事実につき二名の目撃証言がある場合を有罪判決とし、一人の場合は拷問を行なう旨を規定していた。カルプツォフはこれ以外の場合を論じている。つまり、単体で拷問を課すことのできる徴憑と、他の徴憑と相俟って拷問の賦課を根拠づける徴憑を区別して論じている。本文でも紹介したように、前者を、最も近い徴憑（indicia proxima）、後者を遠い徴憑（indicia remota）と呼ぶ。この区別と証人の数の組み合わせで拷問が決定された。最も近い徴憑に関してはそれを二人の証人が証言することが求められる。次に、証人Aが最も近い徴憑aを、証人Bが最も近い徴憑bを証言する場合は、それぞれ「四分の一証明」となるから、加算して半証となり拷問を課すことができるとしている（この場合の加算についてはブルンネマンらとの違いがある。ブルンネマンらは異なった徴憑について一名しか証人がいない場合にそれを加算することは出来ないとしていた。Grove, Beweisregeln, S. 16f.）。遠い徴憑に関してもそれが拷問のための事実認定に参加するには一つにつき二名の証人が必要であった。Grove, Beweisregeln, S. 44f. 個別の遠い徴憑にそれぞれ二名の証人がある場合に半証となり、拷問が認められた。Heitsch, Beweis und Verurteilung, S. 44f.

（48） Heitsch, Beweis und Verurteilung, S. 42f.

（49） カロリーナ法三三条「殺人を行ったという嫌疑があり、それについて訴追されている者が犯罪が行われた時間にその場所で血のついた衣服を着ている疑わしい様子でいるところを発見されるか、あるいは殺人の被害者の所有物を取り上げて売却するか、贈与するか、所持している場合には、その者を拷問するに十分な徴憑となる。但し、その者が自身の嫌疑に対して十分信用できる徴憑や証明でもって反証した場合はこの限りではない。このような反証は拷問を行なう前に聴取されねばならない」。

（50） 二五条七項に規定される「逃亡」の解釈に当たって慎重たるべきであるとするのはカルプツォフだけではない。例えばボェーマーは、このような区別をすることは不必要であるとし、逃亡それのみでは徴憑にはならず、他の徴憑がそれに付け加えられねばならないとしている。Grove, Beweisregeln, S. 87.

（51） Heitsch, Beweis und Verurteilung, S. 43.

（52） カロリーナ法三二条「誰かある者が、自身に嫌疑がかけられている犯罪を自分が行ったと誇らしげに、あるいはそれ以外の様子で供述するか、あるいは当該犯罪が生じる前にそれを行う旨の脅迫をしており、それが時間を経ずして実際に生じた場合で、その者が当該犯罪を行うことが一般に信じられる場合には、完全な証人による立証手続について規定した条文（二三条）で述べたように、それらは拷問による審問を行うための十分な徴憑とすることができる」。

（53） Heitsch, Beweis und Verurteilung, S. 46.

（54） Heitsch, Beweis und Verurteilung, S. 49.

（55） Heitsch, Beweis und Verurteilung, S. 46. なおカルプツォフは近親者が援助を与えた場合は不可罰であるとしている。

(56) Heitsch, Beweis und Verurteilung, S. 47.

(57) Heitsch, Beweis und Verurteilung, S. 47.

(58) Heitsch, Beweis und Verurteilung, S. 50. なお事実の確定をしがたい犯罪類型として挙げられていた魔法の罪に関しては、カルプツォフは魔法の罪を肯定しつつ、その立証が困難―十分な徴憑の獲得が凡そ困難である―であることから証拠法則を整備し、特別な判決を行うべきことを主張している。肯定的立場は次のような発言から読み取ることができる。「一〇〇〇人の罪人のうち、このおぞましい犯罪を犯した者が一人しか処罰されないということ避けねばならない…」カルプツォフはカロリーナ法四四条が挙げる徴憑を否定しない。即ち、被告人が誰か他の者に魔法をかけたと申告すること、被告人が誰かある者に魔法をかけるといって脅迫したこと、魔法使いと付き合いがあること、魔法使いと思しき疑わしい行動をとること、である。カルプツォフは「疑わしい行動」について解釈を加えている。毒薬を持っていることや、ガマガエルや人間の肢体の一部を入れた鍋が発見されること、悪魔と取り交わした契約書などが見つかることなどである。もっとも、ハイチュは、カルプツォフは、自身が挙げるこういった要素が理性的な裁判官に対しての徴憑を供するかどうかという点を明らかにしていない、という(Heitsch, Beweis und Verurteilung, S. 50.)。また、魔法の罪に関して、カルプツォフはその存在を肯定しつつも極めて懐疑的であったのではないかとトゥルーゼンは指摘している（Trusen, a.a.O., S. 23ff.)。

(59) Heitsch, Beweis und Verurteilung, S. 51. また、カロリーナ法に目を向ければ、同法で拷問賦課の前提となる徴憑が、今日においてはそれが存在すれば容易に有罪判決を下すことができるという性質を持っていた、という点をラートブルッフが既に指摘している。Radbruch, Die Peinliche Gerichtsordnung Kaiser Karls V. von 1532 (Carolina), 4.Aufl. 1975 S. 17f.

(60) カロリーナ法五四条「自白が拷問によるものでもそうでない場合でも、自白の取調に関する前述の尋問事項を用いる場合、裁判官は犯罪地に人を派遣し、前述の状況に関する自白が真実であるかどうかを取り調べねばならない。この場合の取調は、真実を認識するのに役立つほどに、尋問を受けた者が述べた状況を認識するに足るあらゆる努力でもって、それを行わねばならない。この場合、ある者が、既に一部分が説明されている犯罪の程度や様相について言明を行ったとき、そして、そこで言明された状況が自白の状況と一致したとき、被告人が自白をした犯罪について、裁判官は確証することができる。また、尋問を受ける者が、事件中に生じ且つ無実の者なら知ることができない状況を言明するときは、被告人の自白内容がより強く確証されるのである」。

(61) Heitsch, Beweis und Verurteilung, S. 54.

(62) Heitsch, Beweis und Verurteilung, S. 55.

(63) 自白確認手続について、カロリーナ法は四八条から五三条にかけて規定しているが、そこで規定されている内容は、いわゆる「5W1H」について徴憑により判明・確定している内容が被告人により自認されることでしかない。

(64) 例えば、イグノアは、カロリーナ法六九条が有罪の立証後に自白を求めることから、カロリーナ法は真実発見に自白が必要であるとはせず、裁判所は自白以外の証拠を探すことを要求していたと主張する（Ignor, Geschichte, S. 72f.）。なお六九条の条文は次のとおりである。

カロリーナ法六九条「被告人に対して十分な立証がなされた後にあっても、その者が自白をしようとしない場合には、自白の獲得を容易にするために、次のことを被告人に対して宣言することができる。「被告人の犯罪については立証されている。しかしそれにもかかわらず、被告人が十分な立証が自身に対して行われているのに自白をしないことに固執するときは、いずれにせよ被告人は、拷問による審問によらないで、立証された犯罪によって処罰されることになる」」。

(65) Heitsch, Beweis und Verurteilung, S. 60.

(66) 例としては次のようなものがある。犯行時刻に犯罪地にいたということが徴憑となっていたが、被告人が拷問に際して否認し、その後、被告人が被害者と敵対関係にあり、犯行時刻以外のときに犯行に使われた刀剣を持っていたことが判明したような場合である。Heitsch, Beweis und Verurteilung, S. 62.

(67) カルプツォフは仮放免を例外的なものとして理解しているが、この「公共の福祉の要請」という点が仮放免の乱発を招く原因になったと思われる。

(68) Heitsch, Beweis und Verurteilung, S. 62f.

(69) Heitsch, Beweis und Verurteilung, S. 63f.

四　結びに代えて

本稿の主張は、次の二点にまとめることができる。

①糾問手続における拷問の開始要件として事実の確定が求められており、それは実質的には有罪認定に他ならず、中世イタリア法学の影響を経た後のカルプツォフの時代にあっても、かかる志向は形を変えてではあるが維持されていた。

②糾問手続における有罪の事実認定は、自白と徴憑が「相補って」行われるものではなかったと言わねばならない。

②に関してであるが、本稿の叙述の多くを負ったハイチュは、カルプツォフの徴憑理論に検討を加える前に、次のように指摘している。「(徴憑理論を検討するに際しては)有罪判決ではなく拷問を行なうには徴憑に基づく単なる推論で足り、その推論と自白とが相補って自白が信用されるという循環論法に陥ることに注意せねばならない」と。(70)

糾問手続の開始要件として風評・悪評が挙げられていた点は、それが犯罪事実と直接の関連を持つものではないという点からは、非常に不安定なものを基盤として手続が運営されていたという誤解を招きやすい。しかし、カルプツォフは拷問賦課要件から、事件の実体に直截の関連を持たない風評を極力排除しようとしていた。また、カルプツォフが糾問手続において必要とされる徴憑の解釈を厳格に行った上で、複数の要件―犯罪一般に共通するものであれ、個別の犯罪に特有のものであれ―を組み合わせることを要求していた点からは、拷問の賦課のための事実認定に厳格なものを求めようとしていた英知を読み取ることができるであろう。とはいえ、反証及び立証の適正化を厳に主張するにしても、それは裁判所を名宛人とするものであり、被疑者・被告人の権利主体性という視点はみられない。こうした点を後世の視点から批判するのは容易であろう。しかし、それでもなお、糺問手続の枠内において適正な手続のあり方をカルプツォフが希求していた点は評価せねばならない。

最後に、本稿で得た知見から現代を眺めておくことにしたい。糺問手続においては、確定した事実を前提とした上で自白が初めて問題となっていたということ、自白と「事実の確定」が相互に補いあう関係になかったという点は、今日における自白の補強証拠の範囲をめぐる問題、証拠調の順序の問題を考えるにあたり、参考になるものを含んでいるのではないかと思われる。今日、周知のように、自白の補強証拠の範囲としては形式説と実質説の対立がある。罪体の全部又は重要部分に補強証拠が必要であると主張するのが形式説、自白と補強証拠が相俟って罪体を認定できれば足りるとするのが実質説である。判例は一般に実質説を採っていると解されるが(71)、これに対しては、自白から大半の心証を取った上でその余の証拠から形式的に心証をとればよいということになってしまうという欠点を克服できない、との批判が向けられるだろう。また、自白の取調はその余の証拠が取り調べられた後でなければならないとする三〇一条の規定についても、それが自白以外の証拠からさほどの心証をとらずに、「最終的に」自白を取調べた上で有罪の心証を形成するがごとき運用がなされるならば意味がない。この点、糺問手続における徴憑理論は、まさにこうした事態を避けんがために展開されていたのではないかと考える。ここで、事実の確定の内実が、徴憑すなわち状況証拠による犯罪事実の確定と犯人についての高度の蓋然性であった—そしてカロリーナ法では更に厳格なものが求められた—点を改めて想起せねばならない。

既に与えられた紙幅も尽きた。本稿は、わが国で夙に問題とされている自白が、糺問手続でどのような要件のもとで採取されていたかに焦点をあて、自白採取の前提となる拷問の賦課要件たる徴憑理論についてのささやかなスケッチを試みようとしたものである。数百年前の糺問手続の理解が直截に現在の議論の参考になるとは言いがたいという至極当然の批判もあろう。しかし、自白とその余の証拠(徴憑)が「相補って」事実認定が行われていたのではないという点を、今後の議論の出発点として改めて強調しておくことに幾許かの意義を見出すことは許さるものと考える。

なお、カルプツォフ以外の諸家の徴憑理論、カロリーナ法以降の刑事令、そして自白そのものについての史的検討など今後の課題は山積している。それらについては他日の検討を約し、擱筆することとする。

(70) Heitsch, Beweis und Verurteilung, S. 27.

(71) 強盗傷人事件で事情録取調書中の「傷害を受けた」との被害者の供述で自白を補強して強盗傷人を認めた事例(最判昭和二四年四月三〇日刑集三巻六号六九一頁)、被告人の盗品有償譲受(贓物故買)の自白は被害者の被害盗難届出で補強できるとした事例(最決昭和二九年五月四日刑集八巻五号六二七頁)などがある。

(二〇〇四年六月三〇日脱稿)

梅田事件を振り返って——誤起訴・誤判防止のために

渡部保夫

一　はじめに

梅田事件は、農家の模範的青年であった梅田義光氏が、奸智にたけた一人物の言動に惑わされた警察によって強盗殺人・死体遺棄の嫌疑を受け、拷問によって虚偽の自白をさせられて起訴され、弁護人の懸命な努力にもかかわらず有罪とされ無期懲役に処せられ、その後多くの弁護人の努力によって、再審で無罪判決を得た事件である。そのため梅田氏は一八年七ヶ月拘禁され、再審無罪判決を受けるまで三四年間汚名を着せられていた。この事件の第二次再審請求の即時抗告審に関与した筆者の手元に訴訟記録の手控えなどが残っているので、この事件の捜査と裁判の経過・誤起訴と誤判の原因などをできるだけ正確かつ簡潔に述べてみたい。登場人物の氏名は原則として仮名を用い、また敬称を略した。

小暮得雄先生は、誤判問題についても優れたご見識をお持ちになられ、筆者の札幌地裁・同高裁勤務時代及び北海道大学法学部勤務時代から今日までこの問題についての筆者の研究を温かく見守って下さり、かつ公私にわたってご厚誼をいただいた。先生からいただいた学恩に感謝しつつ小文を捧げたい。

二　事件の経過

一　二つの奇怪な事件

昭和二〇年代に、北見市内で二つの奇怪な事件が発生した。まず昭和二五年一〇月一〇日夕方、北見営林局会計課に勤務していた太田政雄(二一歳)が公金など約二〇万円を持って外出したまま戻らなかった。数日後、太田の筆跡を真似て書かれた手紙が同会計課長宅に届き、それには「営林局幹部の不正の証拠を握っている。ミイラ取りがミイラにならぬように」という脅迫文言が書かれていた。この事件が、後に梅田事件という形で展開されていく。

ついで昭和二六年六月一一日、留辺蘂営林署会計係の小林次郎が公金四七二万円余りを持ったまま行方不明になった。

警察は懸命に捜査し、太田は以前の同僚であった芳賀松男にホップの取引の仲介を頼むようなことを話していたこと、小林の場合は北見の人に麻薬の仲介をしてもらうようなことを話していたこと、また芳賀が太田失踪のころ義兄に多額の金を貸したり、小林失踪の直後ころ姉に約一二万円を預けたりしていたことなどを探知し、芳賀とその周辺の者に嫌疑をかけていたが、失踪者の死体も発見できないため捜査は進展しなかった。しかし、昭和二七年四月、北見市の郊外のある寺院の裏山で人骨が発見され、それが小林の遺骨であることが判明したので、警察は芳賀らに対する容疑を強め、同年九月、芳賀の義兄、芳賀の知人で不相応な金員費消をしていた水野一郎、芳賀などを詐欺、横領などの嫌疑で逮捕、勾留して取調べた結果、水野、芳賀の順で、麻薬取引の仲介の口実を用いて小林を誘い出し殺害して死体を埋め、四七二万円を強奪したことを自白した。

芳賀は訴訟記録を読むと悪の天才のような人物である。頭脳も良く、度胸もあり、行動も機敏であるし、空手などを覚えていて腕力もある。水野の供述調書などを見ると、芳賀の人間像が生き生きと描かれている。たとえば、水野は芳賀から次のようにして犯行に誘われた。まず営林局の寮に三度にわたって招かれてご馳走になる。その二度目の時に、芳賀から「ボロい金もうけの話がある」と言われて、水野は「俺も乗りたい」と答えたが、芳賀はそれで話を打ち切る。そして、三度目のご馳走の席で、芳賀は「実は留辺蘂営林署の小林という男を誘い出して殺して金を取るんだ」と打ち明けた。水野はすっかりあわてて、後悔の色を浮べる。すると、芳賀はすぐキッとした態度に変わり、そばに置いていた酒一升びんのふたをポンと閉め、「こういうことを打ち明けた以上、嫌だというなら、おまえの命をもらう」と脅迫する。こうして、水野はその計画に引きずりこまれた。その後、二人は留辺蘂に出かけて、水野が札幌から来た麻薬取引のブローカーということで、小林に会わせられた。また、二人は殺害現場を選ぶため、いろいろな場所に出かけて下検分をした。その際、バラ線が張っているところに来た時、芳賀は「この事件がすんだら、どうせ捜索隊が出てくるが、死体はこういうところに埋めるのがいい。誰でもズボンが引っかからないように、バラ線に注意を向ける。だから、こういう場所に死体を埋めると、あんがい気付かれない」と。また、次のようなことも言われた。「相手を誘って山道に入ったら、風呂敷かハンカチなんかをポタッと目の前に落とせ。すると、相手はハッとしてそっちの方に注意が向けられる、そのすきを狙って一撃をくらわすといい」と。また「首を締めるときには、あらかじめ細引に五センチくらいの間隔で結び目を作っておけ、そういう細引で首を締めると、ギシッと締まってなかなかほどけないんだ」と。犯行後、水野は、小林から奪った四七二万円のほとんどを芳賀に取り上げられ、僅かな金額をもらっただけだったので、不満を述べた。するど、芳賀は、「文句があるのか、警察に言うなら言え。手を下したのは、お前ではないか。お前は西洋ブランコにかけられる。俺は手を下していないから、六、七年もすれば刑務所から出られる」という。また、芳賀は水野を山へ誘い出して殺害しようとした形跡すらある。ある日、水野は芳賀から「小林の死体を埋めた場所の状態がどうもよくない、埋め直しをするから、お前も手伝え」と言われ、その時間の打ち合わせをした。水野はハッと気付いて、その時間よりもずっと前にその場所に行ってみると、埋めた状態は別に何ともない、おそらく自分を連れ出して消してしまおうという魂胆だったに違いないと述べている。

小林事件は水野と芳賀の自白によっていちおう解決したが、強取金の行方については、警察がいくら追及しても芳賀は隠し続けた。しかもこの追及が行われたころ、芳賀は小林事件の首謀者は自分ではなく、留辺蘂営林署会計係長の川田賢一であり、強取した金も川田の紹介で関西の商事会社に預けたと言い出した。警察ではすぐ川田を逮捕し拷問を加えて追及したところ、同人は苦しさに耐えきれず、小林事件に関与したことを自白した。しかし、川田は検察官に対してこれを否認するとともに、警察官から拷問を受けたことを強く訴えた。それで、川田は起訴されないですんだ。芳賀はなぜ川田の名前を持ち出したのか。川田を首謀者とすることで自己の刑責の軽減を図り、かつ強取金を同人を介して他に渡したとすることで金の行方を隠蔽し、捜査を混乱させようと意図したのではないかと思われる。

二　性急な逮捕と自白の強要

警察は太田事件も芳賀の犯行に違いないと考えて追及したが、芳賀はなかなか自白しない。しかし昭和二七年九月三〇日夜、芳賀は太田の死体のあり場所を知っているということを口にし、その殺害を自白した。一〇月一日、芳賀は、山の中の沢に警察官らを案内して太田の死体の隠し場所を指示し、警察官らが掘りかえしたところ、ミイラのようになった死体が発掘された。

この時点までの芳賀の自白は単独犯行の内容であった。ところが翌一〇月二日、警察官が共犯がいるだろうと追及したところ、芳賀は、「実は太田事件で手を下したのは自分ではない。軍隊時代戦友であった梅田である」といいはじめた。これが、梅田の以後三四年間にわたる苦悩の開幕になった。

梅田共犯の供述に接すると、警察は何の裏付け捜査も行わず、同日午後八時半ころ警察官八名が梅田方に行き、就床していた梅田を強盗殺人・死体遺棄の容疑で緊急逮捕をして、北見市警察署に引致して取調べた。

そして警察は否定しているが、いろいろな状況から考えて、その夜から翌日にかけて、数人の警察官が梅田に対して拷問を加えたようである。その疑いの強いことは、その後におけるいろいろな判決や決定中でも指摘されている。殴る、蹴る、髪の毛を引っぱる。指の間に鉛筆をはさめて指を握る、正座をさせ尻と膝の間に警棒をはさめて警棒の両端に警察官が乗っかる、そのような暴行を受けたことを梅田は訴えている。先ほどの川田も、これと非常に似た態様の拷問を加えられたということを梅田事件の公判で証人として出頭して証言している。その結果、翌三日午後、警察官に対する梅田の自白調書が作成された。

三　検事に対する自白とその直後の否認の手記の提出

翌四日、梅田は釧路地方検察庁北見支部で坂本好副検事による弁解録取を受けた際、容疑を否認し、警察で拷問を受けてその苦痛にたえられなくて嘘の自白をしたと述べた。しかし、北見警察署に帰ると、刑事室に連れ出され数人の刑事に囲まれ、「否認してのがれられると思ったら大間違いだぞ」「芳賀という証人がいるから、いくらがんばってもだめだぞ」「悪いことはいわない。自分が大事と思ったら否認するな」「検事に憎まれたら損だ。法律は人間が作って人間が裁くものだから、同情されなければ損だぞ」「まじめにやれば（刑期の）三分の一で出られるんだ」「検事に憎まれると、そうはいかなくなる。二、三年で終わるものが、五年、六年と長くなる」などと言われ、北見署関係の犯罪者で刑の確定した名簿をみせられた。この時点までに梅田は弁護人のアドバイスを受けたこともなく、法律知識のなく屈従的な心理状態になっていた同人は、警察官らの執拗な説明を半信半疑で受容していたように思われる。

翌五日、北見簡易裁判所判事の面前に連れて行かれ勾留質問を受けた際には、犯行を認めた。その部屋には刑事二名も立ち合っていたという。なお、一二日からは勾留場所が警察の代用監獄から網走刑務所内の拘置所に移された。

ついで、一〇月一六日刑務所内の職員事務室で、一七日と一九日は釧路地検網走支部で橋本友明検事の取調べを受けた。梅田は内心で何度も真実を述べようかと思ったが決心がつかず、警察での自白調書に基づいて行われる検事の尋問のほとんどを肯定して三通の自白調書が作成された。

第三回検面調書は、「今思い出しても自分ながら恐ろしいことをした昭和二五年一〇月一〇日になりました」の文言に始まって犯行の全般を述べ、最後には「小林事件で芳賀が警察に捕ったという新聞記事を見る度にビクビクして居りました。……本当に申訳無い事をしました。何と言っておわびしてよいやら言葉がありません。私がやった行為に対してはどんな責任でも負います」と結び、簡潔で分かりやすくまとめられた本文二九丁（五八頁）で、犯行に使ったナイフや野球バットの形状、犯行場所の所在などを描いた図面を添付したものである。

検事調べが終って拘置所に帰されたが、梅田はすぐに不安にかられ、再度の取調べを希望する上申書を提出し、二一日橋本検事に呼び出されると、梅田は真剣に犯行を全面否定し、警察で拷問を受けたため嘘の自供をしたことを訴えた。橋本検事は「検事は拷問をしていないぞ」と怒鳴ったが、わら半紙を与え、「言いたいことはこれに書くように」と告げ伊藤武治検察事務官に立ち合わせて、自らは室外に出て行った。梅田は午前一〇時ころから夕方までかかってわら半紙一三枚に犯行を否定し、拷問を受けたため警察で嘘の自白をしたことを書いて提出した。そのさわりの部分を引用すると、次のとおりである。

「芳賀は私に罪をかぶせているのです」「一〇月二日夜、私として何の事か一つも分からず警察に来て、なぐる、ける、なげるなど、たいへんなしてきせいさいを加えられ、やりましたと言ってしまった」「刑事から誘導され、教えこまれて、野球バットで殴り、小刀で刺し、死体をあちこちに引っぱったりして穴に埋め、土をかぶせたなどと話した」「北見の検事に対して、警察で話したことは全部うそいつわりですと述べた」「芳賀から四万五千円もらったなどとは全くのうそです」「北見警察から網走に送られたが、北見を出る時、今度どなたに聞かれても正直に言うことだと何回も何回も申された、それで、今度検事さんにも書類のとおりに申し上げた次第です。自分としては全くウソデタラメで申し訳ありません」「自分は絶対に頼まれては居りません。どうか、おいかりのなきよう、調べ直していただきたく存じます。お願いです」という内容で、年月日を入れ署名している。

橋本検事が直接これを読んだかどうか明らかでないが、その内容を知らないはずはないと思われるが、梅田の希望を取り入れて取調べることはしなかった（原一審一四回公判の伊藤武治証言）。この手記は、確定審では紛失を理由に裁判所に提出されず、再審請求審で提出された。

一〇月二四日、梅田は強盗殺人・死体遺棄の公訴事実で釧路地裁網走支部に起訴された。公訴事実は、「芳賀と共謀の上、ビールの原料ホップの取引の仲介という口実で、太田を山道に誘いこみ殺害して所持金を強奪することになり、梅田は昭和二五年一〇月一〇日午後八時ころ、野球のバットと細引とナイフを用意して、太田と落ち合い、北見市昭和区の山道（第1図）に誘いこみ、バットで太田の後頭部を強打し、ナイフでそのこめかみを刺し、細引で首を締めて、殺害し、その死体を土中の穴に埋め、その所持金約一九万円を強取した」というものである。

四　法廷における真剣な弁明

㈠　これと前後して、芳賀、水野も同裁判所に起訴された。水野に対する公訴事実は、芳賀と共謀して小林を殺害して四七二万円を強奪し、死体を遺棄したというものである。芳賀に対する公訴事実は、梅田と共謀して太田事件を行い、水野と共謀して小林事件を行ったというものである。

原第一審の公判では、水野は終始公訴事実を認めた。水野は警察官にも検察官にもずっと自白を続けていた。第一審で水野は無期懲役刑を受け、直ちに服罪し、その後仮出獄で出所した。

㈡　芳賀も公訴事実を認めた。第一審は、芳賀について両公訴事実について有罪を認定し、死刑を宣告した。

第１図

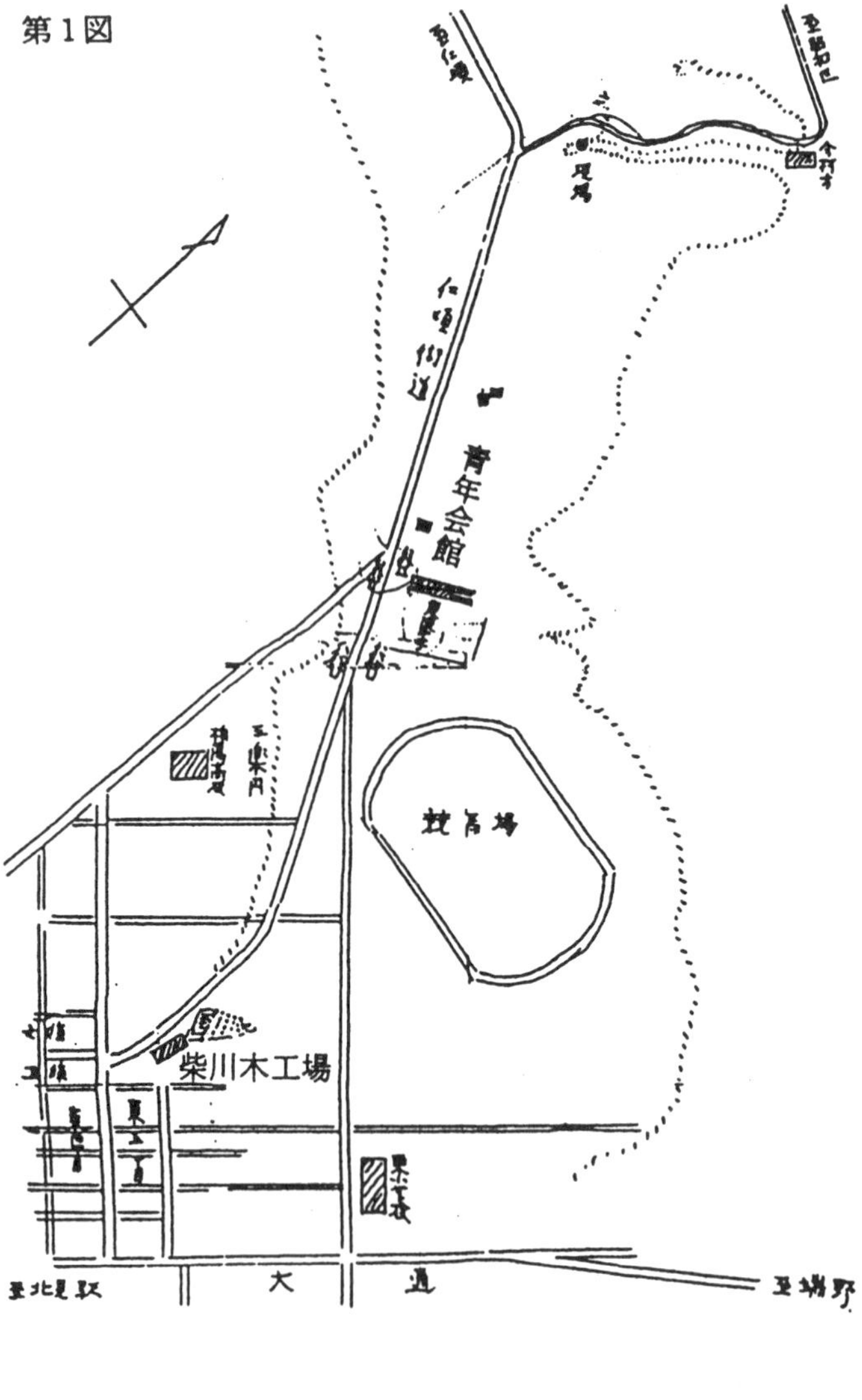

現場附近見取図(司法警察員の実地見分調書添付)

芳賀は死刑には不服であるとして札幌高裁に控訴し、その理由として、前述の川田のことを持ち出して、小林事件の首謀者は川田であるのに、川田は起訴されず、自分を首謀者であると判断した裁判には、承服できないというものである。高裁は控訴を棄却した。芳賀は最高裁判所に対して同様の理由で上告をしたが、上告は棄却され、その後芳賀の死刑は執行された。

なお、芳賀は死刑の執行を受ける前、中村弁護人に対して、梅田が太田事件に関与していないことを証言してもよいが、五〇万円をもらいたいとの手紙を出している。

㈢　梅田は、公判で強く無実の訴えをした。第一審では三二回にわたって公判が開かれ、そこでは、梅田と芳賀との間で論争が展開された。芳賀はあくまで梅田と共犯でやったと証言し、これに対して梅田やその弁護人はいろいろな角度から詳細な反対尋問をした。その結果、芳賀の証言は多くの点で事実に反することが暴露されたり、めまぐるしい変遷を示したりしたが、大綱を変えなかった。裁判記録をみると、芳賀はたいへんな能弁ぶりを発揮する。まさに口八丁、手八丁の人間であり、他方、梅田は正直な働き者によくみられるように、いわゆる口下手な人間である。ある時、芳賀は「どんな人間もその性は善なりという言葉があります。君も善に立ち返って被害者に敬粛な気持になってもらいたい」などということを平気で言う。ついに梅田はこらえ切れなくなって「なにっ、それはこっちの言うことだ」と怒鳴ったこともあった。

梅田の弁護人は、当時、北見市たった一人の弁護士中村義夫である。この人は心から梅田の無実を確信していろいろな点から証拠を検討して、梅田の無実であること、芳賀証言中梅田を共犯とする部分の虚偽であることを主張した。第一審はそれを取り上げず、昭和二九年七月七日、梅田を有罪とし無期懲役刑に処した。梅田は直ちに控訴をした。ここでも強く無実を訴えたが、昭和三一年一二月一五日、控訴は棄却された（裁判長原和雄、中村義正、安久津武人）。その判決の時、平素温厚な梅田もよほど腹が立ったのであろう、芳賀に向って「大馬鹿野郎」と殴りかかった。彼の偽証のために自分は有罪になったからである。直ちに看守に取り押さえられた。

梅田はすぐ上告した。上告審では、中村弁護士がほんそうして、東京の二人の弁護士（竹上半三郎・富沢準二郎）が弁護にあたったが、最高裁第一小法廷裁判長・斎藤悠輔、入江俊郎、下飯坂潤夫は、昭和三二年一一月一四日上告を棄却した。

梅田は無実の訴えをしながら刑務所に入った。刑務所では絶望状態に陥り、当初は夜ごとに悲しくて泣いてばかりいた、何度か自殺しようとしたが、自殺して喜ぶのは芳賀と真犯人と警察だけだろうと考えて思い直したそうである。刑務所にいた間に梅田の父親が事故で死亡し、弟が病死した。やがて気を持ち直し、作業に従事した。梅田は自分がもし毎日の行動について正確な日記をつけていたならば、アリバイを証明できたかもしれないと考え、入所後昭和三二年から一日も欠かさず日記をつけることにしたそうである。中村弁護士はしばしば刑務所を訪れて梅田を激励した。東京の竹上弁護士には、梅田はせっせと手紙を出して連絡をし、一〇三通にのぼったそうである。

なお、梅田が逮捕された当時、妻は妊娠していた。そして半狂乱の状態になった。数ヵ月後に出産したが、ひどい難産であった。乳児は数ヵ月後に死亡した。

五　困難な再審の請求

獄中にいながら、梅田は再審・やり直し裁判の請求を決意する。竹上弁護士、中村弁護士らも上告を棄却された直後から再審のための新証拠の収集に努力しはじめた。

弁護人らが梅田の無実を示唆するいくつかの新証拠を集めて、昭和三七年一〇月第一次再審の請求をしたが、請求は棄却された。高裁、最高裁に対して順次抗告を申し立てたが、棄却された。

逮捕から一八年七ヶ月たった昭和四六年五月一日、梅田は仮出獄を許された。四七歳になっていた。元国鉄労働組合中央執行委員をしたことがあり、当時、建設業をしていた林白言が梅田を雇ってくれた。同氏は前々から梅田事件の冤罪を洞察し新聞や文芸誌に投稿していた。

仮出獄後、梅田はお世話になった人々へのお礼回りをした後、被害者とされている太田の遺族を訪ね、そのお父さんに面会して「自分は太田さんとは一度の面識もなく、犯人でないこと」を心をこめて説明申し上げたそうである。また自分に拷問を加えた元警察官やその拷問の現場にいた元警察官を訪ね、ある時には玄関払いをされある時には「知らない、知らない」といわれながら、「そう言わないで下さい。再審の請求に必要なので、警察で拷問を加えられたことを証明してほしい」と必死に食い下がるなどしたが、受け入れられなかった。

仮出獄後、もう一度再審の請求をすることになり、ふたたび新証拠の収集が続けられた。梅田の小学校の同級生ら、元戦友ら、その他の人々が再審の請求を支持し、また、北見市議会は満場一致で梅田の再審を求める決議を採択した。さきの竹上弁護士の子息の竹上英夫弁護士が中心となり、東京、札幌、釧路、北見などの多数の弁護士が加わり、昭和五四年一二月、第二次の再審の請求書を裁判所に提出した。

釧路地裁網走支部(末永進、菊池光紘、島田清次郎)が実に詳細に証拠を検討して、梅田を無罪と考えるべき明白な新証拠が発見されたとして昭和五七年一二月二〇日、再審開始の決定をした。

これに対して、検察官が即時抗告を申し立て、札幌高裁(筆者、横田安弘、平良木登規男)が若干の証拠調べをして、即時抗告を棄却した。その結果、再度の裁判が釧路地裁で行われ、昭和六一年八月二七日、梅田が逮捕されてから三四年ぶりに、無罪の判決が言い渡された。無罪になった梅田はまっさきに東京に行き、竹上半三郎弁護士のお墓にお参りして裁判の報告をし、その他お世話になった多数の方々にお礼の挨拶回りをした。

三　確定審裁判所の有罪判断の理由

一　確定審当時、太田事件と梅田との結びつきに関する証拠は、芳賀の証言と梅田自白調書だけであった

1　このうち芳賀証言の要旨は次のとおりである。「自分は、太田を殺害して金をとろうと考えた。しかし、同人とは、前に営林局で一緒に机を並べて仕事をした間柄であり、自分が手を下して殺すには忍びない。誰か共犯者を見つけてそれに殺害させようと考えたところ、軍隊時代に苫小牧で同じ中隊にいた梅田を思い出した。そこで、梅田が何かの用事で北見市に出てきて自分の家に寄った際に、そば屋に連れていき太田を殺害する話をしたら、梅田はすぐ乗り気になった。梅田は、こういう場所で殺害するといいといって、その場所を手帳に書いてくれた」「そこで、梅田と一緒にその現場に行き、太田を殺害する予行演習を梅田にやらせた。その方法は、梅田に野球バットの柄を切って短くしたものを上着の下に隠し持たせ、太田の左側に並んで山道を歩かせ、自分があらかじめ掘っていた死体を埋める穴の近くまで来たら、右足を一歩後ろに引き野球バットを上着から取り出して太田の後頭部を殴りつけ、細引でその首を締めて殺すこと、そして太田の着衣を脱がせ死体を穴まで運んで埋めたうえ、脱がせた衣類を風呂敷に包み、奪った金と一緒に持ってくること、またナイフを用意していき、バットで殴ることに失敗した場合、太田は逃げ出すからナイフを使って殺すようにと指示した」「事件当日自分は用事があって行けないが、お前が引き返して来る途中で待っていると告げ、犯行を終えて戻ってきた梅田から太田の衣類を入れた風呂敷包みと野球バット、強奪した金を受け取り、そのうち千円札四五枚を梅田に渡した」というものである。（第1図、第3図参照）

弁護人が芳賀に対して反対尋問をしたところ多くの問題点が浮かび上がった。例えば⑴芳賀証言は多くの重要な点、梅田との出会いの状況から犯行の打ち明け、共謀の成立過程、打ち合わせの日時・場所・内容等に関してめまぐるしく変遷した。⑵梅田自白との食い違いを指摘される場合には明確に自分の主張の正しさを言い張るが、自分自身の供述の変遷、撞着、客観的証拠との矛盾点などを指摘されると、突如としてそれまで詳細綿密に述べていた供述をすっかり忘れてしまうなどの不自然な忘却供述をしたり、⑶忘れた、記憶がないと述べたかと思うと、その後また元に復したり、さらに従前の供述と別内容の詳細な供述をするなど、不自然、不合理な点を数多

第２図

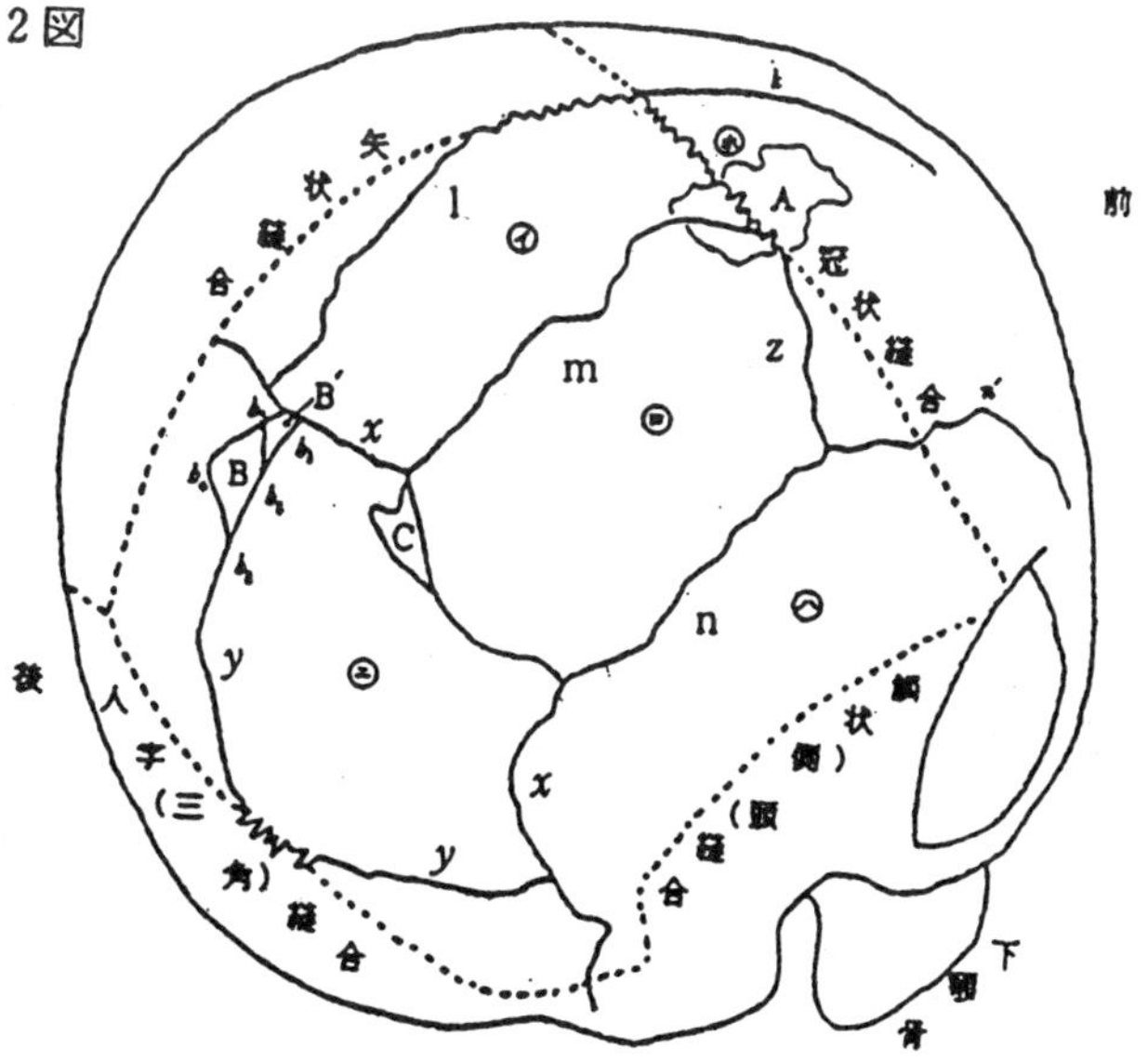

く現した。

２　梅田の自白調書であるが、第一審の裁判官も控訴審の裁判官も、警察ではかなり苛酷な取調べをしたと考えたようで、判決書には梅田の警面調書をかかげていない。しかし検察官に対する自白調書を証拠として引用している。この検面調書の内容は芳賀証言と部分的には多くの点で食い違っているが、大筋においては符合しており、その要旨は次のとおりである。

「芳賀は戦時中に同じ中隊にいた戦友であり、復員後も北見市に買物等で出てきた時に数回会っていた」「昭和二五年九月二〇日ころ、シャツ等を買いに北見市内に出た際に芳賀と会い一緒に小公園内の図書館に入った。その際芳賀は一人の男を連れており、同人を「訓子府の太田だ」と紹介してくれ、私を「俺の戦友だ」と言ってその人に紹介していた。それから三人で辰巳食堂に入って食事をし、自分は二人と別れた」「一〇月六日ころまた買物で市内に出た際、芳賀方に寄りコーヒーをご馳走になった。それから芳賀と一緒に町に出たが、その際、芳賀からホップの取引をして金もうけをする、代金は訓子府の太田が金を持ってくる、お前も仲間に入らないかといわれたので、承諾した」「さらに同月八日の昼ころ、市内に出てきて芳賀と会い、一緒にぶらぶらと仁頃街道を北の方に向かって歩いて山道に入ったが、芳賀から「取引は一〇日にする。今になってやめたなんて言わないだろうな。このような話を他人にもらすと、どういうことになるか分かっているだろうな」と言われ、私は「絶対に断りはしない」と答えた。それから、芳賀は「実は、金を持って出てくる太田を殺すのだ」と言って、両手でスコップを使う格好をしながら、「穴、穴」と言ったので、私ははじめて太田を殺して金を取りその死体を穴に埋めてくることだと分かって、ハッと思ったが、芳賀から「今になってやめると言うならば、お前の命にかかわるぞ」と言われたり、また、それまで勘違いをしていたせいもあるが、何度も手伝うと言っていた意地から今さら断れなくなり、とうとう引き受けた。それから芳賀と二人で犯行現場に行き、お前は太田を連れ出してこの付近まで来るのだ。そして、野球バットを短くしたものを青年会館の裏の薪を積んだ箇所の縁の下に入れておくから、あらかじめバットを取り出し上着の下に隠し持って太田と会い、お前は太田の左側になって歩いてここまで来るのだ。この付近まで来たら、一歩下がってバットを取り出して太田の頭を殴るのだ。バットを隠し持つのだから、丈の長い上着を着てこい。また、小刀-ナイフでもいいが、それを持ってきて、太田が倒れたらナイフで太田の頭を刺せ。また、四、五尺くらいの長さの細引を用意し、あらかじめ両端とその中間に四、五寸置きに結び目を作っておけ、それで太田の首を締めるのだ、結び目を作っておくと、締める時に手が滑らない。殺してから着衣を剝がして裸にして死体を穴に埋めろ、沢に穴を掘っておく。衣類は全部風呂敷に包み、金と一緒に持ってこいなどと言われ、殴打行為の予行練習をさせられた」「犯行当日の夜、芳賀が隠しておくと言っていた青年会館付近から野球バットを探し出し、これを上着の下に隠し持ち、また芳賀の指示に従って用意した細引とナイフをポケットに入れて、太田と落ち合った。そして、芳賀から言われていたように自分は太田の左側になってこれと並んで山道に向かった。殺害予定地点まで来た時、自分は突如、右足を一歩後外側に引いたうえ、野球のバットの細い方を切り落として長さ六〇センチくらいにしたものを上着の下から取り出し、これを振りかぶって太田の後頭部を殴ったところ、太田はウウーンと言って転倒した。そこで、ナイフを取り出し、腰を低くして地面に右膝をつき、太田の頭を突き刺し、ついで細引でその首を締めて殺した。それから衣服を脱がして死体を穴に埋めた。そしてその衣服と金を風呂敷に包みこれを持って、来た道を戻り、途中でまっていた芳賀にこれを渡し、同人から千円札で四五、六枚を分け前としてもらって帰宅した。」というものである。(第1図、第2図参照)

梅田を有罪とすべき証拠としては以上のほかにはない。確定審の裁判官らはこれらを信用できるとしたのである。このうち、第一審判決は単に証拠の標目をかかげただけであり、どのような理由で信用できると判断したかは全く不明である。原二審判決と上告審は次のような理由をあげている。

二　原二審判決の理由

1　同判決は、芳賀証言については何の実質的な理由をあげることなくその真実性を肯定している。前述のように芳賀は冷酷で奸智にたけた人間であり、このような人間はどのような嘘をも言いかねないのであるが、裁判所はこのことにつき何の警戒をしたふうでもない。その証言内容には異常、不自然かつ顕著な変遷を示し、実際の経験に基づく正直な供述のようでないのに、それらについて格別の検討も加えていない。また、芳賀証言と梅田自白がともに真実であるならば両者は大筋においてだけでなく、細部においても符合するはずであるのに、多数の食い違いがある。この点について、判決は次のような一般論を述べている。

「およそ、人の記憶は印象深い部分とか意を留めていた部分が比較的に残り時の経過とともに次第に薄らぐものであり、また事実を供述するにあたっても、被告人心理の常として多少の誇張や隠蔽のあることは免れないこと」「本件は事件後約二年を経て発覚し(たものであるから、記憶の薄れは顕著であろう)」という説示をし、芳賀証言の異常な変遷ぶり、梅田自白との食い違いの原因などについて、両名のどちらかが物事の細部について「留意して

第3図

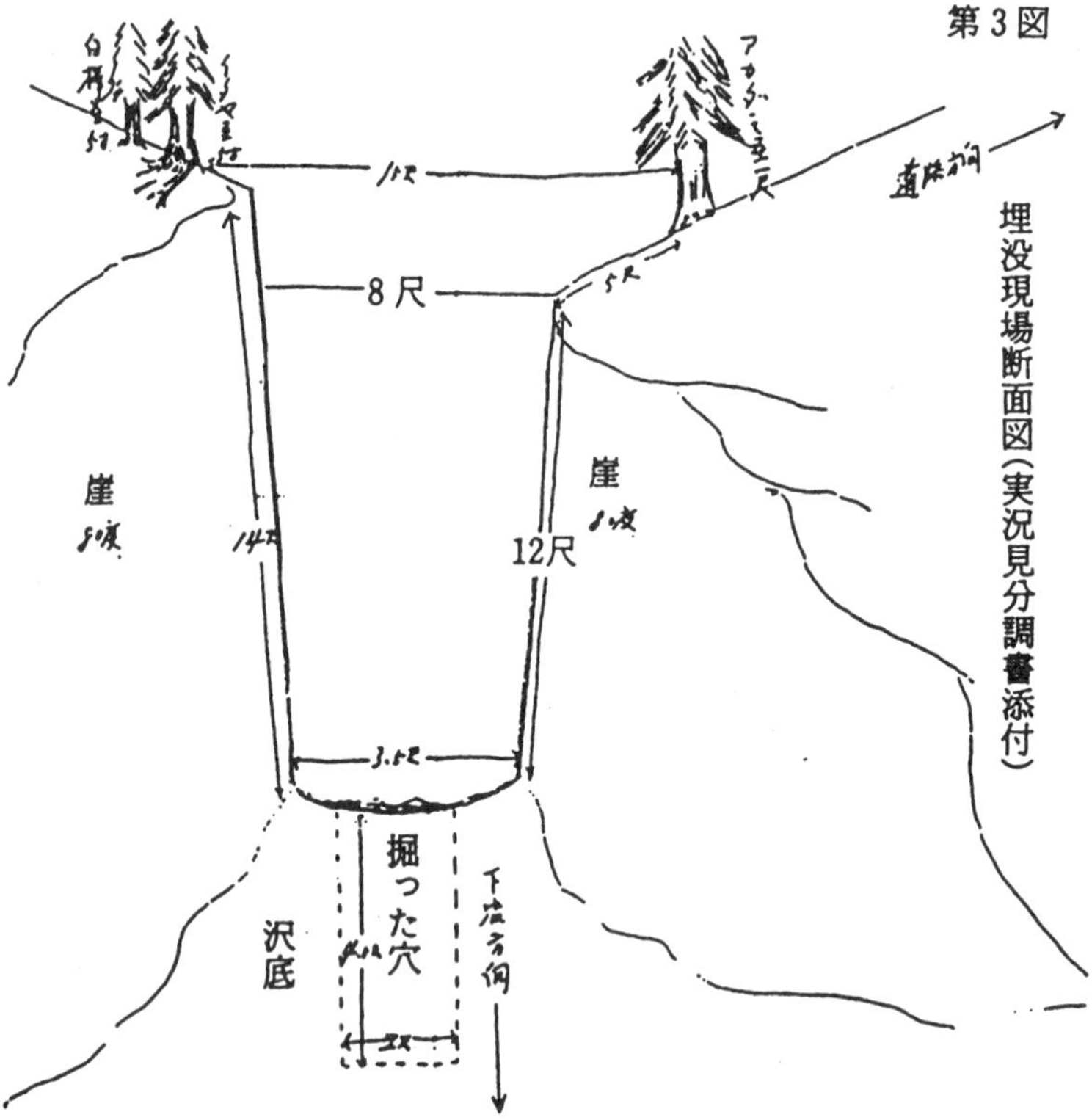

埋没現場断面図(実況見分調書添付)

いなかったためと考えられなくもなく」、また「(犯行時に)興奮していたため錯誤のまま記憶していたと考えられなくもなく」「変遷や食い違いあることは右説示に照らしてうなずける筋合いであって、このことからにわかにその供述を虚偽としてその真実性を否定すべきものではない」などと判示している。

2　梅田自白について、判決は次のような理由をあげてその任意性を肯定している。

(1)　梅田は警察では相当程度の強制が加えられ、そのため犯行を自供したものとしてその任意性は担保し難い状況にあったことが認められなくもない。しかし、検察官の取調べはそれから約一二日を経過した後のことであること及びその取調べ状況からして、梅田が警察の強制的取調べによる畏縮した心理状態を持続していたものとは解し難く、梅田の検察官に対する三回にわたる各供述調書についてはその任意性を疑う余地はない、と判示している。

⑵ そのうえで、判決は梅田自白の信用性に関する二種類の証拠をあげている。その一は、捜査段階における警察官、検察事務官、看守などが観察したという主観的な印象・解釈を交えた梅田の言動・態度である。その二は、梅田自白の真実性の裏づけに関する客観的証拠である。

前者として次のような事実が指摘されている。

(ア) 梅田は逮捕された際、親兄弟に俺は行くからと言って素直に逮捕に応じ、刑事らに挟まれてジープに座ったが、虚勢を張るように鼻歌を歌ったり、これが何とかの仁頃街道かと言ったりして笑ったりしながらも、震えているようなので、阿部刑事がどうして震えるのだと尋ねると武者震いだと答えていること、

(イ) 警察署に引き渡されて取調べを受け、半時間くらいしてから芳賀と対質させられた際、芳賀が真剣な態度で「自分一人で責任を負う気になっていたが、言うことが食い違うので隠せなかった」「ここに至ったのだから素直に述べてくれ」との趣旨を言ったのに対し、梅田は「俺、君に会わないぞ、そうだわな、会わないな」ということで終わり、声には元気なく芳賀に哀願するような態度であったこと、

(ウ) 橋本検事の最終取調べが終わった後、事務官が太田の首に擬した模型に結んでいたひもの現状を保存するため検事の指揮で釘づけにしている時、隣室との出入り口近くに腰掛けていた梅田が顔面を蒼白にしてひょろひょろと立ち上がり、検事の前にまるで狐つきのような顔をして近寄ってきたが、夕方近くで部屋は薄暗くはあり、しかも犯行を自供した後でもあり、その態度には真剣味を増し、あたかも梅田としては自己の犯行を他人かららみられたというような状態であったこと、

(エ) その直後、取調べを終えて梅田が桐田看守部長に伴われて巡査詰め所に来た際、同人に対し悄然として

「自分が検事に対して申したとおりやったことは間違いないのだ、失敗してしまった」と言い、桐田も梅田の供述調書の読み聞けに同席してその内容を知っていたので、「あのとおりなのか」と言うと、梅田は「あのとおりやったのだ」と述べていたこと、

判決はこのような警察官らの印象・解釈を交えた観察結果を重要視し、梅田の検面調書の記載内容を合わせ考えると、右供述において梅田としては全然身に覚えのないことを述べているものとは理解し難く、梅田は芳賀の謀議に加わり犯行を実行した経験があればこそこれに基づいて検察官の面前で真実を述べたものと断ぜざるを得ないとしている。

後者の証拠は、次のとおりである。

(ア) 判決は、梅田の自白調書中に「芳賀から指示された地点に差し掛かった時私は右足を一歩後に引き、上着の内側に隠していた野球用バットを右手に握って上着の中から抜き出し、両手でバットの細い部分を握って振りかぶりさま、その太い方の部分で太田の頭の後ろの方を殴りつけた」旨の記録があるが、渡辺孚（当時、北海道大学医学部法医学教室助教授）の鑑定書、同人の証言によると、梅田の供述どおりの打撃方法によっても被害者の頭部に鑑定書記載のような損傷をあたえることができることが認められ、これは自白の真実性の裏付けと考えられる。

(イ) また、梅田自白調書には「太田が倒れると私はすぐポケットからナイフ（同供述中、ナイフは刃の長さ二寸五分（七・五センチ）位、幅五分（一・五センチ）位、厚さ一分（〇・三センチ）位とされている）を取り出し、腰を低くして右膝をつき太田の頭をめがけてグサッと突き刺したが、ナイフを握っている自分の右手の小指側の部分が太田の頭にガシッとぶつかったので、ナイフの刃の部分は全部太田の頭に突き刺さったのは覚えている」と記載されているところ、M医師（当時、北見赤十字病院外科部長）作成の鑑定書には、頭部の刺傷につき「長さ一・八センチ深さ約二・五センチの刺傷を大脳に与え」との記載があり、鑑定書をさらによく検討すると、「深さはすでに

脳軟化を起こし大脳が下方に沈下しておること等により実際の長さは測定値より長いと推考する」との記載や「凶器は明らかではないが、少なくとも骨表面に止まりたる個所の凶器の幅は一・五センチ以内である」との記載、またナイフ使用の梅田の供述として「太田の頭をめがけて突き刺したが、そのどこに突き刺したか夢中だったのではっきりしない」旨の記載からみて、凶器の幅はナイフ（刃の幅五分〔約一・五センチ〕）とほぼ符合するので、これをもって固い頭を突き刺すような場合夢中であった梅田としてはその深さについて錯誤のまま記憶していたことを供述したと考えられなくもなく」と判示している。要するに、自白によると幅一・五センチ、長さ七・五センチ、厚さ〇・三センチ位のナイフで、頭を突き刺したとあり、M鑑定書によると、骨表面に止まった個所の凶器の幅は一・五センチ以内、大脳の刺傷の長さ一・八センチ、深さ約二・五センチというのであるから、ナイフの幅と大脳の刺傷の幅とはほぼ符合するから、ナイフで頭を刺したという供述部分の真実性は鑑定書によって裏付けられなくもない、というのである。

このような場合、自白の裏付けとされる渡辺鑑定書やM医師の鑑定書が本当に正確なものであるかどうかについて充分な検討が必要であるのに、後述のようにこの点について充分な検討をした形跡が認められないが、とにかく原二審判決はこのような理由をあげて梅田自白の真実性を肯定している。

三　原上告審の判決理由であるが、次のような理由を判示している

(1)　仮に、梅田被告人が警察において拷問、強制を受けた事実があったとしても、本件では警察における供述調書は証拠としていないから問題は生じない。さらに、警察における自白の強要が検察官に対する自白に因果関係を及ぼすこともないではないが、原判決がなした梅田の検察官に対する供述調書についてその任意性を疑う余地なき旨の判示を失当であるとすることはできない。

(2)　次に本件記録上芳賀が梅田に対し何らかの恨を抱く事情の認むべきものがないし、また、芳賀が梅田と共謀して犯行をしたと主張することによって、芳賀の利益となるものとも認められないから、原判決が芳賀の供述を虚偽としてその真実性を否定し得ないとした判示は首肯することができる、と判示している。

控訴審と最高裁判決が述べている主な有罪の理由は、ほとんど以上につきている。そこで、これらの理由が十分に納得できるものかどうかについて考える必要があるが、その前に、弁護人から再審の請求のために提出された新証拠及び再審請求審で取り調べられた証拠について説明してみたい。新証拠を概観することによって、確定有罪判決の判断の欠陥が露呈すると思われる。

四　旧証拠の欠陥を示す新証拠

一　再審請求人に有利な証拠の開示

再審請求審において、検察官の手元に保存されていた請求人の無罪の立証に役立ついろいろな証拠が開示された。

まず、弁護人らは、「無実の梅田が有罪とされたのは、最初の裁判において検察官は梅田に不利な証拠だけを提出し、同人に有利な証拠を提出しなかったからである。したがって検察官の手元にある不提出証拠のすべてを弁護側に開示してほしい」と要請したが、検察官はなかなかこれに応じなかった。しかし、次のようなことが契機になって証拠が開示された。

弁護人らはM医師に依頼して、人体の頭蓋骨のプラスチックの模型に土中から掘り出された頭蓋骨に存在した骨折の状況を記載してもらって裁判所に提出し、これによれば野球のバットが命中した個所は被害者の右側頭部の「前部」であることは明らかであるから、原二審判決が打撃の命中個所として単に右側頭部と認定しているのは不正確であり、また梅田自白によれば、被害者の左側後方の位置から野球バットを振り上げて殴ったことになっているが、こういう方法ではバットの先は被害者の右側頭部の「前部」には届かないから、自白には虚偽が含まれている、などと主張した。なお、「前部」にバットが届かないことを示す証拠として、弁護人は船尾忠孝教授（当時、北里大学法医学教室教授）の鑑定書も提出した。すると、検察官は、弁護人の提出した頭蓋骨模型の骨折線の正確性を確かめる必要があるということで、不提出証拠のいくつかの提出に迫られたようであるが、その際、裁判所（裁判長末永進）においても検察官に対して、真実を明らかにし裁判の公正を確保するため、検察官の手元に存する不提出証拠のすべてを開示するよう要請した。その結果、それらの証拠が再審請求審に提出された。その中に(1)発掘直後の頭蓋骨の骨折の状況を示す写真、(2)M医師と思われる人がゾンデを頭蓋骨の内部に差しこみながら、かたわらにいる警察官らしい人に大脳などの状態などを説明している状況を示す写真、(3)司法警察員伊藤力夫が太田の死体発掘直後に行った検視の結果を記した昭和二七年一〇月二日付検視調書（なお、伊藤は梅田の最初の自白調書の作成者であり、その日付は一〇月三日付である。）、(4)梅田が捜査段階で橋本検事によって最後の自白調書を作成された日の翌々日、梅田の希望で橋本検事の呼び出しを受けた際、わら半紙十三枚に書き綴った梅田手記（確定審において弁護人が提出を要請していたが、紛失を理由に提出されなかったもの）、(5)梅田が模範的に真面目な農業青年であることを示す近隣者の供述調書などが含まれていた。

再審請求審裁判所は積極的に新証拠を取り調べ、確定審の記録中の各証拠を綿密に検討し、再審開始を決定した。これに対して、検察官は即時抗告を申し立てたが、抗告審でも若干の新証拠が取り調べられた。

再審請求審と抗告審を通じて、旧証拠中の種々の欠陥が新証拠の取調べによって露呈した経過を述べる。

二　自白の打撃動作と頭蓋骨骨折との矛盾

1　再審請求審は、弁護人の請求に基づき、確定審当時から存在した頭蓋骨の骨折状況に関するM鑑定書などの他、新たに開示されたこれらの写真を基にして、あらためて船尾教授に対して、〝梅田の自白調書に述べられているような殴り方によって、被害者の頭蓋骨に存在するような骨折ができるかどうか〃の鑑定証言を求めた。

この点については、抗告審でも船尾教授に対して重ねて同様の鑑定証言を求め、また北海道大学医学部法医学教室の高取健彦教授にも鑑定を求めた。その結果、骨折の状況や成因などに関していろいろな新事実が浮かび上がり、自白で述べられている打撃の方法との間に、次のような食い違いのあることが判明した。

2 第2図は、最初に被害者の頭蓋骨を検査したM医師の鑑定書や先ほどの写真などを基にして、頭蓋骨の骨折線の概略を記載したものであるが、船尾、高取教授の鑑定によって次の点が指摘された。

(1) まず、右側頭頂骨を中心にして、前方は前頭骨に及ぶ大きな複雑陥没骨折がみられ、これを組成する主要な骨折線はすべて頭蓋骨の正中線（矢状縫合）の右側にあり、正中線に近いところからいうと、l、m、nという三つの大きな縦の骨折線がある。

骨折に伴う陥没の状況であるが、この図では分からないが、三本の骨折線のうち、m線の部分だけが内部に向かって谷のように陥没している。頭蓋骨の組織は板を二枚重ねたように二重になっているそうであるが、m線についてみると、そのうちの内側の骨（内板）は剝がれ、外板はかろうじてつながっている。そして、m線の陥没状況を縦にずっとみていくと、冠状縫合に接するA箇所の陥没が最も深く、後方（後頭部方向）にいくに従って陥没が浅くなっている。

後頭部に近く横にx線という骨折線があるが、l、m、nの三本の骨折線はいずれもx線を越えておらず、x線でとどまっている。

さらに、もう一つの特徴は、この縦の三本の骨折線はすべて後方に行くほど正中線（矢状縫合線）からだんだん右方向に離れていくような角度になっている。

(2) このような骨折・陥没の状況についての鑑定人らの検討によって、次のような新事実が判明した。

加害者は野球バットのようなもので被害者の後方からその頭を殴り、その打撃によってこのような骨折等が生じたと考えられるが、その場合、野球バットの軸はm線に沿って振り下ろされたと考えられる。m線だけがV字のように陥没しているからである。

しかも、l、m、nの三本の骨折がいずれもx線をはみ出していないので、後頭部には野球バットの軸は当たらなかったと考えられる。さらに、m線の陥没の状況が前頭部にいくに従い深くなっていることを考えると、バットが頭に命中した瞬間において、バットの軸は、m線の全長に対して、やや前下がりか又はほぼ平行の角度で振り下ろされたと考えられる。すなわち、野球バットの握りの部分がさがるような角度ではなく、逆にバットの先端が握りの部分よりさがっている状態で、m線に振り下ろされ、その先端がm線の冠状縫合付近（A）に命中したと推定される。

また、l、m、nの三本の線がいずれも後方にいくに従い正中線からそれる—遠ざかる—角度に開いているから、野球バットの軸は、被害者の後ろでかつ右側から正中線に対して斜めに向かう方向で振り下ろされたと考えられる。

(3)　梅田自白によると、「自分は、太田の左側に並んで山道を歩き、犯行場所にきたところで、立ちどまり、上着の下からバットを取り出し、右足を一歩後方に引き、バットを振りかぶって被害者の頭を目がけて振り下ろした」というのであるが、こういうやり方で殴って、このような骨折状況が生じるであろうか。

この点について、高取鑑定人は次のような見解を述べている。もし、被害者の身長が加害者よりも四〇センチ以上も低いか、そうでなければ、被害者の頭が打撃の瞬間に特殊の事情によって約四五度以上後方に傾いた場合でなければ、加害者の握るバットの軸が被害者の頭蓋骨m線の全長に対してやや前下がり又はほぼ水平の角度で当たることはありえないし、また、m線と冠状縫合との接点付近に最大の打撃が加わり、かつ第2図に見られるような高度で広範囲の複雑陥没骨折を生じさせる打撃力を発揮することは不可能である。また、野球バットの軸が正中線に対して右後方の方向から斜めに入っているのであるが、そのためには、被害者の方で殴られる瞬間に、顔を右方に大きくねじるように向けていなければ、そういう方向でバットが当たることはありえない、と証言している。

そうすると、太田の身長が問題になるが、実は梅田よりも約二センチ高いのである。もっとも、犯行の場所とされている道路の状況であるが、いちおう下り坂になっているが、事件当時の現場の写真などを見ても、それほどの勾配ではない。そうすると、バットを撃ち下す際に梅田の方が太田よりも四〇センチも高い位置になるということはとても考えられないことになる。さらに、同鑑定人によると人によっては顔を上向きにしたり下向きにして歩く癖がある。しかし、どんな癖の人でもせいぜい一〇度以上も後屈させる人はいないそうである。そういうことになると、梅田自白に述べられているような打撃の方法というのが、非常に怪しくなる。現実に存在する骨折等の状況に整合しないからである。

三　自白の打撃動作では、野球バットは頭部に命中するのか（行動科学鑑定）

梅田自白で述べられているような打撃方法では、野球バットが被害者の頭に届いたとしても、頭蓋骨に存在するような骨折等を生じさせることはできないというのが、今述べた点である。ところが、これから述べる新証拠によると、自白で述べられているような動作では、そもそもバットは被害者の後頭部にすら届きえない可能性が大きいことが判明した。

抗告審裁判所は、北海道大学文学部行動科学科の相場覚教授に対して、「梅田自白に記載されたような打撃方法によって野球バットの先端が被害者の前頭部に命中するか」について鑑定を依頼したところ、鑑定人は次のような実験をした。

まず、アルバイト学生や大学院生を使い、二人の被験者が左右に約一・五メートルの間隔をおいて通常の速度で並んで歩く練習をさせた。そのうえで、左側を歩く者を加害者役として、握りの部分を自白調書にあるように約二〇センチ切り落としたバットを上着の内側に持たせ、ある地点にきたら、梅田自白にあるように、突如右足を一歩後方に引き、バットを上着の下から取り出し、これを振りかぶって真正面に人がいるつもりで力いっぱいバットを振り下ろさせる。右側の人にはそのまま歩行を続けさせる。このようにして、打撃行為地点の真横左方にビデオカメラをすえ付けて右方を撮影した。こういう実験を何度も繰り返したうえで、そのフィルムを観察したところ、一九例のうち、一〇例ではバットは完全に被害者役の体から外れ、残りの九例においても、バットの先端は被害者役の体の背中をかすめるだけであった。バットの先端が被害者役の後頭部の位置に到達したことは一例もなかった。

ついで、相場鑑定人は北海道電力会社の協力を得て、いろいろな資料（市街地の人口の変化、ネオンサイン・街路灯の増加、都市光の影響、現場の地形、月齢など）から自白に述べられている昭和二五年一〇月一〇日の犯行時刻の現場付近の照度を計算したところ、5.6×10⁻⁴ルックスよりも明るいことはないという結果を得た。

そこで、鑑定人は、大学内の大部屋でこれとほぼ同じ程度の暗さを人工的に作り、右と同様の打撃実験をした。すると、より一層、バットは大きく外れ、被害者役の体にもなかなか当たらないという結果になった（一六例中、一三例は完全に外れ、三例は肩にあたっただけ）。こういう暗いところでは、暗所視といって、人間の動作や反応が遅れるからそういう結果になるということである。

自白に述べられているような方法で打撃をさせてみたところ、被害者の前頭部はおろか後頭部にすらバットは当たらない。自白の内容は、ますます信用できないことになった。

四　菱形状骨欠損はナイフの突刺によるものか

原二審判決の証拠説明の個所で述べたが、被害者の頭蓋骨には第2図の〝B〟の個所に菱形状の骨欠損があり、他方、梅田自白には「太田が倒れると私はすぐポケットからナイフを取り出し腰を低くして右膝をつき太田の頭をめがけてグサッと突き刺したが、ナイフを握っている右手の小指側の部分が太田の頭にぶつかったので、ナイフの刃の部分は全部太田の頭に突き刺さったのは覚えている」とあり、またM医師の鑑定書には「頭部に長さ一・八センチ、深さ約二・五センチの刺傷を大脳に与えた」「傷の深さはすでに脳軟化を起こし大脳が下方に沈下しておること等により実際の長さは測定値より長いと推考する」「刺創のために用いたる凶器は明らかではないが少なくとも幅一・五センチ以内である」との記載があること等に照らすと、控訴審判決は、梅田自白に述べられているナイフによる突刺によって菱形状骨欠損が生じ、大脳にも刺傷の跡があると考え、これらは自白の信用性を裏付けるものと判断したのであった。

しかし、高取教授や船尾教授の鑑定結果によると、菱形状骨欠損は、その位置や周辺の骨折線などから考えると刃物の突刺によって生じた独立創ではなく、野球バットによる頭部の打撃によって前記のような複雑骨折・陥没を生じさせた際に生じた随伴創にすぎないと見る方がはるかに合理的である、また、頭蓋骨は土中に二年間も放置されていたが、そのような場合、大脳は腐敗してヨーグルト状になり、再び乾燥しても、原型を留めることはないから、仮に当初は凶器による創傷が大脳に存在したとしても、二年後にはこれを確認することは不可能である、したがって凶器の突刺によって生じた創傷の痕跡があるという当初のM医師の鑑定は全くの誤りであり、到底採用できないことになった。なお、M医師も抗告審における証人尋問では菱形状骨欠損が独立創であるとしても、その成因となる凶器は相当重量である、例えばピッケル様のものであり、自白調書で述べられているナイフのような凶器は成傷器ではあり得ないと考えると証言した。

そうすると、梅田自白に述べられているような、ナイフで頭をグサッと刺したところ、ガシッと小指のところが当たったという部分もでたらめであり、虚偽の可能性が強いこととなった。

五　開示された検視調書の意味するもの

た。

またこれに関連して、前述の検察官から開示された証拠の中の書面によって、次のような重大な事実が判明した。

開示された昭和二七年一〇月二日付の司法警察員伊藤力夫の検視調書によると、その中に「頭蓋骨の右頭部の三角形の刺創様の穴（筆者注、前途の菱形状骨欠損を指す）は……鈍器様のもので（太田の）頭を強打昏倒させたうえ、短刀様のもので頭を突き刺したるものと認める」という警察員の所見が記載されている。そして同じく開示された発掘直後に撮影された被害者の頭蓋骨の写真によると、死体を検査したM医師と思われる人（人の姿までは写っていない）が外科用のゾンデを頭蓋骨のBの穴から内部に差し込み、頭蓋骨の底にたまった、大脳の沈下萎縮したようなものにゾンデの先端を突き刺し、そばにいる警察員（その姿も写っていない）に対して、「このように刃物がここから挿入され、このとおりの刺創が残っている」と説明しているような様子が撮影されている。

そうすると、伊藤警察員は、死体発掘の直後の一〇月二日頃に、M医師からこのBの菱形状の欠損は凶器の突刺によって生じたものであると説明され、そのような予断を抱いたことが推測される。伊藤警察員は梅田の最初の自白調書（一〇月三日付）を作成した人物であり、その自白調書の中に「バットで太田を一撃したところ、太田はウウーンといってひっくり返った。そこで自分はナイフで太田のこめかみのあたりを一突き刺したら、太田はウーンウーンといわなくなった……」という記載がある。この記載は伊藤警察員の予断がそのまま自白調書に反映していると見てよいであろう。当初、この死体と頭蓋骨を鑑定したM医師も凶器について、どういう種類のものかということを述べていないが、先ほどのゾンデを持って指示している写真からすると、とにかくこの菱形状骨欠損は凶器を突き刺したことによって生じたものであると考え、かつそれが脳に達して大脳にも刺創を生ぜしめていたという見解を持っていたことだけは明かなようである。それが、伊藤警察員に伝わり、同人による誘導的取調べによって梅田自白の内容になったとみることができる。しかし、再審請求の段階になって高取・船尾鑑定などによってこの菱形状骨欠損はナイフなどを突き刺したことによるものでないことが判明したもので、そうなると、この点においても自白は客観的証拠にそぐわないものであり、警察員の誘導による虚偽の自白であるとの見方が生じた。そして、この重要な証拠は、おそらくこれを提出すると自白の信用性を攻撃されるきっかけになるという考えからと思われるが、検察官はこれを当初の裁判に提出しなかったものであろう。

六　暗闇の中で犯行は可能か

さらに、次のような疑問も生じた。先ほどの相場教授の鑑定によって、野球バットで殴った場所とされている山道の付近の暗さが判明したが、同教授はさらに、自白で述べられている死体を運搬して埋めた沢の下方にある穴の付近（第3図）の暗さについても鑑定した。これによると、その付近は、3.11×10^{-4}ルックスで、真に暗闇に近いということが判明した。

ところが、自白によると、梅田は懐中電灯も何も使わずに死体から衣類をはいだり、それを運搬して穴に埋めたり手で土をかぶせたりし、被害者の衣類を集めて風呂敷に包むなどしたというのである。しかもその死体を運搬した個所には、一メートル以上の雑草が生い茂り、約四〇度の勾配の斜面が約一〇メートル続き、さらに、穴というのは、深さ四メートルくらい、両側は八〇度という崖になったところの底にある。そこで、裁判所から相場鑑定人に対して、「そのような暗さの下でそのような地形のところで、そういう作業をすることが可能であるか」についての意見を求めたところ、「不可能または著しく困難である」という鑑定が出された。ところが、自白調書を読むと、暗さによる障害を受けたようなことは全然述べていない。懐中電灯も持たないでやったのに、実にスムースに事が運んだというような自白である。この部分も到底信用することができない。

七　その他にも、いくつかの新証拠が提出されたが、これを省略して、今度はもっと基本的に常識に照らして自白の信用性について考えてみよう

1　梅田自白によると、梅田は当夜、元海軍の作業服（ジャンパー）を着てあらかじめ芳賀から「バットを（第1図の）青年会館の建物の縁の下に隠しておくからそれを持って行くように」と言われたので、被害者と落ち合う直前の午後七時頃そこへ行った。そして、縁の下を探したが見つからなかったが、その建物の裏に積んであった薪の下を手探りしてみたところバットが見つかった」「そこで、そのバット――持つところを切り落として六〇センチくらいにしたもの――を上着の下に、太い方を下にして入れ、そのような姿で柴川木工場（第1図参照）の前で太田にあった」というのである。

しかし、(あ)大切な凶器である野球のバットを現実に手渡しもせずこのような方法で受け渡しをするものであろうか。自白調書をみても梅田が懐中電灯を用意したという記載はない。北国の一〇月初旬の午後七時といえばすっかり暗い時刻である。建物の縁の下などを探して見つからなかったらどうするのであろうか。(い)さらに、自白調書によると、梅田は被害者に対して札幌から来たホップの取引仲介人として行動しようとしたというのである。海軍の作業服を着たり、野球のバットを上着の下に隠し持つ、当然に上着は膨らむ。被害者と落ち合って太田の服装を確認できたとあるから、この柴川木工場付近はいくらか明るかったことになるが、一体仲介人として行動しようとする人間がそういう異様な、怪しまれるような姿で相手と会うものであろうか。(う)奇妙なことに、本件では、ビールのホップの取引が本当に儲かるものであったかどうかという証拠も提出されていない。そのうえ、この図面でも分かるように、被害者を連れ出したとされる方向は人家もほとんどない山道である。取引の仲介というのであるならば、落ち合った場所付近で話ができるのであって、夜間そのような淋しい山道に案内する必要があったのか。ますます怪しまれるだけではなかったのか。事前に太田と芳賀との間に何かの話があったとしても、仲介人に扮した者からも被害者に対して、たとえば、「ちょっと暗いところですが」と前置きでもして、どこまで案内してどこでどうするという大体の手はずを告げるのが当然であろうが、自白調書を見てもそういう記載はない。(え)また、自白調書によると、梅田は太田の左側に並び、第1図の仁頃街道を殺害現場に向けて歩き始め、その途中、「芳賀はとても頭の良い男だ」「芳賀は家庭の中でも上手に切り回している」という話をしたとか、この街道沿いにある競馬場のことに関連して、「競馬の馬券を買うのも一つのバクチになる」とか「自分は勝負事がきらいでカルタしかできない」という話をしたとか、この方面には引揚者住宅がどんどんできたなどを話ながら、現場とされている昭和区方面への山道に入ったというのである。そして、真っ暗な山道でも、二人は横に並んだまま歩いたというのであるが、これから強盗殺人という恐ろしい犯罪を犯そうとする人間、しかも彼はもちろん前科もなく真面目一筋に生活してきた人であるが、こういう人が被害者との間で平然と競馬とか住宅の話などをしながら悠々と歩けるものであろうか。話をするならばむしろ仲介人としての自己紹介に関することや、間もなく始まる取引や案内する場所の様子やどういう人物がそこに待っているなどの話ではないか。並んで歩いたというが、明るい商店街を歩くのならばいざ知らず、真っ暗な山道では、案内するものが先頭になって歩くのが普通ではないか。㈹そして、彼はその山道の畑と林の境あたりに来たところ、あらかじめ芳賀から「右足を一歩引き、上着から野球のバットを取り出して振りかぶり太田の頭を叩け」と言われていたので、寸分たがわずそのとおりの行動に出たというのであるが、人間の実際の行動として、そもそも殺害方法についてこのような細かい指示をするものであろうか。むしろ臨機応変に行動して必ず相手を殺害せよ、万一失敗したならどうすれというような指示にとどめるのが普通ではないか。そして、自白調書によれば、梅田はこの指示に忠実に従って野球バットで相手を殴ったというのであるが、そのような方法では相手の頭蓋骨に、実際に存在するような骨折を生じさせる可能性は全くないことは先ほど見たとおりである。さらに、相手を殴って転倒させた後、ナイフでそのこめかみを刺したというのであるが、そのナイフというのは、お祭りの縁日の店で昔買った七徳ナイフだそうである。このような安いナイフで相手の腹でも刺すというのなら分かるが、頭を刺すというのはこれまた不自然である。そして、そのナイフをその場で投げ捨てたというのであるが、これまた不自然な話である。そして新証拠によると、ナイフで頭を刺したという痕跡のないことも確認されたのである。

2　その他にも、梅田自白を丹念に検討すると、いたるところに不自然、不合理な点、客観的な証拠と矛盾する点を見いだすことができる。梅田が村の模範青年であるということは動かすことのできない事実である。そもそもこういう人物が芳賀のような凶悪な人間に誘われてこういう凶悪な犯行に組するものであろうか。そのこと自体、すでに不自然なことである。また、真犯人の自白というものは、これを読むと、多くの場合、実に迫力がある。たとえば、小林事件における水野の自白調書などはそうであり、これを一読しただけで、すさまじい迫力があり、生き生きとしていて感情がこもり、ギゴチなさなどはない。しかし、梅田自白は実に不自然、不合理であり、ギゴチなさに満ちており真実感が少しも感じられない自白である。

なぜ、確定審の裁判官らがこれを信用したのか不思議にさえ思われる。

八　いわゆる共犯者の自白について

ここで、原上告審が、芳賀が梅田と共犯で本件犯行をしたという供述の信用性を肯定してよいとした理由（前記三、四）について簡単に触れておきたい。

最高裁判決は「本件記録上芳賀が、梅田に対し何らかの恨を抱く事情の認むべきものがない」し、また「梅田と共謀して本件犯行をしたと主張することによって特に芳賀自身の利益となるものとも認められないから、原判決（原控訴審）が芳賀の供述を虚偽としてその真実性を否定し得ないとした判示は首肯することができる」と判示している。

たしかに、人は恨みを抱いている人間を陥れるために、その人間と共犯で犯罪をしたという虚偽の供述をすることがあるであろう。しかし、刑事裁判の歴史を見ると、恨みがあるわけでないのに、自分の利益のために、無実の人間を共犯であるとする虚偽の供述をする例はいくらでも存在する。たとえば、有名な吉田石松翁事件はその典型例である。この事件では素行の悪い二人の人間AとBが金欲しさに夜間道路上で荷車を引いていた繭玉商人を殺害して金を奪った。まもなくA、Bは逮捕された。このままではAとBは死刑その他の重刑を科せられる。そのため、二人は、前に一緒の職場で働いていた誠実なガラス職人の吉田石松を主犯者に仕立てあげ、自分らは吉田の指図に従って犯行に参加しただけであるという嘘の供述をし、そのため吉田は無期懲役刑の判決を受け、以来約五〇年にわたって冤に苦しむことになった。この事件でも、吉田はAやBから何の恨みを受けていなかったのに、A、Bによって共犯者の嫌疑を負わせられたのである(後藤信夫『日本の岩窟王』教文館一九七七年)。このような例はほかにもいろいろ報告されている。その心理として、「一般に自白をする場合はできるだけ自分の責任を小さくするように供述するのが人情の常である。……単独で犯行したというよりも、仲間と一緒にやったという方が自白者の主観においては犯罪が軽いものとして意識される。……とくに取調官の側であらかじめ共同犯行を決めてかかっていたり、あるいは共犯者の自白の中に登場させたい人のねらいを定めているような場合は尚更のことである」(下村幸雄『共犯者の自白』日本評論社、一九九六年)。奸智にたけた人間は、自分がある犯罪で重い刑罰を受けようという瀬戸際に立たされた場合、ある特定の他人に対して恨みを抱いていなくても、自分の罪を軽くするために役立つならば、その他人を自分の共犯者に仕立てあげる卑劣な行動に出てしまうのである。「芳賀が梅田を恨むべき事情はないから、芳賀の証言を信用しうる」という最高裁の判断には賛同できない。

また、最高裁は「芳賀は梅田を共犯者として仕立てることによって、自分の利益になるというような事情は格別認められない」「だから芳賀の供述は信用しうる」という理由を付け加えている。しかしこれにも賛同できない。この事件で、もしも芳賀がみずからの手で昔の同僚であった太田を殺害し、さらに水野をそそのかして小林を殺害して四七二万円もの大金を強奪したということになれば、芳賀としては死刑を免れないであろう。そのため芳賀としては死刑を免れるための一るの望みとして、太田の殺害犯に仕立てるために無実の梅田を引きずりこんだのである。死刑に当面した人間の藁にもすがろうとする心理は、複雑なものであろう。前述のように、小林事件についても、芳賀は、この事件の首謀者は留辺蘂営林署の川田であるとの虚偽の供述をした。芳賀としては小林事件で川田を引きずりこみ、太田事件で梅田を引きずりこむことによって、死刑を免れようと考えたと思われる。

また、次のような見方もできよう。太田事件にはやはり共犯者がいた、しかしそれは芳賀と親しい間柄の人間である、その人間をかくまうために「替え玉」として梅田を引きずり込んだという見方である。また、死刑判決を受けるかもしれないと考えていた芳賀としては、何とかして捜査や裁判を引き伸ばそうとし、成功しなくてももともという考えのもとに、警察や裁判所を混乱に陥らせて時間を稼ごうとしたのかもしれない。それも芳賀にとって利益になることである。「梅田を共犯とすることによって芳賀の利益になるとは思われない」という最高裁の見方はやはり賛同できない。

五　誤起訴・誤判の防止のための方策など

この事件を振り返って、誤起訴・誤判の防止に必要な方策を考えてみたい。

1　警察において梅田に対して拷問を加えていたことを検察官や簡易裁判所判事らが気付いていなかったとは思われない。それなのに、なぜ関係者を告発しなかったのか。告発の手続きに制度的欠陥があれば、その改正の努力をすべきであった。現在でも、しばしば苛酷な、人権蹂躙の取調べが行われていることに留意すべきである。

2　梅田は起訴前に弁護人と面会する機会を与えられなかった。起訴され、公判期日が近づいて初めて弁護人からアドバイスを得ることができたのである。

今日では、被疑者の取調べの弁護人の立会制度を実現し、被疑者の取調べのテープ録音・ビデオ録画の制度を実現すべきであろう。

3　再審請求審で開示された証拠、頭蓋骨の写真、ゾンデを頭蓋骨の中に入れて警察官に説明している写真、梅田の最初の自白調書の前日に作成された司法警察員の検視調書や梅田手記などが確定審で取り調べられていたならば、自白調書がたやすく信用されることはなかったと思われる。重要な証拠の開示を義務付ける立法が必要である。

4　誤起訴・誤判の原因は、梅田自白調書を簡単に信用したことにある。警察員らから「検事の前で否認すると憎まれる」「否認して助かると思ったら大間違いだ」と何度も何度も言われ、半信半疑そのような気持ちになっていたという梅田の公判における供述を原一審、同控訴審の裁判官が無視していたのは、遺憾極まりない。元検事総長・中野並助氏が『犯罪の通路』（中公文庫昭和六一年）の中で「自白はそのことごとくを信用すべからざることは、私が今まで各所で述べた例によって明かだ」「私は、昔から自白の真実か否かについては、相当検討もし、苦労もしてきた。私が多くの事件を迷宮に入れ、検事控訴に無罪の論告をしたのも皆それがためである」と述べている。本件を担当した検察官や裁判官の何人かがこのような見識を有していたならば、誤判を防止し得たと思う。

虚偽の自白をしてしまう心理的なメカニズムについての研究も必要であろう。（ギスリー・グッドジョンソン『取調べ、自白、証言の心理学』庭山英雄ほか訳、酒井書店一九九四年）。

担当検察官や裁判官はいずれも平均的な能力を持ち真面目な方々であったと思うが、それだけでは誤起訴・誤判を防止することができない。司法研修所における研修のあり方は、現在でも大きな問題があるように思う。

5　確定審の段階の鑑定人が自白調書に記載されているような打撃方法によってあのような頭蓋骨骨折線を生じさせることが可能であるとか、ナイフの突刺によって骨欠損や大脳刺傷を生じさせうるとの所見を述べていたのは、すべて誤りであったが、検察官や裁判官が慎重に検討すればその誤りに気付き得たと思われる。鑑定証拠を安易に信用することの危険性を忘れてはならないであろう。

6　確定審の裁判官は誰ひとりも犯行現場の夜間検証をしてなかったようである。これでは真相を見抜けるはずがない。木谷明「事実認定における検証（特に夜間検証）の重要性について」『誤判救済と刑事司法の課題』（日本評論社二〇〇〇年三四四頁）参照。

証拠は手に取ることができるならば、手にとって観察検討し、犯行時の状況を復元できるならば復元して自白の信用性の有無を検討すべきである。

7　人格証拠も一定の条件の下に考慮に入れるべきであろう（抗告棄却決定の理由第三、七、2㈤、㈥及び八、3参照）。奸智にたけた芳賀の人間像を全く考慮に入れず、異常に変遷する同人の証言をたやすく信用してしまったのは、なぜであろうか。模範的な農業青年の梅田が、たやすく芳賀の凶悪な犯行計画に乗ることはあり得ないのに、この点についても裁判官らは簡単に梅田の弁解を排斥し、芳賀の証言を信用してしまった。刑事裁判官に必要なものは法学の知識一と、人生と人間についての知識千であるという言葉（ラートブルフ『法学入門』碧海純一訳、東京大学出版会一九七〇年一六五頁）を忘れてはならないと思う。

8　最近、再審開始について逆風が吹き始めていると言われている。救済されていない冤罪はまだまだ存在しているのは、誠に嘆かわしいことである。

また、再審無罪を勝ち取るまでに長い年月がかかることも遺憾なことであり（小田中聰樹『冤罪はこうして作られる』講談社現代新書一九九三年）、これも改善すべきである。

最後に、梅田氏が再審請求の段階で述べていたことを引用させていただき、この小文を閉じたい。「自分としては、一審で無罪判決をもらえると思っていたが、有罪だった。札幌高裁でも今度こそ無罪判決をもらえると思ったら、また有罪になった。それで、裁判というものがこんなに恐ろしいものとは、夢にも知りませんでした」と。

（文献と判例）

最高裁第一小法廷昭和三二年一一月一四日判決・刑事裁判集一二二号一三九頁

第一次再審請求棄却決定に対する即時抗告棄却決定・札幌高裁昭和四三年六月一五日決定・判例タイムズ二二四号二〇八頁
再審開始決定・釧路地裁網走支部昭和五七年一二月二〇日決定・判例時報一〇六五号三四頁
再審開始決定に対する即時抗告審決定・札幌高裁昭和六〇年二月四日決定・判例タイムズ五四九号一四二頁
梅田義光『真犯人よ聞いてくれ』（朝日新聞社一九八一年）
林白言「梅田事件」文芸北見二八号

法人の刑事責任小考——中国と韓国における論点素描

鈴木敬夫

序

法人が犯罪の主体になり得るか否かをめぐる論争は、ドイツ法など大陸法系の諸国では否定的な立場をとり、そのドイツ法の影響を強く受けた日本や韓国では、今日においても法人の犯罪能力を否定する伝統的な立場が通説と判例になっている。そのため日本における論争の焦点は、韓国でも検討課題とされる。

この間、大陸法系に位置するフランス法は、その一八一〇年に制定された刑法典以来、ながく法人に対する犯罪能力を否定してきた伝統と決別し、一九九二年の新刑法典（一九九四年施行）において法人の刑事責任を肯定した。フランス刑法の改正を承けて中国では、一九九七年の中国刑法改正にさいし、これを継受して「社会主義市場経済を破壊する罪」における犯罪類型の一つに〝単位〟犯罪条項（第三〇条、第三一条）を設け、その両罰規定とともに単位の違法行為に対して罰金刑を科すことができるよう定めた。日本や韓国と異なる観点である。

以下では、法人の刑事責任をめぐって、まず中国の計画経済から市場経済への転換期における市場主体としての単位の刑事責任論について、ついで一九四五年以前、日本による植民地支配を受け、類似した六法体系をもつ韓国が、日本刑法学の影響を離脱しつつ、ドイツの学説や判例等を基礎に独自の理論を展開させていることに焦点を当て、両国の論点を素描しようとするものである。

とはいえ、とくに中国における法人の刑事責任論に関しては、すでに優れた先行論文がある。たとえば黎宏「中国における法人犯罪の一考察」（一九九七年）等[(1)]、最近では但見亮「中国の法人犯罪理論と条文上の問題点」（二〇〇〇年）等三篇[(2)]がそれである。さらに、拙訳「中国・韓国における法人の刑事責任論」〔1〕～〔5〕[(3)]を編む過程で、両国の学説の動向を知ることができた。本稿は、こうした内外の優れた先行研究から多くを学び、その示唆を得てまとめた拙い小考にすぎない。

（1）　黎宏論文は、中国における法人の刑事責任問題について、最初に日本に伝えた優れた論文である。『同志社法学』第四八巻第六号（一九九七年）一六〇頁以下。このほか、同「中国の法人処罰論に関する研究……米国法・日本法との比較に即して」(1)(2)(3)『同法』第五二巻第一号、三号、第四号（二〇〇〇年）がある。これらは、今日では黎宏著『単位刑事責任』（二〇〇〇年、清華大学出版社）に収められている。

（2）　但見亮論文。『法研論集』早稲田大学大学院、第九五号（二〇〇〇年）八一頁以下。この連作として、同「中国における《単位》概念の限定化」『法研』第九七号（二〇〇一年）九九頁以下、同「中国における法人の刑事責任と従業員処罰」『法研』第九九号（二〇〇一年）一〇七頁以下がある。

（3）　中国と韓国における法人の刑事責任論争の一側面を紹介した拙訳：

〔1〕①何秉松「人格化社会系統責任論……論法人刑事責任的理論基礎」、②金日秀「法人의刑事責任」、③申虎根「簡論中国新刑法対単位犯罪的規定」『札幌学院法学』第一五巻第二号（一九九九年）一六一頁以下。

〔2〕④張文・劉鳳楨・泰博勇「法人犯罪若干問題再研究」、⑤張榮敏「抽象的危険犯으로와処罰・法人의処罰」、⑥朴貞根「法人의処罰」、『札院』第一六巻第一号（一九九九年）六一頁以下。

〔3〕⑦姜榮喆「企業組織体犯罪과刑事責任」、⑧陳広君「論法人犯罪的幾個問題」、⑨高銘暄・姜偉「関於〝法人犯罪〟的若干問題」、『札院』第一六巻第二号（二〇〇〇年）九九頁以下。

〔4〕⑩趙炳宣「両罰規定과法人의刑事責任」、⑪崔慶森「也論法人犯罪」、⑫趙秉志「関於法人不応成犯罪主体的思考」、『札院』第一七巻第一号（二〇〇〇年）一五七頁以下。

〔5〕⑬陳興良「法人犯罪的法理分析」、⑭劉根菊・史立梅「単位犯罪被追訴者之確定」、⑮權文澤「両罰規定과業務主体

의責任」、『札院』第一八巻第二号（二〇〇二年）一六一頁以下。

一　中国における〝単位〟の刑事責任

1　「個人・単位・国家」の三位一体性の克服

これまで劉生榮（liu, Sheng-Rong）論文「法人犯罪環是単位犯罪」[4]にみられるように、中国では犯罪主体を単位か法人か択一視する議論がなされ、一部に単位という言葉を用いることに批判はあるものの[5]、今日では研究者の多くは単位犯罪という概念に慣れ親しんでいる。とくに新刑法が「単位が犯罪を犯した場合は」（第三一条）として、直接に単位を刑法上の犯罪主体に規定して以来、学説上も単位が犯罪主体であり責任主体であるとする認識が一般的になった。

それでは中国における〝単位〟とは何か。計画経済から市場経済への変遷過程において、「個人―単位―国家」という三位一体性に繋がれた単位がいかに市場主体性を獲得するか。「中国的特色をもった社会主義法制」における単位概念の変遷について、陳興良（Chen, Ying-liang）教授等はつぎのように述べている。

法人犯罪の角度からみて、単位は中国に特殊な社会組織であり、ある意味では中国は一つの単位社会である。このような単位体制の下で、個人は自由の主体ではなく、単位のなかで生きる〝単位人〟になってしまっている。とくに都市社会において単位に従属しない者は、計画経済体制の下では、とうてい生存できない。単位の国家に対する従属性は、国家政治制度の基本的構成要因にほかならず、現実に国家行政組織と政治組織の延長線上に存在する「行政人」としての役割を担わせる[6]。同時に、個人はまた単位に対する従属性があり、独立した品格を喪失してしまう。単位の国家に対する従属性は、個人の単位に対する従属性を導き、前者は「一級的従属」といわれ、後者は「二級的従属」といえよう。ここから「個人―単位―国家」という三位一体の社会構造が形成される[7]。

計画経済体制の下では、単位と国家が機能と利益の上で絶対的な同一性をもっており、単位はただ絶対的に国家の意思を貫徹するための道具にすぎず、それゆえ単位犯罪の可能性は存在しないといわれる。

計画経済から市場経済へと転換する過程において、単位は現代化を阻害する要因にもなっている。新たな市場経済の発展にともない、政治国家と市民社会の二元的構造の下で、単位ははっきりと自らの位置を定めなければならない。従来の行政単位のほかに、他の経済機能を担う単位として、国家との機能上の関係を切断して、独立して市場主体になる。まさに「経済人」となるのである。こうした情況の下で、単位は特殊な経済利益をもつが、自ら利益衝動を満足させるため法律の限界を超えて、時には違法な犯罪行為を行うことがある。この「行政人」としての単位から「経済人」としての単位への社会構造の転換期において、単位犯罪が発生することは、いまや現実のものになっている。(8)

新刑法上の単位犯罪は、こうした「経済人」犯罪を念頭においている。それだけに経済人が、いかに「個人―単位―国家」の三位一体性ないし従属性から解放され、自由な市場主体としての地位を獲得するか、が問われることになる。刑法第三一条の「単位が犯罪を犯した場合」という限定性を欠いた主体概念からすれば、単位は常に「行政人」として任務も強いられ、権威刑法の対象とされる危惧があるからである。(9)

2　中国における〝単位〟の刑事責任論素描

一九八〇年代まで「計画経済」体制が実施されていた中国においては、いわゆる「行政人」としての単位が闊歩し、単位犯罪が発生する客観的な環境はなかったといえよう。しかし「市場経済」へ移行して、いわゆる「経済人」としての単位による犯罪が頻発するようになると、これに対処する「民法通則」(一九八六年)の「転嫁罰規定」、「関税法」(一九八七年)、「横領罪・賄賂罪を処罰することに関する補充規定」(一九八八年)等の「両罰規定」が相次いで立法され、はじめて法人を含む〝単位〟に対して刑事責任を問うことの是非が議論され、とくに一九九三年に「会社法」が制定された後は、法人犯罪の主役といわれる〝株式会社〟が市場に登場し、その違法な活動が「会社法に違反する犯罪を処罰することに関する決定」(一九九五年)によって罰せられ、法人性、営利性、社団性をもった単位が犯罪主体として重大視されるようになった[(10)]。そして、ついに一九九七年の刑法改正で、まず第三〇条において「会社、企業、事業単位、機関または団体が社会に危害を及ぼす行為を行った場合、法律が単位犯罪と規定するときは、刑事責任をおわなければならない」と定め、ついで第三一条で「単位が犯罪を犯した場合は、単位に対して罰金を科するほか、その直接責任をおう主管人員およびその直接責任人員を刑罰に処する」と規定された[(11)]。

このような改正に先立ち、法人への刑事責任を問うことの是非をめぐって多くの議論がみられた[(12)]。なかでも刑法改正を支えたものは、張文(Zhang Wen)教授等の主張にみられる「法人は市場経済の市場主体」であり、「法人犯罪は商品経済の必然的な産物」にほかならず、まさに「法人犯罪を処罰することは、社会主義経済体制を樹立し、より完全なものにするための要請である」とする見解である。これらは、まさに法人犯罪否定説に対する積極的な批判として展開された[(13)]。中国の肯定説は、申虎根(Shen, Hu-Gen)教授の「法人犯罪および法人の刑事責任を認めることは、市場経済発展の法的保障である。市場経済の健全な発展のためには〝平等な競争〟を破壊し、消費者の権利に損害を与える法人の犯罪行為を厳しく追及しなければならない[(14)]」とする主張がその典型であって、今日では、広く通説にまで成長している。

さて、中国における法人の刑事責任の有無、すなわち犯罪能力の否定説および肯定説の理論的根拠を回顧してみよう。黎宏(Li Hong)教授および馮軍(Feng Jun)教授の研究によれば、その概要はつぎのようなものである[(15)]。まず否定説はいう。

① 法人処罰は中国における法人の社会主義性に反する[(16)]。
② 法人は血も肉もない擬制体であり、その行為というものは考えられず、したがって犯罪主体となる条件を

備えていない。[17]

③ 適法な目的の範囲内で活動する法人は、犯罪を実施することができない。[18]

④ 法人を処罰することは法人組織体における罪のない構成員も連座して処罰するおそれがあるばかりか、[19]〝二重処罰〟に当たる疑いもある。[20]

⑤ 刑罰の目的は、責任非難に基づく精神的な影響を狙っているものであるが、法人には自然人のような意識がないので刑罰の目的を実現できるか否か疑問であるばかりでなく、国営企業に対して財産刑を適用すると、国家の自己処罰となり、何の意味もない。[21]

以上にみられる否定説の見解に対して、肯定論はつぎのように反論したのである。

① 法人制度の社会主義性は法人自体の活動が常に適法であることを保証するものではない。[22]

② 法人犯罪を検討する場合、自然人を基準として法人犯罪を検討することはできない。[23] 法人はその代表機関を通じて法人の意思を形成し、法人の構成員たる自然人を通じて法人犯罪が実行されることに留意しなければならない。[24]

③ 法人がその目的の範囲を超えて実行した活動は法人の名義を使って法人の利益のために実施されたものであるから、民法および行政法において法人の行為として認められている以上、刑法もその論理に従うべきである。[25]

④ 法人処罰は法人という組織体に対する制裁であり、法人にいる一般構成員まで及ばない。およそ〝連座〟とはまったく異なる制度である。[26] 二重処罰について、法人機関の行為は法人の行為と個人の行為の二面性があるから、法人と法人構成員を同時に処罰しなければならない。[27]

⑤ 法人はその代表機関を通じて法人組織体の意思を形成する際に、自然人と同様に利害得失を考慮する。こうした法人のもつ精神作用に対して科罰することができる。[28] 国家は国営企業に対して、監督管理権や企業財産の最終処分権をもっている。国家が自己の所有する財産を罰金という形式をもって再分配することは自己処罰では

ない。[29]

上に述べた中国における否定説と肯定説の展開は、「中国的特色をもった社会主義法制」の下で論じられたものである。それだけに、これを評価するにあたっては、その歴史的、社会的な背景、とくに現下の「計画経済から市場経済へ」の進捗状況を総合的にみて論じなければならない。

ただ、こうした激しい論争を背景に立法された刑法第三〇条や第三一条にいう〝単位犯罪〟の概念は極めて広範である。[30] 第三〇条によれば、会社、企業等と関係のない法人以外の組織体、すなわち事業単位（たとえば国公立病院等）、機関（たとえば各種行政機関、裁判所など司法機関等）、団体（労働組合、婦人連合会等）等が罪を犯した場合、いずれも〝単位犯罪〟の主体となり、常に処罰されることになる。黎宏教授が指摘するように、まさにこのような広範な〝単位〟条項からみて、「一言でいえば、合法的に存在している組織体が実行したあらゆる刑法違反行為」[31]が、すべて〝単位犯罪〟を構成する可能性を内包している。犯罪主体を明確に限定していないことによる危惧である。第三一条では「単位が犯罪を犯した場合」と規定して、単位の意思認定基準が示されていない。まさに但見亮氏が「刑法改正において裁判官の恣意性の入る余地を減らすことが意図されたにもかかわらず、単位犯罪規定に関していえば、条文上単位犯罪との認定については裁判官に一任されてしまったものといえよう」とする指摘は肯定できよう。[32]〝社会主義市場経済秩序を破壊する罪〟という抽象的で漠然とした犯罪類型のなかで、法人等の活動が違法であるか否かを判断される危険を考えると、「個人・単位・国家」の三位一体性ないし従属性を排して、国家による市場主体に対する自由な活動への刑事介入を抑制するという観点から、このような〝開かれた犯罪構成要件〟について注視すべきであろう。

ところで劉根菊（Liu, Gen-Ji）教授・史立梅（Shi, Li-Mei）氏による「単位犯罪被追訴者之確定」（一九九九年）は、刑事訴訟法の角度から論じた数少ない論文の一つである。この論考における注目すべき点は「単位犯罪の被訴追者を確定する原則」を明示したことである。[33] 提起された原則は四つである。①　法定性の原則、②　犯罪意思における全体性の原則、③　犯罪行為と犯罪意思における関連性の原則、④「直接責任を負う主管人員」および「その他の直接責任者」に関する犯罪者特定の原則である。これらの論点のうち、敢えて一点だけ取り上げて評価するとすれば、「犯罪行為と犯罪意思における関連性」に関する原則である。関連性の一つは、単位犯罪が実行者と単位犯罪意思の関連についてである。劉根菊等はいう。単位犯罪の実行は単位の犯罪意思の支配と指揮を受けているが、「自然人による共犯に比べると、明らかに関連性が強く、その段階性にもっとも明白な特徴がある」とする。そして、単位という組織ないし機構においては「上級の者と下級の者との間に密接な関連が見られるが、それには下級の者は上級の者に従わなければならないという強制性を伴っている」。単位犯罪の全体意思は、まさにこの段階性と強制性に支えられている、と。このことを前提にして、「法人組織の代表者が当該単位の名の下にその意思を授けて、ある者に犯罪を実行させた場合、単位犯罪に属するか。」たしかに、法人の代表は法人を代表して対外対内の業務を展開しうるが、法人代表の個人意思をもって、法人指導部の集団的に決定された意思と代替できず、彼が行わせた犯罪は彼個人の犯罪であって当該法人単位の全体意思になんら関連がない。代表者個人と犯罪を実行した者は単に「自然人が行った共犯に属し」単位犯罪には属さず、単位犯罪の被訴追者になることはない、とする。

果たして上級の者と下級の者との段階性と強制性からみて、上級の者の指揮に従った下級の者(とくに、指揮内容に機関決定がなかったことについて善意である場合はどうか)が、直に共犯者になりうるか否か。中国伝統の「個人・単位・国家」という三位一体関係の残滓があり、どれが法人代表者の個人意思であるか判然としないような場合、単位に従属しなければ生きて行くことすら困難な個人の意思、犯意の存否が問われなければならない。「被訴追者を確定する原則」には未だ検討すべき課題は残っている。

一方、新刑法が単位犯罪を規定したのは単位を譴責するためではなく、規範の二重性を証明し実現するためであるとして、単位犯罪肯定説に新たな理論的根拠を与えようとする立場が見られる。すなわち、馮軍教授は、先ず「法律の外在的強制を通じて、単位人格同一性に対する証明を実現すること」、ついで「単位代表者個人の善良な行動の根拠を取り除くことを通じて、法規範の磐石な効力を保証すること」であると説く[34]。この「規範の二重性の証明」論は、中国における単位犯罪肯定説の基礎を固める新たな一石として注目されよう。

（4）劉生榮論文。『中国法学』一九九二年第六期、七七頁。拙訳が『専修総合科学研究』第七号（一九九九年）一二五頁以下。

（5）《単位》という概念は曖昧であるとして、「法人」という用語に統一すべきことを主張して、陳澤憲主編『新刑法単位犯罪的認定与処罰……法人犯罪新論』（一九九七年、中国検察出版社）第一一頁等多数がみられる。

（6）劉建軍『単位中国―社会調控体系重構中的個人、組織与国家』（二〇〇〇年、天津人民出版社）一〇八頁、一一二頁。

（7）陳興良「法人犯罪的法理分析」『中山大学法律評論』二〇〇〇年第一巻（総第二巻）一二頁。前掲拙訳〔5〕一六二頁以下参照。

（8）陳興良「法人犯罪的法理分析」一三頁（前掲）。

（9）但見亮「中国の法人犯罪理論と条文上の問題点」（前掲）一〇一頁。

（10）中国における法人処罰論の形成過程については、黎宏著『法人刑事責任論』（前掲）一五五頁以下に詳しい。

（11）陳澤憲主編『新刑法単位犯罪的認定与処罰』（前掲）四三頁。

（12）高銘暄（Gao, Ming-Xuan）と趙秉志（Zhao, Bing-Zhi）は、代表的な単位犯罪否定論者として知られている。たとえば、高銘暄著『刑法総則要義』（一九八六年、天津人民出版社）一二二頁以下；さらに高銘暄・姜偉「関於《法人犯罪》的若干問題」『中国法学』一九八六年第六期、二二頁。前掲拙訳〔3〕一五五頁以下；趙秉志「関於法人不応成為犯罪主体的思考」『法学研究』一九八九年第五期、六一頁～六二頁。前掲拙訳〔4〕二〇四頁以下参照。

（13）張文等「法人犯罪若干問題再研究」『中国法学』一九九四年第一期、五八頁、前掲拙訳〔2〕六二頁以下；なお、このような肯定論が台頭する経緯について徐建「法人不会犯罪嗎?」『法学季刊』一九八二年第三期、二三頁以下；李道重「法人犯罪向法学理論提出的幾個問題」『鄭州大学学報』（哲社版）一九八八年第四期、第一九頁以下等が参考になる。

(14) 申虎根「簡論中国刑法対単位犯罪的規定」『延邊大学学術雑誌』一九九八年第四期六六頁以下。前掲拙訳〔1〕一九三頁以下。初期のものとして、「中国刑法における法人犯罪の理論的研究」(劉波訳)『法学研究所紀要』第二二巻(一九九六年、大阪経済法科大学)一二四頁以下がある。

(15) 中国の「単位犯罪肯定説」と同「否定説」の論争状況については、黎宏著『単位刑事責任論』(前掲)一七四頁以下、一九〇頁以下:論争に対する評釈については、第九回日中刑事法学術研討会報告論文、馮軍「新刑法中的単位犯罪」、『日中比較経済犯罪』9(二〇〇四年、成文堂)、二〇八頁以下、二一一頁以下に詳しい。本稿はこれらに示された論点を原著と照合して掲記したものである。

(16) 趙秉志「関於法人不応成為犯罪主体的思考」(前掲)、五六頁、六一頁参照:徐輝「論法人犯罪」『現代法学』一九九六年第三期、五四頁。

(17) 高銘暄著『刑法総則要義』(一九八六年、天津人民出版社)一一四頁。

(18) 高銘暄「関於〝法人犯罪〟的若干問題」(前掲)一九頁。

(19) 趙秉志「関於法人不応成為犯罪主体的思考」(前掲)五八頁-五九頁。

(20) 周柏森・華占営「論法人犯罪的理論与刑事立法問題」『法律科学』一九八九年第五期、二六頁。

(21) 高銘暄著『刑法総則要義』(前掲)一一四頁、一一五頁。

(22) 張文等「法人犯罪若干問題再研究」(前掲)五八頁。

(23) 何秉松著『法人犯罪与刑事責任』(一九九一年、中国法制出版社)四九三頁、四九四頁。同「人格化社会系統責任論……論法人刑事責任的理論基礎」『中国法学』一九九二年第六期、七一頁。前掲拙訳〔1〕一六二頁以下。

(24) 陳広君「論法人犯罪的幾個問題」『中国法学』一九八六年第六期、四頁。前掲拙訳〔3〕一四〇頁以下:さらに崔慶森「也談法人犯罪」『法学研究』一九九〇年第五期一九頁-二〇頁。前掲拙訳〔4〕一八三頁以下参照。

(25) 蔣嵩「論単位犯罪的定罪与処罰」『現代法学』一九九七年第三期、六二頁。

(26) 崔慶森「也談法人犯罪」(前掲)二〇頁-二一頁。

(27) 何秉松著『法人犯罪与刑事責任』(前掲)五〇三頁:同「人格化社会系統責任論」(前掲)七四頁。

(28)　何秉松著『法人犯罪与刑事責任』（前掲）五〇四頁；陳広君「論法人犯罪的幾個問題」（前掲）四頁。
(29)　張文「法人犯罪若干問題再研究」（前掲）六二頁。
(30)　この点について、劉生榮は「漠然とした単位の概念は、むしろ中国の実情に合致している」と肯定する。同「法人犯罪環是単位犯罪」（前掲）七七頁。さらに「立法者の意図は……〝単位〟という非法律概念を使用することにより法律の抜け穴をふせぐ」ことであるとも指摘する。陳澤憲主編『新刑法単位犯罪的認定与処罰』（前掲）九七頁。また、「単位犯罪立法の不完全性」について、周光権「中国刑法における単位犯罪に関する立法評価」『名城法学』第五二巻四号（二〇〇三年）二三八頁以下を参照。
(31)　黎宏「中国における法人犯罪についての一考察」（前掲）一九〇頁。
(32)　但見亮「中国の法人犯罪理論と条文上の問題点」（前掲）九八頁、一〇八頁。この論考の結論部分において、但見亮氏は、中国刑法に規定された単位犯罪規定は「刑法の行為規範たる側面から考えれば、国民に対する犯罪行為の告知を欠くものといえ、刑事処罰の前提たる罪刑法定主義に悖るものであり、処罰の正当性を欠くのではないか、という疑義がある」と記している。一〇一頁。妥当な結論として肯定できよう。
(33)　劉根菊・史立梅論文。『法学研究』一九九九年第六期、一一六頁。前掲拙訳〔5〕二〇〇頁以下。劉根菊等が指摘する「従業員の刑事責任」に関して、先行研究、但見亮「中国における法人の刑事責任と従業員処罰」（前掲）一〇七頁以下から多くの示唆を受けた。
(34)　馮軍教授はいう。単位の意思は国家によって確認された規範性をもった意思であり、その内容は法規範に忠実であることである。ところが、単位は、代表者を通じて行動することができるが、自らは行動できない。単位代表者が定款や法律に違反した行為を単位に強いた場合、自分の行為を通じて、自分が常に定款と法律に忠実であることを証明できないから、法律の外在的強制を通じて単位の人格同一性を証明する必要に迫られる。単位代表が自分の行為を単位に強いることが可能なのは、それは代表者個人の善良な行動、すなわち単位のために利益を図るという根拠を有しているからにほかならない。そこで、代表者は「善良である」行動の根拠を示して、容易に単位犯罪を犯すことができる。したがって、代表者個人の善良な行動の根拠を剝奪する法規範の効力が証明されなければならない、と。馮軍「新刑法における単位犯罪」『日中比較経済犯罪』（前掲）、二二一頁-二二八頁。

二　韓国における法人の刑事責任

1　韓国における法人の刑事責任論素描──ドイツ・日本の学説を継承

韓国では、朴貞根 (Park, Zong-Kun) 教授をはじめ、黄山徳、陣揆鎬、鄭榮錫、李炯國、李在祥、裵鍾大、南興祐、李建鎬等諸教授が、法人の犯罪能力を否定する立場で多くの著書・論文を著しており、一方、肯定説をとる者には、金日秀 (Kim, Il-Su) 教授をはじめ孫海睦、申東旭、廉政哲、鄭盛根、李根祥教授がおり鋭い論陣を張り対峙している。(35) 趙炳宣 (Cho, Byung-Sun) 教授はいう。韓国における「学説の分岐は、日本の状況とほとんど同一の実状にある。日本の学説状況の内容もまったく異なるところがないから、日本との比較学説的考察は大きな意味がない」(36)と。だが、日本の刑法学界からすれば、韓国の学説動向において、すなわち日本の理論がどう継承され、またいかに批判されているかを知ることは、あながち無意味ではないと思われる。

従来、韓国の通説と判例は、法人の犯罪能力を否定する立場をとっている。朴貞根教授は、日本の福田平教授の否定説を合理的な見解としてこれを支持し、「責任非難はただ責任のある個人に対してのみ科罰することができるもので、他の構成員または団体に対して加えることは不可能である」として、犯罪能力肯定説が法人の機関である自然人の行為を、法人自身の行為として帰属させることに対して、「行為の帰属と行為それ自体の混同」であると否定している。そして法人は機関行為による法律的効果の帰属主体に過ぎないものであるから、刑罰以外の制裁、たとえばドイツの「秩序違反法」(Ordnungswidrigkeitengesetz) による「過料」(Geldbuße) を科し、責任主義との調和を図るべきである、と主張する。(37)

これに対して金日秀教授は、むしろ法人の組織責任から行為帰属を訴えて、「組織に合致する機関の行為は、つねに法人自身の行為に帰属させることができる。法人自身が法的に意味のある行為に対する帰属の帰結点である限り、法人の行為能力も認めなければならない」と述べ、法人犯罪による「被害者に対する原状回復」のためにも刑事制裁を加えることで、法的な評価を回復することができる、と主張する。(38)

朴貞根教授の主張は、機関である自然人の行為に対する問責は、行為者人格に対する倫理的非難ではなく、行政法規違反という違法状態の発生に対する社会的非難として、これを法人に帰属させることは許されるとする見解である。それは倫理的要素の弱い行政刑法の特殊性に着眼して刑事責任を修正し、その修正された一般的予防要素の強い刑事責任を法人に負わせるべきことを明らかにしたもので、ドイツの通説に極めて近い立場であって、韓国における否定説の基礎を築いている。また金日秀教授の見解も、法人は組織体であって社会的実在であるとするドイツのM.E.Mayer, Richard Buch, Jürgen Bauman, Bernd Schünemann, Klaus Tiedmann等が説く法人の行為能力論を継承するものといえよう。こうした見解は、これまで韓国において少数説であった肯定説に対して確かな理論的根拠を提供し、今や多くの研究者の支持を得ている。両教授の所説は、いずれも直接ないし間接にドイツ刑法学および日本刑法学の影響を大きく受けているといっても過言ではないであろう。(39)

いま韓国における法人の刑事責任論を形成過程をふりかえって、まず權文澤（Kwon, Moon-Taek）教授による「両罰規定과業務主体의責任」（一九七七年）(40)の先進的な役割を指摘することができる。權文澤教授は両罰規定による法人の処罰根拠を明らかにするさいに、日本の学説を熟考し「過失責任説」を説いたことで知られるが、その意義は責任主義の本質を明らかにしたことであろう。彼の過失責任説は、法人が事業経営者としての地位から、従業員の業務全般に対する違反行為防止義務と注意義務怠慢からくる自己の行為に起因する過失責任であるとみる立場である。したがって他人の行為責任が自己に帰属し転嫁されるのではなく、独自の行為責任とする見解である。責任主義は「責任なければ刑罰なし」（Keine Strafe ohne Schuld）が基本原理であるが、これは主観的責任および個人責任を意味するものと解釈され、また主幹的責任は、行為者において責任能力が故意または過失によって具備され、適法行為の期待可能性がある場合のみ、行為者を非難することができるという意味をもつ。まさに、

犯罪の成立要件、すなわち科刑の前提として、行為の主観的かつ個人的責任の存在を必要とするという意味である。だが、このことは「刑罰の程度と量は、責任の程度と量によって決定される」(Abstufung der Strafe nach dem Mass der Schuld)という原則と同じではない。「責任なければ刑罰なし」の原則は、犯罪の成立要件の一つとして構成要件該当性および違法性と区別される意味での責任を意味するものとして「主観的帰責可能性」、すなわち刑法上の責任を意味するからである。[41] まさに権文澤教授の過失責任説は、業務主体に対する「主観的帰責可能性」を問責することにあるといえよう。一九七〇年代後半、権文澤教授が韓国においていち早く「主観的帰責可能性」を基礎に業務主体に対する過失責任を主張し、同時にこれと相対する立場として「無過失責任説」、「過失推定説」、「過失擬制説」の存在を明らかにしたことは、業務主体に対する刑法上の責任の根拠をいかに把握すべきか、本質的議論を深める礎を築いたといえよう。こうしてみると、今日、日本での研究課題は、同時に韓国の研究課題でもあるといえよう。

2　日本の「過失推定説」に対する批判

韓国の研究者によって日本の判例・通説である「過失推定説」が批判されている。なかでも趙炳宣(Cho, Byung-Sun)教授は、日本が両罰規定の解釈と適用が「過失推定説」に立脚していることに対して、ドイツの不作為理論に基づき疑問を提起している。趙炳宣教授はいう。「法人に対する組織対応責任として、責任能力を肯定することができる。刑罰の予防効果の観点と応報主義の観点の両面から、法人に対する刑罰賦課の効果を肯定的に評価できる」として法人の犯罪主体性を肯定した上で、[42] その法人処罰の根拠は法人自身の自己責任にある、とする。日本の最高裁判例と通説が「過失推定説」をとっているが、それは「法人の自己責任を推定(Vermutung)する」という点から批判を受けるのは当然である。推定は実体的意味より手続的意味として重要な意味をもっており、いわゆる〝反論できない推定〟(uneiederlegbare Vermutung)と〝反論できる推定〟(wiederlegbare Vermutung)とに分けられる」と主張し、〝反論できない推定〟は事実上の擬制を意味するから刑法の厳格責任を認めることになり、〝反論できる推定〟もこれと厳格責任と大差なく手続法的に反証が許されるもので、挙証責任が一貫すべき刑訴法の原則に反して妥当ではないから、「推定または擬制を排除して純粋な自己責任の理論構成をしなければならず」、「法人処罰の根拠は法人の監督義務違反による不作為行為にあるとするのがもっとも合理的である」と結論づける。(43) 鄭榮根（Zheng, Young-kun）教授もまた「過失推定説」ではなく〝故意の不作為〟と解釈しなければならないとして、日本の判例・通説を批判するのである。(44)

一九六五年、日本の最高裁が示した判決は、いわゆる「過失推定説」を表明したものとされる。(45) この判決の意義は、まさに「代表者の過失行為が直接法人に帰せられるということこそ法人犯罪の意味するところである」(47)といわれる。(46) その後も一九八〇年に両罰規定の下で実質的に法人の犯罪能力を肯定した判決を下している。いまや判例上、法人の犯罪能力は固められたといえよう。(48)

金澤文雄教授はいう。こうして法人の犯罪能力を認めた場合に、「法人の代表者以外のすべての従業員の違反行為については、代表者がそれらの者の選任・監督上の注意義務を怠ったという理由で、そして代表者の業務上の義務違反は法人自身に帰属されるという理由で、法人が監督責任を負うという構成にならざるをえない。」両罰規定における業務主責任と従業者による個別違反行為者の関係においては、確かに業務主の責任を追及するためには従業員による個別違反行為の存在が必要ではあるが、そして個別違反行為は個別行為者を処罰するためには不可欠であるとしても、その従業員の個別違反（故意・過失）行為の存在を客観的に証明することができれば、たとえ個別行為者を特定することができない場合であっても、業務主を処罰できるのではないか、と。(49) 判例の趣旨に則したものとして肯定できよう。

(35)　韓国における法人の刑事責任をめぐる学説とその分類については、姜榮喆「企業組織体犯罪과刑事責任」『刑事法学의課題과展望』桂山成時鐸華甲記念論文集（一九九三年、韓国司法行政学会）三一九頁以下。前掲拙訳〔3〕九

九頁以下。

(36) これは、趙炳宣教授が韓国における「両罰規定による法人処罰の根拠」を詳細に分析した結論である。趙炳宣「両罰規定과法人의刑事責任」『刑事判例研究』Ⅲ(一九九五年、博英社)一頁以下。前掲拙訳〔4〕一五八頁以下。

(37) 法人の犯罪能力を否定する根拠の一つとして、「法人に対しては、刑罰のなかにみられる社会的、倫理的非難(sozialethische Mißbiligung)は何らの意味を持たない」を掲げる。朴貞根「法人의刑事責任」『法学論文集』第一二輯(一九八七年、中央大学校法学研究所)一八六頁、一九一頁。前掲拙訳〔2〕一五八頁以下。

(38) 法人の犯罪主体性を肯定する根拠としては、「責任能力を社会的責任の帰属能力としてみると、法人にもこの責任能力が認められる」と主張する。金日秀「法人의刑事責任」『法과経済』李鐘元博士古希記念論文集(一九九六年、日新社)四六四頁、四六五頁。前掲拙訳〔1〕一七七頁以下:同「刑法上原状回復制度의刑事政策的機能과効用에관한研究」『省谷論叢』第二一号(一九九〇年)五七九頁以下参照。

(39) もとより日本には法人の刑事責任をめぐるドイツ刑法学に関する研究が詳細に紹介され、その論考は多く、枚挙にいとまがない。最近では、松原久利「諸外国における法人処罰の動向(ドイツ)」『刑法雑誌』第四一巻第一号(二〇〇一年)五頁以下等がみられる。

(40) 権文澤「両罰規定과業務主体의責任」、延世大学校『社会科学論集』第8輯(一九七七年)第一一八頁。前掲拙訳〔5〕二二八頁以下。

(41) 権文澤「両罰規定과業務主体의責任」(前掲)一一九頁。

(42) 趙炳宣「両罰規定과法人의刑事責任」(前掲)一一頁〜一二頁。

(43) 趙炳宣著『秩序違反法……刑法과行政法사이의새로운法領域에관한比較研究』(一九九〇年、韓国刑事政策研究院)一三四頁-一三五頁。さらに趙炳宣教授は、行政法的付随刑法がいわゆる秩序違反法へ転換すべきであるとして、〝他人のためにする行為〟に対する「両罰規定の新しい解釈」には「代理人責任」〝vertreterhaftung〟の理論を導入しなければならない、と主張している。同「両罰規定과法人의刑事責任」(前掲)一六頁。

(44) 鄭盛根著『刑法総論』(一九八八年、法志社)一〇九頁。この〝故意の不作為犯〟説に対して、任雄教授は法人の故意責任は事実上証明することは困難であるから監督義務を怠ったという〝過失の不作為犯〟として法人が責任を

取るのが通例であるとする。任雄『成均館法学』創刊号（一九八七年）一五八頁、任雄著『刑法総論』（一九九九年、法文社）六三頁以下参照。こうした批判的立場に対して、積極的に「過失推定説」を主張するのが陳揆鎬教授である。陳揆鎬著『刑法総論』（一九八八年、大旺社）一一七頁。さらに不作為説は「機関自身の責任はつねに不作為犯であるという結論となり不合理であって、法人の刑事責任一般に対する原則的な理論構成としては有利ではあるが、両罰規定の責任根拠の解明には難点が多い」と説く金日秀の見解がある。金日秀「法人의刑事責任」（前掲）四九〇頁。

(45) 最高裁判決昭和四〇年三月二六日、刑集第一九巻二号八三頁。
(46) 金澤文雄著『刑法の基本概念の再検討』（一九九九年、岡山商科大学学術叢書1）二三頁。
(47) 最高裁決定昭和五五年一〇月三一日、刑集第三四巻五号三六七頁。
(48) 板倉宏教授は、一連の判例からみて「実質的に法人の犯罪能力肯定説に変わったとみるのが妥当」とする。板倉宏「法人に対する告発」『松尾浩也先生古希祝賀論文集』上巻（一九九八年、有斐閣）六九六頁。
(49) 金澤文雄著『刑法の基本概念の再検討』（前掲）二五頁。

結びに代えて――中国・韓国における企業組織体責任論の展開

日本では、これまで企業処罰立法論が精緻に展開されてきた。すなわち「三罰規定一元化論」、「法人行為責任説」、「法人独立説」、「企業組織体責任論」等がそれである。こうした論争を克服する立場から、最近、川崎友巳教授によって「同一視原理に基づく行為責任」と「企業システム過失」を、企業に対する帰責原理として把握しようとする新たな立法論が展開されるに至っている。[50] 他方、中国や韓国などにおいては、法人など企業体の組織活動そのものを全一体としてとらえる「企業組織体責任論」が一定の評価を受けている。そこで以下では、その一側面を紹介して結びに代えたい。

〝個人責任なければ企業体責任なし〟から〝個人責任なくても企業体責任あり〟への転換が、中国の何秉松（He, Bing-Song）教授によって主張されている。何秉松教授は論文「人格化社会系統責任論」において、「法人は人格化された社会システムであり、自然人から構成されている有機的な全体である。」「法人全体の犯罪のなかで、法人の構成員が刑事責任を負うか否かは法人に対して刑事責任を追及する必要条件ではない。むしろ反対に、法人が犯罪を構成することこそ、法人内部の構成員（自然人）の刑事責任を追及する根拠であり、必要な前提である」と述べて、板倉宏教授の「企業組織体責任論」を積極的に支持している。(51) 周知のごとく、板倉宏教授の主張は企業組織活動のすべてを全一的に法人の行為として把握し、どの個人が可罰的行為をしたかが具体的に特定されない場合であっても、法人処罰を認めようと説く立場である。(52) だが、何秉松教授は企業組織体とその構成員に対する「人格化された」刑事責任の追及においては、「法人犯罪は、実際には一つの犯罪（法人全体罪）、二つの犯罪主体（法人と法人の構成としての自然人）、そして二つの刑罰主体（両罰制）または一つの刑罰主体（単罰制）がある」として新たな展開をみせている。(53)

一方、韓国においても姜榮喆（Kang, Young-Chul）教授は、板倉宏教授の説く「企業組織体責任論」を詳細に研究して言う。「企業体の組織活動を全体的にみて、不注意（企業活動をするについて、社会的に要求される注意を欠いたという客観的落ち度）があれば、事業主である企業体には過失（組織体過失）があるとすることができる」とする板倉説を継受し、社会的に実在する企業組織体の犯罪実態からみて、企業組織体責任論は、「立法論ないし解釈論的側面から、我われに大きな示唆を与える理論として評価すべきもの」とする。(54) さらに「企業組織体責任論」は、台湾においても研究対象に据えられている。(55) ただ、「企業組織体責任論」に対する評価は、韓国、台湾ともに日本学界のこれに対する評価の域を出ていない。

最近、板倉宏教授は、「法律上告発義務を負う者は、個人従業者の実質的可罰性のある実行行為を具体的に特定できなくても、事業主である法人や法人でない団体の組織活動に実質的可罰性が認められるときは、告発しなければならない」とする見解を明らかにしている。[56] 企業組織体責任をより判然とさせたものといえよう。

中国の「人格化された社会システム責任論」の行方は、それが刑法第三〇条と第三一条に規定された「単位」の可罰性を問うものであるだけに、果たして「人格化された」刑事責任の内容、つまり何が構成要件該当で違法かつ有責な行為か、何が構成要件要素たる故意および過失であるのか、明らかにすることに課せられている。このことは、日本や韓国における法人の刑事責任論の研究にとって関心事であるといえよう。もし、何秉松教授の主張が、法人構成員の誰の行為が可罰的であるのか、具体的行為者を特定できない場合でも、個別違反(故意・過失)行為の存在が客観的に証明されさえすれば、企業組織体に責任を追及し得るとする主張にまで発展するのであれば、中国の単位を犯罪主体と定める条項や両罰規定の解釈と適用に、新たな一頁を開くことになろう。

(50) 川崎友巳著『企業の刑事責任』(二〇〇四年、成文堂)、六四頁以下、とくに一九八頁以下に詳しい。今日、法人の刑事責任を論ずるさい、自然人行為者(代表者)の存在を前提とした同一視原理による行為責任と、企業システムとしての側面を考慮した「企業システム過失」としての監督責任の二つの側面を前提とする意義は極めて大きいように思われる。ただ津田博之氏は「企業システム過失」論の中心に据えられている《法令遵守プログラム》の運用を、責任根拠としてではなく、組織の影響力の不存在を示す、責任阻却要素と考えるべきだと指摘する。津田博之「企業の処罰可罰性」(3)『一橋法学』第三巻三号(二〇〇四年)二六一頁。

(51) 何秉松「人格化社会系統責任論―論法人刑事責任的理論基礎」『中国法学』一九九二年第六期(前掲)、七四頁、七五頁。何秉松主編『法人犯罪与刑事責任』(二〇〇〇年、中国法制出版社)四七六頁では、板倉宏教授の企業組織体責任論を紹介し、この理論が自分の立場に「図らずも合致している」と述べている。大塚仁教授は、この何秉松教授の立場に対して「何教授の法人組織とその意思、行為を形成する自然人の関係の捉え方には、わが学界における伝統的な理解とはことなったものがある……これらの点については、必ずしもたやすく教授の見解を受け入れ難い面があろう」とされている。『愛知学院大学法学部論集』第一三二号(一九九三年)六九頁以下。

(52) 「企業組織体責任論」は、一九七三年に板倉宏「企業体と刑事責任論……企業組織体責任論の提唱」『刑法雑誌』

第一九巻一・二合併号において唱えられた理論である。「企業組織体責任論」を批判する論文として、たとえば三井誠「法人処罰における法人の行為と過失……企業組織体責任論に関連して」『刑法雑誌』第二三巻第一・二合併号（一九七九年）一四四頁以下等がある。

(53) 何秉松教授は両罰制の根拠に「刑事連帯責任の原則」を掲げ、「一つの犯罪、二つの犯罪主体」を説く。これを批判するものとして、張文等「法人犯罪　若干問題再研究」『中国法学』一九九四年第一期五七頁以下。前掲拙訳〔2〕六二頁以下。何秉松教授の所説にみられる七つの論点について、鈴木敬夫「法人の刑事責任論の一側面……中国・韓国における《企業組織体責任論》の展開」『専修総合科学研究』第六号（一九九八年）三八頁。

(54) 姜榮喆「企業組織体犯罪과刑事責任」（前掲）三四三頁以下。

(55) 台湾では早くも一九八〇年に板倉宏教授の立場が翻訳、紹介されている。呉景芳訳「企業体与刑事責任……企業組織体責任之提唱」『刑事法雑誌』第二四巻第一期（一九八〇年）六六頁以下。陳樸生「企業犯罪与組織責任」『軍法専刊』第一二巻第一期（民国六八年、一九八九年）一〇頁以下。

(56) 板倉宏「法人に対する告発」（前掲）七〇七頁。この点は、業務主処罰と個別違反行為の有無をめぐって「企業組織体責任論」に対する評価に結びつくものである。金澤文雄教授は、「行為者を特定しなくても違反行為自体の特定は可能」であるから、当該〝個別違反行為そのもの〟を特定することによって、換言すれば「従業員の個別違反（故意・過失）行為の存在が証明されさえすれば、具体的行為者を特定できない場合でも業務主処罰は可能である」と説く。金澤文雄著『刑法の基本概念の再検討』（前掲）二七頁。

こうしてみると両罰規定の解釈としては、従業員が業務に関して違反行為を行ったということの証明、すなわち構成要件該当で違法な個別的故意・過失行為が行われたことが客観的に証明されること、それがまさに業務主たる法人等の組織活動に実質的な可罰性があることを立証するためにも必要であるように思われる。鈴木敬夫「法人の可罰性について」『札幌学院法学』第一六巻二号（二〇〇〇年）一八頁以下参照。

「中華人民共和国刑法」の改正について

畢　英達

一　はじめに

一九七九年七月一日に制定され、一九八〇年一月一日から実行された「中華人民共和国刑法」（以下においては、それを「旧刑法」と呼ぶこととする）は、一九九七年三月一四日第八期全国人民代表大会第五回会議で全面的に改正された。この改正した「中華人民共和国刑法」（以下においては、それを「新刑法」と呼ぶこととする）は、中国刑事における立法と司法の結晶であり、中国特色のある社会主義刑法典でもあると言われている[1]。言うまでもなく、この「新刑法」は、中国が更に社会主義法制国家を建設することにとって、重要な意義があると思われる。本稿では、その改正の経緯及びその改正の主な内容などにつき、概観することにする。

（1）　肖揚主編・『中国新刑法学』中国人民公安大学出版社一九九七年一〇月一ページ。

二　改正の経緯

中国においては、建国約三〇年後始めて制定された「旧刑法」は、第一編「総則」と第二編「各則」から構成されていた。そのうち、第一編「総則」は、五章（即ち、それは、第一章の「刑法の指導思想・任務及び適用範囲」、

第二章の「犯罪」、第三章の「刑罰」、第四章の「刑罰の具体的適用」、第五章の「其の他の規定」である）八九条からなり、第二編「各則」は、八章（第一章の「反革命罪」、第二章の「公共安全危害罪」、第三章の「社会主義の経済秩序を破壊する罪」、第四章の「公民の人身権利・民主的権利侵害罪」、第五章の「財産侵害罪」、第六章の「社会管理秩序妨害罪」、第七章の「婚姻・家庭妨害罪」、第八章の「瀆職罪」である）一〇三条からなる。一九九七年一〇月まで十七年余りの実施の結果から見ると、それが、規定した犯罪及び刑罰に関する原理・原則・制度などは基本的に正しく、犯罪を打撃し、国家の安全・人民民主独裁の政権及び社会主義制度を保衛し、国有財産・労働大衆の集団所有の財産及び公民所有の財産を保護し、公民の人身権利及び民主権利を保護し、社会秩序及び経済秩序を維持保護し、社会主義建設事業の順調な進行を保証するなどの方面においては、大きな役割を果たしてきたと指摘されている。(2)

ところで、この「旧刑法」については、中国での「改革開放」という政策が深く発展していくのに伴い、いろいろな問題が現れてきた。それらの問題は、主として以下の点に収れんするといわれる。(3)第一に、「旧刑法」が制定された当時にあっては、一部の犯罪行為に関して具体的な分析・研究が不足しており、それらの犯罪行為についての規定は執行しにくかった、と言うことである。例えば、後述の無頼罪・投機取引罪などがその例である。第二に、「旧刑法」が規定した一部の犯罪は既に深刻な状況にあったので、それらの犯罪について重く処罰すべきであった、ということである。例えば、密輸罪（即ち、「旧刑法」第一一六条は、密輸罪については、「税関法規に違反して、密輸を行い、情状の重い者は、税関法規にしたがって密輸物品を没収するとともに罰金を科することができる他、三年以下の有期懲役または拘役に処し、財産没収を併科することができる」、とさだめていた）・毒物罪（即ち、「旧刑法」第一七一条は、毒物罪に関しては、「アヘン、ヘロイン、モルヒネまたはその他の毒物を製造、販売、運搬した者は、五年以下の有期懲役または拘役に処し、罰金を併科することができる」）などである。第三に、「旧刑法」が施行されてから中国における政治・経済及び社会生活は大きな変化が起りつつあるので、いくつかの行為を新たに犯罪として規定する必要がある、ということである。例えば、後述のコンピュータに関する罪などである。要するに、中国においては、社会主義市場経済体制という情勢のもとで犯罪と闘争するために、「旧刑法」を全面的に改正する必要があると考えられるのである。

実は、中国では、「旧刑法」に対する修正の作業が既に一九八二年一二月から着手されていたと指摘される。(4) そして、まず、一九八三年九月に、全国人民代表大会常務委員会法制工作委員会刑法室は「刑法に対する修正の意見」を整理した。その中では、中央・地方の法制機関及び法政学校・いくつかの学者による刑法の修正に関する七〇条余りの意見が取りまとめられている。また、一九八八年七月一日に第七期全国人民代表大会第二回会議が採択した「第七期全国人民代表大会常務委員会工作要点」においては、刑法についての修正が明確に提起されている。そして、その要点の要求に従って、全国人民代表大会常務委員会法制工作委員会刑法室は、「刑法の修正試案」を作成した上で、一九八八年一二月二五日に「刑法修正草案」を起草した。その後、一九九六年一〇月一〇日に全国人民代表大会常務委員会が「中華人民共和国刑法改正草案」を全国各地で意見を求めるとともに、一九九六年一一月一一日から二二日までに全国人民代表大会常務委員会法制工作委員会が北京で一四〇名以上の関係者を招いて、各界各層から寄せられた様々な意見を踏まえながら、その草案を各条について順次議論を行うという刑法改正の雑談会（筆者は、その当時国務院法制局の代表として、その雑談会に参加した）を開催した。そして、一九九六年一二月一〇日に全国人民代表大会常務委員会法制工作委員会がそれまでの検討・議論結果を整理し、「中華人民共和国刑法（改正草案）」を取りまとめ、全国人民代表大会常務委員会にこれを提出した。その後一九九六年一二月一八日に開かれた第八期全国人民代表大会常務委員会第二三回会議において、その改正草案を審議した。また、一九九七年二月一八日に開かれた第八期全国人民代表大会常務委員会第二四回会議においては、前回審議の結果を踏まえて再び再議した。更に、一九九七年三月一日に第八期全国人民代表大会常務委員会は、その第二四回会議で深く掘り下げた審議結果による結論を得るに至ったその改正草案を、第八期全国人民代表大会第五回会議に提出した。また、今度の大会においては、その改正草案を審議した上で、これを三月一四日に採択した。

以上の経緯を経て、一五年余りが経った中国における「旧刑法」についての改正作業は、遂に終わったのである。

なお、ここで言及したいのは、前述のように中国では「旧刑法」に対しての改正作業が十五年余りかかったとはいえ、しかし実は刑法に関する立法が常に行われていた、ということである。つまり、中国における立法機関としての全国人民代表大会常務委員会は、「旧刑法」の安定性を保つとともに、新しい情勢のもとで犯罪と戦う必要に応じて、「旧刑法」に対して融通性のある修正・完備という立法方式を取り、一九八一年から「新刑法」が採択されるまで、相次いで二十二個の補充規定及び決定を制定した他に、既に「新刑法」の一章としての「軍人職責違反罪懲罰暫定施行条例」をも制定していたのである。その他に、いくつかの民事・経済・行政に関する法律の中で規定された刑法と関係のある処罰規定の条項は、一三〇箇条に及んだ。とりわけ、その間中国では、確かに刑法典を始めとして単行刑事法律・付属刑法規範を補助とする刑法体系を形成した(5)と考えられている。

（2） 周其華著・『新刑法各罪適用研究』中国法制出版社一ページ。
（3） 肖揚・前掲注（1）一二ページ。
（4） 高銘宣・馬克昌・『刑法学（上編）』中国法制出版社一九九九年一月九ページ。
（5） 肖揚・前掲注（1）一二ページ。

三　改正の主要な内容

今度の「新刑法」は、第一編「総則」、第二編「各則」及び「附則」から構成し、合わせて四五二条があり、「旧刑法」の全一九二条より条文が二六〇条増えた。そのうち、第一編「総則」は、五章（即ち、それらの章名は、既に見た「旧刑法」と同じである）一〇一条からなっており、「旧刑法」の八九条より一二条増加している。第二編「各則」は、一〇章（即ち、それは、第一章の「国家安全危害罪」、第二章の「公共安全危害罪」、第三章の「社会主義市場経済秩序破壊罪」、第四章の「公民の人身権・民主的権利侵害罪」、第五章の「財産侵害罪」、第六章の「社会管理秩序妨害罪」、第七章の「国防利益危害罪」、第八章の「汚職賄賂罪」、第九章の「瀆職罪」、第一〇章の「軍人職責違反罪」である）三五〇条からなっており、「旧刑法」の一〇三条より二四七条増加している。今度の「旧刑法」についての改正は、かなりの内容に及んでいる。以下において、その主な内容を概観することにする。

㈠「総則」改正の主な内容

今回の刑法改正は、「総則」についての改正、特に刑法の原則、正当防衛、単位の犯罪、法定刑以下の処罰決定権、自首、減刑、仮釈放という方面に集中している。

1 刑法の原則について

「旧刑法」においては、刑法の原則についての規定がはっきりしていなかった。しかし、「新刑法」は、明確に罪刑法定主義・法律の前での人々の平等・罪刑の均衡という三つの刑法原則を規定する。

まず、罪刑法定主義という刑法の原則について、「新刑法」第三条は、「法律が明文より犯罪行為と規定している場合は、法律により罪を定め刑に処する。法律に犯罪行為とする旨の明文の定めのない場合は、罪を定め刑に処してはならない」と規定する。そして、中国刑法学界では、何故「旧刑法」における類推規定の代わりに「新刑法」でこの罪刑法定主義という原則を規定したのかという理由に対しては、主に次の二点が挙げられている。(6)

第一に、「新刑法」「各則」の条文は「旧刑法」「各則」の一三〇条から三五〇条まで増えたので、各種の犯罪について更に明確に規定することができる、という点である。この点、「旧刑法」では「各則」が一〇三条しかなかったので、やむを得ず「本法各則のもっとも類似した条文に照らして犯罪を確定し刑を言い渡すことができる。但し、最高人民法院に報告して許可を受けなければならない」（第七九条）という規定が設けられていた。「新刑法」

はこの点を克服するものである。第二に、「旧刑法」においては類推を規定したとはいえ、事実上その規定によって言い渡された事案は極めて少なかった、という点である。つまり、「新刑法」が施行されるまで十七年余りの間には、その類推規定により言い渡された事案は、合わせて七十件余りがあったにすぎず、しかもそれらの事案は殆ど婚姻・家庭を妨げる事件に集中していたのである。以上のように、中国が「新刑法」において、この罪刑法定主義という刑法原則を明確に規定することは、恐らく積極的に犯罪と闘争し、国民の合法権益を確実に保障し、国の法治過程を推進することにとって、有利であると思われる。

次に、法律の前での人々の平等という刑法の原則に関しては、「新刑法」第四条は、「何人の犯罪に対しても、法律の適用上は、一律に平等とする。何人も、法律を越える特権を有してはならない」と規定している。そして、中国刑法学界では、「新刑法」においてこの法律の前での人々の平等という原則を規定する理由については、「憲法」において既に設けられているこの原則を具体化するためであると主として指摘されている。(7) 強いて言えば、この原則を規定したのは、罪の決定・量刑及び刑の執行という方面に刑事司法の平等を確保するため、ということになる。また、とりわけ、中国が「新刑法」においてこの法律の前での人々の平等という刑法の原則を明確に規定するのは、法律の公正性を確実的に保障し、刑法の尊厳を厳格的に保ち、刑罰の目的を十分に実現することなどにとって、重要な意味があると考えられる。

最後に、罪刑の均衡という刑法の原則については、「新刑法」第五条は、「刑罰の軽重は、犯罪者がおかす犯罪行為及び引き受ける刑事責任と相応しなければならない」、と規定している。そして、中国刑法学界では、「新刑法」においてはこの罪刑の均衡という原則を規定する理由に関しては、この原則は刑罰を実現する最も効果のある手段であると考えられている。(8) 恐らく、中国が「新刑法」においてはこの罪刑の均衡という刑法の原則を明確的に規定するのは、更に司法の公正性を実現するためという狙いがあったと考えられる。

2　正当防衛に関して

「旧刑法」第一七条は、正当防衛については、次の様に規定していた。即ち、「公共の利益または本人若しくは他人の人身及びそのほかの権利を、進行中の不法侵害から免れさせるために講じた正当防衛行為は、刑事責任を負わない。必要な限度を超えて不当な危害を与えた正当防衛は、刑事責任を負わなければならない。但し、情状を酌量して処罰を減軽または免除しなければならない」。ところで、この規定に対しては、いろいろな欠点があったと指摘されている。その欠点の主なものは、次の三点である。(9) 第一に、公民の正当防衛権利についての規定は余り厳格すぎて、不法犯罪行為を制止するという目的には不利に作用する、という点である。第二に、「必要な限度を越えて不当な危害を与えた」という正当防衛の限度についての規定はあいまいなので、実際の運用面においては比較的随意性が大きい、という点である。第三に、被害者の利益を保護し、義を見て勇敢にこれを成すことを激励することにとって、規定内容が十分なものではない、という点である。このため、「新刑法」第二〇条は、「旧刑法」で規定されたその正当防衛制度を、次の様に改めたのである。即ち、「国若しくは公共の利益または本人若しくは他の人身・財産そのほかの権利を進行中の不法侵害から免れさせるために講じた不法侵害を制止する行為により、不法侵害者に対して損害をもたらした場合は、正当防衛に属し、刑事責任を負わなければならない」(第一項)、「正当防衛が必要限度を明らかに超えて重大な損害をもたらした場合は、刑事責任を負わなければならない。但し、処罰を減軽または免除しなければならない」(第二項)、「進行中の暴行・殺人・強盗・強姦・拉致そのほかの人身の安全に重大な危害が及ぶ暴力犯罪に対して防衛行為をし、不法侵害者の傷害または死亡をもたらした場合は、過剰防衛に属さず、刑事責任を負わない」(第三項)と。要するに、中国「新刑法」で規定されるこの正当防衛制度は、更に公民が積極的に不法犯罪行為と闘争することを激励・支持すること、国・公共及び公民の利益を保護すること、不法犯罪行為の発生を抑制・減少することなどにとって、重要な意義があると考えられる。

3 単位の犯罪に対して

「旧刑法」は、単位の犯罪につき何らかの規定を設けなかった。しかし、中国における市場経済が発展するとともに、単位による犯罪も発生しつつあって、それは中国における市場経済並びに国民経済が順調的に発展することに大きな危害をもたらしたと言われている。[10] そのため、「新刑法」は、単位の犯罪について、次の様な規定を設けている。即ち、「会社、企業、事業単位、機関及び団体が実施する社会に危害を及ぼす行為が法律により単位犯罪であると規定される場合は、刑事責任を負わなければならない」(第三〇条)、「単位が罪を犯した場合は、単位に対して罰金を科し、かつ、その直接責任を負う主管者その他の直接責任者に対して刑罰を科する。この法律の各則の他の法律に別段の定めのある場合は、その定めによる」(第三一条)。これらの規定は、中国における刑法学界及び司法界が単位の犯罪を巡っての難しい議論を解決することができるだけではなく、市場経済における益々厳重な単位による犯罪を打撃することにも法律の根拠を提供したと、評価されている。[11] とりわけ、それらの規定は、中国での「改革開放」が順調に進行することにとって、重要な保障を提供し得ると思われる。

4 法定刑以下の処罰決定権について

「旧刑法」第五九条第二項は、法定刑以下の処罰決定権については、次の様に規定していた。即ち、「犯罪者にこの法律に規定する処罰減軽の情状はないが、事件の特殊な状況に基づき、法定刑の短期でもなお重すぎる場合には、人民法院裁判委員会の決定を経て法定刑以下で刑罰に処することができる」と。ところで、実際にこの規定を運用する時には、その「法定刑の短期でもなお重すぎる場合」という規定の限界は余り明確なものではなかったので、各地の人民法院がその限界を把握しにくいという欠点があった、と言われている。[12] そこで、「新刑法」第六三条第二項は、「旧刑法」その第五九条第二項の内容を、次の様に改めたのである。即ち、「犯罪者にこの法律に規定する処罰減軽の情状はないが、事件の特殊な状況に基づき、最高人民法院の承認を得て、法定刑以下で刑罰に処することができる」と。要するに、「新刑法」第六三条第二項は、犯罪者に酌量情状により法定刑以下で処罰する場合には、最高人民法院の承認を得るという点で、更にそれなりの厳格な手続を行う旨を規定している。

5　自首に関して

「旧刑法」第六三条は、自首については、次の様に規定していた。即ち、「罪を犯した後に自首した犯罪者は、軽きに従い処罰することができる。そのうちの犯罪が比較的軽い場合は、処罰を減軽し、または免除することができる。犯罪が比較的重い場合も、功績があった犯罪者には、処罰を減軽し、または免除することができる」と。ところで、更に犯罪者の自首を激励するために、「新刑法」第六七条は自首の概念を明確に規定したうえで、自首者についての処罰をも緩めたのである(13)。即ち、「罪を犯した後に自ら事件を報告し、自己の犯罪行為をありのままに供述することは、自首である。自首した犯罪者に対しては、軽きに従い処罰し、または処罰を減軽することができる。そのうちの犯罪が比較的軽い場合は、処罰を免除することができる。強制措置を講じられた被疑者または被告人及び刑に服している受刑者が、司法機関の掌握していない本人のその他の犯罪行為をありのままに供述した場合は、自首として処理する」と。なお、自首と関連のある条文としての「新刑法」第六八条第二項は、「罪を犯した後に自首し、かつ多大な功績のある場合は、処罰を減軽し、また免除しなければならない」と規定している。恐らく、これらの自首についての規定は、より犯罪者が自ら事件を報告することを激励しえるだけではなく、更に司法者が正確に自首を認定することにとって有利である、と思われる。

6　減刑に対して

「旧刑法」第七一条は、減刑に関しては、次の様に規定していた。即ち、「管制、拘役、有期懲役または無期懲役に処せられた犯罪者が、執行期間において、反省態度または功績が確かにある場合は、減刑することができる。

但し、一回または数回の減刑後に実際に執行する刑期は、管制、拘役、有期懲役に処せられた犯罪者については、当初に判決された刑期の二分の一を下回ることができない。無期懲役に処せられた犯罪者については、一〇年を下回ることができない」と。ところで、減刑という制度の役割を更に果たすためには、「新刑法」第七八条において、新たに減刑すべきの情状についての規定が設けられている。[14] 即ち、「次の各号に掲げる多大な功績のいずれかがある場合は、減刑しなければならない。(1)他人の重大な犯罪活動を阻止したとき。(2)監獄内外の重大な犯罪活動を告発し、調査して事実であると証明されたとき。(3)発明創造または重要な技術革新をしたとき。(4)日常的生産または生活において自己を捨てて人を救助したとき。(5)自然災害を防御し、または重大事故を排除する過程において、顕著な行為があったとき。(6)国に及び社会に対してその他の多大な貢献をしたとき」と。なお、人民法院の判決の厳粛性を保つために、「旧刑法」が減刑についての手続を規定していなかったことに鑑みて、「新刑法」第七九条は、減刑の手続をも規定している。[15] 即ち、「犯罪者の減刑については、執行機関が中級以上の人民法院に対して減刑意見書を提出する。人民法院は、合議廷を構成して審理しなければならない。反省または功績事実が確実にある場合は、減刑を裁定する。法定手続きを経ないで減刑してはならない」と。とりわけ、「新刑法」が減刑について増加したこれらの規定は、犯罪者を改造すること及び司法の公正性を確保することにとって、重要な意義があると考えられる。

7　仮釈放について

「旧刑法」第七三条は、仮釈放に対しては、次の様に規定している。即ち、「有期懲役に処せられた犯罪者が、当初判決された刑期の二分の一以上が執行され、または無期懲役に処せられた犯罪者が実際に一〇年以上刑を執行され、反省の態度が確実にあり、仮釈放した後に社会に再度危害を及ぼさない場合は、仮釈放することができる。特段の事由がある場合は、当該執行刑期の制限を受けないことができる」と。ところが、暴力犯罪及び累犯が増加しつつあるという情勢を考慮して、犯罪を確実に打撃するために、「新刑法」第八一条第二項は、累犯並びに厳重な暴力性犯罪については、仮釈放を適用しないという規定を新たに設けている。即ち、「累犯並びに殺人、爆発、強盗、強姦及び拉致などの暴力性犯罪により一〇年以上の有期懲役または無期懲役に処せられた犯罪者については、仮釈放してはならない」と。そして、「新刑法」第八二条では、減刑のように仮釈放の手続についての規定が設けられている。即ち、「犯罪者に対する仮釈放は、第七九条所定の手続による。法定手続きを経ないで仮釈放してはならない」と。なお、仮釈放された犯罪者に仮釈放考査期間内において再犯させないことのため、並びに仮釈放された犯罪者についての監督を効率よく行うために、「新刑法」第八四条においては仮釈放された犯罪者が考査期間内において守るべき新たな規定をいくつか設けている。即ち、「仮釈放を宣告された犯罪者は、次の各号の規定を守らなければならない。⑴法律及び行政法規を守り、監督に服すること。⑵監督機関の規定に従い自己の活動状況を報告すること。⑶客との接見に関する監督機関の規定を守ること。⑷居住する市若しくは県を離れ、または転居する場合は、監督機関に報告し、承認を得なければならないこと」と。そして、「新刑法」が仮釈放に関して新たに加えたこれらの規定は、犯罪者が自ら過ちを悔い改めて再出発し、積極的に自己の過ちを改造することにとって、更に有利に作用すると思われる。

㈡「各則」改正の主な内容

今回の刑法改正は、「各則」についての改正が主に反革命罪、投機取引罪、無頼罪、汚職賄賂罪という方面に集約される。

1　反革命罪について

「旧刑法」第二編「各則」第一章は、反革命罪についての章であった。そして、その第九〇条は、「プロレタリア階級独裁の政権と社会主義制度の転覆を目的とし、中華人民共和国に危害を加える行為は、すべて反革命罪である」と反革命罪の概念を規定した上で、第九一条から第一〇四条までは、反革命罪の種類及びそれぞれについての処罰を規定していた。確かにこれらの規定は、中国における国家の安全を保護し、プロレタリア階級独裁の政権と社会主義制度を保衛することにとって大きな役割を果たしてきた。しかしながら、中国での政治・経済及び社会情勢の発展しつつあることに伴って、反革命罪という罪名を適用する場合においてはいくつかの問題が現れてきたと言われている。(16) それらの問題については、主に次の二点があると指摘される。第一に、司法の実践上において「反革命の目的」を認定しにくい、ということである。第二に、ある犯罪行為については反革命罪を適用するより国家安全危害罪を適用する方がより適当ではないか、ということである。そこで、「新刑法」は、「反革命罪」と言う章を「国家安全危害罪」に改めた他に、主に次の様な修正を加えたのである。第一に、「旧刑法」第九二条で規定された「政府の顚覆、国家の分裂を陰謀した者」を、それぞれ「国の分裂または国の統一の破壊を組織し、計画し、または実施した者」(第一〇三条)、「国の政権政権を顚覆し、または社会主義制度を覆すことを組織し、計画し、または実施した者」(第一〇五条第一項)に改めた、という点である。

第二に、「旧刑法」第九三条で規定された「国を裏切って敵に投降させまたは反乱を起こさせるために、国家の公務員、武装部隊、人民警察、民兵に策動し、誘引し、または買収した者」を、「国家機関の公務員、武装部隊の人員、人民警察または民兵に武装反乱または武装暴動をさせるよう策動し、脅迫し、誘引し、または買収した者」(第一〇四条第二項)に改めた、という点である。

第三に、「旧刑法」第九五条で規定された「凶器をもち、多数集合して反乱を起こした主犯またはその他の罪の重大な者」を、「武装反乱または武装暴動を組織し、計画し、または実施した首謀者または犯罪行為が重大である者」(第一〇四条第一項)に改めた、という点である。

第四に、「旧刑法」第一〇二条で規定された「反革命の標語、ビラまたはその他の方法によってプロレタリア階級独裁の政権と社会主義制度の転覆を宣伝・扇動した者」を、「虚偽の噂の流布、誹謗その他の方式により国の政権の顚覆または社会主義制度を覆すことを扇動した者」（第一〇五条第二項）に改めた、という点である。

以上見てきたように、「新刑法」が反革命罪について修正を加え、特にその章名を「国家安全危害罪」に改めた点は、中国が既に革命時期から社会主義現代化建設時期への進入を配慮移行したことに鑑みれば妥当であろう。

2　投機取引罪に関して

「旧刑法」第一一七条は、投機取引罪に関しては、次の様に規定していた。即ち、「金融、外貨、金銀、商工管理法規に違反し、投機取引を行い、情状の重い者は、三年以下の有期懲役または拘留に処し、罰金または財産没収を併科し、または単科することができる」と。ところで、その投機取引罪についての規定は大まかなので、それを執行する場合においては随意性が大きいのであると言われる。(17) それで、「新刑法」は、過去で投機取引罪として追究された犯罪行為に基づき、この罪名を分解して、虚偽・劣悪商品生産または販売罪、金融管理秩序破壊罪、契約詐欺罪、不法経営罪などを規定している。このように、大まかな投機取引罪の代わりに具体的な罪名を規定したことは、司法の随意性を避けることにとって、大きな意味があると考えられる。

3　無頼罪に対して

「旧刑法」第一六一条は、無頼罪については、次の様に規定していた。即ち、「多数集合して殴り合いを行い、他人を挑発して騒ぎを引き起こし、婦女を侮辱しまたはその他の不良行動を行い、公共の秩序を破壊して、情状の悪質な者は、七年以下の有期懲役、拘留または管制に処する。不良集団の主犯は、七年以上の有期懲役に処する」と。ところが、この規定は、前述の投機取引罪の様に余り大まかなので、それを執行する場合では随意性が大きいと指摘される。(18) そこで、「新刑法」はそれを、多数集合殴合罪、多数集合淫乱罪などに分けて規定している。

4 汚職賄賂罪について

「旧刑法」は、第五章「財産侵害罪」において汚職罪・賄賂罪を二条に分けて規定していた。これに対して、中国における汚職賄賂罪が多発することに鑑みて、「新刑法」はそれを一章（即ち、第八章「汚職賄賂罪」）に規定した。その中で、汚職罪、公金流用罪、収賄罪、贈賄罪、単位収賄罪、単位贈賄罪、賄賂紹介罪などの規定がある。なお、汚職賄賂罪の犯罪主体と関係のある国家公務員という概念については、「新刑法」第九三条は「旧刑法」第八三条で規定された「この法律において国家公務員とは、すべての国家機関、企業、事業単位及びその他法律に基づいて公務に従事している人員をさす」という概念を、次の様に改めている。即ち、「この法律において国家公務員とは、国家機関において公務に従事する者をいう。国家の会社、企業事業単位及び人民団体において公務に従事する人員並びに国家機関、国有の会社企業及び事業単位が非国有の会社、企業事業単位及び社会団体に派遣して公務に従事させる人員その他の法により公務に従事する人員は、国家公務員として取り扱う」と。とりわけ、中国における「新刑法」が汚職賄賂罪についての修正は、国家公務員の廉潔性を保ち、正常的な社会気風を維持することにとって、大きな意味が認められる。

5 国防利益危害罪に関して

「旧刑法」は、国防利益危害罪については特に章を設ける形では規定していなかったとはいえ、しかしその「各則」第一章「反革命罪」・第二章の「公共安全危害罪」・第六章「社会管理秩序妨害罪」の中においては、直接あるいは間接的に国防利益危害行為を規定していた。例えば、軍事設備を破壊する行為、軍隊の銃器と弾薬を窃盗・強奪する行為、軍人を詐称する行為、などである。ところで、国防利益が国家の安全及び社会の安定に及んだので、それを専ら一章として詳しく規定する必要があると指摘されている。[19] それで、「新刑法」はそれらについて特に一章を新たに設けて、「暴力または脅迫の方法により軍人の法による職務の執行を妨害した」（第三六八条）行為、「武器装備、軍事施設または軍事通信を破壊した」（第三六九条）行為、「不合格な武器装備または軍事施設であることを明らかに知りながらこれを武装部隊に提供した」（第三七〇条）行為、「軍衆を集めて軍事禁止区を襲撃させ、軍事禁止区の秩序を重大に攪乱し、情状が重大であり、軍事管理区の業務を進行する方法を失わせ、重大な損害をもたらした」（第三七一条）行為、「軍人であると偽り財物を騙取した」（第三七二条）行為、「軍人を扇動し、部隊を離脱させ、または部隊を離脱した軍人であると明らかに知りながらこれを雇用し、情状が重大である」（第三七三条）行為などを、犯罪として規定している。つまり、中国「新刑法」においては、増加した「国防利益危害罪」に関する規定は、国家の利益を保障し、特に国家の安全を保衛することにとって、大きな意義を持つのである。

6　その他の改正に対して

「新刑法」は、「旧刑法」について、以上のような改正を行った他に、なおいくつかの社会に危害を加える行為を犯罪として規定している。それらの犯罪は、主に次の方面に及んでいる。

(a)　闇社会による犯罪

これまで、中国においては典型的な闇社会による犯罪が表面化していなかったが、しかし闇社会の性質を帯びる犯罪集団が既に現れてきているといわれている。[20] 例えば、覇を唱え、悪事をし、大衆を威圧する闇社会の組織による犯罪などである。その他に、国外の闇社会組織の者で国内において違法な活動という現象も見られる。それで、それらの現象を消滅するために、「新刑法」第二九四条は闇社会による犯罪について、次の様に規定している。「暴力、脅迫その他の集団により組織的に違法犯罪活動をし、覇を唱え、悪事をし、大衆を威圧し、または害し、経済または社会秩序を重大に破壊する闇社会の組織を組織し、指導し、またはこれに積極的に参加した者は、三年以上一〇年以下の有期懲役に処する」（第一項）、「国外の闇社会組織の者で、我が国の国内において組織の構成員を拡大した者は、三年以上一〇年以下の有期懲役に処する」（第二項）、「前二項の罪を犯し、その他の犯罪行為のある者は、数罪併科の規定により処罰する」（第三項）、「国家機関の公務員で闇社会の組織を庇い、または闇社会の組織による違法犯罪活動を認容した者は、三年以下の有期懲役、拘役または政治的権利の剥奪に処する。情状が重大である場合は三年以上一〇年以下の有期懲役に処する」（第四項）。

(b) テロ活動による犯罪

今、中国においては時折ではあるが、テロ活動による犯罪が見られている。そこで、そのような犯罪を打撃するために、「新刑法」第一二〇条はテロ活動による犯罪に関しては、次の様に規定した。即ち、「テロ活動組織を組織し、指導し、または積極的に参加した者は、三年以上一〇年以下の有期懲役に処する。その他の参加者は、三年以下の有期懲役または拘役に処する」（第一項）、「前項の罪を犯し、かつ、殺人、爆発または拉致などの犯罪を実行した者は、数罪併科の規定により処罰する」（第二項）。

(c) コンピュータに関する犯罪

コンピュータと関係のある犯罪が重大な様相を呈していることに対して、「新刑法」は、コンピュータに関する犯罪については、次の様に規定した。「国の規定に違反し、国の事務、国防建設または先端科学技術領域のコンピュータ情報システムに進入した者は、三年以下の有期懲役または拘役に処する」（第二八五条）、「国の規定に違反し、コンピュータ情報システムの機能に対して削除、変更、増加または干渉をし、コンピュータ情報システムの正常な運行の不能をもたらし、結果が重大である者は、五年以下の有期懲役または拘役に処する。結果が特別に重大である者は五年以下の有期懲役に処する」（第二八六条第一項）、「国の規定に違反し、コンピュータ情報システムにおける保存、処理または転送のデータ及び応用プログラムに対して削除、変更または増加の操作をし、結果が重大である者は、前項の規定により処罰する」(第二八六条第二項)、「コンピュータウィルスなどの破壊的プログラムを故意に製作し、または伝播させ、コンピュータシステムの正常な運行に影響を及ぼし、結果が重大である者は、第一項の規定により処罰する」(第二八六条第三項)、「コンピュータを利用し、金融詐欺、窃盗、横領、公金流用、国家秘密の窃取その他の犯罪を実行した者は、この法律の関係規定により罪を定め処罰する」(第二八七条)。

(d)　証券取引に関する犯罪

証券取引の秩序を保護するために、「新刑法」は、証券取引に関する犯罪に対しては、主に次の様な規定を設けた。「証券若しくは先物の取引内部者情報の情を知る者又は証券若しくは先物の取引内部者情報を不法に取得した者で、証券の発行若しくは証券先物の取引にかかわり、またはその他の証券若しくは先物の取引価格に対して重大な影響を有する情報が公開される前に当該証券を購入し、若しくは売却し、当該内部者情報と関連する先物取引に従事し、または当該情報を漏洩し、情状が重大である者は、五年以下の有期懲役若しくは拘役に処し、違法所得相当額以上五倍以下の罰金を併科し、または単科する。情状が特別に重大である場合は、五年以上一〇年以下の有期懲役に処し、違法所得相当額以上五倍以下の罰金を併科する」(第一八〇条第一項)、「証券または先物の取引に影響する虚偽の情報を捏造し、かつ、伝播させ、証券または先物の取引市場を攪乱し、重大な結果をもたらした者は、五年以下の有期懲役若しくは拘役に処し、一万円以上一〇万円以下の罰金を併科し、または単科する」(第一八一条第一項)、「証券取引所、先物取引所、証券会社若しくは先物取引会社の従業員または証券業協会、先物取引業協会若しくは証券・先物管理部門の職員で故意に虚偽の情報を提供し、または取引記録を偽造し、変造し、若しくは毀損し、投資家を勧誘欺罔して証券または先物契約を売買させ、重大な結果をもたらした者は五年以下の有期懲役若しくは拘役に処し、一万円以上一〇万円以下の罰金を併科し、または単科する。情状が特別に悪辣である場合は、五年以上一〇年以下の有期懲役に処し、二万円以上二〇万円以下の罰金を併科する」(第一八一条第二項)。

(e) 耕地の不法占有使用に関する犯罪

国の重要な資源である土地を保護するために、「新刑法」は、耕地の不法占有使用に関する犯罪については、次のような規定を設けた。即ち、「土地管理法規に違反し、不法に耕地を占有使用して他の用途に変更し、数量が比較的大きく、耕地の大量の損壊をもたらした者は、五年以下の有期懲役若しくは拘役に処し、罰金を併科し、または単科する」(第三四二条)、「国家機関の公務員で私利をはかり、土地管理法規に違反し、職権を乱用し、土地の収用若しくは占有使用を不法に認可し、または低価額で国有土地使用権を不法に払い下げ、情状が重大である者は、三年以下の有期懲役または拘役に処する。国または集団の利益に特別重大な損害を受けさせた場合は、三年以上七年以下の有期懲役に処する」(第四一〇条)。

ちなみに、「新刑法」「附則」においては、如何に前述で言及した全国人民代表大会常務委員会が制定した補充規定・決定及び条例を処理するかについては、以下のような規定が設けられている。「この法律附属書一に掲げる全国人民代表大会常務委員会が制定した条例、補充規定及び決定は、既にこの法律に組み入れられ、または既に適用されていないので、この法律施行の日からこれらを廃止する」[21](第四五二条第一項)、「この法律附属書二に掲げる全国人民代表大会常務委員会が制定した補充規定及び決定は、これを保留する。そのうちの行政処罰及び行政措置に関係する規定は、継続して効力を有する。刑事責任に関する規定は、既にこの法律に組み入れたので、この法律施行の日からこの法律の規定を適用す[22]」(第四五二条第二項)。

(6) 肖揚・前掲注(1)二八ページ以下。
(7) 周其華・前掲注(2)五ページ。
(8) 高銘宣・馬克昌・前掲注(4)三五ページ以下。
(9) 侯国雲・白岫雲・『新刑法疑難問題解析と適用』中国検察出版社一九九八年二月一一二ページ。

(10) 揚敦先・張成法・『刑法の修正と適用』中国人民公安大学出版社一九九七年五月四六ページ。
(11) 揚敦先・張成法・前掲注(10)三九ページ以下。
(12) 高銘宣・馬克昌・前掲注(4)四八一ページ。
(13) 揚敦先・張成法・前掲注(10)三六ページ。
(14) 高銘宣・馬克昌・前掲注(4)五三八ページ。
(15) 肖揚・前掲注(1)二七一ページ。
(16) 周其華・前掲注(2)一八ページ。
(17) 周其華・前掲注(2)一八ページ。
(18) 周其華・前掲注(2)一九ページ。
(19) 肖揚・前掲注(1)六二五ページ。
(20) 肖揚・前掲注(1)五四一ページ以下。
(21) 附属書一に掲げる条例、補充規定及び決定は、次のとおりである。即ち、「軍人職責違反罪懲罰暫定施行条例」、「経済を重大に破壊する犯罪者を厳格に処罰することに関する決定」、「社会治安に重大な危害を及ぼす犯罪者を厳格に懲罰することに関する決定」、「密輸罪の懲罰に関する決定」、「汚職賄賂罪の懲罰することに関する補充規定」、「国家秘密漏洩犯罪を懲罰することに関する補充規定」、「国が重点に保護する貴重な、または危機に瀕した野生動物捕殺犯罪の懲罰に関する補充規定」、「我が国の国旗又は国章侮辱を懲罰することに関する規定」、「古代文化遺跡または古代墳墓盗掘犯罪を懲罰することに関する補充規定」、「航空機強取犯罪者の懲罰に関する決定」、「登録商標冒用犯罪の懲罰に関する補充規定」、「虚偽、劣悪商品の生産または販売犯罪の懲罰に関する決定」、「著作権侵害の犯罪の懲罰に関する決定」、「会社法違反の犯罪の懲罰に関する決定」、「逃亡し、または新たに罪を犯した労働改造受刑者及び労働教育者の処理に関する決定」、である。
(22) 附属書二に掲げる補充規定及び決定は、次のとおりである。即ち、「毒物禁止に関する決定」、「猥褻物品を密輸し、製作し、販売し、又流布する犯罪者の懲罰に関する決定」、「婦女または児童を誘拐し、または拉致する犯罪者を厳格に懲罰することに関する決定」、「売春または売春を厳格に禁止することに関する決定」、「脱税または抗脱犯罪の懲罰に関する補充規定」、「他人を組織し、または運送して国境を越えさせる犯罪の厳格な懲罰に関する補充規定」、「金融秩序破壊犯罪の懲罰に関する決定」、「増値税専用インボイス虚偽発行し、偽造し、または不法売却する犯罪の懲罰に関する決定」、である。

四　結びにかえて

以上、不十分ながら、中国刑法の改正について、その改正の経緯・特にその改正の主な内容を概観した。ここでは、中国「新刑法」が持つ特色を触れたうえで、今後の中国における刑法の改正の方向についての展望を簡単に行って、本稿の結びとしたい。中国刑法学界では、「新刑法」については、以下のような特色があると言われている。(23) 第一に、それは比較的統一・完備的な刑法典だ、という点である。第二に、それは中国社会主義市場経済を発展する必要に適合し、中国の国情に合致した刑法典だ、という点である。第三に、それは法律の連続性・安定性を注意する刑法典だ、という点である。第四に、それは司法機関が執行しやすい刑法典だ、という点である。第五に、それは「改革開放」の必要に適応し、国際刑法制度と密接する刑法典だ、という点である。ところで、中国「新刑法」は以上のような特色があるとはいえ、しかし更に中国の刑法立法をより完備するために、その立法の方式を講じておく必要があると思われる。というのは、中国における「新刑法」は一九九七年一〇月一日施行してから、既に三回の改正を経ているからである。(24) もし、中国が、日本などの国のように刑法以外の法律の中で刑法規範を設けるとするなら、猛スピード発展しつつある中国にとって、特に意味があるといってよいであろう。しかし、それでも尚、本来の刑法典においては、結局のところ、どのような内容を規定すべきかという問題に対しては、恐らく議論の余地があると思われる。

(23) 肖揚・前掲注(1)一五頁以下。

（24）　第一回の改正（市場経済という方面の犯罪に関する改正）は一九九九年一二月二五日に行われ、第二回の改正（土地という方面の犯罪についての改正）は、二〇〇一年八月三一日に行われ、第三回の改正（テロ活動という方面の犯罪に対しての改正）は、二〇〇一年一二月二九日に行われたのである。

日本の犯罪状況および最近の法改正（講演）

丸山　治

一　はじめに

本日は、日本における最近の犯罪状況、それに関連したいくつかの法改正とその問題点についてお話したいと思います。

まず、日本の現行刑法ですが、これは一九〇七年に制定されたもので、すでに九五年を経過する古い法律です。その間、社会生活や人の考え方に大きな変化が生じていることは言うまでもありません。もっとも、個々の犯罪については、一九四七年の改正によって新憲法の趣旨にそぐわない規定が削除されましたし、その後も、新たな犯罪に対応するための規定が追加・修正されました。また、公害、ハイジャックなどを処罰する特別の法律も制定されています。しかし、従来から、これらの措置はいわば応急の手当てにすぎず、社会事情の著しい変化に応じきれなくなっているとの指摘がありました。このような要請に基づき、刑法改正問題を検討してきた法制審議会は、約一一年にわたる審議の末、一九七四年、刑法を全面的に改正する必要があるとの結論を出し、全部で五七章三六九条からなる「改正刑法草案」を作成して答申しました。改正の重点は以下の三点にまとめることができます。

第一は、刑法を一般国民にも分かりやすいものにすること。刑法は、漢文調の古い文語体で書かれ、大多数の国民には正確に読むことができないようなものになっていました。罪となる行為とならない行為との区別が、一般国民に分かりにくいものであってはならないことは当然です。第二は、社会事情の変化によって生じた新しい型の犯罪に対して適切な処罰規定を設けること。第三は、犯罪者に対する刑罰その他の処分を適正かつ合理的なものにすること。

しかし、この改正案は、内容に関する強い批判に遭遇し国会に上程されることもないままに過ぎてしまいました。同時に、実質的な改正が困難であることが予想された頃から、内容上の改正と分離して、改正の第一の問題解決、すなわち「刑法典の平易化」のみを実行すべきであるという主張がなされ、そのための試案も提示されるようになりました。そして一九九五年、現行条文の意味内容を動かすことなく、その表現方法をできるだけ分かりやすくするという意図で、「刑法典平易化」が実現したのです。その際、一九七三年に違憲判決の出されていた尊属殺人罪（刑法二〇〇条）を始めとする一連の尊属加重処罰規定も削除されました。

他方、現代型犯罪への対応は、一九八七年のコンピュータ犯罪を始めとして、いくつかの刑法の一部改正によってなされています。もっとも新しい改正としては、二〇〇一年にクレジットカードやプリペイドカードなどの偽造罪（一六三条の二〜一六三条の五）が新設されました。改正前の刑法では、クレジットカードは文書または電磁的記録、プリペイドカードは有価証券として取り扱われ、その社会的機能の共通性にもかかわらず、適用される条項が異なり法定刑や処罰行為の類型が食い違っているなど、この種の犯罪への的確な対応が求められていたものです。

その他、犯罪状況の変化による世論の動きを背景として、二〇〇〇年には少年法の改正、二〇〇一年には交通犯罪に対する規定の新設がなされ、今日にいたっています。少年法の改正は、直接的には刑法の問題ではありませんが、犯罪予防という観点から少年の処遇をめぐる従来の基本方針を修正する内容を含んでおり議論の分れる問題です。また、交通犯罪に対する新たな規定は、解釈論的な妥当性について十分な議論がなされたものか、疑問も指摘されているものです。そこで、この二つの改正がなされた背景を最近の犯罪状況から探り、どのような問題が残されているのかを検討したいと思います。

二　最近の犯罪状況

近年、マスコミ等を通じて報道される凶悪事件や、犯行の動機が不可解な事件の発生が国民に不安を与え、日本の犯罪情勢の悪化が懸念されています。犯罪には、刑法典以外の特別法に関する犯罪、たとえば薬物犯罪なども含まれますが、ここでは、刑法典に規定された犯罪のみを対象として犯罪状況を概観することにします。

二〇〇一年版犯罪白書によれば、刑法犯は、一九七四年を底として一九七五年以降ほぼ一貫して増加しています。最近では、一九九六年から五年連続で過去最高を記録しており、二〇〇〇年の認知件数は三〇〇万件を超え、前年度に比べて三〇数万件の増加となりました。ここ数年加速度的に増加しており、犯罪情勢の悪化という印象が強く意識されるようになったのです。ただ、犯罪の内容を見てみますと、刑法犯の六五%が窃盗、二五%が交通関係の業務上過失致死傷で、窃盗と交通事故の二つで全体の九〇%を占めています。したがって、一見して凶悪な事件が急増しているようには見えません。事実、刑法犯全体の増加傾向を形成しているのは、窃盗の増加であることは統計上明らかです。しかし、刑法犯全体に占める割合は小さいものの、殺人や強盗という凶悪犯、とくに強盗の増加率は高く、前年に比べ二二%も増加しています。また、粗暴犯の増加率は前年に比べ、傷害が五〇%増、暴行が七〇%増、脅迫が約二倍、恐喝が三〇%増と、これまで経験したことのない著しい増加を示しています。

もっとも、諸外国と比較してみると、犯罪発生率はそれほど高くないことも分かります。発生率は、人口一〇万人に対する犯罪の発生件数で表します。一九九九年の統計によれば、おおよそ、イギリスが一〇、〇〇〇件、ドイツが七、七〇〇件、フランスが六、〇〇〇件、アメリカが四、二〇〇件であるのに対し、日本は一、七〇〇件にすぎません。しかし、一九八〇年を一〇〇とした場合の認知件数をみると、イギリス二一〇、ドイツ一六五に次いで、日本は一五九となっており、犯罪の増加傾向が大きいことが分かります。そして注目すべきは、検挙率の低下傾向です。二〇〇〇年には、刑法犯全体で四三％、交通関係業過を除く刑法犯では二四％と、それぞれ初めて五〇％、三〇％を下回り、過去最低の率となりました。とくに窃盗の検挙率は二〇％を切ってしまいました。

検挙率が低いから犯罪が増加するのか、犯罪が増加したから検挙率が下がるのか、「にわとりと卵」の議論になってしまいますが、捜査機関の人的物的資源は有限ですから、近年の著しい犯罪の増加に手が回らなくなっているということも考えられなくはありません。

このような犯罪の増加を食い止めるにはどのような方策が必要なのか、総合的な検討が求められていると言えましょう。ここでは、詳細についてお話しすることはできませんが、犯罪の予防という側面において、刑法に過大な期待をするべきではないことを指摘しておきたいと思います。個々の犯罪の特徴とその原因を分析し、総合的な社会政策の一環として、犯罪の予防を考えていかなければならないのです。たとえば、犯罪の大半を占める窃盗、その中でも手口別にみると、ひったくり、車上ねらい、自販機荒らしの三種類に急激な増加傾向がみられます。ひったくりは、先の強盗および粗暴犯の増加傾向とあいまって、暴力的色彩が強まりつつあることを示しています。この場合、考えなければならないのは、窃盗の原因ではなく、暴力に訴える風潮が大きくなっていることの原因なのです。また、車上ねらいや自販機荒らしについては、一人一人の注意によって犯罪を防ぐことが可能なものです。そのような種類の犯罪については、被害にあわない環境を整えることが一つの対策になる場合もあるでしょう。少なくとも、総合的な犯罪対策に、早急に取り組むべき段階に来ていることを認識しなければなりません。

三　交通犯罪の増加と危険運転致死傷罪（二〇八条の二）の新設

1　交通犯罪の増加

さて、一般刑法犯の増加とともに注目されるのは、交通犯罪の増加です。一六歳以上の国民の約七割が運転免許を保有し、自動車が生活の一部となった現在、交通犯罪は誰もが加害者にも被害者にもなりうるという意味で、身近な犯罪となりました。交通事故の発生件数および負傷者数は、一九七八年以降増加の一途をたどっています。一九九七年以降は年ごとに過去最高記録を更新し続け、二〇〇〇年には、発生件数が九三万件台、負傷者数が一一五万人台となりました。死亡者数も毎年九、〇〇〇人以上に達し、これは、交通事故を除く刑法犯の被害者の数倍にあたります。

年齢層別にみると、全体としては、六五歳以上の者の占める割合が上昇傾向にありますが、これは六五歳以上の高齢者人口の増加と高齢者の免許保有率の上昇によるものです。むしろ、交通事故発生率および死亡事故発生率（各年齢層の、免許保有者一万人あたりの比率）をみると、三〇歳未満、なかでも一六歳から一九歳の年齢層がもっとも高い率を示しています。また、違反別交通事故の死亡事故比率をみると、酒酔い運転三一％、スピード違反一六％と、他の原因に比べて著しく高い。このことから、近年の交通犯罪の悪化は、若年層の危険運転が重要な要因となっているとも考えられます。交通事故に関する業務上過失致死事件における科刑状況を見ても、年々、法定刑の上限近くの刑を受ける者の数が増加しており、執行猶予を付けない実刑の率も高まって来ていました。つまり、近年の交通犯罪は、数的な増加にとどまらず、酒酔い運転や著しい高速度運転等の、悪質かつ危険な運転行為による重大な死傷事犯が増加している。このような悪質・危険な事犯に対し、改正前の刑法では、罪質・法定刑の面で的確な対応ができない状況になったのです。

これまで、交通事故による死傷事件は、業務上過失致死傷罪（二一一条）によるしかなく、法定刑は五年以下の懲役にすぎません。もちろん、ひき逃げなどの場合は、遺棄罪（二一八条）として三月以上五年以下の刑に処せられ、それが原因で死亡すれば、遺棄致死罪（二一九条）として二年以上の有期懲役（原則として最高一五年）に処することもできました。しかし、たとえば自動車で歩行者をはねて即死させたような場合は、業務上過失致死罪に問うほかなく、先に述べたような悪質な事件に対して、刑法が対応しきれていないという感は否定できません。諸外国の例をみてみますと、アメリカの各州、イギリス、ドイツでは、刑法あるいは自動車に関する特別法で、死亡事故および傷害事故に関する細かな規定をしています。韓国においても、交通犯罪に対する特別の措置がなされているようです。その点、日本においては、交通犯罪に対する刑法上の取り組みが遅れていたと言わざるをえません。あるいは、交通事故に関しては寛容であったのかもしれません。それは、刑罰以外に免許の取り消しなどの行政処分がなされること、自由刑に処せられることによる社会復帰の困難性、事故の原因が必ずしも運転者のみにあるとは限らないこと、などの事情が考えられます。しかし、近年の交通事故は、起こるべくして起こる種類のものが目につくようになったことは確実ですし、被害者に原因のあるものから、殺人や傷害事件に近いものまで、交通犯罪とひとまとめにはできない状況になっていたと言えましょう。

こうした状況の中で、被害者・遺族を始めひろく国民の間に、事案の実態に即した処罰を可能とする法整備を求める声が急速に高まりました。三七万名余の署名が二〇〇〇年一一月以後数次にわたり法務省に提出されたほか、二〇〇一年春の通常国会では、危険運転に対する罰則強化を内容とする特別立法の議員提案がなされるなど、国民各層から早急な法整備が求められたのです。そして、二〇〇一年、刑法二〇八条の二として、危険運転致死傷罪が新設されるにいたりました。

2　危険運転致死傷罪の特徴（1）

危険運転致死傷罪は二項に分かれています。一項は制御困難型の危険運転行為、たとえば酒酔い運転や無謀な高速度運転などによる死傷行為を処罰するもの。二項は通行妨害型の危険運転行為、たとえば他の車両への接近、赤信号無視、高速度運転などによる死傷行為を処罰するもの。ともに法定刑は、負傷させた場合が一〇年以下の懲役（これは、傷害罪と同じ自由刑）、死亡させた場合は一年以上の有期懲役（傷害致死罪は、二年以上の有期懲役）です。この危険運転致死傷罪は、基本行為の処罰規定をもたない結果的加重犯というユニークな形式の犯罪類型であり、道路交通法違反罪の結果的加重犯という形態をとらず、業務上過失致死傷とも直接的な関係をもっていません。そこに、解釈論上の問題点が含まれています。

まず、条文上の位置は、暴行罪と凶器準備集合罪との間におかれています。これは、この犯罪が市民生活の安全に重大な影響を及ぼす基本的犯罪であることのアピールであり、また、法的性格として、公共危険犯的な側面をもつと同時に、傷害罪・傷害致死罪の特別な類型であるという意味が含まれていることが指摘されています。したがって、本罪は、危険な自動車運転を行って人を死傷させた場合において、傷害の故意はないが「危険な自動車運転」という一種の暴行の故意が認められるから、傷害罪・傷害致死罪の特別類型であって、保護法益は人の生命と身体の安全とされているのです。

たしかに、暴行の故意しか認められない場合も傷害罪に含まれます（結果的加重犯）が、それだけで、傷害罪の特別類型とするには、根拠が不十分と言わざるをえません。また、傷害の故意がある場合を原則とする傷害（致死）罪と、傷害の故意のある場合を含まない危険運転致死傷罪とを同列に論じることにも問題があります。さらに、危険運転行為が、「暴行」に相当する行為と言えるか自体も、実は問題となります。「通行中の人又は車に著しく接近」する行為等、通行妨害型の危険運転行為は、暴行の一形態と解することも不可能ではありませんが、「信号無視」行為については、それ自体必ずしも、暴行に匹敵する行為とは言い難いからです。そして、飲酒運転など制御困難型の危険運転行為については、その危険性に着目して、一般の過失犯より危険な行為として構成要件化されており、いわば過失犯の特別類型という構成を採っています。公共危険犯との複合的な性格というのも、この辺りに理由があるとの指摘がなされています。

3　解釈論上の問題点(2)

本罪の最大の特徴は、結果的加重犯の形態をとりながら、基本行為である危険運転について、それが他罪（たとえば道交法違反罪）に触れる場合は別として、それ自体を独立の犯罪（基本犯）として規定していないことを指摘しました。通常の結果的加重犯は、傷害致死罪を考えると明らかなように、基本行為である傷害・暴行が独立犯罪として処罰されているのが典型です。つまり、一定の犯罪行為の存在を前提として、その行為（基本行為）から行為者の予想しなかった重い結果を発生させた場合に、そのことによって刑が加重される犯罪と解されているわけです。そこで、基本行為を独立罪として処罰しない結果的加重犯を設けることの刑法理論上の意義が問題となってきます。それは、二つの点で問題となります。第一は、業務上過失致死傷罪との関係、第二は、結果的加重犯に関する判例理論との関係です。

本罪において、基本行為に故意を要求しても、それ自体が独立に処罰の対象とされていませんから、本罪の処罰を最終的に基礎づけているのは死傷結果の発生だけということになります。その点で、本罪と業務上過失致死傷罪との間に本質的な構造上の差はないということになります。これは、結果が発生しなかった場合を考えれば明らかでしょう。したがって、本罪は、業務上過失致死傷罪の実行行為のうち特に危険・悪質な行為を取り出し、これを類型化して危険行為についての故意を要求しつつ、死傷を加重結果とする結果的加重犯として再構成したものとも考えられるのです。その限りで、本罪は、業務上過失致死傷罪の加重類型としての性格も有しているはずなのです。そこに、傷害罪の特別類型として規定したこととの間に、矛盾が発生します。

さらに、日本の判例は、結果的加重犯について、重い結果の予見可能性を要求していませんので、その関係で問題が生じます。仮に、本罪が過失犯処罰形式の規定であれば、過失犯である以上、判例理論によっても過失（注意義務）認定の前提として、死傷結果についての具体的予見可能性を要求することになります。しかし、結果的加重犯だとすれば、死傷結果についての予見可能性は不要となってしまうからです。もっとも、基本行為である危険運転行為について故意が要求されますから、通常は、死傷結果について予見可能性が認められることになるでしょうが、その程度は、かなり抽象的なものでも足り、実質的には、死傷結果に対して無過失責任を認めることにならないかが問題とされるのです。

法定刑についても、問題がないわけではありません。立法当局の説明によれば、本罪は、傷害罪・傷害致死罪の特別類型としての性格から、法定刑の長期はこれらの罪と同程度としつつ、一方で、危険運転行為による結果の重大性に鑑みて、致傷の場合における選択刑としての罰金等は設けておらず、他方で、事案の実態に即した適正な処分を可能とするために、致死の場合の刑の下限は懲役一年と低く設定されています。しかし、傷害の故意のない場合を定める本罪について、傷害の故意がある場合を原則とする傷害（致死）罪と、刑の上限が同一でよいのだろうかという疑問も指摘されています。また、基本的構成要件を充たす限り、発生した結果が軽微であっても本罪が適用されますが、その場合に、罰金刑も法定されている傷害罪との関係で罰金刑を設ける必要はなかったのだろうかという疑問もわきます。この点、立法の趣旨によれば、本罪の行為が大きな結果に結びつく危険性のある運転であり、反社会性の強い行為であるから罰金の必要はないとされています。しかし、他方で、被害者死亡の場合の刑の下限が傷害致死罪より軽く一年とされた理由の一つが、基本行為が暴行とは評価できないものの範囲もかなり広く含まれるということにある、とすれば、そのような事情は致傷の場合でも同じだと言わざるをえません。立法趣旨に矛盾があるのです。

その他、細かい点で解釈論上問題となる点もありますが、ここでは省略します。交通犯罪に対する刑法的対応については、早急に検討する必要があることをすでに指摘いたしました。今回の、危険運転致死傷罪には、理論上の問題が残されていますが、交通犯罪に対する刑法上の対応として、まず第一歩（前進になるか後退になるかは今後の動向によるでしょうが）を踏み出し、議論の素材を提供したという意味で評価をしておきたいと思います。

（1）危険運転致死傷罪については、曽根威彦「交通犯罪に関する刑法改正の問題点」（ジュリスト一二一六号四六頁以下）を要約して紹介した。

（2）注（1）及び井上宏「刑法の一部を改正する法律等について」（現代刑事法三六号九一頁以下）を参照。

四　少年犯罪の増加と少年法の改正

1　少年犯罪の増加

さて、もう一つ近年注目された犯罪が、少年犯罪です。最近の少年犯罪に対しては、凶悪化の傾向、低年齢化の傾向、動機の短絡性といった特徴が叫ばれ、いわゆる「一七歳の犯罪」がマスコミを賑わせました。このような状況から、少年事件の被害者や遺族らがその糾弾を強く求め、二〇〇〇年一一月に少年法が改正されるにいたりました。

しかし、どの時代にも残虐な少年事件は発生し、その度に少年非行の取締強化を求める声が聞かれたのです。その状況が落ち着くと、その声も静まる。こういうことを繰り返して来ました。もし、最近少年犯罪の問題が深刻化しているというのであれば、それがこれまでの状況と質的・量的に異なるものなのかを考える必要があります。今少年法を改正しなければならなかったのはなぜか、今後どのような取り組みをすべきなのかを考えることが求められています。そこで、まず、少年法の主要な改正点を概観し、少年法改正の契機となった「少年犯罪の増加・凶悪化」は本当なのか、そうだとすれば、その原因はどこにあるのか、という問題を探ることによって、少年犯罪の現状を展望し、少年犯罪に対して我々が取り組まなければならないことは何かという問題を考えてみたいと思います。

2　少年法の改正(3)

改正点は、大きく三つに分類することができます。第一は少年に対する処遇の見直し、第二は審判方法の見直し、第三は被害者等への配慮です。このうち、第三の被害者等への配慮は、今まで少年事件の審判について、どのような状況でどのような結果になったのかを被害者や遺族にはまったく知ることができなかった状況を改め、少年審判の結果等を通知したり、一定の範囲で記録の閲覧を認めるようにしたものです。また、保護者の責任を明確化し、家庭裁判所は、必要と認めた場合、保護者に対し指導その他適当な措置をとることができるとしました。これらの改正には、とくに問題がありません。注意しなければならないのは、他の二点に関する改正です。

まず、処遇の見直しの第一は、少年法における年齢区分の見直しです。一四歳未満の少年はついては、刑法上責任能力が認められていませんので、処罰することはできません。この点についても年齢引き下げの議論はあったようですが、見送られています。改正前の少年法では、一六歳未満の少年に対して刑事訴追ができないことになっていましたが、これを一四歳に引き下げ、一四歳以上であれば刑事訴追を可能にしました。これにともない、自由刑の言渡しを受けた少年は、一六歳に達するまで、少年院に収容することができる旨の改正がなされました。しかし、少年院というのは少年の保護・教育施設であり、そこで懲役という刑罰を実施することの問題が問われなければなりません。人的・物的状況をそのままにして、少年の更正が可能なのか、危惧せざるをえないのです。

第二は、凶悪事件を犯した少年に対する処分のあり方の見直しです。少年事件については、保護という観点から家庭裁判所が扱うことになっており、検察官に送致して刑事裁判に付するかどうかも、家庭裁判所の判断に委ねられていました。この点、一六歳以上の少年について、故意の犯罪により人命を奪った事件は、原則として検察官に送致するように改正されました。また、少年が罪を犯したとき一八歳未満であった場合、死刑に処すべき時は無期刑に、無期刑に処すべき時は有期の懲役に緩和しなければなりませんでしたが、無期刑で処断すべき時は、無期刑を科すか有期刑を科すかを裁判所が選択できるようになりました。以前は、有期刑しか科すことのできなかった年齢に対し、無期刑まで科すことができるようにしたものです。ある意味では、少年に対する刑罰を拡大したと言えるでしょう。ここでも、少年の更正との関係をどのように考えるのかが問われなければなりません。

次に、審判方法の見直しですが、近年非行事実の有無について問題となる事件が起こり、少年審判を裁判官一人で行うには無理があるのではないかという意見が出て来ました。そこで、難しい事件は三人の裁判官の合議制でできるようにする制度を設け、検察官、弁護士である付添人が審理に関与できるようにしました。その他、いくつかの修正がなされましたが、これらの改正は、少年審判を刑事裁判化する色彩が強いと感じられます。もともと、少年審判は、少年を裁くところではなく、少年の言葉に耳を傾けるものだったはずなのですが、三名の裁判官の前で、果たして真実を語ることができるものでしょうか。また、検察官や弁護士が関与することによって、肝心の少年が蚊帳の外に置かれることになりはしないかという危惧があります。もちろん、実際の運用によっては、その心配はないのかもしれませんが。今後の動向に注目したいと思います。その他、一般刑事事件における再審にあたるものですが、保護処分終了後の救済手続きが整備されました。

元来、少年法は、少年は大人に比べて可能性を秘めた存在であり、成長の途上にある人間であるから、その少年が立ち直り成長するためには何をなすべきか、という観点から作られた法律です。少年の処遇にあたっては、刑罰を第一の目的にはぜず、教育あるいは家庭などの環境調整の必要性を探るという要保護性を検討することが重要なのです。したがって、過去の非行事実というのは、要保護性のひとつの基準にすぎないはずです。ところが困ったことに、殺人事件などの重大事件で、少年が「実は自分はやっていない」という事件、否認事件が出て来ました。そうなると、非行事実の認定が要保護性の一つの基準にすぎないといった軽い位置づけでは済まなくなってしまったのです。そこで、少年審判でも、過去の非行事実をきっちり調べるべきだ、事実認定をきちんとすべきだという主張、すなわち、少年審判における「司法的機能」を重視する必要があるという議論が出て来たと言われています。この主張の背景には、少年も大人と同じ責任を負うべきである、保護処分は甘いという考え方があるように思われます。そして、そのよう思考が出て来た背景に、少年犯罪の増加があるのです。

3　少年犯罪の状況(4)

では、少年犯罪の状況はどのように変化してきているのでしょうか。果たして、これまで述べて来たような改正が必要な状況にあったのでしょうか。少年犯罪の現状を見ることにします。

わが国では、少子化・高齢化傾向が著しく、青少年人口は今後も着実に減少すると予想されています。そのため、少年非行は将来必ず減ると主張する人もいるくらいです。一般に、少年人口が減少すれば、少年非行も減少するというのが定説だからです。ところが、少子化傾向にあるにもかかわらず、少年犯罪はたしかに増加傾向にあります。最近の少年は悪くなったのでしょうか。かりに統計通りに非行に走る少年の数、率が増加しているとすれば、どう理解すればいいのでしょうか。このような近年の少年犯罪の増加に関しては、「非行の一般化」現象と分析されています。つまり、少年の人口が減少しているのに、犯罪少年の数が増加するということは、非行に走る少年の層が拡大したと考えなければなりません。かつては貧困や片親といった、ある特殊な環境に育った少年たちが非行を行っているという認識でしたが、一九七五年くらいから、必ずしもそのような家庭の出身者でなく、普通の、経済的にも恵まれた少年も非行に走る傾向にあるという指摘がなされるようになりました。これを、「非行の一般化」と言います。

それ以前、戦後の少年犯罪には、三つの波がみられるというのが一般的な見解で、それぞれについて、原因がある程度分析されています。

第一の波は、一九五一年。検挙人員は、他の波と比べてそれほど多くはないのですが、強盗・殺人といった凶悪事件が多発した時期です。これは、戦後の混乱期にあたり、価値観の混乱が犯罪を増加させたと考えられています。価値観の混乱によって、「あの程度のことはしてもいいのでは」「他の人がやっているのだから」という風に、毅然とした規範の確立がみられなくなるからです。そして、また必ずしも厳しくは社会からの批判も受けない。そういう状態の中では、通常の遵法精神をもっている人でも、場合によっては、犯罪行動を起こしやすくなってしまいます。このように、混乱した社会状況で犯罪・非行を増加させることは容易に想像できるでしょう。

第二の波は、一九六四年。東京オリンピック開催の年にあたります。戦後の復興期で、日本経済が活況を呈して社会状態が改善されていく時期です。景気がよくなっているのに、なぜ犯罪が増えるのでしょうか。この点に関する定説は、「社会変動は犯罪を増やす」というものです。工業化や産業化の社会発展は、その副産物として犯罪や非行を産み出すのです。社会変動も一つの社会的な混乱に変わりはないからです。つまり、社会の工業化、産業化、都市化によって人口移動が起り、地方に住んでいた人がよりよい生活を求めて都市を目指す。その結果、大都市で地域社会の混乱や崩壊が起る。新しい人たちが入り込んで来て、今までの住民との間にいろいろなトラブルが発生する。そして、地域の統一性や連帯感が失われ、住民同士の関心も弱まり、地域の統制力がなくなる。これが原因と考えられています。

第三の波は、一九八三年。オイルショックを経験して経済的打撃を受けたあと、それを克服してバブル景気を迎える直前の時期。市民の間にゆとりが生じて、経済的には豊かな時代です。豊かな時代に生まれた子供たちは、親がかつて苦労した話はうっとうしく感じる。少年は、不満のない平凡な生活から、好奇心とかスリルを求めて、享楽的な方向に向かう。あまりにも豊かであるために、何かが欲しいとか、何かを手に入れたいというよりも、スリルとか好奇心で非行に走ることが目立つようになりました。いわゆる校内暴力やいじめ、家庭内暴力、リンチまがいの集団暴行、集団による車の暴走事件が頻発したのもこの時期です。一九八三年は、大量に少年たちが検挙され、戦後最高の波を迎えた年にあたります。どちらかというと、経済的には問題の少ない中流以上の家庭の子供たちの非行が多く、学校などでは、比較的真面目で、場合によっては成績も優秀な少年たちが学校の外に出ると羽目を外すという機会が目立って来たのです。そこで、これを「非行の一般化」などと呼びました。

4　少年犯罪の特徴(5)

さて、現在の少年犯罪にはどのような特徴がみられるでしょうか。通常の犯罪状況とそれほどの変化はありません。やはり六〇％以上が窃盗罪です。窃盗の比率が高いのは、成人についてもあてはまりますし、世界的にも共通ですから、少年特有の現象ではないと言えます。しかし、その手口を見ると、自転車盗、オートバイ盗の多さが目立ちます。万引き、自転車盗、オートバイ盗で窃盗の九〇％に達するのです。つまり、少年の犯罪は、大半が窃盗であり、かつ手口の軽微なものが多いことが分かります。人の身体に危害を加える犯罪は全体からみれば少なく、逆に軽微なだけに少年たちの規範意識、罪の意識が低くなっていると言えるかもしれません。「見つからなければ、軽微な窃盗くらい」という特徴をみてとることができます。少年の規範意識の低下が窃盗犯を増加させ、それが、少年犯罪全体の上昇を支えているということになります。

しかも、その傾向は、低年齢層に大きな影響を与えています。年少少年（一四・一五歳）の動きをみると、少年非行の第三の波とほぼ軌を一にしています。この波が少年非行の低年齢化として特徴づけられました。一九八四年以降は低下傾向にありましたが、一九九六年から上昇に転じ、一九九九年にはやや低下したものの、他の年齢層と比較し、依然としてもっとも高い数値を示しています。この原因については、情報メディアと関係しているのではないかという意見もあります。つまり、少年も大人も同じ情報の質と量に接触し、インターネットでは、無限の情報を獲得することが可能な状況にある。一方で大人に近い感覚をもって、同じ欲望が醸成されながら、他方で是非善悪の判断能力が十分に発達していないために犯罪や非行に走る、というものです。たしかに、この見解は、ここ一〇年くらいの傾向としては説明できますけれども、それ以前の大きな動きを説明することはできません。一九八三年をピークとする年少少年の波は、戦後第三の波に当たりますから、「享楽型非行」が低年齢の少年に大きな影響を与えたということかもしれません。したがって、最近の少年犯罪の波の特徴として、情報に対する関係では、規範意識の不完全な少年が「小さな大人」として扱われ、成人と同じ欲望を醸成されて非行に走り、その影響は低年齢層に大きいものとなった、ということを指摘することは可能でしょう。

少年法改正に対する世論の原動力となったとも言える少年犯罪の凶悪化はどうでしょうか。殺人と強盗の推移をみてみると、若干の増加傾向にありますが、過去の状況と比べて、直ちに凶悪化しているという傾向はみられません。また、強盗の手口別で言えば、いわゆる「ひったくり」で負傷させたケースのように、いわば軽い気持ちで行ったところ、重大な結果が発生したという場合も少なくないとの指摘もあります。もちろん、少年による凶悪犯罪が発生していることは事実ですから、それを一部の例外として片づけることは問題でしょう。しかし、世間で騒がれたような、少年犯罪の凶悪化という現象は、統計上見いだすことができないのです。

5　少年法の理念と少年法の改正(6)

少年法の理念である保護思想を転換しかねない少年法改正は、はたして必要だったのでしょうか。少年犯罪の現状をみるとき、すっきりしない部分が残ります。少年法を改正したのだから少年犯罪の増加を食い止めることができる、というような幻想を抱くことは危険です。少年の犯罪は、周囲の環境に大きく影響されることに注意すべきです。子どもを一人の人間として扱い、彼らにもそれなりの責任を与えるという環境が、近年薄れたのではないでしょうか。幼い頃から、自分が起こした不始末に対しては、自分が責任をとらなければならないという仕組みを、習得させることが重要なのです。ただし、このことは、少年を「小さな大人」として扱い、少年犯罪にも通常の刑罰を科すという意味ではありません。重大な罪を犯す少年の多くは、人間を信じることができず、他人はもちろん自分ですら大事に思えないという者が目立ちます。自分を理解してほしいという願いが裏切られるたびに生ずる、怒り、不満、不安をどこにも発散できず、誰にも分かってもらえずたまっていく。その結果、人を信頼するという大切な部分を失ってしまうのです。そのような苦しい状態に耐えることは、大人でも困難でしょう。それは、人間でありたいという子どもの悲鳴であり、人間としての成長を阻止されたことへの復讐かもしれません。いずれにしても、子どもを追い詰めた社会への警鐘であることは確かだろうと思います。

(3)　団藤・村井・斉藤『ちょっと待って少年法「改正」』(日本評論社、一九九九年)、石井・坪井・平湯『新版　少年法・少年犯罪をどう見たらいいのか』(明石書店二〇〇一年)、「少年犯罪の現況と少年法改正」(法律時報七〇巻八号)、「少年法をめぐる動向」(現代刑事法五号)。「少年法改正」(ジュリスト一一九五号)を参照。

(4)　少年犯罪の現状及び特徴については、石川正興「少年非行の原因と予防」(石川・曽根・高橋・田口・森山『少年非行と法』一頁以下)(成文堂、二〇〇一年)を参考にして紹介した。

(5)　注(4)参照。

(6)　田口守一「少年法の理念と少年審判」(『少年非行と法』一一三頁以下)を参照。

五　おわりに

やや急ぎ足で、日本の刑法改正の動向、犯罪の現状、最近の法改正のトピックについて、概観してきました。安全な国と言われた日本にも、社会の変化とともに、犯罪の波が押し寄せてきています。犯罪の増加と結びついて登場するのが厳罰化の要請です。その典型が少年犯罪に現れています。少年犯罪の抑制は、刑罰制裁にかかる効果に期待すべき部分もありますが、少年の健全な育成は、元来、家庭・学校・地域社会によるところが大きいのです。このような身近な環境による少年の育成が、これまでの日本の特徴だったはずなのです。しかし、今、それが崩壊しつつある。その根底には、便利な社会になるにつれ、人と人との関係が希薄になっていることが考えられます。非行や犯罪が都会に多いというのも、それを裏づけるものでしょう。刑法に犯罪予防の効果を過大に期待すべきではありません。安全な社会を目指して、一人一人ができることを考えるべきときなのです。

ご清聴ありがとうございました。(7)

（7）本稿は、二〇〇二年一一月二六日、に韓国大田大学校において、同校法科大学（法学部）の学生を対象に行った講演である。北海道大学大学院時代以来三〇年余にわたってご指導くださっている小暮得雄先生に捧げるものとしては、稚拙なもので恐縮の極みと言わざるをえないが、別の機会にあらためてご恩に報いることをお約束することで、小暮先生古稀のご祝辞に代えさせていただくことをご容赦願いたい。

本講演は、大田大学校の金容世教授に刑法学会でお会いした際にお招きいただき実現したものである。大田大学校の学生に、日本の刑法について講演をするようにとのお話しであったので、当時韓国でも問題となっていた交通犯罪と少年犯罪をめぐる法改正を中心にまとめることとした。

韓国でいろいろとお世話をいただいたスタッフの方々、また貴重な機会を与えて下さった金教授にこの場を借りて謝意を表したい。

法科大学院における法社会学の役割――ひとつのスケッチ

宮澤節生

一　本稿の目的

二〇〇四年四月に六八校の法科大学院が最初の学生五、七六七人を受け入れ[1]、法科大学院を中核とする「プロセス」としての法曹養成制度（司法制度改革審議会2001：61）の構築が始まった。二〇〇六年には二年制短縮型の最初の修了者が誕生すると同時に、「法科大学院の教育内容を踏まえた新たなものに切り替え」られた新司法試験（司法制度改革審議会2001：72）が実施され、それに、「法科大学院での教育内容をも踏まえ、実務修習を中核として位置付け」た新たな司法修習（司法制度改革審議会2001：75）が続くことになる。

本稿の目的は、このような法科大学院における法社会学者の役割を検討することにある。そして、最終的には、(1)実定法科目での法社会学的視点の組み込み、(2)パースペクティブ科目の開講、(3)法社会学独自科目の開講という形で、法科大学院教育において果たすべき法社会学の役割を指摘するつもりである。

ただし、いうまでもなく法科大学院教育は緒についたばかりであり、それらの役割を達成する具体的方法は、私自身を含めた法社会学者が今後の実践の中で開発していくほかはない。その意味で、本稿は、現時点で指摘しうる可能性を述べるにとどめざるをえない。「ひとつのスケッチ」という副題を付したのは、そのためである。[2]

（1）　朝日新聞二〇〇四年五月一三日朝刊「法科大学院入学、『社会人』が半数」。

(2) 私が小暮先生から親しくお教えを受けるようになったのは、一九六八年四月に北海道大学法学部において小暮先生ご指導の刑法ゼミに参加したことに始まる。その後、大学院修士課程に刑法専攻として受け入れていただきながら、ただちに法解釈学から実証研究に転じ、修士論文においては犯罪と刑罰に関する一般市民の態度の実証分析を行い、引き続き助手に採用していただいて実施した助手論文のための研究では、刑事警察の観察研究に従事した(宮澤1985；英語改訂版として、Miyazawa 1992)。さらに、助手期間(一九七五～七七年)と助教授になってから(一九七九～八一年)の二度にわたるイェール大学大学院社会学科への留学においては、刑事法分野にとどまらず法社会学全体に関心を拡大するとともに、Ph.D.論文では完全に刑事法分野から離れて、企業法務組織に関する実証研究を行うことになった(Miyazawa 1985；宮澤1987)。このように刑事法分野を超えていく私の学問的「漂流」にもかかわらず、小暮先生は一貫して支援と激励を与え続けてくださった。

その後、一九八三年一〇月に神戸大学に転勤してからは、刑法学会以外には直接お会いする機会は乏しくなったが、二〇〇〇年一〇月に早稲田大学に転勤すると同時に法科大学院構想が現実化するにおよんで、再び親しくお会いする機会が生じた。小暮先生の最後の勤務先であった平成国際大学を経営する学校法人佐藤栄学園が法科大学院構想に関心を示したため、二〇〇二年初めに小暮先生から私に助言のご依頼があり、同年四月頃から設置申請に向けた助言を行うようになったためである。同年九月には第二東京弁護士会との提携協定が成立し、二〇〇三年に入ると設置準備が本格化したため、私は、自ら設置申請にあたる社会的責任があると考え、二〇〇三年九月に早稲田大学を辞職して佐藤栄学園の常任顧問となり、本年四月一日からは、このようにして設置された大宮法科大学院大学の副学長兼教授を務めている。初年度の担当科目は「司法制度論」と「法社会学」であり、次年度に「犯罪社会学」が追加され、次々年度に「刑事政策」が追加されることになっている。

刑法学者である小暮先生の古稀記念論文集に寄稿する論稿としては、法科大学院における「犯罪社会学」や「刑事政策」の役割を論ずるほうが、明らかにより適切である。しかし、今年度の担当科目が、「法社会学」と、その応用とでもいうべき「司法制度論」であるため、私の目下の関心は、法科大学院における法社会学的アプローチの役割に集中している。そのため、他のすべての論稿が刑事法関係のものであることを承知しながら、あえて本稿を提出させていただいた。小暮先生には、三〇年以上前に私が「漂流」を始めた頃に示されたと同様の寛容さをもって、この場違いにして未熟な文章の寄稿をお許しいただきたいと思う。

もちろん、刑事法分野も法社会学的研究の対象となりうるのであって、研究方法としては「法社会学」と「犯罪社会学」「刑事政策」の共通性は大きい。しかし、「法科大学院における法社会学」の役割についてこれまで提起されてきた議論の中には刑事法分野に言及するものがないため、本稿においても、刑事法分野はごく簡単に言及されるにとどまる。したがって、法科大学院における刑事法分野の実証的・政策論的分析の役割については、別に検討の機会を得たいと思う。

二　法社会学の課題と司法制度改革審議会『意見書』

法科大学院における法社会学者の役割に関する、おそらくもっとも初期の論稿は、司法制度改革審議会（以下「司法審」という）の審議期間中に発表された棚瀬孝雄の「法科大学院構想と法社会学教育」（棚瀬2000）であろう。(3) それに続くものとしては、司法審『意見書』提出以後の二〇〇一年一一月一〇日に日本法社会学会が開催したシンポジウム「法曹養成のための法社会学」のプロシーディングス（小特集2002）があり、棚瀬によるイントロダクション（棚瀬2002a）と報告（棚瀬2002b）のほか、四本の報告（太田2002、菅原2002、和田2002、宮澤2002）と六本のコメントがある。したがって、本稿の目的のためには、棚瀬の議論を出発点とするのが適切である。

棚瀬（2000）によれば、法社会学は、「広義に『法の観察』を行う学問」であって、「社会のなかで働く法の観察が、法社会学の課題」である。そのように定義される法社会学に期待される役割は二つあるという。

一つは、「法のなかにある政策を自覚的に取り出す方法」としての政策分析であって、アメリカにおいては「完全に法解釈学のなかに定着」しているという。

もう一つは、「法が法として妥当していく、そのプロセスの観察」である。これを過程分析と名づけることにすれば、過程分析には、さらに二つの分野を識別することができるという。第一は、制度分析であって、裁判官の判断を規定する要因の探求から、警察や法執行に至る司法制度全体へと研究が拡大し、その成果は法制度の働きを高めるための実践的提言を導くことになるとされる。(4) 第二は、権力分析であって、国家権力が法という形式を通して行使されるものであることから、「法のなかに潜む権力を表に出し、その作用を微細に解明する」ことが求められるとされる。

法社会学を「広義に『法の観察』を行う学問」と定義することには、どの法社会学者からも異論は出ないであろう。たとえば、六本佳平の「法社会学とは、法システムを構成する個々の法規範ないし法機構の在り方およびその作動過程について、社会ないし社会的諸因子との関連で経験科学的に研究し、それを通して、法の性質および社会的意義に関する理解を進めようとする学問である」という定義（六本1986：2）や、「法システムの作動とその社会的コンテクストとの相互作用に関する、理論的知識の蓄積を志向した実証的社会科学」という私の定義（宮澤1994：2）も、社会的事実としての「法の観察」を基本的要素とするものにほかならず、棚瀬の法社会学定義に包摂しうるものである。

「脱構造主義、言語ゲーム、物語論、哲学的解釈学といった現代のさまざまな社会理論」による「ポストモダンと称される分析」（棚瀬2000：14）に親近感を示す棚瀬と比較すれば、たとえば私の法社会学観は、近代的実証主義にとどまるものと見えるであろう。しかし、棚瀬自身が述べているように、「高度に自明で、一見不変に見える法をも、『別様であり得るもの』として反省的に対象化するという点では、今あるものにたえず批判的な吟味を加え、よりよいものを取得していこうとする」のが「近代の衝動」であるとすれば、基本的に実証主義に立脚する場合でも、「今妥当する法の脱神秘化」を行い、「法が自明なものとして通用している、まさにその背後にあって法を自明化しているものを可視化して、われわれに法を疑うことを可能にしようとする」ことは可能なのであって、現に私も、法社会学の教育的機能を、「日本の法制度の基本構造と、その成立、運用、機能などに関する、実証を踏まえた批判的な知識」（傍点追加）に認めている（宮澤1994：3）。もちろん、「今妥当する法」をどのようなものとして認識し、どの特徴を批判し、どのような変容を求めるかという点では、論者によって立場が異なりうる。[5] しかし、「今妥当する法」を自明視しないという点では、棚瀬の法社会学定義は、多くの法社会学者によって共有可能なものであろう。

法社会学が、「今妥当する法」を自明視せず、その政策論的評価と批判的分析を行うのであるとするならば、法科大学院の教育理念を論ずる司法審『意見書』の下記の部分（司法制度改革審議会2001：63）は興味深い。

・「法の支配」の直接の担い手であり、「国民の社会生活上の医師」としての役割を期待される法曹に共通して必要とされる専門的資質・能力の習得と、かけがえのない人生を生きる人々の喜びや悲しみに対して深く共感しうる豊かな人間性の涵養、向上を図る。

・専門的な法知識を確実に習得させるとともに、それを批判的に検討し、また発展させていく創造的な思考力、あるいは事実に即して具体的な法的問題を解決していくため必要な法的分析能力や法的議論の能力等を育成する。（傍点追加）

・先端的な法領域について基本的な理解を得させ、また、社会に生起する様々な問題に対して広い関心を持たせ、人間や社会の在り方に関する思索や実際的な見聞、体験を基礎として、法曹としての責任感や倫理観が涵養されるよう努めるとともに、実際に社会への貢献を行うための機会を提供しうるものとする。

もちろん、司法審が棚瀬のようなポストモダニズムの意味で「批判的に」と述べているとは到底思われない。しかし、司法審が、現行の司法制度・実定法や、現に支配的である法解釈、判例、法実務を伝達することだけを法科大学院の任務と考えていたわけではないことも認めるべきである。棚瀬(2000：15-16)は、権力分析の必要性に関連して、「法実務には、とくに弁護士の積極的な弁論には、これまで法実務で、あるいは社会で常識として通用してきたものを徹底して疑うことによって、新たな法の展望を切り開くという面も同時にある。」と述べているが、司法審の表現は、そのような実務に発展しうる教育をも許容するはずである。司法審が作り出した批判的検討の枠にどのような実体を与えるかは、法科大学院で教育にあたる者の主体的関与によって決まることである(宮澤2002：101)。

(3) ただし、私は「法科大学院論議の活性化と透明化のために」と題する一九九九年の小論（宮澤1999a：12）において、「ロースクールは、法実務に基礎法学が影響を与える可能性を増大させると同時に、法実務の基礎法学的研究を促進するものとして、基礎法学者こそ歓迎すべきものである。」と述べたことがある。

(4) 私の刑事警察研究（宮澤1985：Miyazawa 1992）は、ここに位置付けられことになる。

(5) たとえば、濱野（1997：21-22）は、和田（1996）と宮澤（1996）を比較して、「両者の法社会学の認識論と実践的関心は対蹠的である。」と評価している。この点を自覚するものとして、宮澤（1994：vii)。

三　実定法教育への法社会学的視点の組み込み

法科大学院における法社会学の役割として棚瀬が主張することのひとつは、実定法教育の中に政策分析を組み込むことである。棚瀬によれば、「今ある法を知り、それを自由に使えるように」なるための実定法教育において、「法の不確実性」の問題は学説・判例の対立という形で取り上げられるし、「法が規律する社会の実態、あるいは法が行う対立利益の間の線引き」なども程度の差こそあれ教えられているのであって、「法社会学の政策分析は、実定法学のなかに一部組み込まれて、学生にも教育されている」という(棚瀬2000：14)。もし、学部レベルにおいてすでにそうであるとするならば、法科大学院の実定法教育においては、それをさらに強化することが求められるであろう。

この点については、二〇〇一年の法社会学会シンポジウムにおける民法学者の沖野眞已のコメント（沖野2002）が、期待を抱かせるものである。沖野は、棚瀬（2002b）がシラバス案を提示した法解釈方法論は[6]、すでに学部レベルの民法演習において取り上げられており、棚瀬（2002b）も言及し、太田勝造（2002）がシラバス案を示した法の経済分析も、民法学においては、「たとえ自らは使わなくても理解は必要」という段階に達しているという。

このように論ずる沖野は、法科大学院においては、法社会学的視点を「広義の『民法』の授業の中に組み込むという選択肢が考えられる」とする。裁判官である荒井勉（2002）が、同じシンポジウムのコメントで、「法科大学院で何よりも優先されるべきは、実定法の基礎的、体系的な知識であり、それを縦横に駆使できる応用力にあると考えられる。」と述べているのに比べると、その革新的な姿勢は明らかである。

沖野が構想する民法カリキュラムは、三段階からなる。第一段階は「従来『民法』としてとらえられた分野の諸制度の概括的知識を提示」することであり、第二段階は「条文操作の技法」の修得であって、「制度の全体像を理解し、条文に明記されていない事柄をも頭に入れたうえで、論理的に解釈」を行う「いわゆる『形式的推論（リーガル・リーズニング）』を『叩き込むこと』がその目標となる。」とする。荒井が法科大学院の優先事項とするのは、この法的推論のことであろう。そして、第三段階は、「従来の法典およびその編別を基礎とした『民法』の枠や区分にこだわらず、より実践的な見地から設定される」ものである。沖野は、親族法と憲法論を組み合わせたり、相続法をエステイト・プランニングとして税法と組み合わせたりする可能性を例示するとともに、棚瀬（2002b）や太田（2002）のシラバス案の内容は、契約法、家族法など、「組み替えられた『民法』の授業の各所に組み入れ」可能であると指摘する。

このような沖野の議論からは、従来「民法」として教育されてきた分野に三つのレベルの科目群を配置するというイメージが浮かび上がってくる。そうなると、たとえば「少なくとも従来の二倍の授業時間が必要なのか」

といった疑問が発生し、実施不可能という結論になりかねない。

それに対して、同じシンポジウムでコメントをしたアメリカ法学者の樋口範雄（2002）は、アメリカでは「個々の実定法科目で、法へのさまざまな見方を意識化する作業が行われ」ており、「法への見方を独立科目として教えるか、個々の実定法科目の中に採り入れて教えるかにつき、二者択一の対応をしていない。」と述べている。日本では法律基本科目と分類されるような授業の中で、沖野が第三段階に分類したものに相当する内容が登場しうるということである。それは、「弁護士もまた法を作る主体の一部をなす」以上、「必然的に、解釈論・立法論（政策論）の区別は曖昧なものとなり、『なぜか』という問いに答えるために、実務法曹も、法に対する見方を自ら備える必要が生ずる。」からである。

同じことは、日本の法科大学院構想の視野が狭隘なものになりつつあるという危惧を抱いた民法学者の吉田邦彦（2003）によっても指摘されている。吉田によれば、「法律学のイメージの奥行きの広さ」において日米に大きな差異があり、アメリカでは、「判例を読んだりする出発点は同じなのだが、必ずその広い視野からの政策的考察、原理的・哲学的考察にも及び、最近では経済学的分析も少なくない」し、「そうかと思うと社会背景の歴史的・哲学的考察が加えられるという次第」であって、それは「ロースクールの授業内容としてそのまま反映し、それが講義内容を豊かにしてい」るというのである。

さらに、カナダのロースクール教育についても、Marilyn L. Pilkington（1999：35-36; 宮澤 1999：54）は、「学生は、法的分析、法的資料調査、法的文書作成・弁論等のコアとなる技能を発展させ、交渉、調停、法的文書起案、公判弁論等を勉強する機会も得る。」と同時に「法と政策を批判的視点から学び、法が誰の利益にいかなる理由で奉仕しているのかを検討する。」と述べている。「法理学、法史学、法と社会変動等」という科目は別に言及されているから、ここで「批判的視点」といわれるものは、日本流に言えば実定法科目について指摘されているのである。

実定法科目自体に学際的視点を持ち込むという視点は、専門職責任(professional responsibility)に関して Deborah L. Rhode (1994)が提唱する普遍化的方法（pervasive method）を想起させる。Rhode は、一九七〇年中期以前には、専門職責任に関する諸問題は個別法分野に関する科目の中で普遍的に(pervasively)取り扱われていたのに対して、専門職責任という科目がロースクールで確立した一九七〇年代中期以後は、皮肉にも個別法分野で専門職責任に関する論点が取上げられなくなり、専門職責任を論ずる目的が阻害されるに至ったと批判する。そして、普遍化的方法の復活をめざして、自己のケースブックを編集した。そのケースブックは第一部と第二部に分かれており、第一部で、道徳的推論、プロフェッションの規制、弁護活動、当事者対抗主義、秘密と依頼者カウンセリング、利益相反、交渉と調停、弁護士・依頼者関係など、専門職責任をめぐるコア概念を検討した後、第二部で、民事手続、憲法、契約、会社法、刑事法、証拠と事実審弁護、家族法、財産法、税法、不法行為などの個別領域において発生しうる専門職責任上の諸問題を検討するのである。第二部が、専門職責任に関する科目だけではなく、個別領域に関する科目においても活用されることを期待しているのは、明らかであろう。

これに対して、アメリカのロースクールでは、個別法分野の科目に法社会学視点を持ち込むことは、法社会学者の多くもロースクール出身者であり、一年次の実定法科目を担当することが日本ほど困難ではないという事情によって(7)、専門職責任の視点を持ち込むよりも容易であるように思われる。そのことは、たとえばアメリカの法社会学会である法と社会学会（Law & Society Association）の歴代会長でロースクールに在籍する者の担当科目からも推測しうる。Richard Abel（UCLA）と David M. Engel（ニューヨーク州立大学バファロー校）は不法行為、Marc Galanter（ウィスコンシン大学）と Stewart Macaulay（同）は契約、Frank Munger（ニューヨーク州立大学バファロー校）と Victor Rosenblum（ノースウェスタン大学）は憲法・行政法、Richard D. Schwartz（シラキュース大学）は刑事法（宮澤2002：103-104）、そして現在の会長である Howard Erlanger（ウィスコンシン大）は夫婦財産・信託というように、法社会学プロパーの科目以外に実定法科目を担当する例は多いのである。

さらには、法社会学的視点を採り入れた一年次用ケースブックも存在している。たとえば、古くは、Schwartzが刑事法のケースブックを共編しているし(Goldstein, Dershowitz and Schwartz 1974)、より最近では、Macaulayが契約のケースブックを共編している(Macaulay, Kidwell and Whitford 1995)。

このような状況は、日本でも期待できないものではない。なぜならば、日本法社会学会の会員の大多数は、いまでも、法社会学を専攻する研究者ではなく、法社会学に関心を示す実定法学者だからである。このことは、一方では、「法社会学が実定法学……から識別された学問分野として確立してきたかどうかという問題」を提起することは明らかであるが、他方では、法社会学会に集う実定法学者を、「自己の学問体系を客体化してその在りようを社会科学的分析の対象とすることができる、いわば反省的能力を持った、[法]システムの内外を自由に往復することができる人々」(［ ］は追加)として位置づけることもできるのである(宮澤1998：262)。

そのような実定法学者が、法科大学院の法律基本科目の授業に法社会学的視点を持ち込むならば、「今妥当する法」を自明視するのではない実定法教育が実現するであろう。沖野や吉田の発言は、そのような問題意識が、たとえば民法学者の間にも存在することを示しているのであって、法科大学院教育における法社会学の役割は、法社会学専攻者以外によっても追求しうること示唆している。

もちろん、法科大学院が初年度から予想をはるかに上回る勢いで設置されたにもかかわらず、「法科大学院を含む新たな法曹養成制度の整備の状況等を見定めながら、平成二二(二〇一〇)年ころには新司法試験の合格者数の年間三、〇〇〇人達成を目指すべきである。」という司法審の提言(司法制度改革審議会2001：57)が、「年間三、〇〇〇人達成は二〇一〇年まではありえず、しかも三、〇〇〇人を超えることはありえない。」という形で利用されるならば、とくに法律基本科目が新司法試験受験講座に化してしまう危険性は大きい(8)。したがって、法科大学院教育の本来の発展を求める者はすべて、新司法試験の設計に携わる者たちに対して、新司法試験を人為的な合格者数制限のない資格試験に純化したうえで、迅速かつ明確な情報公開を行うよう、働きかけなければならない。

また、日本法社会学会は、このような大きな不安要素が存在するからこそ、沖野や吉田のような問題意識を持つ実定法学者を組織化し、同時に実定法学者集団全体との協議を進めることによって、実定法科目の改革を推進することに努めるべきであろう。

（6）　棚瀬（2002-03）をも参照。

（7）　樋口（2002：76）が指摘するように、「一年次科目の教育内容はほぼ標準化されており、教育マニュアルが整備されて、誰でも教えることのできる科目だと考えられている。」という事情も作用しているであろう。

（8）　日本経済新聞二〇〇四年五月二四日朝刊「法科大学院の大風呂敷」には、「授業だけでは新司法試験に受からない」とこぼし、授業の後で「これ、試験に出ないんだよな」と語る東京大学の法科大学院生が登場する。新司法試験は現行司法試験と変わらないという「風評」「思い込み」自体が、あるべき法科大学院教育を内部から瓦解させうるのである。

四　法社会学的実定法学者と法社会学専攻者の養成

ここで注意すべきことは、ここ数年の不安定な時期を乗り切ることができれば、法科大学院における法社会学を含む学際的分野の将来は、むしろ明るいということである。棚瀬（2000：16）は、「アメリカでは、ロースクールに入学する前に学生はこれらの隣接科学を学んでくるし、時には博士号まで取ってロースクールに入るなど、学際的研究を進め、またそれを受講して消化する能力に日本とは決定的な差がある。日本でも、このギャップをなんらかの形で埋めないことには、『大きな司法』のさらにそのインフラとしての法学としては早晩問題が出てこざるをえないであろう。」と述べて、「この点で、アメリカ型のロースクールを持ってくるのが、改革としては一番すっきりする。」と注記しているのであるが、いまやそれに該当する法科大学院が誕生したからである。

文部科学省発表の統計によれば、一期生五、七六七人中、法学系学部出身が六五・五パーセント、文系他学部出身が二二・〇パーセント、理系学部出身が八・四パーセント、教育・芸術などその他学部出身が四・〇パーセントである。(9) 法学系学部以外の出身者の比率と水準が拡大・向上していけば、棚瀬が期待する事態は遠からず実現するであろう。現在の法学研究科とは異なり、法科大学院出身者は基本的に法曹資格を獲得するのであって、法科大学院において法社会学に強い関心を示した者が数年の実務経験を経て法科大学院教員として戻ってきた場合には、法社会学プロパーの科目とともに法律基本科目も担当し、法律基本科目に法社会学的視点を持ち込むことが期待できるからである。

さらに、現在は法科大学院専任教員の全員を博士課程の専任教員にダブルカウントすることと、三分の一を学部・修士課程の専任教員にダブルカウントすることが認められているが、それが許されるのは二〇一三年まである。(10) その後、法科大学院は、教員組織について完全に自立することができる。その際、優れた法学者の多数が法科大学院に完全に所属換えすることは、容易に予想される。

他方、学生層としても、法学部出身であれ他学部出身であれ、法学教員を志す者は、ますます、既存法学研究科よりも法科大学院に進学するようになるであろう。法科大学院出身者は法科大学院と他大学院の両方にアプライすることができるが、法科大学院出身者ではない法学者が法科大学院にアプライすることは、急速に困難になっていくと思われるからである。

したがって、教員・学生ともにより優れた人材が集中すると思われる法科大学院が法学者養成の中心となることもまた、当然に予想される。専門職学位である法務博士号（アメリカのJ.D.に相当）を授与する法科大学院に、学術学位としての法学博士（アメリカのS.J.D.、J.S.D.、Ph.D.などに相当）を授与する課程を追加するだけのことだからである。

かくして、法学以外の学問をすでに学んだ者が法科大学院に入学して、実定法学とともに法社会学をも学び、実務経験や、場合によっては新設の博士課程を経て法科大学院教員となり、法社会学とともに実定法科目も担当して、実定法科目に法社会学的視点を持ち込むという可能性は、法科大学院の安定・成長とともに増大していくと思われる。

以上の議論は、もちろん法社会学専攻者にもあてはまる。

棚瀬(2000：14-16)は、政策分析を実定法科目に組み込んだ場合の時間的制約を指摘し、実務家として自ら政策分析を行いうるように、児童虐待、経済取引など、対象を絞ったうえで学生が自ら政策分析に取り組む機会を与えることの意義を主張するとともに、現に学部レベルで実践しているものとして、政策分析の手法である実験計画法や統計学の授業に言及し、司法制度論、弁護士論、裁判外紛争処理などを含む制度分析において法社会学が豊富な研究成果を有することに触れ、権力分析については、前述のとおり、「弁護士が新たな法の展望を切り開く」側面に注目して、自己の法社会学授業において「法の懐疑の作法」を教えていると述べている。このような教育努力が実務に反映しうるのは、法学部におけるよりも法科大学院においてであるから、法社会学者は、進んで法科大学院に教育機会を求め、政策分析、制度分析、権力分析それ自体に関心をもった学生を受け入れるための独自の科目を開講すべきであるし、そうすることによって、法社会学自体に関心を抱く学生が現れ、法社会学専攻者に育っていくこともまた、期待できるであろう。

(9)　注1の記事。ちなみに、私が所属する大宮法科大学院大学では、入学者九七人中、法学部出身者は二七人にすぎず、三六人が文系他学部・大学院出身、三四人が理系学部・大学院出身であった。英語力も、TOEFL六〇〇点以上が二五人、TOEIC八八〇点以上が二六人であった（ただし重複がある）。

(10)　「専門職大学院設置基準（要綱案）」カウサ六号（二〇〇三年）一七頁を参照。

ただし、法科大学院教育全体に対する法社会学者の貢献としては、法社会学独自の科目を開講する一歩手前に、重要な課題がある。すなわち、実定法科目への法社会学的視点の組み込みが必ずしも一般的には期待できないことからすれば、法科大学院教育の早い段階の学生に対する必修科目の一環として、法に対する実定法学以外の視点を提供する必要があるということである。樋口（2002）は、アメリカについて、「法解釈が、法に対する一定の見方・視角を前提にして行われるにもかかわらず、それを明示的に議論する機会を提供することなく」法曹養成が行われてきたことに対する反省から、「近年、ロー・スクールの一年生を対象に『法の見方（Perspectives on Law）』というコースを提供する例が見られる」と述べているが、それと同じものを日本の法科大学院でも提供すべきであるということである。これをパースペクティブ科目と呼ぶことにしよう。

五　パースペクティブ科目の設置

パースペクティブ科目では、法社会学者が法社会学的研究の成果をそれ自体として提示する場合とは異なる、一定の配慮が必要とされるであろう。それは、必修あるいは必修に近い科目として提供される以上、実定法科目の圧力にあえいでいるかもしれない多くの学生に対してrelevantなものと感じてもらうためには、授業で取上げる問題は、同時並行的に履修しているか先行学期で履修したばかりの実定法科目に登場する問題でなければならず、当該問題に対するアプローチが法社会学的視点を持たない実定法教員のアプローチとはいかに異なるかを明瞭に理解させるものでなければならないということである。その意味で、パースペクティブ授業の設計と運営は、法社会学プロパーの選択科目とは異なる特別な努力が必要とされるであろう。

法科大学院ウエブサイトで公表されているところでは、たとえば早稲田大学が、法学未修者に対しては、一年次前期の「法の基礎理論Ⅰ」「法の基礎理論Ⅱ」「司法制度論」の中から一科目の履修を要求し、法学既修者に対しては、二年次前期（法学既修者の初年次）の「法の基礎理論Ⅱ」「司法制度論」の中から一科目の履修を要求しているのは、[11]基本的に同様な発想に基づくことが推測される。また、東京大学は、二年次に、まさに「法のパースペクティブ」と題する科目を五クラス設置し、法社会学、法哲学、法史学、外国法などを専攻する教員を配置して、そのうち一クラスの履修を要求している。[12]これらの科目において上記のような特別な努力がなされているかどうかは不明であるが、少なくともそのような努力を展開しうる場を設置したものとして、高く評価しうる。

同種の努力は、規模の差はあっても多くの法科大学院において展開可能であると思われる。法社会学者や、法社会学的視点を有する実定法学者は、積極的に参加すべきである。

（11） http://www.waseda.jp/law-school/jp/education/class01.html を参照。

（12） http://www.j.u-tokyo.ac.jp/sl-2/class2004-2006.html を参照。

六 結論

以上、司法審が提起した法科大学院の教育理念のうち、主として、「専門的な法知識を……批判的に検討し、また発展させていく創造的な思考力」を養うという側面について、法科大学院教育において法社会学が果たすべき役割を検討してきた。論述の順序ではなく、法科大学院カリキュラム編成上の構造に沿って整理すれば、(1)実定法科目での法社会学的視点の組み込み、(2)パースペクティブ科目の開講、(3)法社会学独自科目の開講という形で、法社会学は法科大学院教育において果たすべき役割をもっていることになる。(1)は、現時点では法社会学的視点をもつ実定法学者が担うべき役割であるが、将来は、日本でも実定法科目を担当しうる法社会学者が誕生することによって、担い手の層が厚くなることが期待される。(2)は、現時点でも、法社会学専攻者と法社会学的視点をもつ実定法学者の両方が果たしうる役割である。(3)は、法社会学専攻者が担う役割であり、それは、将来の法社会学者を養成する役割をも果たすことになる。

ただし、本稿の冒頭で述べたように、それらの役割を達成する具体的方法は、私自身を含めた法社会学者が今後の実践の中で開発していくほかはない。法科大学院教育に携わる法社会学者すべてが、今後、繰り返しこのテーマに立ち返り、自己の実践を反省するとともに、法科大学院全体における進展状況の把握と検討に努めるべきである。

参照文献

荒井　勉（2002）「裁判官の立場から」法律時報七四巻三号九四-九五頁。
Goldstein, Joseph, Dershowitz, Alan M., and Schwartz, Richard D. (1974) *Criminal Law: Theory and Process*, Free Press.
濱野　亮（1997）「法化社会における弁護士役割論―民事分野を中心として―」日本弁護士連合会編集委員会（編）『あたらしい世紀への弁護士像』有斐閣一-二二頁。
樋口範雄（2002）「アメリカのロー・スクールを参考に」法律時報七四巻三号七六-七七頁。
Macaulay, Stewart, Kidwell, John, and Whitford, William C. (1995) Contracts: Law in Action: The Concise Course, Michie Co.
宮澤節生（1985）『犯罪捜査をめぐる第一線刑事の意識と行動―組織内統制への認識と反応―』成文堂。
Miyazawa, Setsuo (1985) Organizational Adaptation to Multiple Environments: Legal Departments of U.S. Subsidiaries of Japanese Corporations, University Microfilms International.
宮澤節生（1987）『海外進出企業の法務組織―アメリカ法環境への適応をめざして―』学陽書房。
Miyazawa, Setsuo (1992) Policing in Japan: A Study on Making Crime, State University of New York Press. (translated by Frank G. Bennett, Jr., with John O. Haley)
宮澤節生（1994）『法過程のリアリティ―法社会学フィールドノート―』信山社。
宮澤節生（1996）「権利―法文化変容のリベラル・ビジョンと権利批判論―」宮澤節生・神長百合子（編集代表）『法社会学

コロキウム』日本評論社三九五-四二二頁。

宮澤節生（1998）「法社会学の制度化と研究指導体制の課題」日本法社会学会（編）・六本佳平（責任編集）『法社会学の新地平』有斐閣二六〇-二七三頁。

宮澤節生（1999a）「法科大学院論議の活性化と透明化のために」月刊司法改革一号九-一三頁。

宮澤節生（1999b）「カナダ・オンタリオ州の法曹養成における大学とローソサエティの役割―マリリン・L・ピルキントン教授セミナー―」自由と正義五〇巻一二号五〇-六五頁。

宮澤節生（2002）「法科大学院教育に対する法社会学者の主体的関与を求めて」法律時報七四巻三号一〇〇-一〇四頁。

沖野眞已（2002）「『民法』と『法社会学』―民法の観点からみたカリキュラム」法律時報七四巻三号七八-七九頁。

太田勝造（2002）「法の経済分析と政策分析」法律時報七四巻三号七〇-七五頁。

Pilkington, Marilyn L. (1999) "Legal Education in the Province of Ontario, Canada: The Roles of Universities and the Legal Profession," 33 *Kobe University Law Review*, 29-53.

Rhode, Deborah L. (1994), *Professional Responsibility: Ethics by the Pervasive Method*, Little, Brown & Co.; 2nd ed, 1998, Aspen Law & Business.

六本佳平（1986）『法社会学』有斐閣。

司法制度改革審議会（2001）『司法制度改革審議会意見書―二一世紀の日本を支える司法制度―』http://www.kantei.go.jp/jp/sihouseido/report/ikensyo/pdf-dex.html.

小特集（2002）「法曹養成のための法社会学」法律時報七四巻三号六一-一〇四頁。

菅原郁夫（2002）「裁判の技法と心理分析」法律時報七四巻三号八二-八七頁。

棚瀬孝雄（2000）「法科大学院構想と法社会学教育」法律時報七二巻四号一二-一六頁。

棚瀬孝雄（2002a）「法科大学院における学際的教育」法律時報七四巻三号六二-六三頁。

棚瀬孝雄（2002b）「法解釈の方法―法科大学院における法社会学」法律時報七四巻三号六四-六九頁。

棚瀬孝雄（2002-03）「法社会学①〜③」法学教室二六七号七二-八〇頁、二六八号七三-八〇頁、二六九号一四六-一五三頁。

和田仁孝（1996）『法社会学の解体と再生―ポストモダンを超えて―』弘文堂。

和田仁孝（2002）「実務基礎教育としての『弁護士面談・交渉の技法』」法律時報七四巻三号八八-九三頁。

吉田邦彦（2003）「ハーバード・ロースクール気質―日米ロースクールの深淵―」カウサ九号六-七頁。

Zur Behandlung der Bagatellkriminalität in Japan*

von Prof. Dr. Masao NIWA, Niigata

I Einleitung

1. Stand der Diskussion in Japan und Fragestellung

Betrachtet man die Diskussion über die „Behandlung der Bagatellkriminalität“ in Japan, so hat man zunächst einmal den Eindruck, daß dieser Problematik bisher nicht im gleichen Maße Beachtung geschenkt wurde, wie dies in den meisten europäischen Ländern der Fall ist. Obwohl die japanischen Kriminalwissenschaftler sich der Bedeutung der damit verbundenen Probleme seit langem bewußt sind und die Thematik bei der japanischen Strafrechtslehrertagung schon einigemal zur Debatte stand, finden sich in Japan relativ wenige Veröffentlichungen dazu.

Dieses „Mauerblümchendasein“ des Themas im kriminologisch-strafrechtlichen „Schrebergarten“, läßt sich einerseits damit erklären, daß seine Ein- und Begrenzung wegen der Unschärfe des Bagatellbegriffs schwer fällt und damit ein rechtsvergleichender Ansatz auf besondere Schwierigkeiten stößt (will man nicht Äpfel mit Birnen vergleichen, um bei der Gartensprache zu bleiben). Andererseits ist zu beachten, daß in der japanischen Lehre partikuläre Fachdiskussionen über die Behandlung der Bagatellkriminalität geführt werden, nämlich aus verfahrensrechtlicher bzw. materiellrechtlicher Sicht, diese jedoch kaum untereinander verknüpft, geschweige denn im Rahmen einer klaren kriminalpolitischen Zielsetzung interpretiert werden.

Nach verbreiteter Auffassung stehen außerdem „justizökonomische“ Erwägungen wegen der relativ geringen Kriminalitätsbelastung in Japan weniger im Vordergrund als in westlichen Ländern. Da die Anwendung des Opportunitätsprinzips auf der Polizei- und Staatsanwaltschaftsebene

ziemlich gut funktioniere, gebe es folglich in Japan relativ wenige Probleme bei der Behandlung der Bagatellkriminalität[1]. Diese Annahme bedarf jedoch m. E. einer gründlichen Prüfung.

Eine kriminalpolitische Gesamtkonzeption, die die Behandlung der Bagatellkriminalität als ein Glied in den Selektionsprozessen des Verbrechenskontrollsystems auffassen würde, ist in Japan bisher kaum vorgelegt worden. Mit der informellen Erledigung von Bagatellfällen verschwinden aber nicht einfach die Probleme. Diese sind mangels Publizität und genauer Erfassung bloß schwieriger zu erkennen.

2. Begrenzung des Untersuchungsgegenstandes: Schwierigkeiten bei der Bestimmung des Begriffs „Bagatellkriminalität"

Eine Auseinandersetzung mit dem Thema der Bagatellkriminalität stößt zuerst auf die Schwierigkeit, den Begriff der „Bagatellkriminalität" und damit den Themenbereich klar einzugrenzen. Wie in den meisten anderen Rechtsordnungen, ist der Begriff „Bagatellkriminalität" nämlich in Japan weder in den Strafgesetzen noch in der Lehre scharf umgrenzt. Soweit wir von den gesetzlichen Regelungen des geltenden japanischen Rechts ausgehen, finden sich kaum Anhaltspunkte für eine Abgrenzung: so kennt z. B. das jap. StGB keine Einteilung der Straftaten in Verbrechen und Vergehen bzw. Verbrechen, Vergehen und Übertretungen, die approximativ zur Begrenzung des Diskussionsgegenstandes herangezogen werden könnten. Hinzu kommt, daß nur wenige Rechtsinstrumentarien existieren, die bewußt auf die Sonderbehandlung von Bagatellkriminalität zugeschnitten wären. Außerdem ist die Bestimmung des Bagatellbegriffs auch theoretisch schwierig: gegen die Tauglichkeit der bisher entwickelten Abgrenzungskriterien sind bekanntlich ausnahmslos Bedenken angemahnt worden, wie man beispielsweise bei einem Blick auf die Diskussion in Österreich oder in Deutschland erkennen kann[2].

Unter diesen Umständen erscheint es ratsamer und gleichzeitig zur

Rechtsvergleichung zweckmäßiger, den Begriff der Bagatellkriminalität bewußt offen zu lassen. Im folgenden sollen deshalb all jene Fälle berücksichtigt werden, die in Japan trotz ihrer grundsätzlichen Strafbarkeit wegen Geringfügigkeit im weitesten Sinne in der Straflosigkeit oder zumindest in einer Sonderbehandlung münden. Mit dieser groben Eingrenzung wird der Diskussionsgegenstand nicht auf absolut geringfügige Sachen beschränkt, sondern bezieht auch Sachen von mittelschwerer Natur mit ein. Dabei handelt es sich vor allem um Vermögens- oder Verkehrsdelikte als Massenerscheinung, in geringerem Umfange handelt es sich dabei aber auch um andere Deliktskategorien.

II. Die bei der Rechtsvergleichung zu beachtenden Besonderheiten

Um das Verständnis der Situation in Japan zu erleichtern, sollte vor der Darstellung der Einzelheiten auf einige Besonderheiten des japanischen Rechts hingewiesen werden, die bei der Rechtsvergleichung zu beachten sind[3]. Dadurch soll gezeigt werden, unter welchen Rahmenbedingungen die Bagatellkriminalität behandelt wird. Drei Faktoren stehen dabei im Vordergrund:

1. Das Opportunitätsprinzip als systematische Grundlage der japanischen Strafrechtspflege

An erster Stelle ist darauf hinzuweisen, daß die Bedeutung des Opportunitätsprinzips und des Legalitätsprinzips in Japan einerseits, in anderen Ländern, wie etwa Deutschland oder Österreich, andererseits, sehr unterschiedlich ist. Aus §246 jap. StPO i.V.m. §§198-200 der Verordnung über die Untersuchung von Straftaten (*Hanzai Sousa Kihan* vom 11. Juli 1957) sowie §248 jap. StPO folgt, daß Bagatellstrafsachen in Japan primär verfahrensrechtlich und nicht materiellrechtlich erledigt werden. Dies steht im Kontrast zur Situation in Österreich oder Deutschland, wo

die Tradition des Legalitätsprinzips bis heute prinzipiell beibehalten wurde.

2. Große Selektionsmacht der Polizei und der Staatsanwaltschaft

Unter Anwendung eines doppelten Opportunitätsprinzips, nämlich auf der Ebene der Polizei und nochmals auf jener der Staatsanwaltschaft, wird eine starke Reduktion der Straffälle mittels informeller Erledigungsstrategien bewirkt. Infolgedessen gelangt nur ein kleiner Anteil der Strafsachen bis vor das ordentliche Strafgericht. Bei dieser Reduktion der Straffälle ist den Verfolgungsorganen, insbesondere der Staatsanwaltschaft, eine sehr große Selektionsmacht zugeteilt. Die Möglichkeiten der Sonderbehandlung von Bagatellstrafsachen auf Gerichtsebene sind dagegen sehr begrenzt. Dies bedeutet, daß die vorgerichtliche Erledigung bei der Behandlung der Bagatellkriminalität eine größere Rolle spielt. Hier ist auch darauf hinzuweisen, daß rechtspolitische Bedenken gegen diese „quasi-richterlichen" Entscheidungsbefugnisse der Staatsanwaltschaft bestehen[4].

3. Mangelnde Vielfältigkeit der Strafsanktionen und der Sonderregelungen zur Behandlung der Bagatellkriminalität

Das japanische Strafgesetzbuch bietet dem Richter nur eine grobe Palette von Rechtsfolgen, mit der eine sachgerechte Sanktionierung der Kleinkriminalität kaum zu realisieren ist. So zählt das jap. StGB als Strafarten bloß die Todesstrafe, drei Arten von Freiheitsstrafen (Zuchthausstrafe, Gefängnisstrafe, Haft), zwei durch die Geldsumme unterschiedene Vermögensstrafen (Geldstrafe und Geldbuße) sowie die Einziehung und den Verfall als Zusatzstrafe auf (§9 jap. StGB). Neben diesen Sanktionen stehen dem Richter keine besonderen Alternativen zur Verfügung, wie etwa Verwarnung mit Strafvorbehalt gemäß §59 des deut-

schen StGB oder eine Community Service Order (gemeinnützige Arbeit), die beispielsweise in England und in der Schweiz mit Erfolg eingesetzt wird. Ferner sieht das jap. StGB weder einen Ersatz einer Freiheitsstrafe durch eine Geldstrafe wie §37 öst. StGB oder §47 d. StGB noch allgemeine Bestimmung für das Absehen von Strafe wegen Geringfügigkeit vor.

Ähnliches gilt auch für den Mangel an Sonderregelungen, die für die Behandlung der Bagatellfälle Bedeutung besitzen könnten. So gibt es in Japan z.B. kein eigenständiges Ordnungswidrigkeitenrecht als Auffangbecken für entkriminalisierte Bagatellrechtsverstöße.

Was das jap. StGB angeht, sind seine Vorschriften im Vergleich zu europäischen Strafgesetzbüchern kürzer und allgemeiner gefaßt[5]. Die Normendichte ist mit 278 Paragraphen an der unteren Grenze. Auf Privilegierungstatbestände oder Vorschriften über „minderschwere Fälle" wird gänzlich verzichtet; stattdessen sind die Strafrahmen bei den einzelnen Straftatbeständen meistens ziemlich weit gefaßt. Zwar ermöglicht diese Ausgestaltung des jap. StGB dem Richter einerseits bei der Bestimmung des Strafmaßes einen flexiblen Ermessensentscheid unter Berücksichtigung spezialpräventiver Gesichtspunkte. Andererseits bringt das jedoch in Verbindung mit der obengenannten Sanktionsarmut eine bestimmte Inflexibilität bei der Behandlung von Bagatellkriminalität mit sich.

Zusammenfassend läßt sich aus den drei erwähnten Faktoren schließen, daß der große Ermessensspielraum auf den vorgerichtlichen Stufen eine Vielzahl von informellen Reaktionsmöglichkeiten auf Bagatellkriminalität eröffnet, während die Sanktionsarmut des jap. StGB auf der Gerichtsstufe zu wenig flexiblen Lösungen führt. Damit verlagert sich aber der Schwerpunkt des Entscheidungsprozesses ins Vorfeld, was aus strafrechtstheoretischer Sicht nicht unproblematisch zu sein scheint.

III. Die Behandlung der Bagatellkriminalität im einzelnen

Wie schon erwähnt, kennt das jap. Strafrecht kaum besondere Rechtsinstitute zur Behandlung der Kleinkriminalität, wobei verfahrensrechtliche Mittel im Vordergrund stehen. Dementsprechend beziehen sich die wichtigsten positivrechtlichen Regelungen auf die Polizei- oder Staatsanwaltschaftsebene. Es finden sich aber auch auf der Gerichtsstufe in beschränktem Umfang Mittel und Wege für eine sachgerechte Reaktion.

Im folgenden soll die Behandlung der Bagatellkriminalität auf den verschiedenen Stufen der Strafverfolgung dargestellt werden[6].

1. Die Entdeckung der Tat und Anzeigeverhalten der Bevölkerung

In den meisten Fällen der polizeilich bekanntgewordenen Kriminalität wird die Strafverfolgung erst aufgrund einer Strafanzeige eingeleitet. Die Bereitschaft der Verbrechensopfer, die Täter anzuzeigen, ist ein wichtiges Selektionskriterium, welches maßgebend dafür ist, ob ein Bagatelldelikt überhaupt in das System der Verbrechenskontrolle eingeht oder im Dunkelfeld verbleibt. Aufgrund neuerer kriminologischer Forschung wissen wir, daß die durchschnittliche Anzeigerate in Japan im internationalen Vergleich sehr niedrig ist (zwischen 9,1 und 39,7%)[7], wobei als Grund für die Nichtanzeige am häufigsten die Geringfügigkeit des Schadens oder die Bedeutungslosigkeit der Straftat genannt wird[8]. Mit anderen Worten: die erste wichtige Erledigungsentscheidung wird zumeist vom Opfer getroffen. Auf dieser Stufe werden schon die meisten Bagatellfälle ausgeschieden.

2. Die Selektion auf polizeilicher Ebene

2.1) Wie vorstehend erwähnt, unterliegen in Japan die polizeilich bekanntgewordenen Fälle schon einer informellen Selektion. Dabei geht

es vor allem um die Einstellung durch die sogenannte Verfügung in Bagatellstrafsachen[9], die von der Abgabepflicht der Ermittlungsergebnisse an den Staatsanwalt befreit ist und daher eine Ausnahme darstellt. Diese polizeiliche Opportunität spielt in der Praxis zur Selektion der Bagatellfälle und folglich zur Entlastung der Strafgerichte und der Verfolgungsbehörden eine große Rolle.

§246 Satz 1 der japanischen StPO verpflichtet die Polizei, den Fall samt Akten und Beweisgegenständen nach Abschluß der Ermittlung unverzüglich an den Staatsanwalt zu übergeben. Gemäß Satz 2 dieser Vorschrift gilt der Grundsatz jedoch nicht für eine vom Staatsanwalt besonders bezeichnete Sache. Die Konkretisierungen dieser Ausnahme finden sich im §§198-200 der Verordnung über die Untersuchung von Straftaten. So lautet §198 dieser Verordnung: „Die Polizei kann nach dem Abschluß der Ermittlungen einen Fall nicht an die Staatsanwaltschaft abgeben, wenn der Sachverhalt außerordentlich geringfügig ist und die Staatsanwaltschaft die fehlende Notwendigkeit der Abgabe in solchen Fällen im voraus bestimmt hat.“ Bei der Einstellung werden gemäß §200 eine Ermahnung des Beschuldigten oder andere Maßnahmen getroffen[10]. Eine solche Verfügung kann im übrigen nur bei Erwachsenen erlassen werden. Für Jugendliche gilt ein anderer Grundsatz, wie weiter unten ausgeführt werden wird[11].

Die Fälle, welche die Polizei einstellen kann, werden von den leitenden Staatsanwälten der verschiedenen Staatsanwaltschaften jeden Sprengels des Landgerichts bestimmt. Diese Fälle werden also nicht überall in Japan gleich behandelt. Nach der Fallerledigung bekommen die Staatsanwälte von der Polizei Abschlußberichte (§199), wobei aber nicht klar ist, ob und inwieweit diese durch die Staatsanwälte nachgeprüft werden[12]. Überdies sind die genaueren Erlassungskriterien solcher Verfügungen nicht bekannt. Diese Situation ist selbstverständlich unter dem Gesichtspunkt des Gebots der Gleichbehandlung und der Transparenz des Verfahrens äußerst bedenklich. Die folgenden Informationen, die sich in der Literatur finden[13], konnten also insbesondere aufgrund persönlicher Kontakte zwischen Wissenschaftlern und Praktikern erhalten werden.

Die Voraussetzungen zur Erlassung einer solchen Verfügung sind verschiedenartig. Die in Betracht kommenden Tatbestände sind z.B. Diebstahl, Hehlerei, Betrug, Unterschlagung, einfaches Glücksspiel und manchmal auch Tätlichkeiten (§208 StGB) und Körperverletzung. Die Tat muß als geringfügig und nicht strafwürdig angesehen werden. Bei Vermögensdelikten spielt beispielsweise die Höhe des Schadensbetrags eine entscheidende Rolle. Grundsätzlich darf dieser nicht mehr als 10,000 Yen (ca. 75 Euro) betragen. Des weiteren werden verschiedene bagatellisierende Faktoren je nach Tatbestand berücksichtigt. Ferner ist hier auch wichtig, daß kein Wunsch der Bestrafung seitens des Opfers vorliegt. Und schließlich muß die Tat eine Gelegenheitstat einer bisher sozial unauffälligen und nicht rückfallgefährdeten Person darstellen. Ausgeschlossen ist die Erlassung einer solchen Verfügung dagegen beispielsweise bei Vorstrafe wegen eines Delikts gleicher Art, bei Gewohnheits- bzw. festgenommenem Täter (Untersuchungshäftlinge[14]), bei Vorliegen eines Strafantrags, bei Vorliegen einer Straf- oder Selbstanzeige (§42 StGB), bei —auch teilweise— Nichtanerkennung der Tatbegehung durch den Täter oder bei Unklarheit hinsichtlich der Identität des Opfers bzw. des Eigentümers des Deliktsobjekts. Überdies kann eine solche Verfügung nicht erlassen werden, wenn der leitende Staatsanwalt eine Weiterleitung angeordnet hat.

Blickt man auf die gegenwärtige Lage der Praxis, so zeigt sich, daß die japanische Polizei insbesondere bei Bagatellvermögensdelikten von dieser Verfügungsart rege Gebrauch macht[15]. Dies zeigen in erster Linie allgemeine Daten: Die Anzahl der polizeilich bekanntgewordenen Fälle im Jahre 2000 beträgt 3,256,109[16]. Nach den Deliktsarten gesehen ist dabei der große Anteil des Diebstahls (65,5%) und der fahrlässigen Tötung sowie Körperverletzung im Straßenverkehr (25%) besonders auffällig. Wenn man von den fahrlässigen Tötungen und Körperverletzungen im Straßenverkehr absieht, so betrug die Anzahl der polizeilich bekanntgewordenen Fällen 2,443,470, wobei insgesamt 309,649 Tatverdächtige ermittelt werden konnten. 57% davon, nämlich 176,635 Personen, waren Erwachsene. Was die Erlassungshäufigkeit der vorgenannten polizeili-

chen Verfügung in Bagatellstrafsachen im gleichen Jahr betrifft, so wurden die Fälle von 75,095 erwachsenen Tatverdächtigen durch diese Verfügung erledigt (42,5%). Davon betragen 62,2% Diebstähle und 34,9% Fundunterschlagungen. Betrachtet man allein die Gesamtzahl der Diebstähle und der Fundunterschlagungen, so wurde 55,3% der ersteren und 87,7% der letzteren Delikte durch genannte Verfügung erledigt. Die hohe Einsatzquote bei Diebstahl ist außerdem in zweierlei Hinsicht von Bedeutung. Einerseits führt die Ausfilterung des Bagatelldiebstahls wegen ihrer großen Anzahl zur Entlastung der Verfolgungsbehörde. Andererseits darf man nicht die Tatsache übersehen, daß das jap. StGB für Diebstahl keine Geldstrafe regelt. Ohne diese polizeiliche und die später zu erwähnende staatsanwaltschaftliche Anwendung des Opportunitätsprinzips würden nämlich alle geringfügigen Diebstähle nur mit Freiheitsstrafe unter zehn Jahren bestraft (§235 StGB), was vom Gesichtspunkt der Verhältnismäßigkeit aus eine übermäßig harte Reaktion erscheint.

2.2) Für Jugendliche kann eine solche Verfügung in Bagatellstrafsachen nach §41 jap. Jugendgesetz (nachfolgend: JG) i.V.m. §246 StPO nicht erlassen werden, weil die Polizei verpflichtet wird, solche Fälle an das Familiengericht zu überweisen oder der Staatsanwaltschaft zu übergeben. Auch hier gibt es jedoch eine Ausnahme, die „vereinfachte Weiterleitung“ gemäß §214 der Verordnung über die Untersuchung von Straftaten, welche auf dringendes Verlangen der Polizei im Jahre 1950 eingeführt wurde. Nach dieser Bestimmung können leichte Jugendstrafsachen in ähnlicher Weise wie bei Erwachsenen behandelt werden. Im Jahre 2000 erfolgte diese „vereinfachte Weiterleitung“ für 54,061 Jugendliche, was 40,6% aller polizeilich ermittelten jugendlichen Täter entspricht[17].

2.3) Was die Verkehrssachen angeht, gibt es ein anderes Fallerledigungssystem. Dabei geht es vor allem um das Bußgeldverfahren für Verkehrsrechtsverstöße, das auch für Jugendliche gilt. Die Einführung dieses Verfahrens im Jahre 1968 verwirklichte eine weitgehende Ent-

kriminalisierung im Verkehrsbereich, dadurch bestimmte, leichte Verstöße gegen das Straßenverkehrsgesetz aufgrund der Sanktionierung mit Bußgeld nicht mehr als Straftaten, sondern als ordnungswidrigkeitsähnliche Verfehlungen behandelt werden. Bei Überschreitung der gesetzlichen Grenzen kann jedoch eine gleichartige Tat, wie etwa Geschwindigkeitsüberschreitung, demgegenüber wiederum als Straftat klassifiziert werden.

In der Praxis werden die Verkehrssachen durch das sogenannte „Ticketensystem“ in großer Zahl und schnell erledigt. Die Fallerledigung anfgrund dieses Systems erfolgt auf folgende Weise: In Fällen, für die das obenerwähnte Bußgeldverfahren gilt, wird dem Täter ein blaues Formular, das man in Japan „Ticket“ nennt, gegeben. Wenn der Täter sodann gemäß der Anweisung auf dem Formular Bußgeld bezahlt, ist das Verfahren beendet. Bei Nichtzahlung wird die Tat dagegen als Straftat angesehen und zum Gegenstand eines gerichtlichen Verfahrens. Demgegenüber wird dem Täter bei Vorliegen anderer schwerwiegender Taten ein rotes „Ticket“ gegeben und die Tat gerichtlich, meist durch ein Strafbefehlsverfahren, erledigt.

Im Jahre 2000 wurden 7,891,288 Taten gegen das Straßenverkehrsgesetz verübt. 88% der Fälle waren Gegenstand dieses Bußgeldverfahrens[18].

3. Opportunitätsentscheidungen der Staatsanwaltschaften

3.1) Der zweite und wichtigere Anwendungsbereich des Opportunitätsprinzips liegt in der Selektion der Straffälle durch die Staatsanwaltschaft. Dabei geht es vor allem um die Verfahrenseinstellung ohne Anklageerhebung durch den Staatsanwalt gemäß §248 StPO[19]. Diese Vorschrift lautet: „Wird die Erhebung einer Anklage nach Berücksichtigung des Charakters, des Alters und der Verhältnisse des Täters, der Schwere und der Umstände der Straftat und der Verhältnisse nach der Straftat unnötig, so kann von der Erhebung der Anklage abgesehen

werden[20]." Diesem Absehen von der Anklageerhebung gemäß dem Opportunitätsprinzip kommt bei der Behandlung der Bagatellkriminalität in Japan überragende praktische Bedeutung zu.

§248 StPO bestimmt die zu berücksichtigenden Faktoren nur in allgemeiner Weise. Die Auslegung der Bestimmung wird dem freien Ermessen des Staatsanwalts überlassen, obwohl sich in der Praxis im Laufe der Zeit ein Maßstab, der eine willkürliche Handhabung ausschließt, entwickelt hat. Überdies ist die Zustimmung des Gerichts oder des Beschuldigten bei dieser Einstellung des Verfahrens nicht erforderlich. Wegen dieses unbeschränkten Opportunitätsprinzips ist der Staatsanwalt mit einer sehr weitgehenden Entscheidungsbefugnis ausgestattet[21]. Hier muß man allerdings auch beachten, daß die Fallerledigung nach dieser Vorschrift nicht ausschließlich wegen der Geringfügigkeit der Sache erfolgt. Da die im §248 StPO bestimmten Faktoren kumulativ berücksichtigt werden, führt allein die Geringfügigkeit bzw. Bedeutungslosigkeit der Tat nicht immer zum Absehen von der Strafverfolgung[22].Trotzdem darf man aufgrund der gegenwärtigen Lage in der Praxis annehmen, daß die Geringfügigkeit der Sache im weiteren Sinne auf jeden Fall bei der Opportunitätsentscheidung des Staatsanwalts eine große Rolle spielt, zumal „die Schwere und die Umstände der Straftat" ausdrücklich als einer der zu berücksichtigenden Faktoren im §248 StPO angegeben ist. Außerdem ist ein kooperatives Verhalten des Angeschuldigten für die Opportunitätsentscheidung besonders wichtig. Zu den wichtigsten Aufgaben des Verteidigers in Japan gehört deshalb das Aushandeln einer Schadenswiedergutmachung mit dem Opfer, einer förmlichen Entschuldigung oder einer anderen symbolischen Leistung[23], obwohl dies als Voraussetzungen für die Anwendung des §248 StPO nicht ausdrücklich geregelt ist.

Die Situation in der Praxis wird anhand einiger statistischer Daten deutlich. Tabelle 1 gibt detaillierte Daten zum Erledigungsverhalten der Staatsanwaltschaft. Die Anzahl des Absehens von der Strafverfolgung nach §248 StPO im Jahre 2000 beträgt 842,106 in der Kategorie „alle Delikte", d.h. vornehmlich bei den Verkehrsdelikten, welches 38,6% aller

Tatverdächtigen entspricht. Läßt man „Einstellung der Strafverfolgung“ mangels Beweisen und anderen Gründen sowie „Überweisung an das Familiengericht“ außer Betracht und faßt nur die Aussetzungsrate (d.h. das Verhältnis der Täter, bei denen nach §248 StPO von der Anklageerhebung abgesehen wurde, zur Summe von diesen und den Angeklagten insgesamt; nachfolgend gleich) ins Auge, so beläuft sich die Aussetzungsquote auf 44,9%. Nach den Deliktsarten gesehen ist die Aussetzungsrate bei fahrlässiger Tötung und Körperverletzung im Straßenverkehr am höchsten (88,3% !), dann folgt Unterschlagung (78,4%), Verstoß gegen das Wahlgesetz (51,0%), Glücksspiel (41,9%), Diebstahl (38,3%),Verstoß gegen das Waffengesetz (30,1%), Erpressung (25,6%), Betrug (24,6%), Körperverletzung (24,4%) usw[24]. Als Folge der Selektion auf dieser Ebene werden nur 5,6% aller Tatverdächtigen im ordentlichen Verfahren angeklagt, wie dies Tabelle 1 zeigt.

Tabelle 1 : Das Erledigungsverhalten der Staatsanwaltschaft differenziert nach allen Tatverdächtigen bzw. Tatverdächtigen ohne Verkehrsdelikte (2000)[25]

Erledigungsart	alle Delikte	ohne Verkehrsdelikte
Anklage im ordentlichen Verfahren	122,805 (5,6%)	103,682 (27,3%)
Anklage im Strafbefehlsverfahren	912,377 (41,8%)	44,856 (11,8%)
Aussetzen der Strafverfolgung nach §248 StPO	842,106 (38,6%)	63,092 (16,6%)
Einstellung der Strafverfolgung*	42,594 (2,0%)	22,816 (6,0%)
Überweisung an das Familiengericht**	261,591 (12,0%)	145,883 (38,3%)
Total (alle Tatverdächtigen)	2,181,473 (100%)	380,329 (100%)

* mangels Beweisen und anderen Gründen

**bei Jugendstrafsachen und Erwachsenen, die gegen das Jugendwohlfahrtsgesetz (*Jidôfukushihô*, Gesetz Nr.164/1947) und andere Gesetze (vgl. §37 Abs. 1 Nr.1-5 JG) verstoßen haben.

Bei Nichteinbeziehung der Verkehrsdelikte sieht die Praxislage demgegenüber stark verwandelt aus. In der Spalte „ohne Verkehrsdelikte" ist z.B. der große Prozentanteil der Überweisung an das Familiengericht bemerkenswert, was sich damit erklären läßt, daß in diesen Deliktsbereichen mehr Tatverdächtige unter 20 Jahren in Erscheinung treten, bei denen die Staatsanwaltschaft vom Verfahren grundsätzlich ausgeschlossen ist[26]. Aus einer vergleichenden Betrachtung der Spalten „alle Delikte" und „ohne Verkehrsdelikte" ergibt sich gleichzeitig, daß die Anzahl der Verfahrensaussetzung nach §248 StPO und des Strafbefehlsverfahrens in der Rubrik „alle Delikte" offenbar durch die große Menge der Verkehrskriminalität stark bedingt ist[27].

Was die Aussetzungsrate der Strafverfolgung bei der Gesamtzahl der Delikte in der Nachkriegszeit angeht, blieb sie nicht immer konstant. Die Aussetzungsrate lag anfangs über 50%, sodann ist sie aber von den fünfziger Jahren bis zur Mitte der achtziger Jahre stark zurückgegangen, und zwar bis unter 10%. Seit 1987 ist die Aussetzungshäufigkeit dagegen alljährlich von 16% auf den heutigen Stand, nämlich den über 40% liegenden Wert angestiegen (1990: 26,2%; 1993: 32,7%; 1996: 36,4%; 1999: 39,6%, 2000: 44,9%)[28]. Bei dieser Vermehrung der Aussetzungsrate seit 1987 spielte die Lockerung der Verfolgungsintensität in der folgenden Form eine sehr große Rolle, daß die Staatsanwaltschaft bei der fahrlässigen Körperverletzung im Straßenverkehr die Maßstäbe für die Aussetzung der Strafverfolgung 1987 geändert hat und seitdem bei den Fällen ohne schwere Folge meist von der Anklage absieht[29].

3.2) Was die Jugenddelinquenz betrifft, unterliegen die Sachen anders als bei Erwachsenen nicht zuerst der obigen Opportunitätsentscheidung durch den Staatsanwalt. Die Jugendsachen müssen nämlich grundsätzlich der Behandlung durch das Familiengericht überlassen werden (vgl. §§42, 41, 6 usw. [jedoch §§20, 45 Abs.5] JG). Die Einzelheiten der Fallerledigung durch das Familiengericht sollen noch später geklärt werden[30].

3.3) Neben der Opportunitätsentscheidung gemäß obengenanntem

§248 StPO gibt es für den Staatsanwalt auch eine Möglichkeit, die Anklage auch nach deren Erhebung bis zum erstinstanzlichen Urteil gem. §257 StPO zurückzunehmen. Von dieser Möglichkeit wird in der Praxis jedoch kaum Gebrauch gemacht.

Abschließend ergibt sich aus der Analyse der vorgerichtlichen Selektion, daß die Bagatellkriminalität schon auf polizeilicher Ebene in beträchtlichem Umfang informell erledigt wird und die Staatsanwaltschaft nur einen Bruchteil der ermittelten Straftaten vor den ordentlichen Richter bringt[31]. Dies trägt evident zur Entlastung der Strafjustiz in hohem Grad bei.

4. Behandlung der Bagatellkriminalität auf gerichtlicher Ebene

Auf der Gerichtsstufe sind Mittel und Wege für eine sachgerechte Reaktion, wie schon erwähnt, nur in beschränktem Umfang vorhanden.

4.1) Zuerst zu nennen ist das Strafbefehlsverfahren gemäß §§461 ff. StPO[32], dessen hohe Einsatzhäufigkeit auch der Tabelle 1 zu entnehmen ist. Es hatte an den gesamten rechtskräftigen Verurteilungen im Jahre 2000 einen Anteil von 92,6% (von den 986,914 verurteilten Angeklagten wurden 913,510 in dem Strafbefehlsverfahren verurteilt)[33]. Dieses Verfahren erlangt in Japan insbesondere bei der Erledigung der Verkehrsdelikte große Bedeutung, was die Daten in der zweiten Spalte der Tabelle 1 zeigen.

Im Strafbefehlsverfahren kann der Richter eines Amtsgerichts auf Antrag des Staatsanwalts in den zur Zuständigkeit des Amtsgerichts gehörenden Sachen die Strafe ohne vorausgehende Hauptverhandlung festsetzen, falls er nur eine Geldstrafe nicht mehr als 500,000 Yen (ca. 3750 Euro) oder eine Geldbuße zu verhängen gedenkt (§461 StPO). Gegen den Strafbefehl können der Angeklagte und der Staatsanwalt binnen 14 Tagen Einspruch erheben, welches zur Einleitung des ordentlichen Ver-

fahrens führt (vgl. §§465, 468 StPO). Für den Antrag auf Durchführung des Strafbefehlsverfahrens durch den Staatsanwalt bedarf es der Zustimmung des Beschuldigten (§461a StPO). Gegen die Freiwilligkeit dieser Zustimmung des Beschuldigten erheben sich jedoch oft Bedenken, daß der Beschuldigte nicht freiwillig zustimme, sondern einerseits wegen der Lästigkeit des ordentlichen Verfahrens, und andererseits unter dem Druck einer potentiellen strengeren Verurteilung im ordentlichen Verfahren. Dies scheint selbstverständlich rechtspolitisch sehr problematisch zu sein. Diese Bedenken haben meines Erachtens vor allem für die Verkehrsdelikte Geltung[34].

4.2) In dem ordentlichen Gerichtsverfahren sind dagegen die Instrumente für eine sachgerechte Behandlung der Bagatellkriminalität sehr schwer zu finden. Mangels der Vielfältigkeit der Reaktionsmittel könnte der Richter höchstens entweder die Strafe zur Bewährung aussetzen, oder den Angeklagten mit einer Strafe leichterer Art versehen, wie etwa einer Geldstrafe, wobei aber der stigmatisierende Charakter der Behandlung unverändert bleibt. Die Fällen, in denen die Strafwürdigkeit der Tat wegen ihrer Geringfüigkeit zweifelhaft zu sein scheint, können hingegen durch die restriktive Tatbestandsauslegung auch im ordentlichen Gerichtsverfahren ausgeschieden werden. Bis Anfang der siebziger Jahre fand sich in der Tat verhältnismäßig viel Rechtsprechung, in der die Strafbarkeit einer leichten Gewalttat, Körperverletzung oder Sachbeschädigung bei Arbeitsstreitigkeiten oder des Verstoßes gegen die städtische Sicherheitsverordnung bei Demonstrationen mit der Begründung verneint wurde, daß die Tat nicht tatbestandsmäßig oder kein strafwürdiges Unrecht sei[35]. In dieser toleranten Haltung der Rechtsprechung trat in der Mitte der siebziger Jahre jedoch eine drastische Wende ein, welche die Tendenz zur schonungslosen Bestrafung der Bagatellkriminalität zur Folge hatte. Infolgedessen kommt heute der Strafbarkeitsausschluß der Bagatellkriminalität im ordentlichen Gerichtsverfahren viel seltener als früher in Frage. Hier ist außerdem beachtenswert, daß sich manchmal die an generalpräventiven Erwägungen allzu stark

orientierende Bejahung der Strafbarkeit der Bagatellrechtsverstöße im Bereich der Sondergesetze findet, welches strafrechtstheoretisch nicht unproblematisch zu sein scheint.

4.3) Wenden wir uns dem Jugendstrafrecht zu, so zeigt sich ein sehr unterschiedliches und eindrucksvolles Bild.

Blickt man auf die Fallerledigung im Jugendfürsorgeverfahren durch das Familiengericht gemäß §§ 3 ff. JG, so ist eine behutsame und milde Behandlung der minderjährigen Delinquenten besonders auffällig[36]. Hier soll nur ein Gesamtbild der Fallerledigung dargestellt werden, weil sich in diesem Bereich wenige rechtliche Instrumente finden, die bewußt für die Bagatellrechtsverstöße konzipiert worden sind, weshalb Bagatellsachen grundsätzlich zusammen mit Fällen von schwererem Gewicht (d.h. auch in den Statistiken) behandelt werden.

Tabelle 2 verdeutlicht einen hohen Anteil der Nichtintervention an den gesamten Verfahrensresultaten vor dem Familiengericht. Besonders bemerkenswert ist die Tatsache, daß unter insgesamt 250,862 Jugendstraffällen bei 116,513 Fällen von einer Verhandlung abgesehen wurde. Dies bedeutet, daß in 46,4% aller Jugendstraffälle das Verfahren ohne Verhandlung eingestellt wurde. Hinter diesem Resultat verbirgt sich eine Vielzahl von informellen Konfliktlösungsansätzen, die von einer schlichten Ermahnung bis zur Wiedergutmachung und Aussöhnung mit dem Opfer reichen[37], womit sich die Bagatelljugenddelinquenz auch erfolgreich behandeln läßt. Berechnet man zu obigen Daten die Anzahl des Absehens von Maßnahme nach Verhandlung ein, beträgt die Nichtinterventionsrate über zwei Drittel (71,1%).

Tabelle 2 : Anzahl abgeschlossener Jugendfürsorgeverfahren vor dem Familiengericht (2000)[38]

Erledigungsart	Anzahl
Überweisung an die Staatsanwaltschaft zur Anklage im ordentlichen Strafverfahren (schwere Taten oder Täter über 20 Jahre)	14,072 (5,6%)
Schutzmaßnahme (§24 JG)—alle Fälle (= Bewährungsaufsicht, Einweisung in eine Jugenderziehungsanstalt, Einweisung in ein Kindererziehungs- und Pflegeheim)	58,176 (23,2%)
Überweisung an Provinzgouverneur oder Kinderberatungsstelle (§18 JG)	193 (0,1%)
Absehen von Maßnahme nach Verhandlung (§23 Abs. 2 JG)	61,908 (24,7%)
Absehen von einer Verhandlung (§19 Abs. 1 JG)	116,513 (46,4%)
Total: Familiengericht—alle Jugendstraffälle*	250,862 (100%)

* einschließlich der Verfahren wegen fahrlässiger Körperverletzung und Tötung im Straßenverkehr und Statusdelikten.

IV. Möglichkeiten der Reform des geltenden Rechts

In diesem Kapitel sollen Möglichkeiten der Reform des geltenden Rechts aufgrund der Resultate der vorangehenden Analyse erörtert werden.

1. Zuerst ist zu überlegen, ob wir das Opportunitätsprinzip in heutiger Gestalt weiterhin beibehalten sollen. Hinsichtlich dieser fundamentalen Gesamtkonzeption sollte man beachten, daß eine drastische Umwälzung vom Opportunitäts- zum Legalitätsprinzip weder ratsam noch realisierbar ist, weil sie angesichts der begrenzten Kapazität der Strafverfolgungsbehörden und des erstaunlich geringen Justizpersonals in Japan[39] allzu großer Kosten bedarf. Zweitens darf man die Tatsache nicht

übersehen, daß das Opportunitätsprinzip und die damit verbundene Ausgestaltung des gesamten Fallerledigungssystems paradoxerweise eine große Inflexibilität der Reaktion auf gerichtlicher Ebene mit sich bringt. Zur Eliminierung dieser Inflexibilität geht es vor allem um die Vermehrung der materiellrechtlichen Reaktionsmittel.

Unter diesem Gesichtspunkt bedarf es der Verbesserung der bestehenden verfahrensrechtlichen Instrumente unter Beibehaltung des Opportunitätsprinzips auf der einen Seite und der vermehrten Vielfältigkeit der materiellrechtlichen Reaktionsmittel auf der anderen Seite.

2. Was die polizeiliche Verfügung in Bagatellstrafsachen und die Aussetzung der Strafverfolgung gemäß dem Opportunitätsprinzip auf der Ebene der Staatsanwaltschaft angeht, ist vor allem die Steigerung der Transparenz und der Kontrollierbarkeit des Verfahrens notwendig. Besonders problematisch ist die Unklarheit der genaueren Kriterien für die obigen informellen Erledigungen. Die Anwendungskriterien für die polizeiliche Verfügung in Bagatellstrafsachen sind beispielsweise nicht veröffentlicht, was sich wohl damit erklären läßt, daß die Offenbarung der Anwendungskriterien zur Verminderung der general- und spezialpräventiven Einwirkung führen würde. Die übermäßig täterorientierte Ermessensentscheidung, die sich vornehmlich auf polizeilicher Ebene findet, läuft jedoch häufig auf eine Verletzung der Privatsphäre hinaus, weil es nicht selten ist, daß man für die Ermessensentscheidung die alltägliche Lebensführung des Tatverdächtigen ausführlich untersucht. Um dies zu vermeiden, sollte sich die Opportunitätsentscheidung weniger am Täter als vielmehr an der Geringfügigkeit der Tat orientieren.

3. Hinsichtlich der Vermehrung der materiellrechtlichen Reaktionsmittel sind mehrere Möglichkeiten denkbar.

3.1) Hier muß man zunächst der Tatsache Rechnung tragen, daß sich der japanische Gesetzgeber einer Notwendigkeit der materiellrechtlichen Entkriminalisierung kaum bewußt ist, was schon beispielsweise die Flut

von Strafbestimmungen im Bereich des Verwaltungsstrafrechts bestätigt. Zu einer sachgerechten Behandlung der Bagatellkriminalität ist allerdings in erster Linie ein ständiges Bemühen um die Entkriminalisierung unentbehrlich. In diesem Zusammenhang ist die Möglichkeit der Einführung des Ordnungswidrigkeitenrechts nach deutschem Vorbild und die dadurch vollziehbare Entkriminalisierung der Bagatellrechtsverstöße im weitgehenden Umfang zu diskutieren. Darüber hinaus sollte hier die Ersetzbarkeit der Strafsanktion durch eine nichtstrafrechtliche Reaktion überprüft werden, wie etwa Verwaltungsmaßnahmen oder die Beschreitung des Zivilrechtswegs.

3.2) Eine sektorale Entkriminalisierung, wie sie einmal in Deutschland durch den „Entwurf eines Gesetzes gegen Ladendiebstahl[40]" und durch den „Entwurf eines Gesetzes zur Regelung der Betriebsjustiz[41]" vorgeschlagen worden ist, hat man in Japan nie ernsthaft erwogen. Wie die daran wiederholt geübte Kritik zeigt[42], ist diese Lösung zu sehr an einem punktuellen „Feuerlösch-Denken" orientiert[43] und vernachlässigt die Entwicklung eines materiellrechtlichen Gesamtkonzepts für die Behandlung der Bagatelldelinquenz. Die Bekämpfung der Ladendiebstahl ist zwar auch in Japan ein ernsthaft zu bedenkendes Problem, aber bei einer solchen sektoralen Sonderbehandlung führt es zu einer ungerechtfertigten Privilegierung des Ladendiebstahls gegenüber allen anderen Diebstahlsformen und damit zu einem Verstoß gegen das Gebot der Gleichbehandlung.

3.3) Prima facie erscheint dagegen die Neuschaffung der privilegierten Tatbestände als ein akzeptabler Weg. Auf den zweiten Blick erweist sich diese Lösung auch nicht als einwandfrei, denn die Auswahl der zu privilegierenden Grundtatbestände kann einer willkürlichen Kasuistik nicht ausweichen. Außerdem muß man auch die Gefahr ins Auge fassen, daß die Taten, deren Schwere im untereren Bereich liegen und deshalb mittels einer restriktiven Auslegung straflos bleiben können, durch die neugeregelten Tatbestände erfaßt und erneut als strafbar erklärt werden.

Ein gleiches Problem entsteht auch aus der Lösung durch eine Vermehrung der Strafbestimmungen mit Geldstrafe oder noch leichteren Sanktionen, was beispielsweise beim Diebstahl besonders problematisch würde, der in Japan nur mit Zuchthausstrafe geahndet und in großem Umfang durch die polizeiliche Verfügung in Bagatellstrafsachen erledigt wird. Berücksichtigt man die Tatsache, daß es für die Geringfügigkeit der Kriminalität nicht auf die Deliktsart, sondern auf die Schwere der Tat ankommt, so ist die Lösung in dem Bereich des Allgemeinen Teils des StGB zu suchen.

3.4) Unter diesem Gesichtspunkt wäre die Einführung mehrerer neuer Rechtsinstrumente in den Allgemeinen Teil empfehlenswert, die stufenweise nach der Schwere der Tat differenziert eingesetzt werden können. Für geringfügige Taten, die trotz ihrer Tatbestandsmäßigkeit nicht strafwürdig erscheinen, dürfte die Neuschaffung einer allgemeinen Bagatellklausel wie §42 des österreichischen StGB auch eine sachgerechte Lösung sein. Bei schwereren und deswegen sanktionsbedürftigen Fällen sollte eine Reihe von neuen Sanktionsalternativen je nach Schwere der Tat eingesetzt werden, die beispielsweise von einer Verwarnung mit Strafvorbehalt ohne stigmatisierenden Charakter über die gemeinnützige Arbeit bis zum Ersatz einer Freiheitsstrafe durch eine Geldstrafe reichen. Diese aufeinanderfolgend ausgestalteten Sanktionsalternativen könnten eine gesteigerte Flexibilität der Reaktion auf gerichtlicher Ebene versprechen.

Schließlich ist hier auch darauf hinzuweisen, daß eine sachgemäße Behandlung der Bagatellkriminalität unter ständigem Bemühen um die Entkriminalisierung in allen Dimensionen der Strafrechtspflege durchgeführt werden muß. Unter dieser kriminalpolitischen Gesamtkonzeption läßt sich die japanische Strafrechtspflege den Bagatelldelikten gegenüber noch gerechter und wirksamer weiterentwickeln. Und erst dann kann die Behandlung der Bagatellkriminalität dem Ultima-ratio-Gedanken gerecht werden[44].

Anmerkungen

* Dieser Beitrag basiert teilweise auf dem Vortrag, den der Verfasser im Mai 1999 an der Universität Salzburg gehalten hat. Mein besonderer Dank geht an Herrn Prof. Dr. Christian Schwarzenegger, Universität Zürich, für seine Hilfe bei der Übersetzung ins Deutsche.

1 *Masahide Maeda, Kabatsuteki ihouseiron no kenkyû* (Studien zum strafwürdigen Unrecht), 1982, 454 f., 460 f. Zur Notwendigkeit justizökonomischer Erwägungen in Japan siehe *Karl-Friedrich Lenz / Christian Schwarzenegger,* Japan, in: *Monika Becker / Jörg Kinzig* (Hrsg.), Rechtsmittel im Strafrecht, Bd. 1: Rechtsvergleichender Teil, 2000, 180 f.

2 Dazu ausführlich *Michael Schauf,* Entkriminalisierungsdiskussion und Aussöhnungsgedanke, 1983, 21 ff.

3 Vgl. auch *Lenz / Schwarzenegger* (Anm. 1), 153 f., 174 ff.

4 Dazu vgl. *Hans-Heiner Kühne,* Opportunität und quasi-richterliche Tätigkeit des japanischen Staatsanwalts, ZStW 85 (1973), 1079 ff., insb. 1095 ff.; siehe auch *Koichi Miyazawa,* Die neuere Entwicklung der Kriminalität und ihre Bekämpfung in Japan, FS für Roxin, 2001, 1530 f.

5 Vgl. *Makoto Ida,* Die heutige japanische Diskussion über das Straftatsystem, 1991, 21, 24.

6 Zur kriminalpolitischen Wirklichkeit der Strafverfolgung in Japan vgl. auch *Miyazawa* (Anm. 4), 1529 ff.

7 *Toshibôhan Kenkyû Sentâ* (Hrsg.), *JUSRI ripôto, No.8: '92 hanzai no higai to bôhan ishiki tô ni kansuru chôsa kenkyû hôkoku (Tokyo ban)* (JUSRI Bericht Nr. 8: Forschungsbericht über die Viktimisierung durch Kriminalität und die Wahrnehmung der Verbrechensbekämpfung usw. [Ausgabe Tokio]), 1994, 24-30 und 160 f. Dies zeigen auch die Resultate der Opferbefragung durch den „International Crime Victimisation Survey (ICVS) 2000“. Siehe dazu *Hanzai Hakusho* (Weißbuch Kriminalität) 2000, 257 ff.; 2001, 112 ff. In diesem Zusammenhang ist auch darauf hinzuweisen, daß eine intensive informelle Sozialkontrolle in Japan bei der Verbrechenskontrolle eine sehr große Rolle spielt. Infolge dieser informellen Sozialkontrolle werden die meisten Streitigkeiten unter Bürgern auf privater Ebene erledigt, welches auch auf das Anzeigeverhalten der Bevölkerung einen Einfluß ausüben kann. Zur kriminalpolitischen Bedeutung der informellen Sozialkontrolle in Japan näher *Miyazawa*

(Anm. 4), 1525 ff.; *ders.*, Informelle Sozialkontrolle in Japan, FS für Jescheck, 1985, 1159 ff.; *ders.*, Praktische Vorgehensweisen, allgemeine Vorstellungen und Handlungsstrategien im Bereich informeller bzw. außerjustizieller Sozialkontrolle, Kriminologisches Journal 1984, 301 ff.; *Lenz/Schwarzenegger* (Anm. 1), 175 f.

8 *Hanzai Hakusho* (Weißbuch Kriminalität) 2000, 257 ff.

9 Dazu eingehend *Kühne/Miyazawa*, Kriminalität und Kriminalitätsbekämpfung in Japan (BKA-Forschungsreihe Sonderband), 2. Aufl. 1991, 103 ff.; *Masayuki Arakawa, Dibâjon to keihô ni kansuru ichikôsatsu* (Zur Diversion im Strafrecht), in: *Hôto seiji* (Law and Politics, Journal of Faculty of Law, Kansei Gakuin Univ.), Bd. 38, Heft 3 (1987), 421 ff.; *ders., Keibi na zaisanhan no shori* (Erledigung der geringfügigen Vermögensdelikte), in: *Keihô Zasshi* (Journal of Criminal Law Society Japan), Bd. 28, Heft 2 (1987), 191 ff.; *Kyoko Yamana*, Strafverteidigung im Spannungsfeld zwischen Rechtsstaatlichkeit und Verfahrenseffizienz in Japan, in: *Kühne/Miyazawa* (Hrsg.), Alte Strafrechtsstrukturen und neue gesellschaftliche Herausforderungen in Japan und Deutschland, 2000, 159 ff.

10 §200 der Verordnung über die Untersuchung von Straftaten lautet: „Wenn nach §198 ein Fall nicht an die Staatsanwaltschaft abgegeben wird, werden die folgenden Maßnahmen getroffen:

1. Der Beschuldigte wird streng ermahnt und damit für seine Zukunft gewarnt.
2. Die Eltern, der Arbeitgeber oder der sonst zur Aufsicht über den Beschuldigten Befugte oder deren Stelle tretende Personen werden zur Polizei geladen. Es werden ihnen die nötigen Anweisungen für die in Zukunft notwendige Aufsicht erteilt. Eine schriftliche Bestätigung über den Erhalt der Anweisungen wird eingezogen.“

11 Siehe unten 2.2).

12 *Yamana* (Anm. 9), 161.; *Arakawa, Hôto seiji* (Anm. 9), 439 f.

13 *Kühne/Miyazawa*, Kriminalität und Kriminalitätsbekämpfung in Japan (Anm. 9), 104; *Yamana* (Anm. 9), 160 f.; *Arakawa, Hôto seiji* (Anm. 9), 434 ff.; *ders., Keihô Zasshi* (Anm. 9) 194 ff.

14 Bei einem auf frischer Tat festgenommenen Täter kann die Verfügung manchmal zur Anwendung kommen (im Jahre 2000: 45 Täter).

15 Die folgenden Daten sind aus *Hanzai Hakusho* (Weißbuch Kriminalität) 2001 und *Heisei 12 nen no hanzai* (Statistisches Jahrbuch Kriminalität

2000) entnommen.

[16] Diese Anzahl bezieht sich nur auf StGB-Delikte und einige in quasi strafrechtlichen Sondergesetzen enthaltenen Tatbestände.

[17] Vgl. *Heisei 12 nen no hanzai* (Statistisches Jahrbuch Kriminalität 2000) 173 f., 207.

[18] *Hanzai Hakusho* (Weißbuch Kriminalität) 2001, 401.

[19] Dazu eingehend *Makoto Mitsui, Kensatsukan no kiso yûyo sairyô* (Staatsanwaltliches Ermessen bei dem Absehen von der Anklage), in: *Hogaku Kyokai zassi* (Journal of The Jurisprudence Association, The Univ. of Tokyo) Bd. 87 (1970), 897 ff., Bd. 91 (1974), 1047 ff., 1319 ff., 1693 ff., Bd. 94 (1977), 852 ff.; *Kühne,* ZStW 85 (Anm. 4), 1079 ff.; *Yamana* (Anm. 9), 159 ff. Zur historischen Entwicklung des §248 StPO vgl. *Mitsui,* a.a.O., Bd. 87, 902 ff., Bd. 91, 1047 ff., 1319 ff.; *Kühne,* a.a.O., 1098; *Miyazawa,* Die Verfolgungstätigkeit der japanischen Staatsanwälte, ZStW 95 (1983), 1029 f.

[20] Deutsche Übersetzung von *Hideo Nakamura,* Die japanische Strafprozeßordnung (Sammlung außerdeutscher Strafgesetzbücher Nr. 91), 1970, 63.

[21] Vgl. *Lenz/Schwarzenegger* (Anm. 1), 177.

[22] Allein wegen der Tatschwere verzichtet dagegen kein japanischer Staatsanwalt auf seine Opportunität, wenn er meint, der Täter könne ohne gerichtliche Hilfe besser in die Gesellschaft wiedereingegliedert werden. Vgl. *Kühne,* ZStW 85 (Anm. 4), 1087; *Reinhard Moos,* Das strafprozessuale Legalitätsprinzip in Österreich im Umbruch, FS für Koichi Miyazawa, 1995, 636 FN 11 m.w.N. Die Staatsanwaltschaft kann dabei unbeschränkt durch die Deliktsarten oder sogar die Schwere der Tat von der Anklage absehen. Die Verfahrenseinstellung kommt folglich auch bei den bagatellfreien Tatbeständen wie Totschlag usw. in Betracht: vgl. dazu *Kühne,* a.a.O., 1087; *Lenz/Schwarzenegger* (Anm. 1), 177.

[23] *Lenz/Schwarzenegger* (Anm. 1), 179; siehe auch *Yamana* (Anm. 9), 163. Eine wichtige Rolle spielt dabei in der Praxis die Erledigungsweise „*Jidan*", d.h. Wiedergutmachung bzw. Täter-Opfer-Ausgleich im japanischen Sinne. Dazu ausführlich *Miyazawa,* FS für Roxin (Anm. 4), 1526 f., 1530 ff.; *ders.,* Täter-Opfer-Ausgleich in Strafsachen in Japan, in: *Röhl/Scheer* (Hrsg.), Außergerichtliche Streitbeilegung. Effektive Konfliktlösung im Zivil-, Wirtschafts- und Strafrecht, 1994, 106 ff.; *ders.,* FS für

Jescheck (Anm. 7), 1163 ff.

24 *Hanzai Hakusho* (Weißbuch Kriminalität) 2001, 348 f.

25 Quelle: *Lenz/Schwarzenegger* (Anm. 1), 178 Tabelle 3. Die einzelnen Datenzahlen sind durch die neueren ersetzt: vgl. *Hanzai Hakusho* (Weißbuch Kriminalität) 2001, 345.

26 *Lenz/Schwarzenegger* (Anm. 1), 179.

27 *Lenz/Schwarzenegger* (Anm. 1), 180.

28 *Hanzai Hakusho* (Weißbuch Kriminalität) 2001, 348 f.

29 Siehe dazu *Yamana* (Anm. 9), 163; *Hanzai Hakusho* (Weißbuch Kriminalität) 2001, 235. Dagegen kann das Nichtzustandekommen der Streitbeilegung zwischen Täter und Opfer oder erschwerende Umstände wie Unfallflucht zur Anklageerhebung führen (*Yamana,* ebenda).

30 Siehe unten 4.3).

31 *Lenz/Schwarzenegger* (Anm. 1), 181.

32 Dazu umfassend *Itaru Fukushima, Ryakushiki tetsuzuki no kenkyû* (Untersuchungen über das Strafbefehlsverfahren), 1992.

33 *Hanzai Hakusho* (Weißbuch Kriminalität) 2001, 62, 66.

34 Dazu vgl. *Fukushima* (Anm. 32), 177 f. mit Nachweisen.

35 Dazu ausführlich *Maeda* (Anm. 1), 23 ff., 52 ff., 121 ff., 468 ff.; vgl. auch *Kazushige Asada,* Strafwürdigkeit als strafrechtliche Systemkategorie, ZStW 97 (1985), 465 ff.

36 *Lenz/Schwarzenegger* (Anm. 1), 174.

37 *Lenz/Schwarzenegger* (Anm. 1), 174.

38 Quelle: *Lenz/Schwarzenegger* (Anm. 1), 173 Tabelle 2 (teilweise geändert). Die einzelnen Datenzahlen sind auch hier durch die neueren ersetzt: vgl. *Hanzai Hakusho* (Weißbuch Kriminalität) 2001, 372.

39 Siehe hierzu *Lenz/Schwarzenegger* (Anm. 1), 180.

40 *Gunther Arzt et al,* Entwurf eines Gesetzes gegen Ladendiebstahl, Recht und Staat, Heft 439, 1974.

41 *Gunther Arzt et al,* Entwurf eines Gesetzes zur Regelung der Betriebsjustiz, Recht und Staat, Heft 447/448, 1975.

42 Vgl. z.B. Verhandlungen des 51. DJT, Bd. II, 1976, N 63 ff.; *Günther Kaiser,* Möglichkeiten der Bekämpfung von Bagatellkriminalität in der Bundesrepublik Deutschland, ZStW 90 (1978), 891 ff.; *Peter Hünerfeld*, Kleinkriminalität und Strafverfahren, ZStW 90, 912 ff.; *Hans Joachim Hirsch,* Zur Behandlung der Bagatellkriminalität in der Bundesrepublik

Deutschland, ZStW 92 (1980), 239 ff.; *Schauf* (Anm. 2), 78 ff.

43 So vor allem *Hirsch,* ZStW 92 (Anm. 42), 242.

44 Zu dem Ultima-ratio-Gedanken und dessen Konkretisierungen in der japanischen Strafrechtstheorie siehe *Tokuo Kogure, Hanzairon no kenyokuteki kôsei* (Aufbau der Verbrechenslehre auf Grundlage des Ultima-ratio-Gedankens), in: *Yasuharu Hiraba et al* (Hrsg.), *Dando Shigemitsu hakushi koki kinen ronbunshû* (Festschrift für *Shigemitsu Dando* zum 70. Geburtstag), Bd. 2, 1984, 1 ff.

„Restorative Justice“*

— Ein Bericht aus Japan —

Toshio YOSHIDA/Sapporo

I. Einführung

Mit der Idee „Restorative Justice“ setzen sich die Kriminalwissenschaftler aus dem Westen und der Verfasser schon länger auseinander. Aber in Japan hat erst seit etwa den letzten fünf Jahren die wissenschaftliche Beschäftigung mit diesem Thema zugenommen. Bis dahin waren die Strafrechtslehre und -praxis unter dem Bann der neu entdeckten, jedoch zu einseitig verzerrten Opferperspektive, dass die Interessen des Opfers auf eine Verschärfung der Sanktionen gegenüber den Tätern hinauslaufen. Heutzutage erkennen aber immer mehr Kriminologen, Strafrechtler und Strafrechtspraktiker, dass Opfer wissen wollen, warum gerade sie betroffen sind, und Angst und Ärger womöglich abbauen wollen. So interessieren sich die Wissenschaftler und Praktiker für neue Wege zur Bewältigung der Straftaten. Besonders fasziniert sie dabei der opferorientierte „Täter-Opfer-Ausgleich“ oder die täterorientierte „Familiengruppenkonferenz“. In Wirklichkeit ist in Japan inzwischen der „Täter-Opfer-Ausgleich“ vereinzelt probeweise in die Tat umgesetzt worden. Er spielt jedoch immer noch nur eine marginale Rolle. Denn das japanische Strafrechtssystem und die Strafrechtspraxis orientieren sich immer noch an Abschreckungs-prävention und Vergeltung. Der „Täter-Opfer-Ausgleich“ kann in diesem Rahmen keinen Stellenwert haben und hat deswegen auch keine gesetzlich festgesetzte Basis. Damit aber dem „Täter-Opfer-Ausgleich“ ein größerer Stellenwert eingeräumt wird und er im erheblicherem Umfang praktiziert werden kann, braucht man ein Umdenken und sogar einen gewissen Paradig-

menwechsel von dem mit der negativen Generalprävention verbundenen individualmoralischen Vergeltungsstrafe, kurz vom Repressionsstrafrecht zum Täter-Opfer-Gesellschaftsbezogenen Tatkriminalrecht. Im Folgenden sollen zuerst eine neue Konzeption des Kriminalrechts ausgeführt werden, und dann soll sich mit der Idee „Restorative Justice“ auseinandergesetzt werden. Anschließend soll ein Bericht über die Praxis des „Täter-Opfer-Ausgleichs“ in Japan erstattet werden. Zum Schluss soll in die Zukunft des japanischen Kriminalrechts geblickt werden.

II. Wiederherstellung des Rechtsfriedens als Aufgabe des Straf (Kriminal) rechts

Das Strafrecht umschreibt die Verhaltensformen, die sozial schadliche Konsequenzen haben und die das geordnete menschliche Zusammenleben stören würden. Es werden nicht nur individuelle Bedürfnisse und Interessen, also Individualrechtsgüter, sondern auch überindividuelle oder kollektive Interessen, also Rechtsgüter der Allgemeinheit geschützt. Es umschreibt formell den Raum zur Kontrolle für Rechtsgüter. Dazu ist es nicht weniger wichtig, dass an der Wurzel der Definition des Verbrechens im Wesentlichen eine *Sozialethik* steht. Kein Rechtssystem könnte ohne seine sozialethischen Grundlagen existieren. Das Recht soll nicht in erster Linie als eine formell äußerliche Zwangsnorm der staatlichen Ordnung (die *formale Rechtsstaatlichkeit*) angesehen werden, sondern eher materiell als ein Ausdruck der *sozialethischen Wertverbundenheit* (die *materiale Rechtsstaatlichkeit*)[(1)]. Ein Rechtsbruch ist deshalb auch Teil des *sozialen Interessenkonflikts*. Genau gesagt, handelt es sich beim Verbrechen nicht nur um eine vertikale Dimension des Staates gegen den Täter, sondern auch um eine *horizontale Dimension*, und zwar den abstrakten Norm- oder Wertekonflikt des Staates mit dem Rechtsbrecher auf der einen Seite und den sozialen, konkreten Interessenkonflikt des Opfers und der Öffentlichkeit mit dem Rechtsbrecher auf der anderen Seite[(2)].

Das Strafrecht wird auf Verhaltensformen angewandt, die das frie-

dliche und ordentliche Zusammenleben der Gesellschaft schwer stören und die Forderung nach Achtung auf die subsidiär gestalteten und geschützten Rechtsgüter verletzen. Deshalb muss die allgemeine Aufgabe der Strafrechtspflege *die Aufrechterhaltung des Rechtsfriedens und dessen Wiederherstellung und Verstärkung sein, nachdem das Verbrechen begangen wurde*(3). Dabei soll aus dem Gesichtspunkt des „besonnenen, rechtlich denkenden Bürgers über den Rechtsbruch" darüber geurteilt werden, ob der Rechtsfriede wiederhergestellt wurde. Sonst würde er abhängig von den Einstellungen der emotional Gestimmten oder Massenmedien sein(4).

Das vom Rechtsbrecher verletzte Recht verlangt die sozialethische Missbilligung der schuldhaften Handlung. Die Schuld des Rechtsbrechers besteht nicht im inneren Ungehorsam gegen die Zwangsnorm, sondern in der sozialethischen Missbilligung, dass die mangelnde innerliche Normverbundenheit des Straftäters, die in seinem Verhalten zum Ausdruck kommt, im klaren Widerspruch zum rechtlich anerkannten Wert steht (der *objektivierte, sozialehtische Schuldbegriff*)(5). Eine Ausdrucksform der Schuld ist Strafe. Deswegen existiert die primäre Rechtfertigung für Strafe nicht in der Prävention, sondern in der tadelnden Reaktion selbst. Die Strafe funktioniert als ein Ausgleich der Schuld.

Die Strafe, dessen Wesensmerkmal Übelzufügung ist, kann jedoch soziale Konflikte zwischen Täter, Opfer und Gesellschaft nicht konkret lösen. Es ist hierbei von Bedeutung, dass die sozialethisch begründete strafrechtliche Schuld, die nicht mehr mit Vergeltung verbunden ist, nicht mit zwingender Notwendigkeit die Strafe erfordert. Es ist daher zu fragen, ob Strafe durch andere Reaktionsmuster mit gleicher oder sogar besserer Wirkung, d.h. freiwillige sozial-konstruktive Tätigkeiten des Rechtsbrecher, ersetzt werden kann(6).

III. Idee der „Wiederherstellenden Gerechtigkeit" (Restorative Justice) und ihr Verhältnis zur traditionellen Strafrechtspflege

Bis jetzt ist noch nicht aussagekräftig geklärt, was mit dem deutschen

Wort „Wiederherstellende Gerechtigkeit" (Restorative Justice) in Wirklichkeit gemeint ist. Deshalb ist es immer noch nicht klar, wie „ Restaurative Gerechtigkeit" mit der tradtionellen Strafrechtspflege zusammengehängt werden kann und soll.

Als ein typisches Mittel, mit dem man die Idee der „Wiederherstellenden Gerechtigkeit" in die Tat umsetzt, wird weltweit der „Täter-Opfer- Ausgleich" praktiziert. Dabei können mit der Hilfe eines neutralen Konflikthelfers die Beziehungen zwischen Täter, Opfer und Gesellschaft durch eine selbstgewählte Verantwortungsübernahme des Täters gelöst werden. Mehrere in Deutschland und Österreich durchgeführte empirische Studien zeigen, dass der „Täter-Opfer- Ausgleich" von der Bevölkerung anerkannt wird und es deshalb mannigfaltige Gelegenheiten für die Normverdeutlichung gibt (positive Generalprävention). Er enthält aber ein noch weiteres, wichtigeres Ziel, obgleich er sichien, ins System der Zwecke der Strafe, die dem Täter aufgezwungen wird, eingefügt werden zu können. Das Hauptziel des „Täter-Opfer-Ausgleichs" besteht darin, dass sich der Täter mit der Tat, ihren Folgen und dem Leid des Opfers ernsthaft auseinandersetzt, und die Betroffenen die Lage des Anderen verstehen, und außerdem sich der Rechtsbrecher, das Opfer und die Gesellschaft in ihrer Gesamtheit miteinander durch sozialverant-wortliche aktive Leistungen des Täters versöhnen, was über die Erfüllung der Strafzwecke hinausgeht, die sich unabhängig von den Verhältnissen des Verletzten mit den Präventionsbedürfnissen des Täters und der Öffentlichkeit beschäftigen. Solcherweise ist der „Täter-Opfer-Ausgleich" mit mannigfaltigen Ergebnissen gegenüber Strafe besser geeignet, den Rechtsfrieden wiederherzustellen.

„Wiederherstellende Gerechtigkeit" als Idee darf nicht mit dem „ Täter-Opfer-Ausgleich" als Verfahren gleichgesetzt werden. Es gibt weitere sozial-konstruktive Reaktionen auf das Verbrechen, die diese Idee in dieser Welt verwirklichen können. „Wiederherstellende Gerechtigkeit" wird viel breiter gefasst und kann auch Familiengruppenkonferenzen, Erbringung gemeinnütziger Leistungen oder die Zahlung eines Geldbetrages zugunsten einer gemeinnützigen Einrichtung

einbeziehen.

Wenn es unter „Wiederherstellender Gerechtigkeit" unbedingt notwendig ist, dass sowohl die Wiedergutmachung der verletzten Beziehungen zwischen Täter, Opfer und Gesellschaft sowie die Schadenswiedergut-machung (Schadensersatz) wesentlich sind, und der Täter daher freiwillig eine Verantwortung für seine Tat gegenüber dem Opfer und Gesellschaft übernimmt und konstruktive Gegenaktivitäten aufnimmt, dann gelangt man tentativ zu folgender Definition der „Wiederherstellenden Gerechtigkeit": *Wiederherstellende Gerechtigkeit ist ein Verfahren, in dem der Rechtsbrecher freiwillig und autonom eine Verantwortung für seine Tat übernimmt, ihre Folgen auf einem sozial-konstruktiven Weg rückgängig macht und damit friedlich Versöhnung verwirklicht*(7). Diese Definition lehnt weder die Idee ab, die angerichteten Schäden zu kompensieren, noch schließt sie „opferlose" Straftaten aus, deren Opfer nur schwer aufzufinden sind.

Wenn formelles Recht gegenüber materiellem Recht eine dienende Rolle spielen soll, dann soll das Letztere im formellen Recht eine Entsprechung haben(8). Das Strafverfahrensrecht als Teil des strafrechtlichen Gesamtsystems soll außer der Erforschung der materiellen Wahrheit auch die Opferbelange beachten und die Versöhnung zwischen Täter, Opfer und Gesellschaft miteinander verfolgen. Denn es ist das Opfer, das unter dem Gesichtspunkt des eingetretenen *Interessenkonfliktes* am schwersten getroffen ist. Entschädigung für den von der Tat hervorgerufenen psychischen und materiellen Schaden soll also im Mittelpunkt des Interesses stehen. So sollen autonome und sozial-konstruktive Konfliktlösungen ein wichtiges Ziel im Strafverfahrensrecht sein(9).

Auf der Stufe vor der Hauptverhandlung kann der Staatsanwalt von einer Anklageerhebung absehen, wenn die vom Täter gestörten sozialen Verhältnisse ohne das Eindringen des Gerichts nach erfolgreicher Versöhnung wieder völlig hergestellt werden (divesionelle Mediation). Also soll das Mediationsverfahren als Vorstufe zu einem förmlichen Strafverfahren aufgebaut werden. Wenn es zur Hauptverhandlung kommt, haben die Gerichte von Amts wegen zu prüfen, ob sich der Täter

um die Versöhnung mit dem Verletzten bemüht hat. Seine ernsthaften Bemühungen sollen eine Milderung der Strafe, eine Aussetzung der Strafe, ein Absehen von Strafe oder eine Einstellung des Strafverfahrens zur Folge haben, wenn die Bestrafung nicht notwendig erscheint, den Täter oder die Allgemeinheit von Straftaten abzuhalten.

„Wiederherstellende Gerechtigkeit“ durchzieht das ganze Verfahren, also von der Ermittlungsphase bis zum Strafvollzug und beschränkt sich deshalb nicht auf das Strafverfahren. Strafgefangene befriedigen mit der Verbüßung ihrer Freiheitsstrafe noch nicht die Belange und Interessen der Opfer. „Wiederherstellende Gerechtigkeit“ soll auch im Strafvollzug Eingang finden. Sie bewegt sich weiter in den Bereich der Bewährungshilfe. Die Täter sollen auch nach (bedingter) Entlassung ihre Tat nicht aus den Augen verlieren. Den Tätern soll bewusst gemacht werden, dass sie Opferinteressen verletzt haben. „Integration ohne Wiedergutmachung der Tat ist keine Integration“(10) (s. Bild 1 u. 2).

IV. Tater-Opfer-Vermittlung/Ausgleich in der Praxis

In Japan sind Täter-Opfer-Ausgleichsprojekte erst seit fünf Jahren entstanden. Meistens werden sie im Jugend (straf) recht praktiziert. Aber sie finden heute noch nur im beschränkten Umfang Anwendung. So scheint es deswegen zu früh, heute schon die Gesamtauswertung der Praxis zu versuchen, oder sogar eine Zwischenbilanz zu ziehen. Im Folgenden soll die Vorgehensweise des TOA im Einzelnen erörtert werden.

(1) Jugend (straf) recht

(a) Das Zentrum fur Konfliktschlichtung Okyama(11)

Dieses Zentrum ist im März 1997 in der Präfektur Okayama als eine Stelle innerhalb des „Rechtsanwaltsvereins Okayama“ geschaffen worden, die „Alternative Dispute Resolution“ durchführt. Im Frühling 1998 hat ein Rechtsanwalt *Katsuya Takahara* auf Grund seiner eigenen vorangehenden Erfahrung als zivilrechtlicher Konfliktschlichter auch den

„Täter-Opfer-Ausgleich“ konzipiert. Bis heute gab es drei Versuche (eine Massengewalt zwischen Jugendlichen, eine Massengewalt von Jugendlichen und eine versuchte unzüchtige Nötigung).

1. Ein Beispiel (ein Fall der Massengewalt von Jugendlichen). (Die Namen sind alle anonym.)

Sachverhalt: Ichitaro, Nitaro, Santaro, Yontaro und Gotaro, die in der dritten Klasse der Junior High School waren, verletzten am 1. Juni 1995 Setaro Koizumi (ein High School Schüler) (ein Knochenbruch des kleinen Fingers der rechten Hand und eine Kopfwunde), die etwa drei Wochen Behandlung erforderten. Die Meinungen der Täterseite und der Opferseite widersprachen sich zwar darüber, wie es zum Zwischenfall kam und wie die Täter das Opfer schlugen. Aber Setaro räumte ein, dass er selbst zuerst die Täter angriff. Nitaro, Santaro, Yontaro und das Opfer wohnten im selben Bezirk der Volksschule.

Die Eltern des Opfers forderten von der Junior High School eine Erklärung des Falles und eine Auferlegung einer Disziplinarstrafe gegenüber den Tätern. Aber die Schule gab ihnen keine deutliche Antwort. So machten Herr und Frau Koizumi am 9. Juni 1995 bei der Polizei eine Schadensanzeige. Drei oder vier Monate später nach dem Fall wurden die Täter von der Polizei verhört. Dabei wurde keine Protokolle erstellt. Es scheint so, dass sie den Fall als einen Streit mit Schuld auf beiden Seiten behandelte. Es machte die Eltern des Opfers ärgerlich, dass die Ermittlung der Polizei nicht weiter ging und die Erklärung des Falles durch die Polizei nicht deutlich genug war. Herr und Frau Koizumi bildeten sich ein, dass dies alles aus dem Druck auf die Polizei durch die Eltern der Täter kam.

Die Eltern von Setaro beantragten am 29. Mai 1998 beim Amtsgericht eine Schlichtung für Schmerzensgeld über 5 000 000 Yen (etwa 3845 Euro) gegenüber den Tätern und deren Eltern. Aber am zweiten Termin des Schlichtungsverfahrens kam die Schlichtung nicht zustande. Die Eltern der Täter schlugen vor, dass jeder 20 000 Yen (etwa 154 Euro), insgesamt 100 000 Yen (etwa 770 Euro) zahlt. Aber die Eltern des Opfers

lehnten den Vorschlag ab.

Am 24. September 1998 brachten sie beim Landgericht eine Zivilklage für Schmerzensgeld über 5 000 000 Yen (etwa 3 850 Euro) gegenüber den Tätern und deren Eltern bei. Der erste Termin der Verhandlung wurde vertagt, weil sich der Rechtsanwalt, Yamanaka, nicht freimachen konnte, den die Täterseite als ihren Rechtsvertreter einsetzte.

Am 25. November 1998 beantragte der Rechtsanwalt Yamanaka beim Zentrum für Konfliktschlichtung eine Schlichtung für eine angemessene Lösung durch eine Besprechung. Er meinte, den Zivilprozess würde die Täterseite zum größten Teil gewinnen, aber dann würde der Riss des Verhältnisses zwischen der Täterseite und der Opferseite vertieft werden. Das wäre keine echte Lösung. Er wollte gern die Vorteile der Schlichtung praktisch verwenden und die Sache gütlich lösen.

Am 20. April 1997 besuchten die Mutter der Täter alle zusammen die Koizumis, um sich bei ihnen zu entschuldigen. Die Eltern des Opfers ärgerten sich darüber, dass ihre Entschuldigung so spät war. Die Mütter der Täter rechtfertigten das damit, dass sie nach der Anweisung der Polizei nicht versuchten, mit ihnen Kontakt zu nehmen.

Am 28. April 1997 wurden ein Rechtsanwalt Ikeda und ein Psychotherapeut Kobayashi zum Mitkonfliktschlichter gewählt. Der Rechtsanwalt Ikeda konzentrierte sich zuerst darauf, Auskünfte über den Fall zu sammeln und sie mit Herrn Kobayashi zu besprechen. Also ließ er den Rechtsanwalt der Täterseite Yamanaka eine Kopie der Protokolle der Zivilprozessverhandlung vorlegen und deren Verlauf erklären. Am 25. Dezember 1997 teilte er den beiden Parteien mit, dass von 10 Uhr bis 14 Uhr am 14. Januar 1999 die erste Schlichtungsverhandlung gehalten werden soll.

Am zweiten Termin der Zivilverhandlung forderte der Rechtsanwalt Yamanaka den Zivilrichter auf, dass die weiteren Verhandlungen später gehalten werden sollten, weil er beim „Zentrum für Schlichtung“ eine Schlichtung beantragte. Aber der Richter sagte, er mache weiterhin den Prozess, solange die Opferseite die Zivilklage nicht zurückziehe. Er setzte den 4. Februar 1999 als den nächsten Termin fest.

Inzwischen bekam der Schlichter Ikeda von der Opferseite keine Antwort. So erklärte er Herrn Koizumi telefonisch ausführlich den Zweck und das System der Schlichtung. Er erwiderte, „ich habe den Fall bisher mit drei Rechtsanwälten besprochen. Aber keiner redete von der Schlichtung. Keine Rechtsanwälte nahmen für mich einen Zivilprozess. So musste ich selber eine Zivilklage erheben. Wenn die Schlichtung den Zivilprozess nicht beeinflusst, interessiere ich mich auch für die Schlichtung. Ein paar Tage später werde ich antworten.“ Zwei Tage später teilte Herr Koizumi dem Schlichter telefonisch mit, dass er am ersten Schlichtungsverfahren teilnehmen werde.

Die Teilnehmer an der Schlichtung am ersten Termin:
die Opferseite: Herr und Frau Koizumi (Setaro Koizumi war abwesend.)
die Antraggeber: Rechtsanwalt Yamanaka, die Mutter von Ichitaro, die Mutter von Nitaro, der Vater von Santaro und Yontaro.

Von 9 Uhr bis 10 Uhr: der Schlichter Ikeda brachte mit Hilfe der Angestellten Topfpflanzen ins Schlichtungszimmer und bereitete Tee vor. Er besprach sich mit dem Psychotherapeuten Kobayashi, dass sie zuerst die Opferseite und dann die Mutter von Ichitaro u.a. im einzelnen interviewen, vor allem die Opferseite anhören, und dabei hauptsächlich der Psychotherapeut Kobayashi sie fragt, so weit wie möglich.

Von 10 Uhr bis 11:40 Uhr: der Rechtsanwalt Ikeda, der Psychotherapeut Kobayashi, Herr und Frau Koizumi begrüßten sich. Die Schlichter hörten Herrn und Frau Koizumi. Die Eltern von Setaro sagten, seit der sechsten Klasse der Volksschule werde Setaro oft von den Klassenlehrern und den Klassenkameraden gequält. Setaro sei von Ichitaro und den anderen gequält worden. Das führte zu Raufereien zwischen den beiden Seiten. Der beim Zentrum für Schlichtung beantragte Fall sei ein Massengeawalt-Fall gewesen. Obwohl ein Jahr später Setaro nach dem Fall wieder von Ichitaro und den anderen

geschlagen worden sei, leugneten sie dabei die Tat. Setaro sei bis zur fünften Klasse der Volksschule fleißig und geduldig gewesen. Aber seitdem sei er nicht so fleißig gewesen und schaffte es nicht, in eine Uni aufgenommen zu werden. Die Junior High School, die Ichtaro und die anderen besuchten, die Polizei und die Rechtsanwälte, mit denen Herr und Frau besprachen, gingen mit dem Fall nicht richtig um. Während hauptsächlich Herr Koizumi sprach, notierte Frau Koizumi, was er sagte.

Der Rechtsanwalt Ikeda nahm den Psychotherapeuten Kobayashi als Vorbild und versuchte, mit den Eltern von Setaro sympathisieren. Der Rechtsanwalt Ikeda erklärte ihnen zwischendurch, wie schwierig im allgemeinen die Zivilklage ohne Rechtsanwalt durchgeführt wird und wo die Grenzen der Zivilklage sind. Setaro war abwesend. Es schien, dass er seinen Eltern den Fall nicht ausführlich erklärte. So erfasste der Rechtsanwalt Ikeda intuitiv, dass die Eltern den Zivilprozess nicht gewinnen werden. Aber er sagte es ihnen nicht, weil es wichtig war, dass Herr und Frau Koizumi sagten, was sie wollten.

Von 11:40 Uhr bis 11:45 Uhr: Herr und Frau Koizumi nahm den Versuch einer Lösung durch die Schlichtung an. Den Rechtsanwalt Yamanaka, der im Wartezimmer war, ließen die Schlichter ins Schlichtungszimmer hereinkommen. Und dann wurde der 2. Februar 1999 als der nächste Termin des Schlichtungsverfahrens festgesetzt. Herr und Frau Koizumi machten sich auf den Rückweg.

Von 11:45 Uhr bis 12:30 Uhr: die Schlichter hörten die Mutter von Ichitaro und die anderen. Dabei wurde Frau Koizumi persönlich vorgeworfen, dass sie den Hut tief ins Gesicht setzte und ihn heute vormittag auch, wie bei der Zivilverfahrensverhandlung nicht absetzte. Die Schlichter sagten ihnen, es ginge ihr heute nicht gut. (Später ergab es sich, dass sie den Hut trug, um die Nebenwirkungen der Medizin im Gesicht zu verdecken.)

Von 12:30 bis 12:40: der Schlichter besprach mit dem Rechtsanwalt

Yamanaka allein einen zu zahlenden Betrag. Yamanaka meinte, jeder kann einen gleichen Betrag, 50 000 Yen (etwa 385 Euro), insgesamt 250 000 Yen (etwa 1 920 Euro) zahlen. Aber der Schlichter Ikeda sagte, jeder soll 100 000 Yen (etwa 770 Euro), insgesamt 500 000 Yen (etwa 3 845 Euro) zahlen. Hiermit wurde der erste Tag des Schlichtungsverfahrens beendet. Kurz danach sagte der Psychotherapeut Kobayashi dem Mitschlichter Ikeda, in diesem Fall wirke die Überredung nicht, viel wichtiger sei die Sympathie.

Die Teilnehmer am Schlichtungsverfahren am zweiten Termin:
die Opferseite: die Eltern von Setaro. (Setaro war abwesend.)
die Antraggeber: Rechtsanwalt Yamanaka, Ichitaro, die Mutter von Nitaro, Sanntaro und dessen Vater, Yontaro und dessen Mutter, Gotaro und dessen Mutter.

13:50 Uhr bis 14:10 Uhr: der Schlichter Ikeda schlug dem Mitschlichter Kobayashi vor, dass sich von Anfang an alle Teilnehmer zusammensetzen sollten. Der Psychotherapeut Kobayashi stimmte mit Zögern zu. Die Eltern von Setaro und der Rechtsanwalt Yamanaka waren auch damit einverstanden. Alle setzten sich zusammen. Tee wurde serviert. Aber die Stimmung war verbittert.

Von 14:10 Uhr bis 14:40 Uhr: die Schlichter stellten sich erneut vor. Sie begannen das Verfahren mit dem Wort, „Wir haben alle Kinder. Sie sollten als Eltern miteinander ein Gespräch führen.“ Dann stellten sich Ichitaro und die anderen sowie die Eltern von Setaro vor. Der Schlichter Ikeda sagte den Teilnehmern, Frau Koizumi wollte den Hut tragen, weil es ihr nicht gut ging. Die Stimmung war immer noch sehr schlecht. Der Schlichter Ikeda wagte es, Herrn und Frau Koizumi um ein Wort zu bitten. Herr Koizumi forderte eine Erklärung darüber, wann Ichitaro und die anderen von der Polizei vernommen wurden und wie die Eltern von Ichitarao und die anderen auf die Polizei Druck ausübten. Dabei sagte der Rechtsanwalt Yamanaka, man sollte das Thema des Gespächs auf

den Fall selbst eingrenzen. Dagegen erwiderte der Schlichter Ikeda, Themen des Gesprächs sollten nicht eingegrenzt werden. Danach sagten über die Vernehmungszeit Ichitaro, Santaro, Yontaro, die Mutter Nitaro und die Mutter von Yontaro aus. Aber jede Aussage war nicht deutlich. (Wahrscheinlich konnten sie sich daran nicht mehr erinnern.) Herr Koizumi ärgerte sich und sagte, „Sie lügen, wie immer.“ Dann stand Ichitaro auf und erwiderte, „Wenn Sie wollen, kämpfen wir zu zweit miteinander.“ Dann kam es zu einem heftigen Wortwechsel zwischen Herrn Koizumi und Ichitaro, obwohl der Schlichter versuchte, die beiden daran zu hindern.

Einen Augenblick war der Schlichter Ikeda fassungslos. Er blieb jedoch dabei und erklärte ernsthaft den Autounfall, den sein Sohn verursachte, und zwar wie er dabei als Vater damit umging. Dann sagte er, wie schmerzhaft allgemein gesagt die Straftat dem Opfer ins Herz schneide, der zur Diskussion kommende konkrete Fall könnte für Ichitaro und die anderen Vergangenes sein, aber für die Eltern von Setaro sei er nichts Vergangenes. Sie können immer noch den Schock nicht überwinden. Dann sagte der Schlichter Kobayashi mit ruhiger Stimme, die Erinnerung könne leicht zugunsten sich selbst geändert werden.

Dann sprachen die Mütter von Nitaro und Gotaro aus, sie hätten sich noch früher entschuldigen sollen. Ichitaro selbst sagte, er sei von seinen Gefühlen gerissen worden, so dass er etwas Unhöfliches sagte. Die Schlichter stellten die Zuammensitzungsschlichtung ein und ließen die Antragsgeber sitzen bleiben, und gingen mit Herrn und Frau Koizumi in ein anderes Zimmer.

Von 14:40 Uhr bis 15 Uhr: die Eltern von Setaro sagten den Schlichtern, sie konnten ihren Zorn an der Täterseite erst einmal genug auslassen. Die Täterseite entschuldigte sich bei ihnen. Der Schlichter Ikeda erklärte, im Vergleich zu dem amerikanischen Gericht sei in Japan das Schmerzensgeld niedriger und warum es so ist. Herr Koizumi fragte den Schlichter Ikeda nach dem angemessenen Vergleichsgeld. Der

Schlichter Ikeda antwortete, er sei nicht sicher, aber die Summe 500 000 Yen sei die Grenze. Frau Koizumi überließ alles ihrem Mann. Herr Koizumi wollte 1 000 000 Yen haben, aber überließ alles schließlich dem Schlichter Ikeda. Dann schlug der Schlichter Ikeda dem Rechtsanwalt Yamanaka vor, jeder soll 100 000 Yen zahlen, insgesamt 500 000 Yen, die Gebühren sollen Ichitaro und die anderen auf sich nehmen. Bald nahm der Rechtsanwalt Yamanaka den Vorschlag an.

Von 15 Uhr bis 16:50 Uhr: Die Schlichter entwarfen einen Schlichtungvertrag. Sie legten ihn den Eltern von Setaro und dem Rechtsanwalt Yamanaka vor. Dann wurde er durch den Vorschlag des Rechtsanwaltes Yamanaka etwas geändert.

Von 16:50 bis 17:20: alle Betroffenen unterschrieben nach dem Vorschlag des Rechtsanwalt Yamanaka den Vertrag. Die Artikel des Vertrags sind folgende:

§1 Die Antragsgeber entschuldigen sich bei Setaro und seinen Eltern für die körperlichen und psychischen Schmerzen, die die Täter verursachten.

§2 Die Antragsgeber sind für die Entschädigung (Behandlungskosten, Schmerzensgeld u.a. alles inklusive) 500 000 Yen solidarisch verpflichtet.....

§3 Die Koizumis ziehen die Zivilklage zurück.....

§6 Die Parteien bemühen sich, von jetzt an miteinander die harmonischen und friedlichen Beziehungen zu erhalten. Sie schwören, dass sie so einen Fall nie wiederholen.

Nach der Schlichtung erzählt der Schlichter Ikeda seine Eindrücke von ihr: ① Ohne Hilfe des Psychotherapeuten Kobayashi wäre die Schlichtung nicht zustande gekommen. ② Eine Zusammensitzung, Ausdrückung der Gefühle, Entschuldigung, erst dies alles führte zur Lösung des Falles. ③ Die Schlichtung war eine Gewinnen-Gewinnen Lösung. ④ Er hofft, Setaro und seine Eltern treten vorwärts gesehen ins neue Leben.

2. Ein anderes Beispiel (ein Fall der versuchten Nötigung zur Unzucht). (Die Namen sind alle anonym.)

Sachverhalt: Herr Itschiro Mori, ein Mann mittleren Alters, versuchte absichtlich mit einer unzüchtigen Nötigung Hanako Sakata, eine zwölfjährige Schülerin, in den Wagen zu bringen, die unterwegs nach Hause war. Sie hat geschrieen und ihm Widerstand geleistet. Der Täter wurde wegen unzüchtiger Nötigung angeklagt. (Der Täter war noch anderer sexueller Taten verdächtig. Aber die Opfer scheinen keine Strafanträge gemacht zu haben.)

Die Schülerin wurde fast jeden Tag lange Zeit von der Polizei verhört. Sie wurde von einem Ermittlungsbeamten nach ihrem Brustumfang und ihren Schamhaaren gefragt. Ihre Eltern, Herr Yussuke Sakata und Frau Tomoe Sakata, wurden sogar nach der Kindheit ihrer Tochter gefragt. Die Schülerin hat in der Tatzeit vor Entsetzen Inkontinenz gehabt. Deswegen wurde Ihre Unterhose beschlagnahmt. Die Eltern wollten sie zurückholen. Aber die Polizei lehnte einfach ihren Antrag ab. Die Eltern halfen der polizeilichen Ermittlung, obwohl es ihnen unangenehm war. Als sie hörten, dass der Täter auf Bewährung entlassen werden könnte, bekamen sie einen Schock.

Bald nach Anklageerhebung wurde Herr Mori gegen Kaution 2 500 000 Yen (etwa 19 230 Euro) freigelassen. Herr und Frau Sakata sahen auf Initiative des Rechtsanwalts Yamagishi seitens des Täters den Rechtsanwalt und Frau Mori. Aber Herr und Frau Sakata zweifelten an ihrer Ehrlichkeit und forderten eine Unterredung mit dem Täter. Denn sie wollten ihren Zorn an ihm auslassen und seinen Charakter wissen sowie darüber wissen, ob ihre Tochter wieder viktimisiert werden kann. Frau Sakata wollte der Staatsanwaltschaft einen Brief schreiben, um ihr Herz auszuschütten. Sie schrieb ihn mit allen Kräften. Er wurde jedoch vom Staatsanwalt in der ersten Hauptverhandlung ohne Seele schnell vorgelesen. Dabei war Herr Sakata da. Als er seiner Frau nachher von dem „Schnellvorlesen“ erzählte, war sie höchst ärgerlich.

Dialog: Der Täter beantragte beim „Zentrum für Konfliktschlichtung

Okayama" einen Vergleich. Aber es war noch unklar, ob Herr und Frau Sakata einen Versuch der Schlichtung annehmen würden. Außerdem war die Strafsache noch anhängig. Der Rechtsvertreter des Täters, Yamagishi, teilte dem Zentrum mit, dass Herr und Frau Sakata den Schlichtungsversuch annhmen wollen. Der Rechtsanwalt Kan, der von den Mitgliedern des „Zentrums für Opferhilfe Okayama" durch den Führungsausschuss des „Zentrums für Konfliktschlichtung" zum Schlichter ernannt wurde, rief Herrn und Frau Sakata an und erklärte, dass er zum Schlicher ernannt wurde und wie das Schlichtungsverfahren ist. Frau Sakata nahm den Schlichtungsversuch an, vorausgesetzt, dass das Schlichtungsverfahren zwischen 13 Uhr und 15 Uhr nahe an ihrem Wohnort durchgeführt wird. Denn die Hin- und Rückfahrt zwischen ihrem Wohnort und Okayama, dauert fünf Stunden und die Schülerin war traumatisiert und wurde unterwegs zwischen Schule und Hause von ihrer Mutter begleitet. Der Rechtsanwalt Kan war damit einverstanden.

Am ersten Termin des Schlichtungsverfahrens (19. 5. 2000) ergab sich aus dem Gespräch mit den Eltern des Opfers kurz vor der Sitzung, dass sie gegen Polizei und Staatsanwaltschaft Misstrauen hegen (die sog. sekundäre Viktimisierung). Im Schlichtungsverfahren entschuldigte sich zuerst der Täter. Aber auf den Tisch mit den Händen schlagen schrieen Herr und Frau Sakata ihn an, „Sie denken über Ihr eigenes Betragen nicht nach. Was würden Sie denn tun, wenn Ihre Kinder sexuell genötigt worden wären. Sie sind unmenschlich." Der Täter entschuldigte sich immer und immer wieder. Aber Herr und Frau Sakata wollten seine Entschuldigung nicht annehmen. Dann schlug der Schlichter vor, dass an ihn der Täter Mori spätestens bis zum 26. Mai 2000 einen eigenhändigen Entschuldigungsbrief vorlegen soll. Denn der Täter war ungelenkt im Reden. Der Täter Mori und der Rechtsanwalt Yamagishi waren damit einverstanden.

Später sandte der Schlichter Kan Herrn und Frau Sakata den pünktlich bei ihm angekommenen Entschuldigungsbrief mit Anlage. Der Schlichter Kan teilte dem Rechtsvertreter Yamagishi mit, dass Herr und Frau Sakata mit dem Schmerzensgeld 500 000 Yen (etwa 3 845 Euro)

nicht zufrieden sind, aber mit 1 000 000 Yen (etwa 7 690 Euro) zufrieden seien. Am 13. Juni 2000 schlug der Schlicher telefonisch Herrn und Frau Sakata ein Schlichtungsgeld von 1 000 000 vor. Am 15. Juni 2000 nahmen sie den Schlichtungsvorschlag an. Das Schmerzensgeld wurde ausgehändigt. Später wurde der Täter zu zwei Jahren Freiheitsstrafe mit Arbeitszwang und drei Jahre auf Bewährung verurteilt.

Später schrieb Frau Sakata dem Schlicher Kan einen Dankesbrief, „ Ich habe diesmal zum erstenmal vom Zentrum für Konfliktschlichtung gehört. Dadurch wurden Sie mir vorgestellt. Sie haben gut unsere Lage verstanden und uns warmherzig aufgemuntert. Sie waren gegenüber dem Täter streng. Sie haben auch dem Rechtsvertreter des Täters Ratschläge gegeben. So habe ich in Ruhe mit dem Täter gesprochen. Ich war sehr froh, als Sie sagten, ich könne ihm eins vor den Kopf geben. Dank Ihnen haben wir ein Ende mit dem Fall machen können. Ohne Ihre Hilfe wären Unzufriedenheit und Ärger geblieben.“

(b) Das Fuhrungszentrum fur den Dialog zwischen Opfer und Tater(12)

Die privatrechtliche Organisation ist im Juni 2001 in der Präfektur Tschiba, eine Nachbarpräfektur von Tokyo, aus einer Reflexion auf die traditionelle und repressive Strafrechtspraxis gegründet worden. Es strebt nicht die Einstellung des Jugendschutzverfahrens sondern die Konfliktregelung per se in Jugendkriminalfällen an. Diese Projektgründung erfolgte durch private Initiative engagierter Mitarbeiter. Eine Rechtsanwältin Frau *Yukiko Yamada*, Vizepräsidentin des Zentrums, studierte im Jahre 1998 in New York und wusste von „Real Justice“. Sie beteiligte sich nach der Rückkehr nach Japan im japanischen Rechtsanwaltsverein aktiv an der Einführung der „Wiederherstellenden Gerechtigkeit“. Der Verein lud im November 2000 zu Vorträgen und Rollenspielen Prof. M. Umbreit aus Minnesota ein.

Von der amerikanischen Praxis sehr stark beeinflusst hat mit Mitwirkung des „Vereins fur Jugendhilfe Tschiba“, „Familienbetreuung Tschiba“ und „Rechtsanwaltsverein Tschiba“ das „Führungszentrum für den Dialog zwischen Opfer und Täter“ gestartet. Herr *Kiichi Otsuka*,

Rechtsanwalt, ist zum Präsident gewählt worden. Die Zahl der Mitglieder beträgt etwa 130 Personen. Dem Führungszentrum gehören freiwillige Bewährungshelfer, Sozialhelfer, Rechtsanwälte, Ex-Jugendgerichtshelfer, ein Ex-Leiter für das Erziehungshaus für Jugend, ein Ex-Leiter für Jugendklassifizierungs- und Untersuchungszentrum, ein Ex-Richter, Schülerbetreuer, Hausfrauen, Ärzte, Hochschullehrer, Steuerberater u.a. an. Das Zentrum wird von den Mitgliedsbeiträgen und Spenden finanziert.

Opfer, deren Eltern, Täter, deren Eltern, Ihre Vertreter (Rechtsanwälte) werden schriftlich informiert und können sich telefonisch oder per Telefax beim Zentrum melden. Es wird in der Zukunft erwartet, dass das Jugendgericht, das Erziehungshaus für Jugend u.s.w. dem „Führungszentrum“ Jugendkriminalfälle zuweist. Für den Dialog wird vorausgesetzt, dass erstens der Täter eingesteht, zweitens der Täter und sein Opfer freiwillig bereit sind, an einem Ausgleichsversuch teilzunehmen. Das „Führungszentrum“ ernennt je nach dem Fall zwei Konfliktregler. Am Dialog können auch Unterstützer des Opfers und des Täters teilnehmen, vorausgesetzt, dass der Täter und das Opfer damit einverstanden sind. Der ganze Dialog wird weder auf Band aufgenommen noch schriftlich fixiert. Die Vereinbarung muss auch nicht schriftlich erstellt werden.

Das „Führungszentrum“ hat zehn Fälle aufgenommen, in denen sechs Rechtsanwälte, ein Schlichter und ein Ex-Jugendgerichtshelfer Mediation durchgeführt haben. Das schwerste Delikt betraf zwei Körperverletzungen mit Todesfolgen. Es kamen auch fünf Körperverletzungen und drei Erpressungen vor.

Ein Beispiel (ein Fall von Körperverletzung mit Todesfolge). (Lediglich die Namen der Betroffenen sind anonym.)

Sachverhalt: Zwischen einem zwanzigjährigen Mann, Daisuke Ossawa, seinen Freunden und seinen Bekannten kam es wegen Probleme um Partykarten zu Spannungen. Dabei haben Daisuke und seine Freunde die Oberhand gewonnen. Ein Monat später haben sich neun Täter spät

abends auf der Straße an Daisuke rächen wollen und ihm mit einem Schläger aus Metall auf den Körper und den Hinterkopf geschlagen. Sie haben ihn dann mit dem Wagen an den Edo-Fluss mitgenommen und ihn dann weiter heftig geschlagen. Daisuke versuchte zu fliehen und sprang in den Edo-Fluß und ertrank.

Einer der Täter, Schume Mizutani, wurde verhaftet und später ins Erziehungshaus für Jugend untergebracht. Er absolvierte bald danach zwei Jahre später als normal die High School. Die Sache ist in Güte abgemacht worden. Es ist schon 2 500 000 Yen (etwa 19 230 Euro) bezahlt worden. Die Klauseln des Vergleichs bestimmen: Mizutani soll weiter jeden Monat 20 000 Yen (etwa 155 Euro) zahlen. Er soll auch innerhalb eines Monats das Grab des Opfers besuchen. Die Betroffenen sollen eine Gesprächsrunde machen. So hat sich der Vertreter des Opfers beim „Führungszentrum“ gemeldet.

Die Teilnehmer:

Die Opferseite: Naoto Ossawa (Vater), Kazumi Ossawa (Mutter), Takashi Tobari (Unterstützer), als Beobachter Nobuo Murakami (Rechtsanwalt), als Beobachter Kenscho Watanabe (Rechtsanwalt).

Die Täterseite: Schume Mizutani, Hiroshi Mizutani (Vater), als Beobachter Koitschiro Kato (Rechtsanwalt).

Konfliktregler: Yukiko Yamada (Rechtsanwältin), Sotaro Igutschi (Rechtsanwalt).

Ort: im Haus des Rechtsanwaltsvereins Tschiba

Dialog: Herr Ossawa sagte, es sei wirklich traurig, dass sein Sohn nicht eines natürlichen Todes gestorben sei. Er schätze hoch ein, dass der junge Täter vorher das Grab des Opfers besucht habe. Aber die Leiche seines Sohnes, die im Edo-Fluss gefunden worden sei, sei so verunstaltet gewesen, dass er sie nicht ansehen konnte. Hätte sich der Täter noch früher freiwillig der Polizei gestellt, wäre die Leiche nicht so schlimm zugerichtet gewesen. Herr Ossawa bedrängte den jungen Täter mit der Frage. Darauf erwiderte der Junge, dass er sich noch früher der Polizei

hätte stellen sollen, wie Herr Ossawa wünschte, und er selbst inzwischen vor Furcht gezittert habe. Frau Ossawa sah blass aus und es sah aus, dass der kalte Schweiss ihr auf die Stirn trat. Vor diesem Dialog hatte sie viel mit den Konfliktreglern geredet. Aber sie sah aus, dass sie die Stimmung der Sitzung nicht ertragen konnte, so dass sie kein Wort gesprochen hat und alles ihrem Mann hat uberlassen wollen.

Es schien, dass der Junge tief über den Tod des Opfers klagte und über sein Verhalten nachdachte. Die Konfliktreglerin Yamada brachte den Jungen darauf zu sprechen, wie Daisuke im Edo-Fluss gestorben ist, weil das Frau Ossawa wissen wollte. Der Junge beschrieb ernsthaft wie folgend: das Opfer sprang in den Fluss und schwamm. Wir riefen, er solle zurückkommen. Er schlug vor, sie sollten eine Rettungsmannschaft rufen. Der Vorschlag wurde jedoch nicht angenommen. Daissuke konnte man bald nicht mehr sehen. Der Junge ging nach Hause zurück, war jedoch nicht sicher, ob das Opfer gerettet wurde.

Nach den Beschreibungen des jungen Täters sind Herr und Frau Ossawa ganz geistesabwesend. Herr Ossawa sagte, der Junge solle weiterhin das Grab seines Sohnes besuchen, musse sich jedoch nicht jedes Mal bei ihm melden. Die Konfliktreglerin Yamada wollte nach einer Pause den Dialog zusammenfassen. Aber jeder Vertreter und der Konfliktregler Igutschi erklärten ihre Eindrücke vom Dialog und dann ohne Zusammenfassung wurde die Sitzung abgeschlossen (19 Uhr - 20 Uhr).

Nach der Sitzung näherte sich dem Jungen Frau Ossawa, die während des Dialogs kein Wort sprach, und redete ihn sanft an, „ Vielen Dank für Ihre Erklärungen“.

Das alles rührte die Konfliktregler und die Beobachter.

(c) Die Ausgleichsarbeit ist auch von der Bewährungshilfe Yokohama (13) vereinzelt durchgeführt worden. Es gab im Bereich des Jugendrechts drei Versuche.

1. Ein Fall der fahrlässigen Tötung: Ein Minderjähriger hat eine ältere Frau tödlich überfahren, während sie eine Straße überquert hat. Der Täter wurde auf Bewährunsmaßnahme

verurteilt. Ein Hinterbliebener hörte später die Verurteilung und besuchte dann die Bewährungshilfe. Er sagte, der junge Täter besuchte vor der Verurteilung das Grab des Opfers. Aber seitdem ließe er von sich selbst gar nichts hören. Es fehle an Aufrichtigkeit. Eine Vergleichsverhandlung verlaufe nicht weiter. Es handle sich nicht um Geld. Er solle sich lebenslange entschuldigen. Der Hinterbliebene wolle darauf achten, ob der Junge ein neues Leben anfangen könne. Der Bewährungshelfer versprach dem Hinterbliebenen, dass er als Ratgeber für den Täter entsprechend den Wünschen des Hinterbliebenen wirkt. Etwa zehn Tage später besuchte der Junge von dem Bewährungshelfer begleitet die Hinterbliebenen, entschuldigte sich bei ihnen und opferte buddhistisch Weihrauch.

2. Ein Fall der gemeinsamen gefährlichen Fahrt: Acht Jungen wurden wegen einer gemeinsamen gefährlichen Fahrt auf Bewährung verurteilt. Sechs Monate später wurde unter dem Bewährungshelfer und den freiwilligen Bewährungshelfern besprochen, wie die Jungen behandelt werden sollten. Dabei wurde eine gemeinnützige Arbeit vorgeschlagen, damit die Beziehungen mit der Gesellschaft besser gemacht werden können. Die Jungen stimmten der Arbeit zu. Sie besuchten mit dem Bewährungshelfer und den freiwilligen Bewährungshelfern ein Altersheim, pflegten Räume und halfen den Alten zu laufen und so weiter.

3. Ein Fall der Körperverletzung: Ein neunzehnjähriger arbeitsloser Junge drang bei seinem Nachbarn ein und verletzte ihn schwer, weil der Nachbar spät abends die Waschmaschine benutzte, so dass der Junge unter dem Lärm leide, dann riet er davon ab, Wasche zu wäschen. Der Nachbar folgte jedoch seiner Forderung nicht, so dass der Junge sehr ärgerlich wurde. Der Junge wurde auf Bewährung verurteilt. Der Junge machte einen Fernkurs und hatte keine Vorstrafe und keine Erziehungs-maßnahme. Sein Vater verließ schon früh das Haus und der Junge ist ohne

Vater aufgewachsen. Er führte mit seiner Mutter zusammen ein geschlossenes Leben. Er ging schlecht mit Menschen um. Er und seine Mutter baten beim Bewährungs-helfer um eine Vermittlung des Vergleichs. Aber der Bewährungshelfer dachte, dass der Junge zuerst seine eigene Existenz sichern und dann danach durch einen direkten Dialog mit dem Verletzten seine Verantwortung aufnehmen soll. Bald begann er wieder den Fernkurs zu machen und jobbte. Er nahm außerdem mit seinem Vater Kontakt auf. Etwa sechs Monate später nach der Verurteilung nahm der Bewährungshelfer mit dem Verletzten Kontakt auf. Das Opfer stimmte einem direkten Dialog mit dem Täter zu. Am Dialog nahmen das Opfer, sein Freund, der Täter und sein freiwilliger Bewährungshelfer teil. Der Bewährungshelfer spielte die Rolle des Vermittlers. Die Mutter des Täters konnte wegen ihrer Arbeit nicht da sein. Die Opferseite beschrieb ihre psychischen und materiellen Leiden und drückte ihre Ärgerlichkeit aus. Der Täter entschuldigte sich und beschrieb sein Alltagsleben nach dem Fall. Die beiden einigten sich schließlich, dass der Täter das Opfer auf zwei Raten (75 000 Yen, etwa 575 Euro) entschädigt.

(d) Auch im Jugendschutzverfahren, also Jugenderziehungsverfahren kann die Ausgleichsarbeit geführt werden. Ein Jugendrichter am Familiengericht Kobe, *Yasuhiro Igaki*(14), stellt seine eigene Praxis vor:

Ein Fall von Körperverletzung mit Todesfolge: Ein neunzehnjähriger Junge, Makoto Yamagata, wurde von vier Jungen, Ichiro (17 Jahre alt, Fabrikarbeiter), Taro (16 Jahre alt, Fabrikarbeiter), Jiro (16 jahre alt, High-School-Schüler), Tsugio (16 Jahre alt, High-School-Schüler), die alle im selben Wohngebiet wohnten, wo das Opfer auch wohnte, tödlich verletzt. Etwa ein Jahr vorher war das Opfer selbst vom Jugendrichter Igaki wegen eines Diebstahls zur Unterbringung in einer Erziehungsanstalt verurteilt worden. Etwa zehn Tage vor dem Fall war er gerade bedingt

entlassen worden. Der Jugendrichter bekam einen Schock durch seinen Tod, weil er vor etwa einem Monat die Jugendanstalt besuchte und sah, dass es dem Jungen Makoto gut ging.

Der Jugendrichter wollte schon im Jugenderziehungsverfahren eine Methode der „Wiederherstellenden Gerechtigkeit“ anwenden. Er ließ einen Jugendgerichtshelfer die Hinterbliebenen interviewen (anderthalb Stunden). Der Richter selbst interviewte den Vater und den älteren Bruder von Makoto (60 Minuten).

Der Richter ließ sie am Anfang der Jugendschutzverhandlung gegen Ichiro aussagen. Der Vater sagte: „Mein Sohn ist körperlich schwach gewesen. Als Grundschüler wurde er am Kopf operiert und wunderbarerweise gerettet. Er hat keinen großen Dauerschaden gehabt, so dass die Familie darüber sehr froh war. Als Junior High School- und High School Schüler ist er heruntergekommen. Am Ende ist er in einer Erziehungsanstalt untergebracht worden. Aber dort lernte er viel. Er bekam eine Qualifikation zur Reinigung. Am 21. März wurde er von dort entlassen. Er wollte bei einer Reinigungsanstalt arbeiten. Während er eine Stelle suchte, verdiente er als Zeitungsausträger. Seine Augen wurden schöner. Er sagte, „„Vati, irgendwann werde ich ein Reinigungsanstaltsinhaber sein.““ Das freute uns sehr. Aber bald fand er ein elendes Ende. Ich weiß nicht, wie ich diese Ärgerlichkeit ausdrücken soll. Aber Ichiro, Sie sollen meinen Sohn nie vergessen. Jedes Jahr kommt sein Todestag. Wenn Sie gebüßt haben, sollen Sie Weihrauch opfern kommen. Oft wurden bedauerlicherweise Totschläge von Jungen begangen. Mein Sohn soll das letzte Opfer sein. Deswegen sollen Sie ein neues Leben anfangen. Sie sollen Tag und Nacht arbeiten und einen Schadensersatz zahlen.“ Dann forderte der Richter Ichiro auf, etwas auszusprechen. Ichro fragte den Richter, „darf ich aufstehen?“ Er ist dann vom Stuhl aufgestanden und näherte sich ein Stück nach vorne und sagte unter Tränen, „Verzeihen Sie mir bitte. Darf ich irgendwann zum Weihrauch opfern kommen?“ Zwanzig oder dreißig Sekunden verbeugte er sich zur Entschuldigung senkrecht und dann stand er aufrecht und sagte wieder „Verzeihen Sie mir bitte“. Während er sich mit den Händen

die Tränen wischte, betete er lange mit gesenktem Kopf. Das alles machte auf den Richter einen guten Eindruck. Dann ließ er den Vater und den Bruder des Opfers den Sitzungssaal verlassen. Dabei näherte sich Herr Yamagata Ichiro, legte seine Hand dem Täter auf die Schulter und sagte, „Nehmen Sie sich zusammen!“

Der Richter hätte die jungen Täter zum Strafgerichtshof schicken können. Dann wären die Haupttäter, Ichiro und Taro, zu drei Jahren Freiheitsstrafe ohne Bewährung verurteilt worden und Jiro und Tsugio mit Bewährung. Die Familien der Täter waren nicht reich, so dass sie alle zusammen nur 1 000 000 Yen (etwa 7 690 Euro) beziehungsweise 2 000 000 Yen (etwa 15 380 Euro) als Vergleich hätten zahlen können. Die Hinterbliebenen werden nicht gegen sie einen Zivilprozess anstrengen. Unäbhangig davon, ob sie wirklich das Vergleichsgeld annehmen, wäre das juristisch alles gewesen.

Für die Wiedereingliederung der Täter, die Besänftigung der Hinterbliebenen und die Sicherheit der Gemeinschaft wäre das nicht genug gewesen. Damit würde es aber umsonst gewesen sein, dass Makoto getötet worden ist, so dachte der Richter. Der Richter wollte deshalb „ Wiederherstellende Gerechtigkeit“ anwenden.

Die Haupttäter, Ichiro und Taro, die streitsüchtig waren, wurden zur Unterbringung in einer Erziehungsanstalt verurteilt. Jiro und Tsugio, die High-School-Durchschnittsschüler waren, wurden nach einer viermonatigen Prüfungsbeobachtung im Hause zur Bewährung verurteilt.

Seitdem sind zwei Jahre vergangen. Ichiro und Taro bleiben noch in der Erziehungsanstalt sitzen. Der Richter besuchte sie inzwischen oft. Die beiden sind jetzt gute Jungen geworden. Sie haben einen sanften Blick. Ein junger Rechtsanwalt besuchte sie manchmal und kümmerte sich um sie. Am ersten Todestag von Makoto schrieben sie unter der Leitung der Anstaltslehrer ernsthaft Briefe an Herrn Yamagata. Seitdem schreiben sie ihm regelmaßig. Die Jungen hoffen, Herr Yamagata besucht sie. Er wird sie seinerseits besuchen. Es bereitet ihnen Kopfschmerzen, dass es noch nicht bestimmt ist, wie viel Entschädigung sie zahlen sollen.

Was Jiro und Tsugio angeht, entwickelte sich die Angelegenheit so:

am 44. Tag nach dem Todesfall besuchten alle Eltern der Täter zusammen die Hinterbliebenen, um Weihrauch zu opfern und ein Beileidsgeschenk zu geben. Der Richter hatte sie aufgefordert, die Hinterbliebenen zu besuchen. Die Eltern der Täter sagten, dass sie den Tod schmerzlich empfinden und ihre Aufrichtigkeiten zeigen wollen. Am 51. Tag nach dem Todesfall besuchten Jiro, seine Eltern und Tsugio mit seinen Eltern zusammen die Hinterbliebenen. Dabei sagte die Täterseite, dass sie ihre Aufrichtigkeit zeigen werden.

Jiros Eltern, die nicht genug verdienen, dachten, dass Jiro selbst Entschädigung zahlen soll. Also bagann Jiro fleissig zu jobben und gab den Verdienst seinen Eltern in Verwahrung. Aber wenn der High-School-Schüler pro Monat höchstens 50 000 Yen (etwa 385 Euro) verdient, dauert es fünf Jahre 3 000 000 Yen (etwa 23 080 Euro) zu verdienen. Der Begleitrechtsanwalt legte den Hinterbliebenen einen Vorschlag vor. Diese waren damit unzufrieden. So schlug der Begleitrechtsanwalt schließlich pro Monat 50 000 Yen für zehn Jahre vor. Aber sie waren damit auch nicht zufrieden. Es hat in den Verhandlungen um Entschädigung einen Stillstand gegeben. Es gleichte einem Pulverfass.

So bereitete der Richter ein Gespräch mit den Hintergeblieben vor.

> Teilnehmer: der Richter, ein Jugendgerichtshelfer, ein Gerichtssekretär, der Begleitrechtsanwalt von Jiro und Tsugio, Herr Yamagata, der Bruder von Makoto und der Rechtsanwalt seitens der Hintergebliebenen. Ein Onkel von Makoto, den der Richter nicht einlud, war da.

Der Richter ließ den Onkel aussagen. Er sagte etwa 20 Minuten mit lauter Stimme, „mein lieber Neffe wurde so getötet, als ob Ameisen zertreten worden wären. Sein Gesicht war schwarz und doppelt wie normal geschwollen. Als ich sein Gesicht sah, wollte ich die Täter töten. Die sollen getötet werden. Ich fürchte mich gar nicht vor der Todesstrafe. Es handelt sich nicht um den Betrag der Entschädigung.“ Der Onkel schrie gegenüber dem Richter und dem Begleitrechtsanwalt. Es

war so, als ob an dem Tisch Makoto da gewesen wäre. Zum Schluss sagte der Onkel, „Herzlichen Dank“ und ging aus dem Zimmer aus.

Dann begann die Verhandlung über die Entschädigung. Der Richter und die zwei Rechtsanwälte einigten sich zuerst darüber, dass die Eltern von Jiro, Tsugio nicht schadensersatzpflichtig waren, die beiden Jungen selbst entschädigen sollen, ihre Eltern sie jedoch unterstützen sollen, damit sie entschädigen können. Dann handelte es sich beim Gespräch darum, wie lange Jiro und Tsugio entschädigen sollen. Herr Yamagata schlug einen Zeitraum von zwanzig Jahren vor, denn sie sollen sich lange an Makoto erinnern, zehn Jahre seien zu kurz, aber dreißig Jahre seien zu lange. Zwanzig Jahre Termin war für Juristen verstandesgemäß zu lange. Aber schließlich einigten sich die beiden. Jiro soll für etwa 17 Jahre Entschädigung 10 000 000 Yen (etwa 76 920 Euro) auf Raten, pro Monat mindestens 50 000 Yen (etwa 385 Euro) zahlen. Seine Eltern bürgen für ihn. Tsugio soll für etwa 14 Jahre 5 000 000 Yen (etwa 3 845 Euro) auf Raten, pro Monat mindestens 30 000 Yen (etwa 230 Euro) zahlen. Seine Eltern bürgen für ihn. Der Sühnevertrag bestimmt auch, dass „ Taro und Tsugio jeden Monat am Todestag von Makoto für seine Seele beten und beichten sollen.“ Denn Herr Yamagata wollte wissen, ob es ihnen gut geht, ohne dass sie seinen Sohn vergessen. Er forderte, sie sollten einmal pro Monat Weihrauch opfern kommen. Später kam es zur Frage, ob es sich bei dieser Klausel um das „Innere“ oder das „ Verhalten“ handelte. Und es wurde schließlich ausgelgt, die Jungen sollen je zwei Monate Weihrauch opfern kommen.

(2) Erwachsenenkriminalrecht

Im allgemeinen Strafrecht wurden drei Fälle berichtet, in denen die Bewährungshilfe Yokohama die Ausgleichsarbeit durchführte(15).

1. Ein Fall der fahrlässigen Tötung: Ein Mann, der einen großen Wagen fuhr, überfuhr leicht fahrlässig ein die Straße überquerendes Kind zum Tode. Der Täter wurde zu zehn Monaten Freiheitsstrafe ohne Arbeitszwang verurteilt. Während er noch in der Strafanstalt sitzte, wollten ihn die Hinterblie-benen sehen.

Sie verfolgten zivilrechtlich die Firma, in der der Täter arbeitete. Als er bedingt entlassen wurde, erteilte ihm der Bewährungshelfer einen Rat. Später folgte er dem Rat, besuchte die Hintergeblienenen, entschuldigte sich bei ihnen und opferte buddhistisch Weihrauch. Er besuchte auch das Grab des Opfers.

2. Ein Fall von Raub mit Todesfolge: Ein Mann brach mit Absicht des Diebstahls in ein Haus ein. Aber er wurde von einem Bewohner gefunden. Der Täter tötete ihn. Er wurde wegen Raubes mit Todesfolge und eines gewohnheitsmässigen Rückfalls beim Diebstahl zu einer lebenslangen Freiheitsstrafe mit Arbeitszwang verurteilt. Der Täter und seine Eltern wollten sich beim Hinterbliebenen entschuldigen und etwas zur Beruhigung der toten Geister machen. Aber sie wussten nicht, wo jetzt die Hinterbliebenen wohnten. So baten sie den freiwilligen Bewährungshelfer um eine Hilfe. Er besuchte zuerst die Hinterbliebenen und teilte ihnen die Wünsche der Täterseite mit. Dann besuchten die Eltern des Täters die Hinterbliebenen und weihten dem Verstorbenen 500 000 Yen (etwa 3 845 Euro). Jedes Jahr danach wurde Geld zur Beruhigung der Seele des Verstorbenen geschickt. Aber immer noch wollen die Hinterbliebenen keine Entschuldigungsbriefe vom Täter annehmen.

3. Ein Fall von Raub mit Todesfolge: Ein Mann überfiel einen Taxifahrer und tötete ihn. Der Täter wurde wegen Raubes mit Todesfolge und Leichenbeseitigung zu einer lebenslangen Freiheitsstrafe mit Arbeitszwang verurteilt. 18 Jahre später wurde er bedingt entlassen. Seitdem ist er auf Bewährung. Der Bewährungshelfer nimmt mit den Eltern des Opfers Kontakt auf und bestätigte, dass sich ihre Gefühle gegenüber dem Täter besänftigten und sie bereit waren, Schmerzensgeld anzunehmen. Der Bewährungshelfer teilte es dem Täter mit und erteilte ihm einen Rat, einen Entschuldigungsbrief zu schreiben und ein Schmerzensgeld zu zahlen. Der Täter brachte Geld 1 000 000 Yen (etwa 7 690 Euro) auf und schrieb einen Entschuldigungs-

brief. Der Bewährungshelfer und der freiwillige Bewährungshelfer besuchten die Hinterbliebenen und gaben ihnen das Geld und den Brief weiter.

(3) Zusammenfassung

Die gegenwärtige Situation des TOA im Fernost Japan kann folgendermaßen zusammengefasst werden: Erstens ist die organisatorische Zuordnung der Einrichtungen, die Täter-Opfer-Ausgleich anbieten, unterschiedlich. Zweitens ist die Mehrheit der Vermittlungsfälle hauptsächlich für jugendliche Straftäter vorbehalten. Drittens wird der TOA nicht für Vermögenskriminelle vorbehalten, sondern hauptsächlich auf Gewaltstraftäter angewendet. Viertens wird der TOA auf verschiedenen Verfahrensebenen durchgeführt. Im Zusammenhang damit hat er mit irgendeiner Form von Diversion gar nichts zu tun. Das heißt, die Konfliktregelung selbst wird für ein erstrebenswertes Ziel gehalten. Fünftens sind im TOA engagierte Rechtsanwälte nicht nur als Parteienvertreter oder Klientenberater sondern auch als Konfliktregler tätig.

V. Ausblick in die Zukunft des japanischen Kriminalrechts

Neben Mitwirkung der Rechtsanwaltschaft und der Vereine der Straffälligen- und Opferhilfe ist zu einer Ausweitung des TOA eine aktive Mitwirkung der Behördenorganisation, die die Polizei, die Staatsanwaltschaft, das Gericht, die Jugendgerichtshilfe, die Bewährung-shilfe und den Strafvollzug umfasst, erforderlich. Aber ohne gesetzliche Regelung ist es kaum zu erwarten.

In Japan ist ein relativ großer Teil der Bevölkerung der Ansicht, dass die Kriminalitätsbelastung im Lande gestiegen ist und sich diese Entwicklung auch in der Zukunft fortsetzen wird, obwohl sich in Wirklichkeit die Kriminalitätsentwicklung in den letzten zehn Jahren nicht deutlich verschlechtert hat. Als Hintergründe für diesen „Glauben an eine (angeblich) steigende Kriminalität" kann einerseits gesehen werden, dass die an traditionellen sozialen Normen und Werthaltungen

ausgerichtete Sozialisation der Bürger schwächer geworden ist, welche die niedrigere Kriminalitätsbelastung naheliegenderweise weitgehend bedingt. Damit verbunden ist die sog. „sanfte“ informelle Sozialkontrolle wie die „gegenseitige Aufsicht“, die im Rahmen der zunehmenden Urbanisierung nachgelassen hat und damit weniger effektiv geworden ist. Andererseits muss in diesen Zusammenhang auf den Einfluss der spektakularen, dramatisierten Berichterstattung in den kommerziellen Medien zu schweren Straftaten und die damit verbundene Fehlinformierung der Bevölkerung hingewiesen werden, die letztlich nur den Verkauf der Printmedien bzw. die Einschaltquote steigern soll. Die durch solche Art der Medienberichterstattung von der Bevölkerung „perzipierte“ Kriminalitätsentwicklung hat das Wissen über die „tatsächliche“ Kriminalitätsentwicklung verschleiert(16).

Nicht nur das. Die erheblichen Beunruhigungen im Alltagsleben, die mit der wirtschaftlichen Rezession verbunden sind, die Opferbewegung, welche die Interessen der Verletzten mehr betonte, all dies hat nicht nur zu einer härteren Bestrafung sondern auch zu Gesetzesverschärfungen geführt. Im Jahre 2000 ist z.B. das „Jugendgesetz“ („Shonenho“) teilweise, aber nicht ohne Bedeutung geändert worden. Das Jugendgesetz gilt in Japan für Jugendliche zwischen dem vollendeten 14. und dem vollendetem 19. Lebensjahr. Die 14- und 15-jährigen Täter wurden bisher bei Straftaten, die sie begingen, strafrechtlich nicht angeklagt, also nicht durch Kriminalsanktionen bestraft. Das geänderte Jugendgesetz setzt jedoch das Mindestalter, ab dem jugendliche Verdächtige für ihre Taten strafrechtlich für verantwortlich gehalten werden können (§20 Jugendgesetz), von 16 Jahre auf 14 Jahre herab(17).

In so einer punitiv eingestellten Gesellschaft wird eher die ergebnisorientierte Schadenswiedergutmachung leichter verwirklicht werden können(18). Denn sie kann autoritär aufgezwungen werden. Schadenswiedergutmachung und Strafe können ohne Bruch des traditionellen Strafrechtssystems nebeneinander stehen. So hat jetzt das japanische Justizministerium vor, ins Strafverfahrensrecht das Adhäsionsverfahren wieder einzuführen, das im Jahre 1949 nach dem zweiten

Weltkrieg abgeschafft wurde. Dieses Vorhaben selbst sollte zwar nicht abgelehnt werden. Aber in der Wiedergutmachung im autoritäritären Typ ist gar kein Raum für die Wiedergutmachung der verletzten Beziehungen zwischen Täter, Opfer und Gesellschaft durch selbstgewählte Verantwortungsübernahme des Straftäters. Allerdings sieht das Opferschutzgesetz von 1999 vor: wenn zwischen dem Angeklag-ten und dem Opfer ein außergerichtlicher Vergleich abgeschlossen wird, können beide zusammen bei dem Gericht, bei dem die betreffende Strafsache anhängig ist, beantragen, die Vereinbarung in das Verhandlungsprotokoll aufzunehmen. Dies hat dieselbe Wirksamkeit wie ein gerichtlicher Vergleich. Also kann hieraus vollstreckt werden (§4).

Die Wiedergutmachung im unter dem liberal-demokratisch-solidarisierten Rechtsstaat neu konzipierten Kriminalrecht soll nicht nur ergebnis- sondern auch kommunikationsprozessorientiert sein und nicht zur finanziellen Wiedergutmachung reduziert werden. Das Kriminalrecht soll dann zu allererst freiwillige Entscheidungen von Tätern und Opfern fördern.

Der „Täter-Opfer-Ausgleich“ soll in Japan kontinuierlich weiterentwickelt werden können. In der Art und Weise, wie mit Straftaten in einer Gesellschaft umgegangen wird, drückt sich auch der Niveau ihrer „ Zivilisation“ aus. Aber vor dem Hintergrund der oben beschriebenen Verhältnisse ist die Zeit noch sehr weit entfernt, wo die Idee „Wiederherstellende Gerechtigkeit“ voll blüht, also der „Täter-Opfer-Ausgleich“ oder die andere Wiedergutmachung im demokratischen Typ im ganzen Land flächendeckend durchgeführt wird.

*) Stark erweiterte Fassung des Referats des Verfassers „„„Restorative Justice“ - über Japan“ bei der Neunten Tagung der Neuen Kriminologischen Gesellschaft vom 9. bis 11. 2003 in München.

Fußnote

(1) Vgl *Moos*, Recht und Gerechtigkeit. Kriegsdienstverweigerung im Nationalsozialismus und die Zeugen Jehovas, in: *Kohlhofer (Hrsg),*

Bild 1

Wiederherstellung des Rechtsfriedens

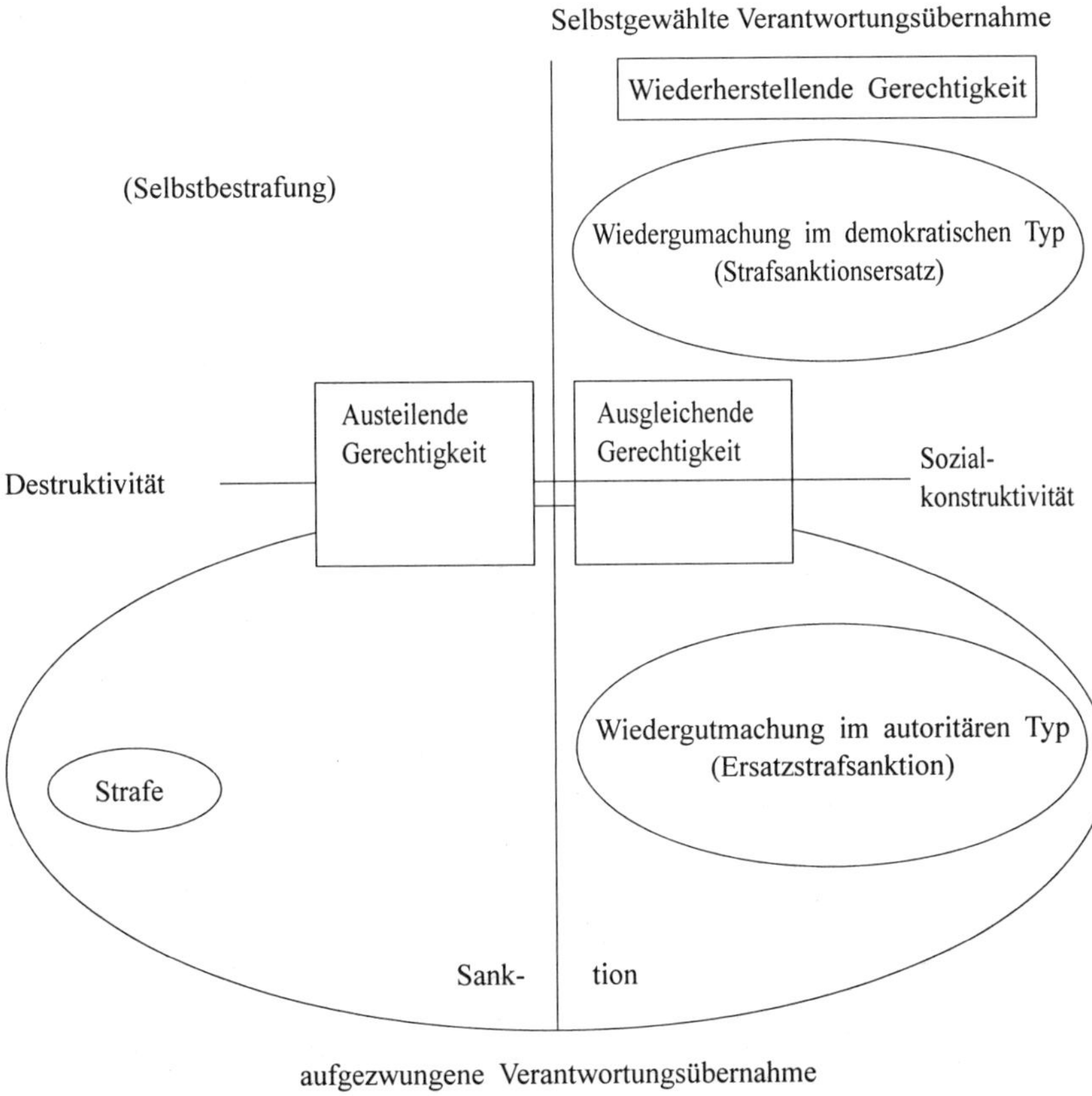

Bild 2

Reaktionen des Kriminalrechts

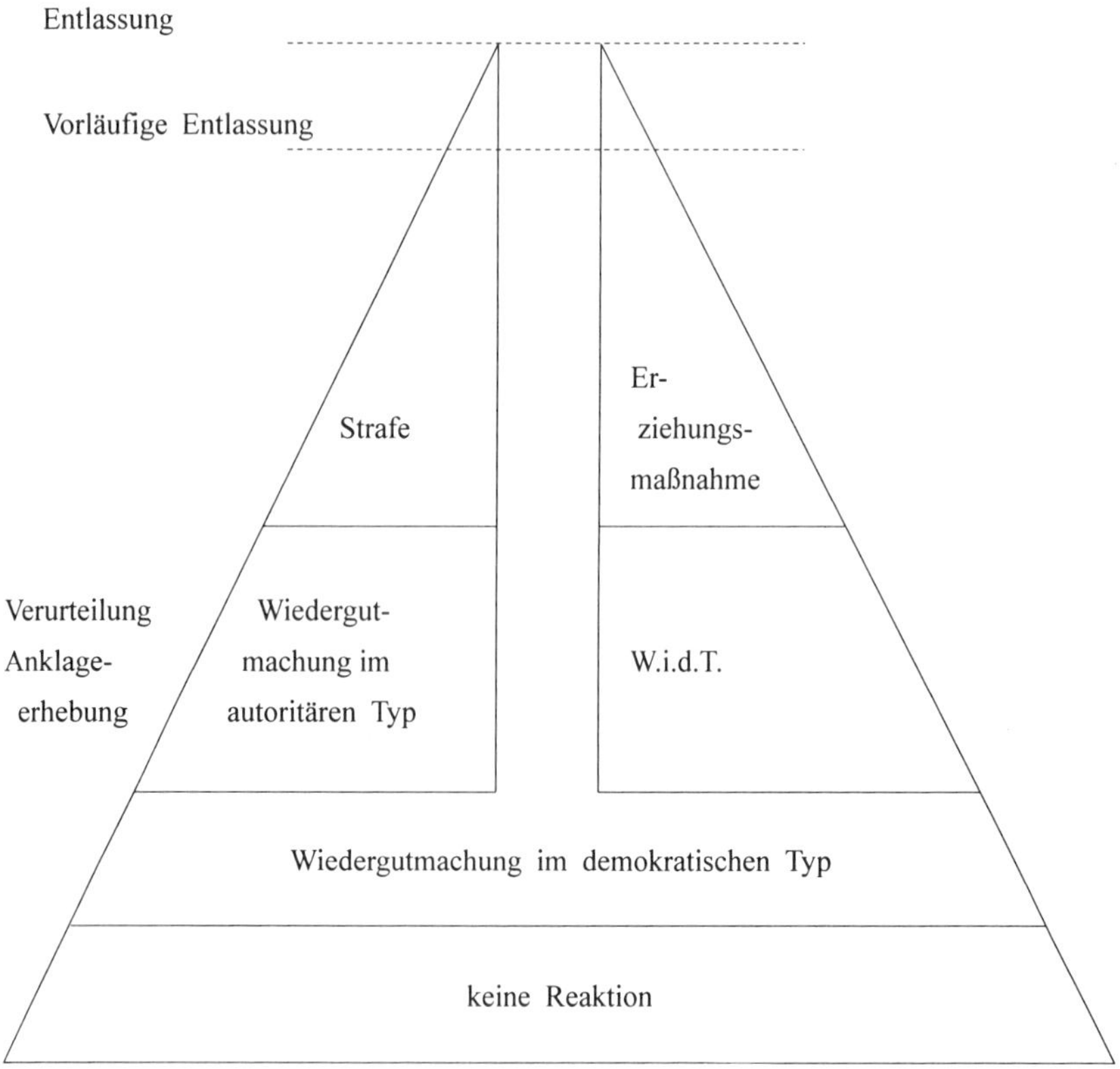

Gewissensfreiheit und Militärdienst (2000), 105 - 143 (110ff); *ders.* Der Außergerichtliche Tatausgleich für Erwachsene als strafrechtlicher Sanktionsersatz, JBL 1997, 337 - 357.

(2) Vgl *Eser,* Funktionswandel strafrechtlicher Prozeßmaximen: Auf dem Weg zur „Reprivatisierung“ des Strafverfahrens?, ZStW 104 (1992), 361 - 397 (376ff); Jesionek, Der Außergerichtliche Tatausgleich als neue Reaktionsform des Strafrechts, in: Bezauer Tage Strafrecht 1989 (1991), 41 - 63 (49).

(3) Vgl *Baumann ua,* Alternativ-Entwurf Wiedergutmachung (1992); *Schöch,* Empfehlen sich Änderungen und Ergänzungen bei den strafrechtlichen Sanktionen ohne Freiheitsentzug? (1992); *Löschnig-Gspandl,* Die Wiedergutmachung im österreichischen Strafrecht (1996); *Rössner,* Situation, Ethical Grounds and Criminal Political Perspectives of Victim-Offender-Reconciliation in the Community, in: *Galaway/Hudson (Hrsg),* Restorative Justice: International Perspectives (1996), 403 -416.

(4) Vgl *Dölling,* Der Täter-Opfer-Ausgleich. Möglichkeiten und Grenzen einer neuen kriminalrechtlichen Reaktionsform, DJZ 1992, 493 - 499 (498).

(5) Vgl *Moos,* Der Schuldbegriff im österreichischen StGB, in: *Schmoller (Hrsg),* Triffterer-FS (1996), 169 - 202; *Yoshida,* Der japanische strafrechtliche Schuldbegriff von gestern, heute und morgen, in: *Eser/ Yamanaka (Hrsg),* Einflüsse deutschen Strafrechts auf Polen und Japan (2001), 225 - 259.

(6) Vgl *Kerner,* Die Wiedereinsetzung des Opfers als Subjekt des (Straf-)rechts. In: *Jannsen/Kerner (Hrsg),* Verbrechensopfer, Sozialarbeit und Justiz (1985), 495 - 522.

(7) Vgl *Meier,* Restorative Justice - A New Paradigm in Criminal Law?, in: European Journal of Crime, Criminal Law and Criminal justice 1998, 125 - 139.

(8) Vgl *Kaiser,* Ist die Resozialisierung noch ein aktuelles Thema der Strafprozessreform?, in: Lenckner-FS (1998), 781 - 800 (785ff).

(9) Vgl. *Moos,* Grundstrukturen einer neuen Strafprozeßordnung. Verhandlungen des Neunten österreichischen Juristentages Wien 1985. II/3 Abteilung Strafrecht, 53-148 (61ff); *Roxin,* Welches Gesamtkonzept sollte der Strafprozeßreform zugrunde gelegt werden?, in: *Schreiber/ Wassermann (Hrsg),* Gesamtreform des Strafverfahrens. Internationales

Christian-Broda-Symposion (1986), 16 - 24 (21); *Schroll*, Diversion als Ausdruck eines Paradigmenwechsels der Strafrechtsdogmatik, in: Moos-FS (1997), 260 - 282 (263).

(10) Vgl *Dworak*, Referat beim dreizehnten Österreichischen Juristentag Salzburg 1997, Abteilung IV/2 Strafrecht (1999), 33 - 45.

(11) *Takahara*, Okayama Chusai Center niokeru Hanzaihigaisha to Kagaisha no Taiwa no Kokoromi (Einige Versuche des Dialogs zwischen Straftatsopfer und Täter im Schlichtungszentrum Okayama), in: Nishimura-FS (2003), 317 - 331.

(12) *Yamada*, Chibaken niokeru Higaisha Kagaisha Taiwa no Kai UneiCenter no Genjyo to Kadai (Die gegenwärtige Situation und Aufgaben des „Führungszentrums für den Dialog zwischen Opfer und Täter" in Chiba) (Manuskript. 2003).

(13) *Konagai*, Hogokansatsu niokeru Nihongata Kankeishufukutekiseigi no Kanousei (Über die Möglichkeit der typisch japanischen Beziehungswiedergutmachung in der Bewährungshilfe), in: Nishimura-FS (2003), 261 - 274; *dieselbe*, Hogokansatsusho deno Wakaipurogramu no Kokoromi (Ein Versuch des Ausgleichsprogramms in der Bewährungshilfe), in: Koseihogo (Resozialisierung und Betreuung, Bd. 53 Nr. 11 (2002), 41 - 46.

(14) *Igaki*, Shufukutekishihou towa Nanika. Iwayuru „Fujiwara Masahiko Jiken wo megutte (Was ist „Wiederherstellende Gerechtigkeit"? Über den sog. „Masahiko Fujiwara-Fall"), (Manuskript. 2003).

(15) *Konagai*, (Fn. 13).

(16) Vgl *Yoshida*, Strafrecht, Sanktionen und Einstellungen zu Sanktionen in Japan, in: *Kury (Hrsg)*, Strafrecht und Kriminalität. Entwicklungen in Mittel- und Osteuropa (2004), 189 - 208.

(17) Vgl *Yoshida*, Die Zukunft der japanischen Strafrechtspflege, in: Jesionek-FS (2002), 535 - 553 (540ff).

(18) Vgl *Aertsen*, Mediation bei schweren Straftaten: Ein Schritt zu einer neuen Rechtskultur? (Manuskript). 2.; *Wright*, Restorative justice: for whose benefit?, in: *The European Forum for Victim-offender Mediation and Restorative justice (Hrsg)*, Victim-Offender Mediation in Europe, 2000, 19-38.

小暮得雄先生略歴

昭和　七年一二月一七日　東京都に生まれる

〔学歴〕

昭和三〇年　三月　東京大学法学部公法コース卒業
三二年　三月　東京大学大学院社会科学研究科民刑事法専門課程修士課程修了（法学修士）
三六年　七月　東京大学大学院社会科学研究科民刑事法専門課程博士課程修了（法学博士）

〔職歴〕

昭和三六年　八月　北海道大学法学部助教授
四〇年　七月　文部省在外研究員（西ドイツ・フライブルク所在、外国・国際刑法研究所に留学）（昭和四二年七月まで）
四三年　四月　北海道大学法学部教授
四九年一二月　北海道大学法学部長、評議員、法学研究科長（昭和五一年一二月まで）
五六年　一月　日本学術会議会員（昭和六〇年七月まで）
平成　六年　四月　千葉大学法経学部教授（平成一〇年三月まで）
六年　四月　北海道大学名誉教授
七年　四月　放送大学客員教授（平成一二年四月まで）
九年　一月　司法試験（第二次試験）考査委員（平成一三年一月まで）
一〇年　四月　平成国際大学法学部法政学科教授（平成一六年三月まで）
一六年　四月　平成国際大学名誉教授

〔学会及び社会活動〕

昭和五一年　日本刑法学会理事（昭和五七年～昭和六〇年を除く）（平成六年五月まで）
　　六〇年　日本学術会議刑事法学研究連絡委員会委員（平成六年一〇月まで）
平成　二年　日独法学会理事（平成六年一〇月まで）
　　三年　財団法人日本自然保護協会評議員（平成六年三月まで）
　　六年　日独法学会幹事（平成九年一〇月まで）
　　六年　法務省千葉刑務所篤志面接委員

小暮得雄先生主要著作目録

一　編・著書

昭和三九年〜昭和五一年

『注釈刑法』（1）〜（5）補巻　共著　有斐閣

（1）第3章　期間計算

（2）のII　第13章　加減例

（3）第3章　外患に関する罪

第4章　国交に関する罪

第15章　飲料水に関する罪

（4）第23章　賭博及び富籤に関する罪

（5）第27章　傷害の罪（一部法条を除く）

補巻（1）・補巻（2）・総索引

昭和五二年

『刑法（1）総論I』（有斐閣双書）　共編著　有斐閣

昭和五四年

『刑法入門』（有斐閣新書）　共編著　有斐閣

昭和五八年

『教材刑法判例』　共編著　北大図書刊行会

昭和六三年

『刑法講義各論』（有斐閣大学双書）　共編著　有斐閣

平成元年

『刑法入門』［新版］（有斐閣新書）　共編著　有斐閣

平成三年

『教材刑法判例』［第二版］　共編著　北大図書刊行会

平成八年

『法と裁判』　共著　放送大学教育振興会

平成九年

『いまを生きる―魚眼の世界―』　近代文芸社

『回想の学童疎開』　近代文芸社

平成一五年

『時は流れ……やがて積み重なる』　信山社

二　論説

昭和三八年

「刑の権衡論について」　北大法学論集一四巻一号

「正当防衛」　刑法講座二巻

「直接主義と伝聞排斥の法理」　刑事訴訟法基本問題四五講

昭和三九年

「罪刑法定主義の比較法的動向」　北大法学論集一四巻三／四号

「違法論の系譜と法益論」　法学協会雑誌八〇巻五号

昭和四〇年

「違法性と責任（序説）」　北大法学論集一五巻四号

昭和四二年

「刑事判例の規範的効力――罪刑法定主義をめぐる一考察」　北大法学論集一七巻四号

昭和四三年

「現行犯の〈制止〉」　法律のひろば二一巻五号

昭和四五年

「現代における賭博罪の意味をめぐって」　ジュリスト四五三号

昭和四五年

「北島丸事件をめぐって」　ジュリスト四六七号

昭和四六年

「『小定型』序考」
植松博士還暦記念『刑法と科学・法律篇』　有斐閣

「傷害同時犯の特例」　法学セミナー一八三号

昭和四八年

「優生保護法と堕胎罪」　『刑法を学ぶ』　有斐閣

昭和五〇年

「行政罰と企業責任」
ジュリスト五七八号（特集　企業と責任）

「Überblick über das geltende japanische Recht in bezug auf das internationale Strafrecht」
Alexander von Humvoldt財団記念論集

昭和五三年

「行政指導の実状と賄賂罪」
ジュリスト六七六号（特集　現代の汚職）

昭和五九年

「現代社会と刑法改正（1）」
共著　『現代刑罰法大系』第一巻　日本評論社

「犯罪論の謙抑的構成」
『団藤重光博士古稀祝賀論文集』II巻　有斐閣

昭和六二年

「嘱託尋問調書の証拠採用」
ロッキード事件（丸紅ルート）控訴審判決
ジュリスト八九五号

平成元年

「刑事施設法案について――あるべき行刑の模索――」
北海道矯正二五号

平成二年

「脳死と心臓移植――生命倫理問題の一考察」
『平野龍一先生古稀祝賀論文集』上巻　有斐閣

平成八年

「〝法益〟としての環境」
日独フンボルト・シンポジウム論集

平成一〇年

「刑法改正問題管見」
『松尾浩也博士古稀祝賀論文集』　有斐閣

平成一二年

「犯罪被害者の復権」
『渡部保夫先生古稀記念論集』　日本評論社

平成一五年

「日本刑法学会五〇年史　北海道部会――回想半世紀」
三井・西田編『日本刑法学会五〇年史』　有斐閣

三　判例研究、評釈・解説

昭和三四年

「連続する業務上横領行為の罪数」
警察研究三〇巻八号（刑事判例評釈集第一七巻）

「予算の違法な現金化と詐欺罪」
警察研究三〇巻九号（刑事判例評釈集第一七巻）

昭和三五年

「差押標示無効罪の成立する一事例」
警察研究三一巻八号（刑事判例評釈集第一八巻）

「公務妨害罪における職務行為の適法性」
警察研究三一巻一〇号（刑事判例評釈集第一八巻）

「いわゆる刺米の匿名供出と詐欺罪の成否」
警察研究三一巻一一号（刑事判例評釈集第一九巻）

昭和三六年

「刑訴四〇〇条但書と事実の取調」
警察研究三二巻九号（刑事判例評釈集第二一・二二巻）

「支払呈示期間経過後に盗取された線引小切手の贓物性」
刑事判例評釈集一六巻（有斐閣）

「新聞紙上の広告文といわゆる事実証明に関する文書」
警察研究三二巻一一号（刑事判例評釈集第二〇巻）

昭和三七年

「法律の錯誤にあたる一事例――分離手続における相被告人のための証言を本人の有罪認定の資料に用いることと憲法三八条一項」
警察研究三三巻六号（刑事判例評釈集第二一・二二巻）

「特別調達庁の雇員と『法令により公務に従事する職員』」
警察研究三三巻七号（刑事判例評釈集第一七巻）

昭和三九年

「有価証券偽造罪が成立するとされた事例」
判例評論六九号

「警察官から自己の肖像をおさめた写真機を奪取した行為が強盗罪に問われた事例」
警察研究三五巻七号（刑事判例評釈集第二五巻）

「急迫不正の侵害」
刑法判例百選

「強制執行免脱罪と債務名義の存在」
刑法判例百選

「窃盗か占有離脱物横領か」
刑法判例百選

昭和四〇年

「不利益変更の禁止」　刑事訴訟法判例百選
「国家公務員法一〇〇条一項違反の一事例」　刑事訴訟法判例百選
「道交法七二条一項における救護義務と報告義務の関係」　刑事訴訟法判例百選

昭和四四年

「凶器準備集合罪」　昭和四三年度重要判例解説

昭和四五年

「いわゆる北島丸事件」　刑法判例百選（新版）
「急迫不正の侵害」　刑法判例百選（新版）
「強制執行免脱罪と債務名義の存在」　刑法判例百選（新版）
「窃盗か占有離脱物横領か」　刑法判例百選（新版）

昭和四六年

「不利益変更の禁止」　刑事訴訟法判例百選（新版）
「背任の目的――博多駅工事換地事件」　続刑法判例百選
「道交法七二条一項における救護義務と報告義務の関係」　続刑法判例百選
「国家公務員法一〇〇条一項違反の一事例――ラストポロフ事件」　続刑法判例百選
「船舶安全法施行規則七一条一号に定める罰則と法律の委任の有無」　運輸判例百選

昭和四七年

「刑法一九〇条における『不作為の遺棄』」　宗教判例百選
「北海道地先領海外の違反漁業を国外犯として処罰することの可否――いわゆる第二北島丸事件判決の刑法的意義」　昭和四六年度重要判例解説

昭和四八年

「メーデー事件控訴審判決――騒擾罪の成立を否定した事例」　ジュリスト増刊　刑法の判例（第二版）

昭和四九年

「だ行進禁止の許可条件に違反した集団示威運動の指導者に対し、公安条例違反として道路交通法所定の法定刑を超えて処断することの可否」　昭和四八年度重要判例解説

昭和五二年

「写真版の写しを改ざんし、これを写真撮影して写しを作成する行為と公文書偽造罪の成否」　判例評論一八八号
「写真コピーと公文書偽造罪」　昭和五一年度重要判例解説

昭和五三年

「覚醒剤とその原料の所持」　刑法判例百選Ⅰ総論
「窃盗か占有離脱物横領か」　刑法判例百選Ⅱ各論
「強制執行免脱罪と債務名義の存在」　刑法判例百選Ⅱ各論

昭和五四年

「正当防衛における侵害の『急迫性』」　昭和五三年度重要判例解説

昭和五九年

「観念的競合か併合罪か（二）」　刑法判例百選Ⅰ総論［第二版］

「窃盗か占有離脱物横領か」　刑法判例百選Ⅱ各論［新版］

「強制執行免脱罪と債務名義の存在」　刑法判例百選Ⅱ各論［新版］

昭和六二年

「郵便集配員と公務員」　警察研究五八巻七号（刑事判例評釈集第二一・二二巻）

平成三年

「葬祭義務の根拠と内容」　宗教判例百選［第二版］

「共謀共同正犯の意義」　刑法判例百選Ⅰ総論［第三版］

「覚醒剤輸入罪及び所持罪における覚醒剤であることの認識の程度」　平成二年度重要判例解説

平成四年

「強盗罪の要件たる暴行脅迫」　刑法判例百選Ⅱ各論［第三版］

四　翻　訳

昭和三九年

一九六一年イリノイ州刑法典　共訳　法務資料

昭和五三年

「陪審制と参審制」西ドイツアウグスブルク大学教授Ｊ・ヘルマン氏講演　共訳　北大法学論集二八巻三号

昭和五四年

「ドイツにおける過失論の発展と現状」Hans-Heinrich Jescheck教授講演　共訳　北大法学論集三〇巻二号

五　書　評

昭和四四年

井上正治「違法性の法理」（刑事法学の動き）　法律時報四一巻八号

昭和四六年

井上正治「刑事責任の客観化」（刑事法学の動き）　法律時報四三巻一〇号

昭和四七年

永井登志彦「自動車による業務上の過失致死傷事件の量刑の研究」（刑事法学の動き）　法律時報四四巻三号

昭和四九年

山火正則「法条競合の本質」・同「法条競合の諸問題」（一）（二）（刑事法学の動き）　法律時報四六巻三号

名和鉄郎「不作為論における方法論的問題――不作為概念の規範的及び存在論的構成」（刑事法学の動き）　法律時報四六巻一二号

昭和五五年

重松一義「近代監獄則の推移と解説――現代監獄法への史

的アプローチ」　法制史研究三〇号

昭和五七年

西原春夫「大法廷判決巡歴　刑法Ⅰ」　法学セミナー三三〇号

昭和六一年

団藤重光「この一筋につながる」　北海道新聞六・三〇朝刊

平成三年

田宮裕・板倉宏「ホーンブック刑法各論」　法学教室一二八号

平成四年

団藤重光「死刑廃止論」　ジュリスト九九八号

平成一二年

小野清一郎「犯罪構成要件の理論」〈名著紹介〉　書斎の窓五〇〇号

六　小論・解説・資料・学界回顧等

昭和三七年

法律経済語大事典中、刑法の項目［解説］　光文書院

期待可能性の標準［解説］　法学教室五号

昭和三八年

文書偽造罪［小論］　刑法基本問題三七講　一粒社

昭和三九年

緊急避難の本質［解説］　ジュリスト学説展望

昭和四〇年

犯罪と刑罰［概説］　『法学』　有斐閣

昭和四二年

ドイツ刑法学者会議に出席して［報告］　ジュリスト三六五号

昭和四三年

西ドイツ・刑法総則代案をめぐって――ミュンスター会議の記録――（一）（二）（三）［資料］　共著　ジュリスト四〇四号―四〇六号

刑の執行猶予期間の満了による教職の資格回復について［鑑定意見］　共著

昭和四四年

信頼の原則［演習］　『判例演習（刑法総論）』有斐閣

昭和四五年

（一九六九年）判例の動き［解説］　ジュリスト四五四号

昭和四六年

法律用語の基礎知識――整理と検証のために――（刑法四二～七〇項目）［解説］　有斐閣

昭和四七年

共謀共同正犯［小論］　ジュリスト五〇〇号

強盗殺人事件をめぐる擬律［演習］

『判例演習講座・刑法Ⅱ各論』　世界思想社
不動産法の基礎知識――関係法令の総復習――（四四八～四五〇項目）［解説］　有斐閣
『演習法律学大系14刑法各論』　青林書院新社
印章偽造罪――印章と記号との区別［小論］
堕胎罪［小論］
名誉毀損罪――侮辱罪との区別［小論］
背任罪――財産上の損害［小論］
『演習法律学体系16刑事政策』　青林書院新社
いわゆる短期自由刑の「弊害」と労役場留置制度の刑事政策的意義［小論］
現行の犯罪にともなう資格制限［小論］

昭和四八年

威力業務妨害罪の問題点［論点］　法学教室（第二期）
強窃盗の罪［辞典解説］　現代法学辞典2　日本評論社

昭和五〇年

刑法改正草案の逐条的検討――罪刑法定主義の関係――［小論］　法律時報四七巻五号

昭和五三年

井上属の殉職によせて［小論・随想］　税大通信一四七号

昭和五九年

「競馬法」　『注釈特別刑法　第五巻経済法編Ⅱ』　共著　立花書房

昭和六〇年

「独占禁止法　罰則」　『注解経済法（上）』　共著　青林書院

昭和六三年

仰ぎみる清峯――大恩師の面影をしのぶ――［追悼文］　平野龍一編『小野先生と刑事判例研究会』　有斐閣
弁護士活動の光と翳［小論］　札幌弁護士会・会報二二四号

平成元年

法の適用［解説］　法学セミナー四一二号

平成一三年

「友の一燦天に散る――能勢弘之氏の逝去を悼んで」［追悼文］　北海道日独協会会報一八号
「絢爛たる才能」［追悼文］　『田宮裕博士追悼論集』

平成一五年

「友を悼む――葬送の句――」［追悼文］　『激動期の刑事法学』能勢弘之先生追悼論集
《将棋、この玄妙なるもの》　尾本恵市編『日本文化としての将棋』　三元社
《交通標語の妙味》　市原刑務所所内誌『いそがや』

昭和五三年～昭和六三年

『学界回顧』刑法　一九七八年　法律時報五〇巻一二号

一九七九年　　　　法律時報五一巻一二号
一九八〇年　　　　法律時報五二巻一二号
一九八六年　共著　法律時報五八巻一三号
一九八七年　共著　法律時報五九巻一三号
一九八八年　共著　法律時報六〇巻一三号

七　新聞論稿

昭和四八年
凶器準備集合罪の問題点——佐世保事件にちなんで——
北海道新聞一・二七夕刊

昭和四九年
刑法改正の動向——必要な天の時、人の和、根本に価値観の対立——
北海道新聞三・二六夕刊

平成元年
「三権分立」を侵す大赦　北海道新聞二・九朝刊

平成四年
『略式』決着は妥当か——東京佐川急便事件と検察——
北海道新聞一〇・八夕刊

平成一〇年
刑法口語化の意味するもの　北海道新聞三・一六夕刊

ほか約二〇篇、法エッセイ約三〇〇編、など。

〈編集代表〉

吉 田 敏 雄

北海学園大学大学院法学研究科教授

宮 澤 節 生

大宮法科大学院大学副学長

丸 山　 治

北海学園大学大学院法務研究科教授

小暮得雄先生古稀記念論文集

罪と罰・非情にして人間的なるもの

2005年（平成17年）8月9日　初版第1刷発行

編　者	吉　田　敏　雄 宮　澤　節　生 丸　山　　　治
発行者	今　井　　　貴 渡　辺　左　近
発行所	信山社出版株式会社
〒113-0033	東京都文京区本郷6-2-9-102 電　話　03（3818）1019 FAX　03（3818）0344

Printed in Japan

印刷・製本／東洋印刷・大三製本

ISBN 4-7972-2282-4　C3332